滄海叢刊

沈從文傳

凌宇 著

1991

東大圖書公司印行

國立中央圖書館出版品預行編目資料

沈從文傳／凌宇著.--初版.--臺北市
：東大出版：三民總經銷，民80
面；　　公分.--(滄海叢刊)
ISBN 957-19-1293-X (精裝)
ISBN 957-19-1294-8 (平裝)

1.沈從文─傳記

782.886　　　　80000462

沈從文傳

著　者　凌　宇
發行人　劉仲文
出版者　東大圖書股份有限公司
總經銷　三民書局股份有限公司
印刷所　東大圖書股份有限公司
地址／臺北市重慶南路一段六十一號二樓
郵撥／〇一〇七一七五一〇號
初　版　中華民國八十年三月
編　號　E 78077
基本定價　玖元叁角叁分
行政院新聞局登記證局版臺業字第〇一九七號

ISBN 957-19-1294-8 (平裝)

沈從文傳
編號 E 78077
東大圖書公司

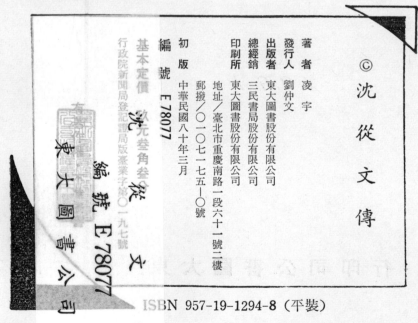

□ 一九八二年留影

□沈從文父親
沈宗嗣

□沈從文母親
黃英

□鳳凰古城北門外

□童年時代之沈從文

□一九二二年離開湘西去北平：攝于湘西保靖

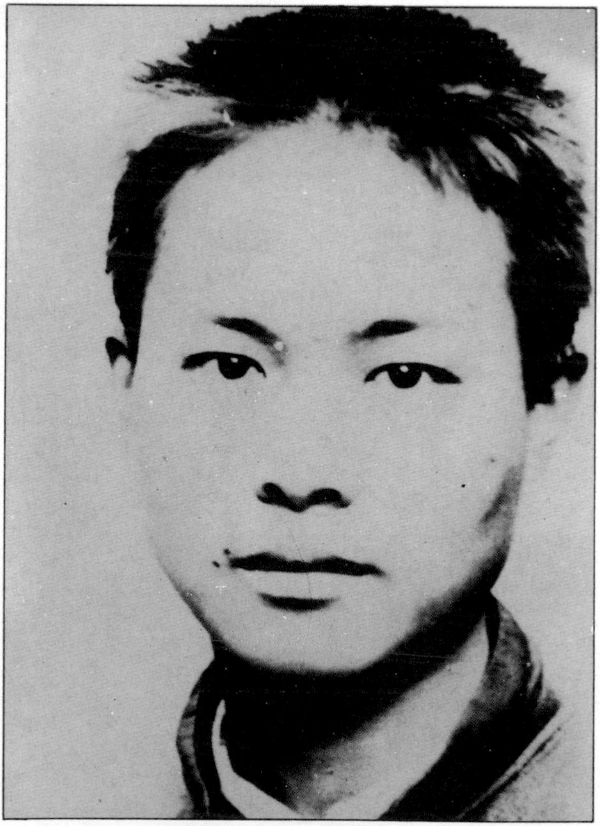

□沈從文與他母親（中）、大哥岳霖（右一）、弟岳荃（左二）、九妹（右二）合影

□沈從文與夫人張兆和，一九三四年

□沈從文張兆和夫婦與梁思成（前排左一）、林徽音夫婦（前排左二）、楊振聲夫婦（右二）合影

□一九三九年，昆明

□一九三六年于天津

□一九三
在昆明

□一九四九年黃永玉初來北京時，與沈從文于沙灘中志胡同合影

□沈從文與張奚若抗戰時期在昆明

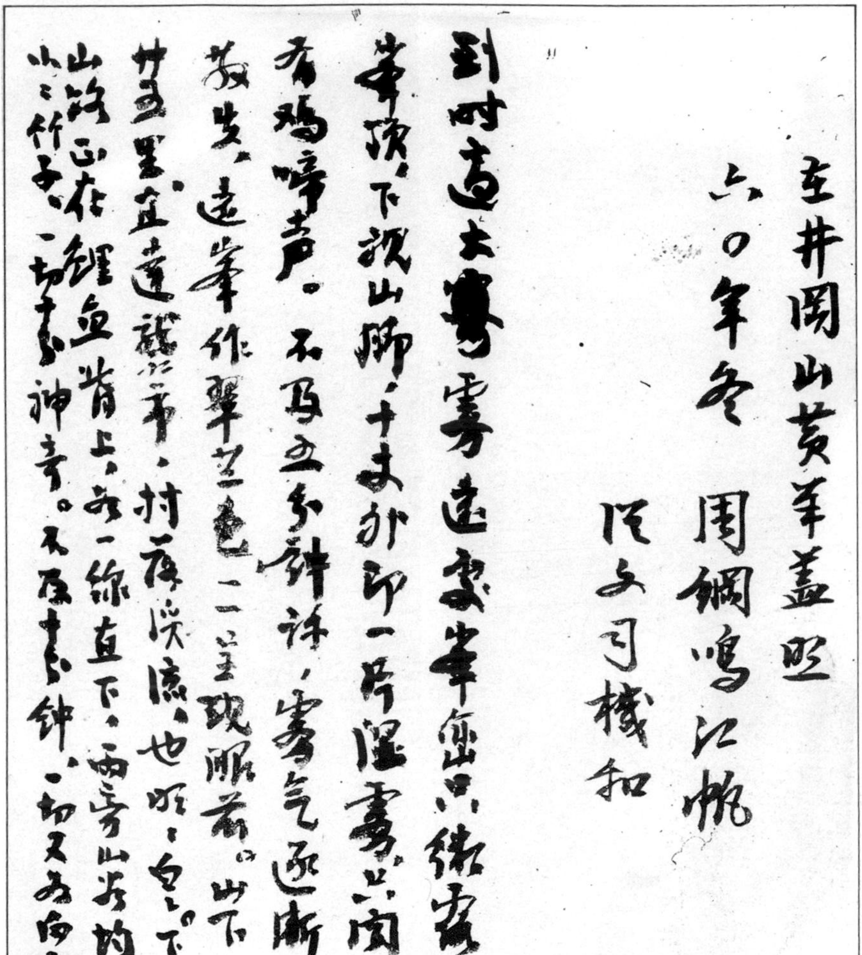

至井岡山黃羊蓋照
六〇年冬 周鋼鳴江帆
作文司機和

到時遇大霧，霧迷峯巒，只綠霧峯頂，下視山腳，十丈外即一片混霧，只聞有雞啼聲。不覓五分鐘許，霧氣逐漸散失，遠峯作翠黛色，一一呈現眼前，山下卅里直達礱市，村落溪流，也歷歷在目。山路正在鯉魚背上，如一線直下，兩旁山岩均小小竹子，一切都神奇。不勝驚歎，一切又如向空讚嘆。

一九六〇年題江西井岡山黃洋蓋照手迹

□抗戰時期沈從文一家在雲南呈貢龍街：沈從文、張兆和、長子龍朱、次子虎雛

□一九六〇年沈從文在井岡山

□沈從文與朱光潛在第四次文代會期間

□一九七一年虎雛去湖北丹江探望父母時留影

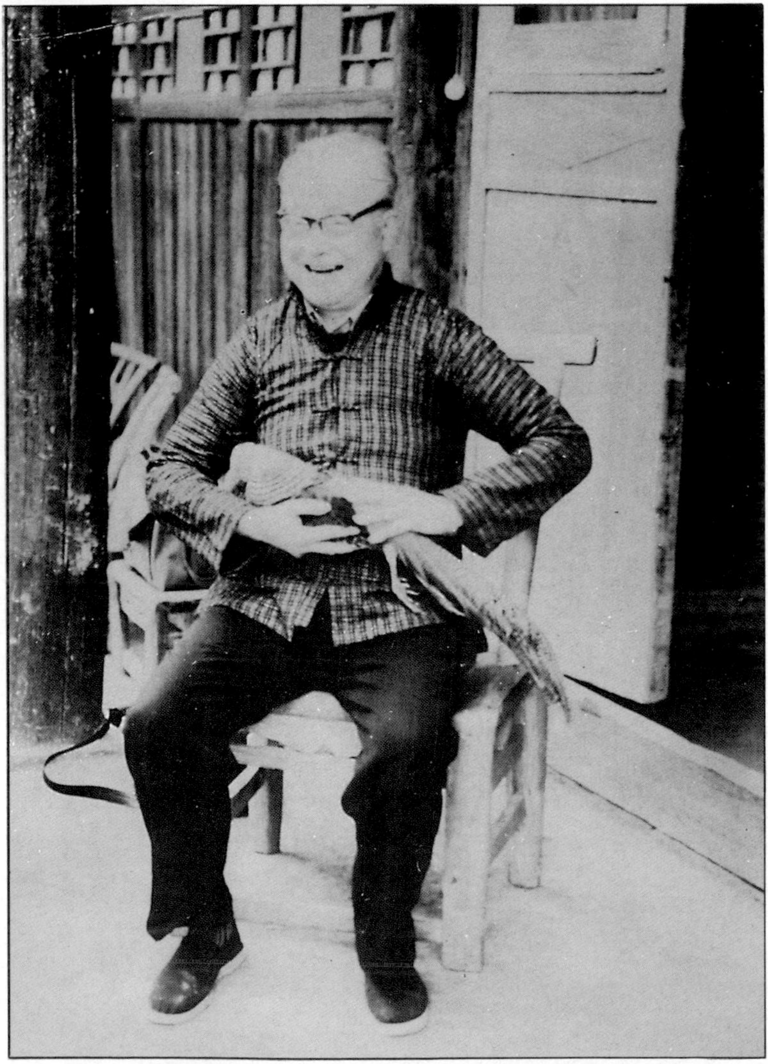

□一九八二年重返故里湘西鳳凰

□《邊城》背景地——湘西花垣縣茶峒渡口

□湘西吊脚樓

臺灣版序

本書原無序。

為書作序，或申明其宗旨，或總其大要，或道寫作之艱辛，給人於讀書之前一點提示，一個綱目，多少免去一點讀者尋覓求索之苦，倒不為無益。歷來的名序，幾成全書不可或缺的血肉。然亦有弊：常常於梳理闡發之際，無意中便給讀者限定了一條閱讀線路，還可暗留退步，於辨白之中，預先堵塞了責難、質疑之口。尤有甚者，一篇序言就是一紙商品廣告，為增其可信度，千方百計請名人捉刀，幾成時尚。

我既不欲假名人以增身價，又以為，作者於書中已勉力說出了自以為該說的一切，大可給讀者以全部的閱讀自由，其毀譽得失，全由讀者去裁決。故自立規矩，凡有書出，皆不設序。然而，值此書在臺出版之際，東大圖書公司編輯部囑為序。念及海峽兩岸被人為地隔絕了四十年，這一要求實在合情合理，我只能拆除了我自設的籬笆。

這倒並非我認為四十年的隔絕造成了兩岸人心的完全隔膜，非得加些說明，才能為臺灣讀者所理解。事實上，外部的隔絕並不足以造成心的隔膜。今年初夏，臺灣一批作家組團訪問湖南，我有幸陪同達十天之久。接觸交談之初，便大有似曾相識之感。他們身上的全部優長甚或缺點及其表現模式，就與我一些極熟識的朋友幾無二致，甚至染有所屬原籍的鮮明地方色彩。從他們身上，我讀到的，是在其它國家與民族友人身上讀不到的屬於同一母體的文化符號。

這不禁使我想起幾年前讀到臺灣張系國先生的小說《棋王》時獲得的詫異之感。大陸的阿城也有一篇〈棋王〉。兩篇小說的主人公都是具有某種異稟的棋童。一個以痴迷於棋藝起步，一個起始便具有神通造化的奇異功能；都面臨外部環境的誘惑——一個可借棋藝敲開大陸的「招工」之門，以濟其生存之困，一個能憑奇異功能預測股市交易；在這人生選擇面前，一個淡然處之，不為利動，一個被人誘入陷阱；其結果，一個終於超神入化，心與天遊，棋藝臻於化境，一個則靈氣頓失，蛻變成凡夫俗子。人物的行為及命運模式，恰恰構成相互呼應的正反對逆。而其內蘊的道家自然生命哲學與現代世俗的功利欲求互參的人生思辨，——其內在的精、神、氣，直是一母同胞的雙生子。兩岸共有的民族文化血緣，是任何外部力量都無法隔斷的。

倘若因此將人與人之間的心靈溝通看得如此簡單，又實在過於天真。從深處思索人生，直如獨行於荒漠之中，孤獨感、陌生感、局外感便會油然而生。人與人心的隔膜，普遍存在於真實人生中，理解人、認識人，實在是人生一道絕大的難題。本傳的傳主沈從文先生在他的文學創作中，就自始至終呼喚與探尋人與人心的溝通，並渴求獲得人們對自己的理解，卻因其堅守思想與人格的獨立，終難免被人誤解。十年前，我開始研究沈從文時，其名字已不為年輕一輩所知。其著作在大陸，因其「反動」幾乎絕版；在臺灣，又因其「投共」全部遭禁。兩相比照，初覺驚詫，繼感滑稽，從深處看，終不免使人悲涼。追究我研究沈從文的動因，固然是因其文學創作所具有的大家品位，也未始不帶一點：在沈從文及其讀者之間，構築一座理解的橋樑。因此，我在《從邊城走向世界——對作為文學家的沈從文的研究》一書卷首的題辭中說：

本書研究的是這樣一位作家——

他是一個對人生懷有極大熱情的人，在內心深處，卻是一個孤獨者。

他常常嘆息着不為人理解。

我願意去理解。不是為着褒揚，也不是為着貶斥。在高層次的思維裏，沒有簡單的善惡好壞之分。

——這不是無是非觀。任何人終將接受人類理性法庭的最終審判。

我不想也無力充當審判者，但我願意說出我所知道的真實。

不能說我已經說出了全部真實，

因為，這僅僅是開端，而遠非終結。

這本《沈從文傳》，就是我這遠非終結的探尋的繼續。然而，這種探尋之於我，委實不輕鬆。一九八三年，當我受托擔任《沈從文傳》撰寫者角色時，我立即感到了其份量的沉重。其時，我雖然已發表了近十萬言的沈從文創作研究論文，一部專著也快脫稿，但那全是論其文。而一部人物傳記，不僅要知其文，還得識其人。那時，我雖與從文先生有過多次接觸，但對其人生旅程的許多重要環節，大多茫然。於是，便有了一九八四年初夏我與從文先生長達十餘日的長談。這時，從文先生正重病纏身，腦血栓已使他半身不遂，但頭腦仍異常清楚。談及他一生的坎坷與傳奇式的人生際遇，歷歷如在目前。雖然在談及這一切時，從文先生極其平靜，彷彿是在講述另一個人的故事，但我依然感到了隱伏於這平靜背後的人生哀樂，不時覺得自己悟到了一點什麼，以為捉到了理解從文先生的頭緒。一九八六—一九八七一年間，我將已得材料加上我的理解敷衍成篇，並將文稿呈從文先生過目。我忐忑不安地等待着傳主的反應。一個星期後，我當面向從文先生詢問對本書的印象。出乎我的意料，從文先生竟連聲說：「很不錯，很不錯。」雖然，以我過去與從文先生交往的經驗，明知這大半是出於對後輩的鼓勵，仍不免有點飄飄然。其後，聽友人轉告，巴金先生看過此傳後，也給予較高的評價，便更增加了我的得意。可是，自得之餘，心裏又起了一絲不安。我真的完全理解了沈從文嗎？這個在現代文學史上被許多人視為的「沈從文之謎」，就這樣被我解開了謎底嗎？果然，這種不安後來便得到了證實。一九八八年四月，從文先生在給我的信中，就明確指出這本傳記「還不能從深處抓住我的弱點。」從文先生病逝後，他的次子虎雛在給我的信中，言及從文先生生前與他的一次談話中，曾預言「恐懼感將伴隨我終生。」虎雛說：

看他近十年處境改善後，仍不厭其煩地經常表達一些相同的憂慮，我們可以感知一些預言在他精神上的實在性。

這使我想起從文先生生前常常極言「忘我」。那背後，不正隱伏着沈從文的恐懼以及生成這一恐懼的歷史風暴嗎？他確實有着太多的歷史與現實的負累，彷彿身後有一大片陰影在追逼着他。他極力要逃離這陰影，却始終逃不出去。

這種恐懼感是不是從文先生給我信中談及的那個「弱點」？對此，我實在不敢斷言。於是，我感到了人與人之間相互理解的困難。從文先生在一篇未完成的文章〈抽象的抒情〉開頭，有一段題辭：

照我思索，能理解「我」；照我思索，可認識「人」。

其中，那個未加引號的我，應該是從文先生早就說過的真正屬人的那個自己。這就是說，聽命於作為人的那個我去思索，而不是受外在於我的物的支配，就能理解「我」，認識「人」。然而，認識、理解人，卽實現人與人心的溝通，以每個人都能遵守真正屬人的我的指令為前提；而要作到人皆能從我思索，又必須以人類日前生存狀態的改變為前提。想想那個我、「我」分裂的人類目前狀態，不能不讓人對眼前的人生起着大恐懼。這使我想起，從文先生逝世後，當他的親人及少數聞訊趕來的學生、朋友，向從文先生遺體告別時，靈堂裏迴蕩着的貝多芬的「悲愴」樂音。那不只是從文先生一生命運的寫照，同時也是從文先生生前所意識到的目前人類靈魂的宿命象徵。

無論從文先生內心的恐懼感是否他所說的我不能從深處抓住的那個「弱點」，它確是從文先生後半生精神結構中居要害地位的一個層面。很顯然，這一精神實在，囿於自內自外的限制，在這本書中，未能獲得充分展示。如果依據這一思路改寫，也許會在極大程度上改變這本傳記（尤其是後半部）的面貌。這不能不是著者的遺憾，消除這一遺憾卻又只能寄望於將來。

這本傳記得以在臺出版，是與姜穆先生的大力推薦與東大圖書公司的熱情扶植分不開的，在此謹表謝忱。如果此傳能聊慰旅臺大陸籍同胞思鄉之情，對臺灣籍同胞了解大陸歷史——現實境況有所裨益，著者於願已足；倘若能進而引發讀者諸君認識與思考本世紀以來，中國知識分子的艱難步履及充滿苦難的心靈歷程，則屬過望；假若因數十年海峽兩岸隔絕，書中文字凡與讀者有所牴牾之處，敬請讀者諸君付之一笑可耳。

——就此打住。再說下去，就難免有堵讀者批評之口的嫌疑了。

一九九〇年盛夏　草成於湖南長沙

沈從文傳 目次

引子

自然既極博大，也極殘忍，戰勝一切，孕育衆生。螻蟻蚍蜉，偉大巨匠，一樣在它懷抱中，和光同塵，因新陳代謝，有華屋山丘。智者明白「現象」，不爲困縛，所以能用文字，在一切有生陸續失去意義，本身亦因死亡毫無意義時，使生命之火，煜煜照人，如燭如金❶。

這是沈從文思索生命意義時說過的話。迄今爲止，沈從文已走過了八十餘年的人生路程。人間有意，自然無情，勿庸諱言，他已經逼近了生命的終點。然而，他終於通過一生創造性的勞動，完成了生命的轉移。當人們接觸他所留下的精神文化產品時，便立即感到其中燃燒的生命熱力。

我仰面凝望星空，試圖尋找沈從文的位置時，突然想起幼時家鄉父老所說的沈從文是「文曲星」的話來。那時，我自然不懂何謂「文曲星」，也不知道它在天空中的位置，朦朧中卻感到一種神秘，留下了沈從文異於常人的印象。

大凡不平常的人物，都有超人的人格氣質和與之相稱的「奇相」、「異骨」。——以往的史

---

❶《燭虛》，上海文化生活出版社一九四〇年版。

書典籍、說部戲文，都曾反復地明喻暗示過。可是，當我終於有機會與沈從文見面時，結果卻使我大失所望。——或許，史書典籍說的全是謊言，或許，沈從文壓根兒就不是那種超凡的人物。他既無引起人「崇高」感的氣質，其相貌實在也很平常，以至於我無從簡明地說出他的形象特徵來。記得美國人這樣形容海明威：「海明威，這頭老獅子！」單這一句，就使人立即感到了這位不同凡響的作家性格氣質的魅力。隱喻人類某種性格氣質的動物寓言實在不少了，獅子的威猛、雄鷹的矯健、狼的兇殘、狐狸的狡詐、羊的孱弱……，但無論那一種，移用到沈從文身上，似乎全不管用；或者如我們常見的以名人爲對象的繪面雕塑，或是碩大無朋的前額，層疊的皺紋裏深藏著永遠猜不透的神秘；或是一雙威嚴、深邃而又賊亮的眼睛，彷彿具有無堅不摧的穿透力，不刺得你縮小、變形，自覺渺小，決不肯放手；或是一張含著譏世微笑的嘴唇，兩角上似乎掛著一整部人類哲學……。可是，這方法於我也不適用。沈從文的相貌沒有一處可資誇張。我見過他二十歲時拍的一張照片，頭髮大約略略作過梳理，卻終有一部分不肯伏貼，蓬蓬然向上豎立。眼睛微含憂鬱，卻清明黑亮，眉毛上揚，嘴唇微抿，彷彿蓄著「橫豎要活下去」的堅韌，活脫一個湘西「小蠻子」的形象。可是，當我有幸見到沈從文時，他已近八十高齡，早就皤然一老翁了。白髮疏朗而妥貼地伏在圓圓的頭顱上，褐黃的眼珠斂去了年輕時的光澤，眼、耳、鼻、唇、額、顴、頜、頰，相互謙讓地平和相處，決無西方人似的大起大落，綜合成湘西老祖母行的寧靜與平和，使人頓時失去與名人對面時本能地保有的那種戒備。我詫異於時間這個雕塑大師的任意與大膽。這後來的完成品與先前的雛形竟全然兩樣；我見過他所珍藏的他父母的照片，他的長相不像其父，也不類其母，我疑心更多地帶有他嫡親祖母的遺傳（盡管連他自己也沒見過這位祖母）。——一位朋友故作神秘地告訴我，這是男人女相，爲異相，主大福大貴。可是，沈從文一生充滿坎坷，從來沒有大福大貴過。然而，倘說人生的福貴不只是腰纏萬貫、位列九卿一類身外物，那麼，沈從文一生所得也實在很多。如果說作家是以文字征服世界，那麼，對沈從文來說，前三十年的文學創作，後三十年的文物研究結出的果實，已越來越多地贏得了中國與世界的讀者，證實了自己生命的價值。雖說社會衡量價值的標準變易不定，失去的可能還會重新獲得，已經確認的也許還會失去。然而，作爲一個無法迴避與省略的歷史存在，無論是毀是譽，沈從文都將如丹納所說的那樣，一代又一代地被「舊事重提」。——能夠如此，也就夠了。

——這也不過是我輩的多嘴。在沈從文自己，無論是身外報償，還是身內所獲，物質上的得失，還是精神上的毀譽，卻從不以爲意。

我第一次見到沈從文，是在他的北京東城區小羊宜賓胡同五號的寓所，這是北京的四合院，東邊廂房，僅有的一間居室約十二平方米，還兼作客廳，一張窄的木床，靠窗一張老式書桌，一個簡易書架，一把藤椅，兩張木椅。像他這樣人家早應該有的一切現代生活用品，一樣也沒有。一九八〇年，當他遷居到崇文門東大街三號中國社會科學院的宿舍大樓後，我再次去看他，發現他的臥室兼客廳裏，添了一張長沙發，一臺電風扇，一臺收錄機，一臺彩色電視機。我笑著對他說：「沈先生，你也開始現代化了。」他指著沙發、電風扇、收錄機說：「這些都是黃永玉換代後送我的。」沈夫人告訴我，香港一家書店給他出了一本書，事後說虧了本，稿費無法支出。還是居間介紹出這本書的人民文學出版社的編輯張木蘭，代爲向香港方面索取了一臺彩色電視機，也就抵了那本書的稿費了。我疑心他有一大筆存款，到後來我才知道，他一生所得收入，除維持一家生活必需的花費、社交應酬和幫助別人外，都陸陸續續花在購買書籍和陶瓷文物上了。他家裏曾堆滿了各式各樣的「罈罈罐罐」，家裏放不下了，便隨手送人，送掉後又買。後來索性一古腦兒全送了博物館，不僅沒有索取任何報酬，連一張收條也沒留下。他指著牆角一個裝鹹蛋的青花瓷罐說：「這個東西現在在香港，可以賣上萬美元。我買它時，可便宜了。」——以至一九六九年他被下放到湖北咸寧，他擔心自己一去便不再回來，將自己的積蓄分給幾個至親子侄時，總額不過幾百元。一九八二年，他開始陸續收到花城出版社寄來的《沈從文文集》的稿費，他立卽拿出一萬元，寄給家鄉的小學，修建一棟圖書樓。我曾勸過他：「年紀大了，總有用錢的時候，應該自己留下一點。」他淡然一笑：「不要緊。錢，總還會有的。」他一生厭惡爲著一己私利聚斂財富的行爲，對金錢支配一切的人生現象深惡痛絕。他不僅是言者，而且是行者，彷彿有意與金錢財富保持距離。然而，他也有因手頭無錢而發窘的時候。且不說他年輕時爲吃飯問題所作的種種掙扎，就在他不再爲吃飯發愁以後，每逢某項社會公益活動需要他捐贈時，他常常因拿不出錢來而發愁、難過。最後，總是了解他的表侄黃永玉及時爲他墊出。

也許，沈從文對物質享受的淡泊，出於中國知識分子重名不重利的傳統心理，事實並非如此。一九七八年全國第四次文代會後，沈從文長期冷落的門庭重新變得熱鬧起來，各色各樣的拜訪者接踵而至，國內的報刊也開始出現重新評價沈從文文學成就的文章。與沈從文有過多年友誼的蕭離解嘲似地說：「沈先生的行情正在看漲。」對這一切，沈從文表現出驚人的平靜。在談到他的文學創作時，他總是輕輕地揮著手：「那都是些過時了的東西，不必再提起它。……我只不過是個出土文物。」在沈從文與中國現代著名作家之間，他既不承認二者聯結的必然性，也不承認自己具有與衆不同的禀賦，似乎全出人生的隨機性決定。他常用「因緣時會」解釋這歷史的結果。

「這是因緣時會。」他強調說：「我年輕的時候許多熟人同鄉，頭腦都比我優秀得多，卻一個個先後消失在中國近乎周期的悲劇裏。就拿寫文章來說，開始時我的一支筆就笨得很，能夠堅持下來，也只是比別人耐煩一點。」

沈從文在文壇上的沉浮，在中國幾乎是一個典型。在這沉浮的背後，重疊著因「歷史的誤會」而帶來的種種人生坎坷與痛苦。但他幾乎從來不主動提及自己幾十年來遭遇的損害與屈辱。當別人問及他在「文化大革命」中的遭遇時，他只是說：「我沒有我的朋友受的衝擊大，我只是要打掃茅房，那是普通的事，在家裏不是也要打掃嗎？」在他的面前，人們常常惋惜他不能繼續從事文學創作，爲他在文學史上的「失踪」，在第二、三次文代會上，連他的作家身分也得不到承認感到不平，他照例只是笑笑：「那未必不是塞翁失馬」。

對涉及個人榮辱得失的人事，沈從文表現出一種令人吃驚的寬容。他寧願記住別人的好處，而忘了別人對自己的損害。在對人性向善的追求方面，他逼近托爾斯泰，托爾斯泰還有爲個人榮譽常常要與人決鬥的激烈舉動，沈從文卻更多屬於東方人的寧靜與平和。

他總是微笑著面對已成過去的歷史，微笑著凝視這世界。然而，這不是伏爾泰似的譏世的微笑，其中，滲透著他稟賦裏的善良、天眞和「童心幻念」。——這樣說，也只是略去了許多中介環節的一種模糊化處理，他當然有憂愁、傷心、痛苦的時候。記得一九八〇年，丁玲突然發表了一篇題爲〈也頻與革命〉的文章，未指名地批評沈從文當年歪曲她和胡也頻投身革命的動機，指沈從文爲「貪生怕死的膽小鬼」、「斤斤計較個人得失的市儈」。這是丁玲被落實政策，從北大荒返回北京以後，從一個日本人手裏得到一本沈從文三十年代著的《記丁玲》，因不滿沈從文書中所持立場，有感而發的（此書問世四十餘年後，丁玲第一次讀到它），而與《記丁玲》具有同一傾向的《記胡也頻》一書，丁玲是親自過目了的。丁玲此舉，還有沒有更潛在的心理動因，恐怕將成爲一個難解之謎了。此後不久，我去沈從文處，一見面，他便對我說：「請你給我複印我的兩篇文章，一是〈關於丁玲女士被捕〉，一是〈丁玲女士的失蹤〉。」他說這話時，顯得有點失去慣有的平靜，激動裏夾著一絲傷心。「我不是要和她爭什麼，只是想讓問及這事的朋友，明白究竟是怎麼回事。」我答應了他的要求，幾天後，我給他送去兩篇文章的複印件，他道了謝，接過複印件看了看，又隨意放到書桌上，隨後一言不發，兩眼發愣，彷彿陷入對往事的回憶，眉宇間掠過一絲難以察覺的憂鬱。良久，才輕輕地吁一口氣，喃喃自語：

「唉，我們那位老朋友哇……」

後來，這件事再沒有和我談起過。

在人生的競技場上，沈從文是一個弱者，還是一個智者？對此，我感到一種無法判斷的困惑。他的淡薄名利，他的對人事的寬容，他的與世無爭，常常使我想起老子《道德經》裏的一段話：

> 上德若水，水善利萬物而不爭，處衆人之所惡，故幾於道。……夫唯不爭，故無尤❷。

沈從文也多次談到水與自己生命人格的不可分：

> 水的德性爲兼容並包，柔濡中有強韌，從表面看，極容易範圍，其實則無堅不摧。水教給我粘合卑微人生的平凡哀樂，並作橫海揚帆的美夢，刺激我對於工作永遠的渴望，以及超越普通人功利得失，追求理想的熱情洋溢❸。

仁者愛山，智者愛水。按照中國這一古老的格言，沈從文理應屬於智者。然而，在與他當面

---

❷ 老子《道德經》第八章

❸ 〈一個傳奇的本事〉，《沈從文散文選》，人民文學出版社一九八二年版。

交談時，你會不相信這就是蜚聲中外的沈從文。他沒有先聲奪人、不容置疑的雄辯之才，也沒有精警和有意作成的深刻。一切預先對名人、智者抱有的種種企望，在他身上全都得不到。與你對面的，不過一個平凡而又平凡的人。他會立即消除了你原有的緊張與不安，心裏陡然長出許多自信來。同樣從湘西走出來的青年作家蔡測海，這樣敍述他與沈從文的談話：

我聽沈從文先生說，寫小說就像翻跟斗，會翻一個就會翻一百個。然後他再也不談寫小說如何如何。我也不再問他，然後聽他談古往今來的服裝。他說他不識得布料。我先是愕然。這方面他不是有過價值很高的著述麼？接着也便釋然④。

沈從文的言談永遠這樣樸訥，永遠沒有結構嚴密的邏輯程序。你也許會感到失望，似乎他原本就沒有說出什麼深刻的東西；如果細加咀嚼，也許又會感到一絲餘甘回味，其中彷彿蘊含著一點什麼。待到你試圖捕捉它時，那點蘊含又游移不定，無從把握。無論是談人生，談藝術，他就像一個普通的鄉下農人，能夠談出如何如何種莊稼，而對於其中包含的植物栽培學原理，總是照例不大說得明白。或許這是一種錯覺，他的言談原本是一種「大智若愚」的表現形式：避開具體的認知程序，直接與主體對面，一種東方哲人的認知方式？然而，誰又知道呢？一個聰明的鄉下農人與一個充滿智慧的哲人之間，也許根本就沒有什麼界限。——他們都置根於同一片人生土

④〈文學門外談〉，《芙蓉》一九八六年第三期。

地。

然而，這充滿活力與生機的人生，與沈從文是漸離漸遠了。此刻，就在他所居的公寓大樓的下面，正奔湧著不息的人流。南來北往的，東奔西走的，正上演著新的人生戲劇。同樣有得意，有失敗；有善良，有罪惡；有笑，也有淚……，人生的書籍正一頁頁翻開去。可是，他已無力去翻閱這本大書了。一九八三年，他開始身患重病，腦血栓已經使他右邊的肢體痲痺。從那時起，他幾乎是足不出戶。雖然他的記憶力仍然極好，大腦襞皺裏深刻著的一生經歷的種種，提及時仍歷歷如在目前，然而，這一切，都只能作爲一去而不復返的陳年册頁，在他的心之一隅裏把玩。而且在他身上，越來越明顯地呈現出人到暮年的嬰兒狀態，常常坐不多久，便眼睛發澀，嚷著要睡，將他扶上床去，頭一著枕，便酣然入眠。似乎一生的榮辱得失，眼前背後的人事全不縈懷。我曾殘酷地忽發奇想：如果這一睡去便不再醒來……這一天終將不可避免的到來，我無端地猜想，那一刻一定是這樣子，走得坦然，一切人欠我欠的恩怨，在那生與死的臨界線上，一定會蕩然無存。

他心頭自然還有他所無法釋懷的東西。這頭一件便是他三十餘年來所從事的中國古代文物研究。我每次見到他，他總是要談起有關的種種。他常常嘆息說：「手頭有許多題目可做，現在是來不及了。」「××地方又有了新的文物出土，應該親自去看看，也無能爲力了。」話語中總是透著惆悵與悲哀。雖然，他的《中國古代服飾研究》已經出版，當年，由於一個偶然的機會，他所結識的一個回國觀光的志願軍戰士王序，在他的指導下，已經成爲能夠獨當一面的服飾文物的專家，他的後半生事業已經後繼有人。但他仍不滿意自己：「應該留下好的基礎，可是有好多事還沒有做……。」王序曾對我說，沈從文最害怕的，是失去工作的權利。前幾年，通知他去辦理從歷史博物館調中國社會科學院的手續時，他誤以爲是辦理退休手續，走進有關部門辦公室的門，他緊張得幾乎無所措手足，只是囁嚅著說：「我還能做點事，請不要讓我退休。」

確實，在明確意識到的範圍內，沈從文最放心不下的是這未竟的文物研究。這也難怪，按照弗洛依德的心理分析，在他的後半生裏，他的人格是通過學術研究而獲得昇華的。然而，這終究只是一種替代性的昇華（盡管這一替代在沈從文那裏表現得比較徹底），是從文學創作向學術研究轉移的結果。在他轉向文物研究之前的近三十年裏，他身上積蓄的巨大能量，是通過文學創作的主渠道獲得渲泄的。這一渲泄渠道在後來的猛然受阻，原有的對象選擇便轉入潛意識領域。可是在這潛意識領域，他始終保留著對文學創作的眷念。我曾看過一位來自加拿大的留學生和沈從文一次饒有趣味的談話記錄：

「假如你處的社會一直沒有轉變，對文學的要求也沒有變化，你會繼續寫下去嗎？」我問。

他笑着說：「那不能不改變！」

我繼續追問：「那假如一直沒有改變呢？」

「那當然是改變好一點。因爲文學也許只是個人的事情，個人的事情太小了。」

我仍不肯放棄：「那假如不改變呢？」

他頓了頓，慢慢地說：

「也許可能，也許可能。……也許可能，因爲當時我的年齡正是寫小說的時候，《長河》那樣的就沒有寫完。」

「現在不是因爲上面喊我去，有限制我的框框，而是我自己的框框，我自己形成的，自己有種限制，自己想這樣想那樣，考慮的方法不同。」

想起「這個東西」（指他的文學創作——筆者注），他輕輕地感嘆着：「也可能的，也可能的……。」⑤

他當然不能完全割捨在他生命的黃金時期苦心經營的那個文學王國。這個王國的人生世界是以中國西南的一小隅爲中心建構的。從表面看，沈從文不過是一個區域性的作家。可是，從深處看，這遠不是一個封閉的系統，不僅其中厚積的文化沉澱閃耀著迷人的光彩，而且澎湃著特定的區域環境與外部世界環境對流的巨大浪潮。當人們擺脫機械單一的政治——經濟模式對文學的規範，從寬泛的文化角度審視時，其中隱伏的世界圖像便被照亮了。一位美國的福克納研究專家H

---

⑤ 鄺心美：〈與沈從文談「這個東西」〉。

・R・斯通貝克，將福克納與沈從文比較以後，得出沈從文是中國的福克納的結論。作爲一種全面的類比，這一說法自有許多勉強的成分，但他到底發現了，面對人類的某些共同的境遇，東西方作家心靈的溝通。山川，海洋；種族，國別，無論是自然的阻隔，還是人爲的分割，人類的心到底是能夠相通的。一九八四年，來中國講學的H・R・斯通貝克回國之前，企望著實現自己拜訪沈從文的夙願。當他得知沈從文正重病在身時，在最後一刻取消了這一計劃。不久，他從美國給沈從文寄來了一組表白自己心迹的詩篇。

我來到中國的時候，
我宣告了我兩個最強烈的慾望：
要會見沈從文，還要到
湘西的叢山中去旅行。
現在，走之前，這大概不會
實現了，至少這次不行了。
然而，也許這古老的人的願望
想握一握大師的手，想向創造者致敬
想飽覽他寫過的那片土地，
也無非是傻事。因爲所有的東西

生活的地方是在作品裏，只有在作品裏，
他歌唱。

和你在一起，那麽，沈從文，
我在鴨窠圍度過了一個長夜；
我像一個白痴，在寒風裏佇立在河岸上，
傾聽着相思的歌曲，多情水手
和寂寞婦人的歌曲；我曾向辰河上游航行，
遇到一個對歷史毫無負擔的民族，
他們的生活深深地植根於自然；
我參加過給社稷神的祭祀，
敬山神的儀式，所有地方的神秘風俗。
我看到過神兵

聽到過紅嘴鴉護衛河上的水手，
我知道苗族的放蠱，辰州符，

那俠義，那勇敢，那熱情。
我遇到過半瓶醋的城裏讀書人，
他們由於一知半解而視而不見
清除了所有的東西，還有其它的
戴着反光太陽的眼鏡，沒有眼睛
他們從來不懂得
一個人的話就是他的信義，
黃金不及那覆蓋宅的泥土珍貴，
人可以爲了榮譽去決鬪
而事後，我們可以在河裏洗盡所有的東西。
和你在一起，那麽，沈從文，
我分享了那靜悄悄的秘密知識，
那是在地球上幾乎失傳的，
在肯塔基給與了我的，
在湖南給與了你的，

水使我們光着眼睛看到美，
水教給我們獨立思考。
大學校是在水邊上的，
大知識是知道東西怎樣做成的，
爬樹，偷李子，唱民歌，
會比遠離大地，在空中亂摸的
抽象的老師們給與我們更多的東西。
在所有的時代和地方，我們少數幾個人
從自然、從墳、風、地上的草、河裏的游魚，
從所有的東西的感覺，氣味和聲音
得到縱情的歡樂，心醉神迷，
身不由己，又自由自在。
我們一起去摸過魚，把手
伸進潮濕的岩石裏陰暗隱秘的地方；
我們傾聽過老獵人的故事，
聽到過獵狗在山頭上吠出隱秘的眞理，

我們懂得了在一本好書和一個好地方之間，
選擇的必須永遠是地方。
我們也知道我們的命運是寫許多書
來講這些東西。我們知道，
雖然年輕時候在家鄉又野又放蕩，
我們却必須出發到世界上去走動，
你七十年前背上一個包袱，
我三十年前背上一個吉他，
無可奈何，我們參加軍隊，
可是在所有的長途行軍之後，
仍然，仍然，我們懷着渴望一直歌唱。
走向人們需要我們歌曲的那些城市。
後來歷史的巨吼震聾
人們的耳朶，他們不再聽見那些歌，
我們或許轉向學術研究，

轉向文學和漆器，
錦緞和服裝，保存下過去的點滴，
那些藝術揭示的正在消亡的知識和歡樂的點滴，
如同在一張羊皮紙上一樣的：
在歷史的瓦礫堆裏，
碎條，破片，細線，
通向過去那座迷宮的線索
那座我們必須在其中巧妙地曲折穿行的迷津，
如果我們想要走出來，
到一個有意義的現在和未來，
一個有根深蒂固的歡樂的明天。
和你在一起，那麽，沈從文，
我重建了亭子和寶塔，
在渡口，獻給本地的神祇，
保佑風調雨順，天時地利。

我知道許多管渡船的老人，
在迷人的渡口守望着河流。
但是，我只知道一個翠翠，
我也知道她永遠等待我
從那叢山中奔流而下的小溪邊上，
在一個比游魚出沒還深的夢裏，
她永遠等待
我過渡，就在邊城那邊⑥。

就在邊城那邊，有著曾經養育過沈從文的土地和人民。他就是從那片土地上，第一次睜開眼睛看這世界的。他無時不在眷念著那片土地，對故土的愛，使他幾近迷狂。尤其是近幾年，凡屬家鄉人的來訪，都使他興奮不已。不間斷的詢問、頷首、搖頭、輕輕的嘆息，彷彿一匹獵犬對目標的搜尋，任何有關家鄉的人事、山川風物的點滴，都不願放過。他渴望能夠再回湘西一次。就在他生病的前一年，還和我多次談起來年故地重遊的種種計劃。一九八四年，湖南的一位青年作

---

⑥引自〔美〕H．R．斯通貝克：〈獻給沈從文的組歌〉。全詩共分四部分，此其一。原作爲英文，引錄部分係巫寧坤譯文。

家劉鑑平來北京探望他，其時，他因病無法行走，正躺在床上。當得知劉鑑平是沅陵人時，他非常高興地說：「沅陵是個好地方，美極了，那是我的第二故鄉。我寫《湘西》時，就是把鳳凰和沅陵作重點。好多年沒有到沅陵去了。一九八二年回湘西，本來要去的，後來時間來不及了。」劉鑑平向他轉達了家鄉父老的問候，請他有機會再去沅陵看看。他連忙說：「要去的，我是要去的。」劉鑑平表示等他病好一些，就一定接他去。

「我能去，我還能去的！」說著，他便掙扎著要站下地來，並終於奇蹟般地站立起來。

「你看，我還能去！」他孩童般得意地笑著，眼角上早已噙了兩顆晶亮的淚珠。

然而現在，就連這一點願望大約也很難實現了。他終於只能在想像和回憶裏，同那片熟悉的土地親近。每當他獨自靜靜地坐在客廳裏出神，我總疑心他在神遊故土。

靜寂中，突然響起河船拍打水面的槳聲，油坊裏油錘與油榨相撞時爆發的聲響，伴和著古老、悠長而又悲涼的船歌與號子；沉沉的牛角聲，水車飛轉發出的「咿呀」聲……

一切聲響漸漸淡去……

……荒蠻的山野，阡陌相連。山腳一座木屋，門前一條石板路，緣山蜿蜒。夾路兩行綠樹，如旗幟，如羽翣。半山裏一座涼亭，粗大原木作柱，杉樹皮蓋頂。亭旁一塊大青石，臨壑而立。岩身突兀，岩面平滑如鏡。石板路上，嬉笑追逐著一羣「山靈」，秀腰皓齒，白臉長身，穿著滾著花邊的綉裙，靈巧敏捷，躍上大青石站定。她們引頸遠望，若有所思，亦若有所期。

遠處，傳來柔和纏綿的歌聲：

天上起雲雲起花，
苞谷林裏種豆莢。
豆莢纏壞苞谷樹，
嬌妹纏壞後生家。

嬌家門前一重坡，
別人走少郎走多。
鐵打草鞋穿爛了，
不是爲你爲那個？

「山靈」們相顧而笑，又相互推揉著，朝遠處跑去……。

第一章　在別一個國度裏

一、寫在斷牆殘碉上的歷史

倘若人的所思所想與其主體之間，連接的是一條有形的線索，那麼，這時正可以從北京前門大街公寓的這一端，沿着這條線路做一次長途旅行。從北京向南，走三千餘里至長沙，再向西北行四百里，便到了古稱武陵的常德。如果手裏剛好有一份中國地圖，你就會發現，在北面，標誌長江的藍色粗線由西向東蜿蜒，與洞庭湖銜接。湖右沿江橫亙着巫山山脈；湖西南方向，武陵山與雪峰山恰似兩道屏障，切斷了與洞庭湖澤地帶及湘中的聯繫；越雪峰山，入貴州境，西南壁立着大婁山脈與雲貴高原，這個被大山包圍着的三角形地帶，就是湘、鄂、川、黔四省相交的邊境地區。其中，屬於湖南的部分，便是秦置黔中郡、漢置武陵郡的湘西。史書曰：湖廣之西南隅，戰國時巫郡、黔郡也。湖北之施南、容美，湖南之永順、保靖、桑植，境地毘連，介於岳、辰、常德、宜昌之間，與川東巴、夔接壤，南通黔，西通蜀❶。

❶《清史稿》土司卷，中華書局一九七六年版。

一片犬牙交錯的廣漠山地，一個封閉的地理環境。

直到本世紀初葉，這裏公路未通，火車不行。只有兩條屢見於古典詞章的河流——沅江與澧水，從羣山中闖蕩而出，注入洞庭，成爲湘西與外部世界交通的要道。沅水上游及其支流——酉、巫、武、辰、沅，便是屢見史籍的著名「五溪」。它們有如人體上的血管，伸延到整個湘西地區。這些河流亂石密佈，險灘迭起，惡浪咆哮，亘古長流。羣山夾江而立，危峰礙日，密樹蒙煙，怪石猙獰，雲霧晦冥。羣山中也有各處爬行的山道。要是你身體強壯，膽量過人，能吃粗糲飯，喝酸菜湯，能租一條充滿汗臭的被子裹着身子在不乏虱子跳蚤的草墊上過夜，便可以從旱路去湘西。白天，一連幾個小時在不見人煙的深山裏走，你便有機會領會什麼叫天籟地籟，寂寞會堵塞你的嗓子，讓你心裏發慌。路旁忽然一座燒毀的屋，一具開始糜爛的屍體，一叢紅得凄慘的山莓，身前身後忽然橫路穿過一條大蛇，緊張又使你渾身發毛。天黑前遇到一家客店，你得趕緊住下，再下去又是幾十里沒有人家。半夜醒來你會聽到虎嘯狼嚎，毒蛇與蟾蜍格鬥時發出的凄厲叫聲，彷彿就在屋前或屋後。第二天再上路時，雨後鬆濕的泥路上，留有老虎路過時的巨大腳印。如果運氣好，卽使是大白天，也會碰見強人攔路搶刼，單刀決鬥……。

居住在這片土地上的人民，「言語飲食，迥殊華風，曰苗，曰蠻。」❷

❷《清史稿》土司卷，中華書局一九七六年版。

一派原始荒蠻的景象，彷彿是別一個國度。

現在自然是不同了，兩條主要公路幹線，一條穿常德、慈利、大庸、永順通龍山和桑植，北通鄂西；一條經常德、桃源、沅陵、瀘溪、吉首，通鳳凰和花垣，西出川黔。其中大部分路段，已經歷了半個世紀的風雨，隨着後來兩條幹線之間若干新的線路的修成，開始形成網絡狀公路交通結構。連接湖北枝城與廣西柳州的鐵路線業已從湘西羣山間斜穿而過。現代交通加速了這片古老土地的開發，促進了湘西與外部世界的交流。交通的發展不過是眼目所及的湘西變化中的一例。近三十餘年，湘西以空前的速度改變着原有的面貌。政治、經濟體制已與全國同步，舊的人際關係已經得到根本改造，原始自然風貌也在消亡過程中。早先隨處可見的大片原始森林與原始次森林，在多數地方已經消失。始毀於一九五八年「大煉鋼鐵」，無法數計的百年、千年古樹做爲燃料被砍倒、肢解，轉眼間化爲灰燼；再毀於七〇年代「農業學大寨」，爲修造「大寨田」，不少地方連油桐、油茶林也未能幸免。加上木材外運，鐵路、公路、水路一齊吞吐，幾乎掃光了最後一點殘餘。除少數人迹罕至的險隘偏遠之處，大自然恩賜給湘西的巨大財富，遭到了一次性的大揮霍與大拍賣。毒蛇猛獸固然已經潛踪，大自然原始神秘的美麗也不復存在，宛如一個美艷絕倫的仙女，被人撕去霞彩斑爛的神衣，褪掉奇光閃爍的釵、環、鐲、珮，奪走飛騰變化的法寶，赤裸裸地躺倒在地面上。鳳灘水電站攔河大壩的建成，已將沅水支流白河許多惡浪咆哮的險灘淹沒，峽谷結束了亘古以來的騷動不安，突然變得馴良安靜了。可是，一條白河通往沅水的船運，卻從此斷絕。湘、川邊境上有一座八面山，山上一座「自生橋」，兩邊懸崖絕壁，通向一座孤峰，風景極美。峰上一注清泉，清冽無比。忽然傳說那是「神水」，兩省邊界人民爲祛病延年，紛紛前往汲取。當地治安部門爲取締迷信活動，忽然點起一包炸藥，於是嶺斷路絕，天下太平。

人的智慧與愚蠢同行。

也有一些人力不及的地方，依然保留着原始自然風貌，最近幾年突然身價百倍，使湘西成爲全國著名的旅遊區。大庸的青岩山，桑植的天子山，慈利的索溪峪，永順的猛洞河、不二門，吉首的大、小龍洞，龍山的地下溶洞羣……，處處可見造化的鬼斧神工，使人心醉神迷、留連忘返。

假如你不僅僅迷戀山水，對風俗民情也懷有同樣興趣，這裏照樣不會讓你失望。正月新春，你如有幸趕上土家族「大擺手」活動，便會看到上萬人祭祀祖先的盛大場面。其時，牛角、土號、嗩吶與三眼銃齊鳴，男女隊伍身披土花被蓋，扛起龍鳳大旗走過來了。爲首的土老司頭戴鳳冠帽，身穿八幅羅裙，手執銅鈴司刀，唱起請「八部大王」❸的祝辭，率衆對神行跪拜禮。爾後，跳起舉族參加的長達幾天幾夜的「擺手舞」。在對神的祝辭裏，有的是對正義、勤勞、善良

❸「八部大王」，土家族公認的祖先。據傳，「八部大王」即八個部落的酋長，後封爲大神。

的讚頌，對邪惡、懶惰的斥責。而對人們莊嚴肅穆的神情，你看到的決不只是人對神靈的頂禮膜拜，它是一種善惡的基本抉擇，一種嚴肅的人生宣誓，一個民族堅固長久的信念。如果你錯過了時機，也大可不必遺憾，還可以和苗族同胞一道，共度三月三、趕秋等喜慶節日。每當金秋時節，苗族人民從四面八方趕往秋場，奏響了鑼鼓，點燃了鞭炮，「三連銃」禮炮齊鳴，沉沉的牛角號音與清脆的嗩吶聲交織，同時開展的各種娛樂活動會使你目不暇接。苗族漢子赤腳登上三十六把鋼刀排成的刀梯，赤手從燒得滾開的油鍋裏撈起炸熟的油粑，紅嘴白牙咬住燒得透紅的鏵口，八人秋千在空中飛旋……。更有苗族青年男女，用本民族特有的山歌，自由地傾吐心中的愛情。樹叢中、路坎下，撐一把花花傘，成對兒切切絮語、互贈信物。這一切，使人感觸到的，決不只是一點驚訝，一絲纏綿。

假如你同時還是一個歷史學家，你一定會對這片土地留下的許多歷史遺迹感到興趣。龍山里耶的新石器遺址，酉水流域的崖墓葬，瀘溪的屈望村，鳳凰黃絲橋古城，永順的司王城，保靖的盤車城，溪州銅柱，沅水兩岸的伏波宮，以及西起黔東銅仁亭子關，東止於古丈旦武營，綿亙三百六十餘里的邊牆……，它們記錄了一個殘餘民族，在一份長長的歷史歲月中的命運。

這些歷史遺迹，有的尚相當完整，有的僅留下一點殘痕。日落黃昏，你試登上山頂，去搜尋憑弔邊牆遺迹，已經無法想像它當年是什麼樣的模樣了。這座始築於明朝萬歷年間，高八尺、厚五尺的小「長城」，是爲防範苗民「叛亂」而設的。雖經歷史風雨剝蝕，如今只餘一點殘痕依稀可辨，但專爲稱頌帝王「文治武功」的正史，卻留有赫然分明的記載：

始於嘉慶朝征苗之役，……自湖南乾州界之木林坪起，至中營之四路口，築圍牆百數十里，以杜竄擾。其險隘處設屯堡，聯以碉卡。鳳凰廳境內，設堡卡碉臺八百八十七座，永綏廳境內，設碉卡碉臺一百三十二座，乾州廳境內，設汛碉一百二十一處，古丈坪及保靖縣境內，設汛碉六十九處。環苗疆數百里，烽燧相望，聲息相聞。關牆則沿山澗建之，炮臺則擇衝要築之，哨臺則於關墻之隙修之，卡碉屯堡，則因地制宜，或品字式，或一字式，或梅花式。其修建之制，關墻則土石兼施，炮臺則以石砌，而築土以實中心。哨臺亦石砌，環齒槍孔，高峻堅實，碉樓之制亦然❹。

不難想像，廣袤的中國國土上這一彈丸之地，僅四個縣境內，成一線排列起一千五百餘處碉卡屯堡，是一種什麼樣的情景；望着眼前的斷牆殘碉，依稀可以想見烽燧遍地、刀光蔽日，依稀可聞戰鼓震天、號角連營……。這一切，似乎都已經十分茫遠了，眼下，羣山遮斷了夕陽的餘輝，濃重的陰影撲向遠近的山澗與河谷，苗鄉與土家山寨的炊煙拖着一條條白色的帶子，在山腰與林際間纏繞，遠處傳來母親呼兒歸去的焦急而溫馨的聲音。沉重的歷史落到你的肩上，會壓得你喘不過氣來。

❹《清史稿》第十四卷，中華書局一九七六年版。

斷牆殘碉上，刻寫着一個民族悲慘的歷史命運。

自古以來，苗、瑤、峒、土家等少數民族，就在這片土地上繁衍生息，他們是這裏的最早的主人。在土家族的語言裏，土家族自稱「畢兹卡」——本地人，稱苗族爲「白卡」——鄰居的人。至於居住在湘西的漢族，則是後來的移民，土家族所稱「帕卡」——外來的人，即史籍上所稱「客民」。雖然在族源問題上，無論土家族的「人說」，還是苗族的「三苗說」，迄今尚無定論，但是，秦漢數百年間，這裏已是苗族、土家族主要活動範圍，當無可疑。是他們最早開發湘西，創造了這塊土地上最古老的文明。

然而，歷史對他們太不公正。在唐以前，他們是被當做「蠻族」來看待的。在封建王朝編撰的正史裏，「南蠻」、「西南夷」、「盤瓠蠻」、「武陵蠻」、「五溪蠻」，便是對他們的統一稱呼。直到宋朝，才有所謂「苗蠻」辨，進而將苗族與峒、瑤、土家族區別開來。雖族類有別，其「蠻」一也。

伴隨這種蔑稱而來的，是華夏族對南方少數民族長達幾千年的征服與同化。

於是，這些「安土重舊」的民族，被迫不斷地向崇山峻嶺間遷徙。在這些民族的「古老歌」裏，都留下了民族遷徙的記載。

人間坐不安寧，

世上住不成家；

一幫代熊代螢代酥，
一羣代穆代來代卡❺；
又挾老携幼上遷，
又撥船繼續上划。
從務滾務嚷上來
從務流務泡上來；
從洞務洞黨上來，
從洞焦洞灣上來……❻
跨江過湖上來，
穿雲破霧上來；
行山依水上來，

---

❺代熊、代螢、代酥、代穆、代來、代卡：苗族各部落名。
❻務滾、務嚷、務流、務泡、洞務、洞黨、洞焦、洞灣：苗語地名，傳說在長江、洞庭湖一帶。

走山靠山上來；

獵獸打魚上來，

開山開土上來……

這是苗族史詩〈鵂巴鵂瑪〉❼，描述苗族人民由七個落部首領率領，分七路從平原湖澤地帶向湘西崇山地區遷徙的悲壯圖景。然而崇山仍呆不住，於是再向湘川黔邊境遷徙，一部分在湘西定居，一部分沿沅水西入川、黔。定居湘、黔邊境的部分，開闢了以湘黔交界的獵爾山脈爲中心，「東南北三面環旋湘境七百餘里，西北兩面環旋黔境二百餘里」❽的苗疆。

從此，揭開了漢族與湘鄂川黔邊境苗蠻民族之間同化與反同化、征服與反征服鬭爭的序幕。在這長達數千年的民族衝突中，湘西首當其衝。

各民族之間的恃強凌弱，是人類進入文明時期以來的痼疾之一。文治武功培養起來的英雄強者，排演着人類自身的悲劇。這個被迫遷徙崇山峻嶺之間的民族，面對歷代漢族統治者的武力征服，不能不爲自身的生存作困獸之鬭。

春秋戰國時期，楚對周是「綏服」，而崇山尚爲「荒服」，不屬楚統屬。秦統一中國後，以

❼ 流傳於湘西苗語西部次方言東部土語區，引文見《吉首大學學報》民族問題增刊《湘西苗族》。

❽ 呂振羽：《中國民族簡史》，三聯書店一九五一年版。

武力強迫苗民歸於王化。苗民「時叛時服」，「叛服靡常」，歷代封建王朝便不斷發起征苗征蠻之役，對不服王法的湘西少數民族實行武力撲殺。

翻開二十四史，幾乎每個朝代都有這種充滿血腥氣的記載。秦漢數百年間，歷史上最有名的是東漢伏波將軍馬援征伐武陵蠻之役。

東漢光武帝建武二十三年（四十七年），武陵蠻精夫單相程率衆起義，第二年，武威將軍劉尙率兵萬餘進攻武陵蠻。單相程據險扼守，漢軍冒進深入，以至劉尙全軍覆滅。明年，馬援率中郎將劉匡、馬武、耿舒共四萬人馬，南征武陵，斬殺武陵蠻三千餘。三月，兵進壺頭山❾，武陵蠻衆據高守隘，漢軍旱路兵不得進，水路因江流湍急，船又不得上，終困於壺頭。又逢天氣酷熱，軍中瘟疫流行，士兵多有病死。這位聲稱「男兒要當死於邊野，以馬革裹屍還」的將軍，也終於得病，困死軍中。於是，朝野震驚，不得不對「武陵蠻」實行招撫，相互訂約退兵。馬援歌曰：

滔滔武溪一何深，鳥飛不渡，獸不敢臨。嗟哉武溪多毒淫❿。

這位聲名赫赫的漢代中興名將，南征武陵留下的是一聲心膽俱裂的絕望嘆息。歷史終於成全

---

❾ 壺頭山，位於沅陵東，《武陵記》曰：「此山頭與東海方壺山相似，神仙多所游集，故名壺頭山。」

❿ 馬援：〈武溪深行〉，《先秦漢魏晉南北朝詩》上卷，中華書局一九八○年版。

了他的「馬革裹屍還」的誓言。

自唐以降，鑒於歷史上屢次征蠻之役無功而還，封建王朝對少數民族地區改單純的武力征服爲「以夷制夷」的制度。唐末，江西漢族彭氏家族進入湘西，以計謀殺土家族首領「老蠻頭」吳著冲，成爲湘西土家族地區的土皇帝。至晉天福四年，彭士愁率錦、獎（芷江）、溪（龍山）諸蠻，進攻辰、澧等地。楚王馬希范派兵迎擊，爆發湘西歷史上有名的「溪州大戰」。結果，彭士愁大敗，向馬希范求和。自稱馬援之後的馬希范鑒於乃祖征蠻敗亡的教訓，遂與彭士愁訂立盟約，在永順會溪坪立了一根重五千餘斤的銅柱。從此，彭氏在湘西土家族地區建立起歷經五代至清九個朝代共八百餘年的世襲土司王朝。中央政權也利用土司勢力，壓服土家族人民，並鉗制苗區。其後，每當苗漢衝突發生，土司便爲王前驅，「國家亦賴以撻伐，故永、保兵號爲婋雄。」⓫明萬曆年間，苗區邊緣修築「邊牆」，一面實施「客不入峒，苗不出境」的民族隔離政策，一面將苗族分割成「生苗」與「熟苗」，援剿「生苗」，「兼撫熟苗，俾漸知同化」⓬的逐步同化的策略。

然而，自成一統的土司小王朝，一方面，與各族人民的矛盾逐漸激化，一方面，又與中央政

⓫《明史》二十七卷，中華書局一九七四年版。

⓬《清史稿・誌一百一十二》，中華書局一九七六年版。

權的衝突日益加劇，終成中央王朝的心腹之患：「今歷數百載，相沿以夷制夷，遂至以盜制盜。」於是，至清康熙、雍正年間，清王朝對西南少數民族地區實施廢土司、設流官的「改土歸流」政策，從雍正五年（一七二七年）至十三年（一七三五年），湘西的「改土歸流」完成，分原土司轄地爲龍山、保靖、桑植、永順、石門、慈利、安福等縣。苗族地區，則設鳳凰、乾州、永綏直隸廳，古丈散廳，隸辰沅永靖道。從此，中央王朝在政治上開始確立對湘西的封建統治。

歷史永遠關閉着對它做簡單化評價的大門。封建王朝對湘西少數民族兩千餘年的征服，推動並完成了中華民族內部統一的進程，無論統治者的主觀動機如何，其結果卻與歷史的目的同一，彷彿歷史的公正總是借不義之手來完成。然而，如果因此而給不義授勛，也就失去了應有的人類道德準則。盡管少數民族的每一次起義，或因邊官「邀功生事，擅殺苗人」「侵逼峒穴，至生疑懼」⑬，或因「徭稅失平」⑭，民不堪命，或因客民中「奸蠹無賴之徒」，強占土地，掠奪資源，「客民之侵日見其多，苗疆田土日見其少」，或因增設屯兵占田，從「均三留七」、「均七留三」乃至「寸土歸公」⑮，卻總以封建統治者的血腥鎮壓告終。官府竟懸賞「殺一人頭當錢十

⑬《清史稿》，中華書局一九七六年版。
⑭《宋史》四十卷，中華書局一九七七年版。
⑮〈苗疆善後章程六條〉。

千」，「輸誠者貰其罪，從賊爲逆者殺無赦」⑯。宋熙寧五年，朝廷因搜刮朱砂、水銀與土著發生衝突，遂進兵誅斬。「無辜者十有八九，以至浮屍塞江，下流之人，不敢食魚者數月。」⑰乾隆元年，貴州征苗之役，「共毀除千有一百二十四寨，赦免三百八十有八寨，陣斬萬有七千六百有奇，俘二萬五有奇。」⑱這就難怪南方少數民族揭竿而起了。湘西「改土歸流」以後，清王朝爲進一步加緊對少數民族的鎮壓，在湘西增設屯田，加強軍事設施，派遣大批高中級將領常駐湘西，重點屯防。爲維護民族生存與民族平等的權利，湘西苗族人民多次發動起義，其中以湘黔苗民大起義最爲著名。

乾隆五十二年（一七八七年），幾個販運耕牛的客商在鳳凰勾補寨附近被刼，官府不問皂白，株連勾補全寨，激起苗民石滿宜等人反抗，官府派兵鎮壓，火燒勾補三寨，燒死石滿宜以下一百多人。勾補事件激起苗族積蓄的民族仇恨。不久，湘黔邊境苗寨一百多個寨長聚會，發誓「殺漢官，逐客民」，經過八年時間的醞釀、準備，擁立石三保爲「苗王」，以「逐客民，復故地」爲號召，在永綏、鳳凰、乾州和貴州松桃四廳同時起義，參加人數達二十餘萬，起義軍一度占領四省邊境六府十三個廳縣大片土地。幾乎全殲這片土地上的清朝駐軍，摧毀了它的統治機構。這次起

⑯《宋史》四十卷，中華書局一九七七年版。
⑰《宋朝事實類苑》，上海古籍出版社一九八一年版。
⑱《清史稿》土司卷，中華書局一九七六年版。

義使清王朝極爲震驚，急調雲貴總督福康安，貴州提督彭廷棟，四川總督和琳，湖廣總督福寧，江西總督畢沅，率七省共十八萬兵力，分四路合圍。起義軍在吳八月率領下，屢戰屢勝，起義軍各部公推吳八月爲「吳王」，並創造「官有萬兵，我有萬山，其來我去，其去我往」的戰術，給清兵以沉重打擊。福安康、和琳先後敗死軍中。後因起義軍內部有人暗中叛變，遂使起義失敗。

這次起義，前後牽制清軍十八萬人，僅永綏、乾州、鳳凰三廳戰場，就擊斃清軍都司、游擊、參將、副將、總兵等高中級將領二百二十多名，湖南一省耗費戰銀七百多萬兩。苗族人民也傷亡慘重。民族成員減去三分之二強，付出了沉重的代價。

其初，當起義軍節節勝利時，吳八月喊出了「打到黃河去，不到黃河心不甘」的口號。但這個「安土重舊」的民族，發動起義本爲「逐客民，復故地」以求自保，當義軍占領沅江西岸，見到沅水時，不願遠離故土的羣衆，便高呼到了黃河。其後一百年間，湘西苗族雖然仍不斷爆發起義，終因民族元氣大衰，再也無力大擧。湘西逐漸向現代演變。

歷史留給湘西的，是一筆筆無法算清的血賬。它留下的民族間仇恨對立的模式，必將影響二十世紀前半個世紀湘西社會的發展。

二、神尚未完全解體

血的浸洗與火的煅燒，剝落着湘西原始荒蠻的外殼，也釀造出難以盡說的人生悲劇。但這終不是歷史的全部。在漫漫的歷史長流中，它只占有時間總量中的一小部分。在更多的時間裏，當歷代梟雄逐鹿中原，拚殺得有聲有色的時候，湘西只是戲劇舞臺外的看客。只有強者終於搶占了金鑾殿，坐穩了皇帝寶座，想起「不服王法」的邊鄙「蠻族」的時候，才會送「戲」下鄉，遣王師與南方「蠻族」會獵於五溪。

但歷史從沒有給他們預約全勝。東漢馬援兵進武陵，遭土著頑強抵抗，最終兩敗俱傷時，光武帝劉秀知「武陵蠻」不可征服，只好派司馬呂種「以詔書入虜營，告以恩信」⑲雙方訂約休兵；南北朝時期，「蠻無徭役，強者又不供官稅」⑳；五代時楚王馬希范與土司立約的銅柱上，不得不刻下「無科徭，本州賦租自爲供贍，不抽差，永無金革之虞，克保耕桑之業」㉑的承諾，宋元佑元年，鑒於湘西土著民族的不斷反抗，只好將「五溪郡縣棄而不問」，「諸路所開道路，創置堡砦並廢」㉒；明代，爲加強對湘西苗族的控制，在花垣、瀘溪、鳳凰等縣境內，設立五寨與竿子坪長官司，卻終因苗民處於優勢，到清康熙年間失去控制，變成不受土司管轄的苗區；康熙年間征苗之役，清兵雖勝，卻元氣大衰，只好「詔盡豁新疆錢糧，永不征收，以杜官胥之擾，

---

⑲《後漢書·光武帝紀》，中華書局一九六五年版。
⑳《南史》第六册，中華書局一九六三年版。
㉑錄自溪州銅柱銘文。
㉒《宋史》四十卷，中華書局一九七七年版。

而苗訟仍從俗處分，不拘律例」㉓。乾嘉苗民大起義雖以失敗告終，卻給清王朝以沉重打擊，迫使清政府做出讓步；撤出大部營盤，採取措施限制漢族地主兼併土地，並歸還部分苗民田地，不許再向苗寨派夫役，限制奸商剝削，在苗區開辦學校，入學科舉不准歧視苗人。

歷代中央王朝對湘西「蠻族」的征服，卽便在政治上，也幾乎只有一種象徵性的意義，無論周代時崇山的「荒服」，東漢馬援南征的馬革裹屍以還，宋以前在湘西所設郡縣的「時設時廢」，還是五代至清康熙年間，延續八百年的「土司」制（以少數民族首領治理的政治制度，在湘西，土司多由土家族首領擔任，而在苗區，仍爲「既無流官治理，又無土司管轄的『生界』」，在那裏起作用的是一種氏族宗族制與部落聯盟，稱「合款」）。直到清王朝實行「改土歸流」，廢土司，設流官，封建主義的中央集權制才得以建立，但其後百餘年間，又是連綿不斷的民族戰爭。到近代，隨着封建王朝的覆滅，中央集權統治在這裏更形鬆散，以田應詔——陳渠珍爲首建立起來的湘西自治政府，既與國民黨中央政權若卽若離，各縣紛起的地方武裝與各縣政府也不相統屬。這些地方武裝既殺人搶物，綁票訛錢（其對象多爲本地有錢財主或外來商人及行政官員），也保境安民，不許外來勢力騷擾。

也許，湘西歷史上發生的征服與反征服、同化與反同化所形成的合力，規定着湘西歷史發展

㉓《清史稿》第四七册土司卷，中華書局一九七六年版。

的總體構架和基本走向。這每一次重大的政治軍事衝突，是那樣轟轟烈烈，它牽動着中國最高權力機構的神經中樞，即使刻意粉飾的歷代「正史」也留有它的顯明痕跡。然而，在這每一次政治軍事衝突之間，史籍留下的卻是大片空白。在這空白裏，應該塡寫的是湘西各族人民平凡的人生哀樂，他們以特有的生存與創造方式，爲自己、爲子孫，同時也爲歷史發展作出了努力。而這些，卻一例被歷史所遺忘。正是這爲歷史所遺忘的部分，層積着湘西本土文化——來源古老的「巫鬼文化」的豐厚內涵。它在湘西征服與反征服、同化與反同化所形成的歷史夾縫裏得以延續。然而，帝王們的刀劍終於一點一點撬開了湘西封閉的閘門，隨着「客民」越來越多地移居湘西——其來源爲隨歷次征蠻之役進入湘西的漢人和兵士、發配湘西的囚犯及外來經商的商人等等，封建文化也逐漸向這塊古老的土地滲透。到本世紀初葉，隨着西方傳教士進入湘西，外資及洋貨如棉布、煤油等商品的輸入，資本主義文化也隨之輸入。於是，原始文化、封建文化、資本主義文化三股文化繩索交織，絞結出湘西特有的人生型範。可是，這三種文化形態的交織在湘西的各個地方，並非按同樣的比重實現的。不僅偏遠的山寨，人口較爲稠密的集鎭，與作爲交通口岸的沿河水碼頭，情形大不一樣，苗族聚居區、土家族聚居區、漢族占優勢的雜居區更是各自頭上一片天，以全反映生命特性的文化背景無法用同一模式來描述。

這種不同形態文化的交織，幾乎滲透到湘西社會人生的一切方面。

由於長期處於一種封閉與半封閉狀態，這裏的生產水平十分低下。雖然，在固定的田地上牛耕已成普遍的農作方式，但同樣遍及山鄉的原始的刀耕火種——即在荒蠻的山嶺上，砍去叢生灌木，然後放一把火，謂之「燒荒」，待火熄灰冷，即點穴下種——本地人稱作「砍火畬」，與之並行不悖。在城鎮與平陽地帶，由早已出現的貧富懸隔發展起來的地主經濟，及相應的封建生產關係；在沅水和各支流，以及沿河水碼頭，船主與水手之間，形成的雇傭關係，已有了顯明的階級分化。而在多數偏僻山鄉（尤其在苗區），仍處於自由民經濟階段，階級分化並不明顯，「雖有貧富之分，政治上還沒有等級區別。」在這裏，人們的衣食住行全是自給自足：吃的是自種的糧食，自產的茶油，穿的是自己紡織的家機布，家用照明多爲桐油燈——一個竹筒，上置一個鐵盞，內盛桐油，二莖燈草浸油後便可點亮。夜行則點油欓膏——含油的松木塊或藁把——用乾篾條或葵藁等紮成。日常飲食在火炕（或稱火塘）邊進行，火炕中央置一「三腳」，做飯時便在三腳上置一鼎罐，其名稱與形制仍保留着遠自殷商時代的特點。溝通城鎮與山村的集市大約早已發展起來了，買賣雙方雖以貨幣爲中介，卻大多仍屬於以物易物的簡單交易，售出糧食、油類、家禽、水果，以挽回鹽巴、農具、幼畜、種子等等。商品經濟未能成爲主要的經濟形態。只有在較大的集鎮和沿河水碼頭，才有較具規模的商業。而在這裏經商的又多爲外鄉人，即來自外省的商人，他們幾乎壟斷了本地出產的桐油、木材、藥材、乾果等大宗產品的出口。本地人經商而成業主，在湘西是較晚的事。

因此，在多數山民頭腦裏，沒有明確的商品觀念。一切山果，如桃、李、梨、桔、柚、板栗等，野生的固然人人可以見而取之，家種的，過路人只要向主人打聲招呼，便可隨意摘取解渴。——「水泡泡的東西，吃幾個算什麼，越吃越發！」幾乎成了山裏人的口頭禪。後來，在一些行人過往較多的路旁，要摘取果物也要付點錢，出一毛或兩毛錢，便可拿一短木棍，盡你奮力朝結滿果實的樹枝上打去，打下多少是多少。這大約也算得經濟觀念的一種進步，終究也只是一種象徵。似乎大凡非經人力或所付人力不多的物產，在這裏一律被視作天賜之物，在它面前，人人權利均等。每逢冬閑，村寨裏的青壯，常常結羣趕山，帶着獵狗，拿着獵槍，打野猪，趕山麂。槍響獸倒，一有所獲，即便是過路的陌生人，見者便可分得應有的一份。

這些世代延續的規矩，已經成了山民們約定俗成的習慣。也有急需一點小錢，將家中收穫的山果拿到集市上出售的時候。價錢既便宜，出手也極大方，並隨時作出半賣半送的神氣。——決非現代商人的狡詐，彷彿帶一點不好意思的愧怍，不是急等錢用，怎麼好意思拿它賣錢。雖然時至今日，情形已有了很多改變，但其古風猶存。一九八四年，湖南現代文學學會在湘西張家界舉行年會，其時正值十月，恰逢板栗上市時節。一位同行邀我去買板栗，見路旁一鄉下老婆婆出售的板栗油亮可愛，便提出買兩斤嘗新，並說自己不識秤，囑我給她看秤。這時，老婆婆已將板栗稱好，一聽這話，老大不高興地將秤盤上的板栗扒下近三分之一，絮絮叨叨地說：「不相信人，怕我少秤，秤給你看，秤給你看！」她將秤砣放在兩斤星花上，秤桿仍高高翹起。又有一次，我們一行幾人仍然去買板栗，見路邊一位老婦人有大約六斤板栗待售。問他價錢，答是四毛錢一斤，還價三毛五全買下來，老婦人不肯。我們說，中間那麼多小的，不值四毛。老婦人聽出我們話語中有貨、價不符之意，一邊說「小的揀掉就是了」，一邊動手將顆粒小的揀出。小的揀去又有小的，於是又檢，最後揀得只剩四斤（揀出的兩斤幾乎賣不成錢），遂以四毛錢一斤成交。他們不僅沒有學會欺詐，就像我們經常從做轉手買賣的個體小販身上見到的那樣，甚至缺少正當的經商能力——或許，他們原本就沒將它看作是作生意。在這老一輩的山民心裏，信義比錢更金貴。

這一切，經濟學家從中看到的，也許是缺少經濟頭腦的「愚」；倫理學家看到的，可能是人性的「善」；哲學家瞧見的大約是倫理主義與歷史主義的二律背反；文學家感興趣的，一定是純樸人性的美。而作爲這片土地養育的兒子，我被喚起的，是一種既喜且悲的人生傷感情緒，我彷彿置身於羣山中一道山口，它的後面是一條幽深茫遠的歷史文化的峽谷。它的最初起點在哪裏？決定這種歷史延續的，是一種什麼樣的社會存在？它能不能繼續延續下去？有沒有繼續存在的必要？——我感覺到了一種惶惑。

這種使人感到惶惑的事還多着哩！每逢冬閑或新春期間，在湘西的山道上，可以隨時碰上男女婚嫁的迎親送親隊伍。——漢、苗、土家各族，依據各自的民族習慣，正按各不相同的婚嫁程序，操辦着兒女婚事。如果說，這各個不同的嫁娶儀式，只屬於文化表層的風俗差異，那麼，等你深入下去，便會發現有着質的區別的愛情與婚姻形態的交織。在漢族、土家族聚居以及三族雜居區域，封建形態的婚姻已經占有主導地位，「父母之命、媒妁之言」，在男女婚姻上起着決定性的作用，多有小女子年紀十二三，就被送到婆家去當童養媳，長到十五六歲時便與丈夫圓房，也有晚婚待嫁的女子，被年輕野孩子的山歌或舊戲文唱開了心竅，或去山上與情人幽會，或跟飄鄉戲子、過路軍人私奔，照例給本地人留下說不完的話柄。到本世紀初，感受着時代風氣的影響，一些在本地較大城鎮水碼頭學校裏讀書或外出省城求學的青年，心竅子被書讀開，婚姻不願再由父母包辦，已婚或已經定親的，回家第一件事，便是鬧着離婚、退親；未婚的便在外面找一個對象自由結婚，從此不再回來。在苗族聚居區域，愛情及婚姻仍延續着原始的自由形態。男女間的結識與相愛，多以對歌的方式進行。任何未婚男子都有權向自已鍾情的未婚女子（在服飾上，未婚與已婚、及笄與未成年女子，都有明顯的可識別的標誌），表達愛慕之情。照習俗，或否或可，女方都有以歌作答的義務。若雙方都有意結交，便以歌約定下次見面的時間與地點。經過進一步了解與接觸；雙方都感到滿意時，才互贈信物，以約永好。男女定情後，徵得雙方父母同意，才能託媒提親。如父母不同意，還可以找舅舅。只要舅舅點頭，便可結婚，卽使父母從此不與舅舅往來，也無權阻止婚事進行。如果舅舅也不認可，方有奔婚與自殺殉情的事發生（這種情況反倒並不多見）。這種「舅權爲大」的觀念，不僅盛行在湘西的土著民族，卽便是較早移居湘西的漢族中間，也仍維持着相當大的影響（也許，不同民族文化間的滲透，在湘西採取的是一種雙向進行的方式）。舅家的男子看中姑家的女兒，託人說親，姑家沒有推託的餘地。俗話有

「姑家女，伸手取，舅家要，隔河叫。」這幾乎是一種不成文的法典。這似乎是母系社會向父系社會過渡時期，父權開始確立而母權仍具相當大影響，父權向母權妥協的產物。

幾乎在一切方面，都形成各種不同文化因素雜然並存的局面。雖然，作爲中國統治階級統一的封建意識形態，已經向湘西滲透與擴張，但是，不僅在不同區域，這種滲透與擴張的程度各個不一，而且，在一般的山民中間，奉行的仍是傳統的家常人生哲學。這不僅與封建專制統治的不穩定狀態有關，也與封建教育的嚴重落後狀態有關。據地方誌記載，自明代在苗區始有讀書人「講學於辰州虎溪」㉔。但直到康熙五十四年，清政府在乾州建廳治，乾州仍無廳學，只設了一個臨時的「鎮溪所學」，乾隆元年方改瀘溪訓導部爲乾州廳學訓導。乾嘉苗民大起義以後，書院才漸次增多，雖然，封建教育的後來發展培育出一批進士、舉人，如做過民國政府總理大臣的熊希齡等，但究屬鳳毛麟角。多數人的人生教育是在家庭和社會的人生課堂裏進行的。這種民間教育，重在宗族——家族血緣觀念的灌輸，講習應付人際交往必需的社會禮儀及各種勞動、體育、娛樂技能。其內容方式，皆由湘西普通民衆與之面對的生存環境所規定。由於長期處於未開發或半開發狀態，其生存環境是嚴酷的。至本世紀初葉爲止，湘西與外部世界的交通主要依靠沅水及其各支流。由於交通閉塞，凡山裏大宗山貨運不出去，內銷極其有限，賣不出價錢，土地又貧

㉔《乾州廳志》。

瘠，若逢世道太平，又能風雨調順，土地所出尚可供其溫飽。倘若遇上旱、澇、蟲災，日子便極為難熬。地理環境又是那樣險惡。陡坡懸崖，惡灘急流，瘴癘之氣，毒蛇猛獸，抬腳便可遇上。稍一不慎，或被蛇咬獸傷，或失足落坎，或中暑發痧，一個活鮮鮮的人，轉眼便成地下之鬼。加上在外來者眼裏，湘西人一律是「蠻子」、「土匪」，官府「剿匪」殺人，既可隨意牽連無辜，挨打受氣，就更不是什麼稀罕事。人生充滿艱辛，人們必須從小就學得求生的勇氣與本領。長到六七歲，女孩便得習針線，帶弟妹，洗衣煮飯打豬草；男孩必須學會挑擔、砍柴、爬高樹，臨懸崖，經歷種種危險，比較誰更勤快、膽大、溜麻（機靈、迅捷、熟練之意）。就連孩子間的打架鬥毆，得到家長和周圍輿論支持的，照例不是弱者而是強者。如果遭到比自己年紀大的孩子欺侮，回家向父母告狀，還要遭到毒打：「你這沒用的，打不贏不曉得咬他一口，咬壞了我賠他藥錢，下回再這樣，我打死你！」每到冬閑，山裏孩子愛玩鬥竹馬的遊戲（這種竹馬，用竹子製成，為直騎式）─雙方騎上竹馬，相互衝擊，將對方撞下竹馬者為勝。一對一鬥，分組互鬥，以至村與村、寨與寨之間比試。這時，村寨裏的曬坪或河壩上，常常有極精采、熱鬧的演出。一場惡鬥下來。臉上掛彩，雙手皮破肉綻，剛上腳的新鞋不出三五天即花開朵朵，家長照例不多責怪。這些被強化的人生演習，在現代文明社會看來，也許是一種野蠻教育，殊不知在湘西，這簡直是一種應付生存必須的勇氣、膽量及人格訓練，其中包含了多少應付生存和遭受欺凌的人生辛酸！

然而，他們決非恃強凌弱的人類種族。相反，在其內部交往中，倒充滿了原始古樸的人間溫情。誰家遇到無力應付的難處，只要喊一聲，便可得到左鄰右舍的慷慨援助。婚喪嫁娶、架樑起屋，主動幫忙幾成義務。出遠門走長路的錯過宿頭，夜半叫門，即使與主人素昧平生，也可得到熱情的接待。他們對人生的艱辛既有切膚之痛，對別人的難處也便能感同身受。他們對人熱情、爽直、重信義，也以熱情、爽直、重信義求報。如果對胃口，信得過，對你是一團火，甚至可以捨命相報。肚子裏彎彎多的人，照例不大容易接頭。如果發現遭到欺騙、侮辱，轉眼便可翻臉成仇。他們將人生的尊嚴看得極重，也因此常常爲着一點小糾紛，釀成個人與個人、村寨與村寨、宗族與宗族之間的械鬪，往往隙嫌一起，便是幾代人完結不了的血仇。殺仇人與被仇人殺，機會均等。這時，源於人類遠古祖先的野蠻天性便得到淋漓盡致的發揮。山民的純樸與蠻悍構成湘西民性的無法分割的兩面。

生存環境的嚴酷，使人生命運充滿隨機性或偶然性。生死禍福，壽夭窮通，全在不可測之天。人生命運難以自主地把握，人們也不曾認眞想過如何自主地把握自身的命運。也許，他們過多地看到了人生的莫測變幻，其變化的迅疾使他們直覺到人生的無常。「三窮三富不到老」，「爲人狠什麼，誰又料得定誰」，幾乎成爲長輩對年輕一輩的家常訓條。陷入迷亂的單純理智只能將人生的無常歸因於天命：「一切都是命，萬事不由人。」因此，神在這裏被普遍地信仰着。但它並未發展成爲統一的宗教，仍停留在遠古巫鬼文化的多種或泛神信仰的階段。在苗族和土家族之間，最重要的神祇仍是各自的氏族神——在苗族爲儺公儺母，在土家族爲八部大神。他們每年都要舉行盛大的祭祀活動，其場面極爲隆重、肅穆、莊嚴。置身其間，不由人不感到，祖先的魂靈就要從陰間返回來了。人與人、人與神靈、自然萬物，彼此融爲一體。他們一年全部收穫與歡樂，彷佛已經被整個自然感覺到並被祖先分享了。除了這些氏族神，屬於本地出產的各種神祇，如苗族的三十六神、七十二鬼，土家族的灶神、土地神、四官神、五谷神乃至各種山精樹怪，一律被眞誠地信仰着，而從漢族地區傳入的佛教、道教中的神、佛、鬼、怪，在這裏也占有一席之地。在這些山民眼裏，自然萬物都是有靈的，人與自然萬物都能通過神發生交感，自然成了一個巨大的生命社會。這種生命一體化的觀念，不僅體現在重大的祭祀活動中，也滲透到日常生活習俗上。孩子生下來，家裏擔心長不成人，便選定一棵老樹，在樹枝上係一塊紅布，樹前擺一盤「刀頭」，點幾炷香，燒幾箔紙，拜寄老樹爲乾媽，孩子便可平安長大。他們有許多禁忌，如夜裏不能在家裏吹哨——吹口哨會招惹鬼怪；不能用腳踩或移動火坑裏的三腳——對祖先不恭或不吉利；大清早忌談龍、蛇、虎、豹、鬼；在外客死的人不能抬進屋——野鬼不能見家神；七月見蛇進屋不准打——據說是祖先的化身；孕婦家裏不能隨意動土、釘釘——防止震蕩胎兒墜胎；見蛇交配不能對人說，只能先對樹說——此乃不祥之兆，對人說人死，對樹說樹枯……，凡此種種，多出自對祖先的尊重和趨吉避凶的考慮，而又一律奠基於人、神、自然萬物的生命能夠相互感應、交通的觀念。而且，神還是人事糾紛的裁決者。凡遇疑難是非，當事人常常砍雞頭，飲血酒、發血誓，以明心跡。凡做虧心事往往怯於報應，不敢這樣做。在苗族和土家族中間，還有專司神職的人員。苗族稱巫師，土家族稱土老司，一切重大的祭祀活動由他們主持，他們成爲溝通人神的使者，享有神之下、人之上的社會地位。

——在這裏，神尚未完全解體，它仍被人們眞誠地信仰着，在絕大多數場合，神尚未蛻變爲人與人之間相互瞞與騙的工具。在這種神之信仰的背後，是人性的純樸，觀念的單純，以及洋溢在人際交往中的脈脈溫情。這種人際關係中也有野蠻的一面。但就連這野蠻，也似乎浸透着敢於拿來與神對面的率直與天眞。

寒暑更替，日月升降，年復一年，他們就這樣一代接一代地在這片土地上生息繁衍。

這是一個有聲有色，有血有淚，有大痛苦，也有大歡樂的人的世界。然而，他們全部的人生哀樂，他們埋藏在心底的所有期待與想望，全像荒蠻羣山中的草木，隨季候的變換，周而復始默無聲息地自行榮枯。他們無從弄明白外部世界的種種，而他們在外面人頭腦裏，除了道聽途說得來的野蠻與神秘的印象，也一片茫然。歷代封建王朝修撰的正史，除了記載對「蠻族」實施征服殺戮的「偉績」，照例對他們不屑一顧。而他們自身又無法記載自己的歷史——無論苗族還是土家族，都沒有自己的文字。在近代由於漢文化教育在湘西的漸次實施，在他們中間，也曾出現過一批知識分子，但在他們身上，有的只是對漢文化傳統的認同。他們既然常常不得不對外隱瞞自己的民族成分，當然談不上喊出自己同胞的心聲。但是，歷史不會永遠沉默。它業已注意到，發生在湘西的一次次血與火交迸的背後，隱含着生存在這片土地上的人們喊出自己的聲音——維護本民族的尊嚴，審視自身的長處與弱點，以求得外部世界理解與同情的強烈渴望。如果沒有承擔這一使命的人，就造就出一個人！到十九世紀末、二十世紀初，中國終於迎來了中西文化大交滙、大碰撞的機運。這種交滙與碰撞影響到湘西所形成的不同文化形態的相互撞擊，正醞釀着湘西內部前所未有的精神躁動，它爲長期被歷史所遺忘的南方少數民族最終喊出自己的聲音，提供了歷史契機。

第二章　自然之子

一、賣馬草出身的將軍和他的後裔

湖南、四川、貴州三省接壤，屬湘西境內，有一座小城，因附近有筸子溪，就地被取了一個極實在的名字，叫作鎮筸；又有一個極美麗的名字，曰鳳凰。小城坐落在一個山窪裏，四周皆山，山上古木參天，樹草繁密，爲各種鳥獸蟲蛇棲息之所，四季皆有百鳥和鳴。據當地老輩人說，早年城裏的居民夜半醒來，常常聽見一種不知其名的鳥叫聲，其音清越宛轉，綿遠悠長，極爲好聽。有人說這是九頭鳥，又有人說這是鳳凰。四周山上多野鷄、錦鷄、寒鷄，鳳凰城是否因此而得名，不得而知。

鳳凰確實很美。城四周用精致的石頭綉起一道城牆，沱江自貴州銅仁東北向入湖南境，向東過鳳凰城北，再東北向流入湘西著名的武水。城東沱江河面上，有一座大橋，橋面兩側層疊着住家的房子，中間夾成一條有瓦頂棚的小街。橋下游河流拐彎處，建一座萬壽宮。宮旁矗立着一座白塔，從橋上能欣賞白塔倒影。城裏多清泉，清冽的泉水從山岩縫隙裏滲出，人們在石壁上鑿成壁爐似的泉井，井前鋪有青石板，井邊放有竹筒做成的長勺，供人隨意舀水之用。泉井四周長滿青苔及羊齒植物，映得四周青幽碧綠。城內街道用石條鋪成，每逢雨天，便能聽見穿釘鞋的行人在石板上敲起的清脆聲音。城內外又多廟宇庵堂，武侯祠、大成殿、馬王廟、藥王宮、鳳凰閣，玉皇祠等等。每逢廟會，遠近而來的善男信女絡繹不絕，沿路都有人伺茶。香火不斷，鐘磬不絕，小小邊城被籠罩在神秘的氛圍中。廟堂建築的四檐裝有「鐵馬」風鐸，即便在平時，風吹鐸鈴叮噹，聲音隨處可聞。每逢約定的趕場日子，城外各山道上，大清早便扯起條條人線，一時間，城內條條街道上，便只見人頭攢動。百行作業，隨行交易的各色人等綜合成的哄哄市聲，老遠便能聽見。下午五時左右，城裏便又恢復了平日的清靜。原籍新西蘭、在中國居住了數十年的艾黎老人，曾稱鳳凰和福建長汀是中國「兩個最美的小城」，倒也名實相符。

然而，距今二百五十年前，這裏還是少有人住的邊陲荒蠻之地。雍正年間，清政府開始對湘西實施「改土歸流」政策。為防苗族人民的反抗，遂派戍卒屯丁來這裏駐紮，始有城堡居民。到本世紀初，鳳凰才逐漸發展成有三五千居民的小城。由於鳳凰地處苗區，出城數十里便是苗鄉，清政府設置的辰沅永靖兵備道——計轄府四、直隸州一、直隸廳四，共二十多個縣份——道尹衙門就設在這裏。沈從文在《鳳子》裏，曾這樣記述當時鳳凰城四周的形勢：

試將那個用粗糙而堅實巨大石頭砌成的圍城作中心向四方展開，圍繞了這邊疆僻地的孤城，約有五百左右的碉堡，二百左右的營汛。碉堡各用大石塊堆成，位置在山頂頭，隨了山嶺脈絡蜿蜒各處走去；營汎各位置在驛路上，布置得極有秩序。這些東西在一百七十年前，是按照一種精密的計劃，各保持相當的距離，在周圍數百里內，平均分配下來，解決了退守一隅常作「蠢動」的邊苗「叛變」的。兩世紀來滿清的暴政，以及因這暴政而引起的反抗，血染紅了每一條官路同每一座碉堡❶。

湘西「改土歸流」後，過了五十餘年，這裏爆發了歷時十餘年的著名乾嘉苗民大起義，作爲這次起義導火線的勾補寨事件，就發生在鳳凰境內。至十八世紀末，起義失敗。其後又過了五十年，至十九世紀中期，苗族人民因生力犧牲過重，已無力再舉，凰鳳城近邊的苗民，已經大半被同化，用以防範苗民「叛變」的城堡也已漸次凋殘破敗。

就在這時，位於鳳凰正南方向的廣西桂平縣，發生了一件震動中外的大事。一八五一年，洪秀全、楊秀清等人在金田村組織與發動了農民起義。一時間，起義軍攻克永安、全州、郴州，圍長沙，克益陽、岳州、武漢、九江、安慶、南京，一路所向披靡。清朝調集重兵進剿，卻屢戰屢敗。一八五三年，太平軍定都天京（南京），太平天國正式成立。爲鎭壓太平天國起義，曾國藩於一八五三年被任命爲幫辦團練大臣，在湖南各地招募鄉勇，創建湘軍。一八五四年，湘軍完成組建與作戰準備，開始出湖南境與起義軍作戰。

❶《鳳子》，《沈從文文集》第四卷，花城出版社、三聯書店香港分店一九八二年版。

在曾（國藩）、左（宗棠）、胡（林翼）、彭（玉麟）統帥的湘軍中，有一支由湘西鄉勇組成的筸軍，其中，多「深山霧谷寒苦之民」，皆蠻悍驍勇。率領這支軍隊輾轉各地與太平軍作戰的是一羣青年將校，其中有四位後來獲清朝提督銜。這四人中，最著名的是鳳凰人田興恕，後來在《清史稿》列傳中占有一席之地。另一位與田興恕同爲鳳凰人的將領，是沈宏富❷。《清史稿》有關這一段歷史的記載中，沈宏富的名字雖時有所見，卻語焉不詳。《從文自傳》上說，沈宏富與田興恕等人同起於行伍，年齡皆不相上下。如此，以《清史稿》中田興恕傳爲參照系，結合其它有關記載，似可推得沈宏富生平的略圖。

《清史稿》田興恕傳稱：田興恕十六歲充行伍，咸豐二年（一八五二年）從守長沙，咸豐六年領五百人號威虎營。咸豐八年，積功副將，加總兵銜，咸豐十年，實授貴州提督，爲欽差大臣，督辦全省軍務。咸豐十一年，石達開率軍由廣西進入貴州，田興恕與沈宏富諸將駐兵黔西北鎮遠、湄潭、松桃、石阡一帶，阻截太平軍。同治元年（一八六二年），因事與法國入黔傳教士文乃爾齟齬，「興恕惡其倔強，殺之」❸，因此被革職查辦，論罪遣戍新疆。

據《清代職官表》❹，在田興恕被革去貴州提督的第二年九月，沈宏富調任貴州提督。據

---

❷《從文自傳》上爲沈洪富，據《清史稿》作沈宏富。

❸《清史稿》第四十冊，商務印書館，一九七七年版。

❹商務印書館一九八〇年版。

《從文自傳》沈宏富時年二十六歲。照此推斷，沈宏富大約生於一八三七年。一八五三——一八五七年間入伍。「二十二左右」，即咸豐八年，獲總兵銜❺，實授雲南昭通鎮守使。同治二年（一八六三年），由昭通鎮守使任上接任貴州提督。同治四年，即一八六六年一月十九日，離貴州提督任去四川，其因由已不可知，時年二十八歲。其後回到湘西家中不久，便因傷病死去。死時，年齡當在三十左右❻。

沈宏富起於卒伍，是「累功」逐級擢升爲湘軍高級將領的。當時，「勘定發、捻，湘、淮楚營士卒，徒步起家，多擢提、鎭、參、游以下官。」❼據史料統計，湘軍得至三品以上的軍官，不下數萬人。然而，其中多爲虛銜，能實授者只是少數。沈宏富能實授雲南昭通鎮守使及貴州提督，應是爲清政府效死力與太平軍作戰的結果。因爲沈宏富出身貧寒農家，親朋中沒有高官貴人可供依傍。沈家原住鳳凰城外東北數十里的黃羅寨。據說其先人爲宋代充軍到湘西的囚犯，至沈宏富輩，已歷數百載。因家中貧寒，沈宏富入伍前常常進城賣馬草——當是供駐鳳凰的清朝綠營屯兵養馬之需。沈家移居鳳凰，應是沈宏富「發達」之後，究在何年，已不可考。沈宏富家

---

❺《從文自傳》的記載與《清史稿》田興恕傳中的記載相符。

❻據不久前在湘黔邊界貴州境發現的沈氏族譜，沈宏富生於一八三七年，一八六八年病逝，時年三十一歲。與我的推測相符。——一九九〇年補註。

❼《清史稿》第十四冊，中華書局一九七六年版。

居鳳凰城後，其兄弟仍住鄉下。鳳凰城的沈家老屋，至今猶存。一座湘西常見的三進全木結構的房屋，兩側砌有高出屋頂的青磚封火牆，牆頭及屋脊上飾有獸頭。屋前一小院，院門兩側建有數間簡易平房，爲沈家佣人住處。沈家老屋雖然優於鳳凰一般人家的居所，卻較城裏富豪之家遜色。即使從當時眼光看，也稱不上富麗顯赫，使人疑心這竟是做過一省最高軍事長官的將軍故居。

但沈宏富終於爲沈家在鳳凰掙得一份優越地位，躋身於當地的上層階級。這個階層，是由當地少數讀書人與多數軍官，在政治上和婚姻上兩面結合而形成的。可是，沈宏富自己年輕時便因傷病死去，留下一棟房子，一份金銀財寶，一份田產，一個年輕寡婦，卻沒有留下子、女。按當地習慣，照例要從近親中過繼一人爲子，以免身後香火斷絕。沈宏富原有一弟，名沈宏芳，住黃羅寨鄉下，其妻也未能生育。於是，沈宏富之妻便作主替沈宏芳從鄰近的貴州境內娶了一個姓張的苗族姑娘做二房。這個苗族婦人先後生下兩個兒子，遂將老二過繼給沈宏富爲子。在當時，苗族受歧視，社會地位極其低微，凡苗民或與苗民所生之子，一律不能參預文武科舉。這對於渴望子承父業的將軍之家，無疑是一塊巨大的心病。因此，當那位苗婦人爲沈家生養了兩個兒子以後，便被遠遠地嫁出去，以至後裔既不知其由來，也不明其所終。並且，還在黃羅寨旁邊的樹林裏，爲這位苗族婦人修了一座假墳，每逢過年過節，其子孫便要在墳前焚香磕頭。這件事背後所隱含的封建政治的殘忍與虛僞，苗族身受歧視與壓迫的悲慘，今天聽來，不能不讓人怦然心驚。

然而在當時當地，隨意買賣苗人竟是一件極普通的事。

那位苗族婦人被遠遠嫁去以後，沈宏芳又娶了第三房妻子，先後生下三個兒子，兩個女兒。過繼給沈宏富的老二取名宗嗣，字少先，幼時仍住黃羅寨鄉下，由一個姨媽帶着。那時，黃羅寨是一個極偏僻荒蠻的地方，周圍山高林密，大白天也常見猛獸出沒。一次，年僅幾歲的沈宗嗣正在屋前玩耍，猛聽得一個放牛娃大叫：「老虎來了，老虎來了！」沈宗嗣便往屋裏跑，姨媽聞聲從屋裏趕出來，將沈宗嗣一把抓起，迅疾朝木樓上奔去。剛上樓，老虎已撲到屋前院子裏，最後咬了兩隻鷄婆，悻悻而去。

由於追慕父親生前死後的榮光，沈宗嗣從小便幻想長大後也做一名將軍，這與沈母「家裏再來一位將軍」的企望合拍。於是，到沈宗嗣十來歲時，家裏專為他請了一位武術教師。習武極辛苦，規矩也極嚴格。據說出師時，沈宗嗣蹲在門坎上吃飯，老師從背後冷不防一扁擔從頭上砸來，沈宗嗣手向後，極敏捷地將扁擔接住——這便是出師時的過關考核。直到長大，沈宗嗣習武不斷。後來有位經常被請來給沈家人理髮的陳姓剃頭匠，雖然人長得又矮又小，武功卻極好。他常常一面給沈宗嗣理髮，一面同他談論武術招式。談着談着，剃頭匠突然放下理髮工具，便與沈宗嗣比試起來。——習武之風當時在鳳凰城鄉頗爲盛行，也不獨獨沈宗嗣爲然。在這邊陲之鄉，讀書難望有出息，而自「改土歸流」以來，由於鳳凰的上層階級多從行伍出身，便刺激許多人試圖通過習武從軍謀出路。加上地處苗區，兩百年來民族間的爭鬭不息，即使不求功名，出於防身自衞的需要，也幫助了習武之風的形成。

沈宗嗣習得一身武術，年輕時便投身清軍效力，去實踐他做一個將軍的理想。但他充身行伍究竟在何時，是在他結婚之前還是結婚之後，已無從確知。沈宗嗣的妻子叫黃英，在娘家排行第六，故又被人稱作六姑。其父黃河清，是鳳凰最早的一名貢生，後來做本地守文廟的書院山長，當時是本地唯一的讀書人。由於沈家在當地所處優越地位，故給沈宗嗣議親時，供沈家選擇的女孩子有五六人。其中一人便是田應詔的妹妹，即田興恕之女。田家有意與沈家聯姻，是爲了平息沈家對田家的怨憤。——據說當年在對太平軍作戰時，田興恕曾謀占過沈宏富的軍功，以至其後來的地位、名聲皆高於沈宏富。田家之女曾去國外讀書，從日本歸來後，一副西洋作派，刻意仿效法國拿破侖之后約瑟芬的舉止風度，這在舊式家庭長輩眼裏，幾乎成了一個「怪物」。沈母立即拒絕了這門提親。相親那天，應選的女孩子，一個個穿金戴銀，打扮得花枝招展。唯獨黃英穿一身舊藍布衣褲，樸素而穩重，一眼便被沈母相中。沈母說：「我要能治家的，不是要好看的。」

其實，黃英也是長得極秀麗的。從保存至今的照片中，仍可看出她年輕時的風姿。清秀的臉龐，眉毛細長，眼睛大而有神，嘴唇略顯厚重，彷彿蓄滿了果毅的力。但更爲難得的，是她的能幹和才藝，遇事有決斷。她既出身於書香門第，從小便讀書識字，還懂醫方，年紀極小時便隨一個年長的哥哥在軍營裏生活過，見事也多。父親雖是個舊讀書人，卻非泥古不化之輩，爲人開明有頭腦，並是鳳凰第一個剪去辮子的人；哥哥又是個有新頭腦的人物，鳳凰的第一個郵政局是他辦的，第一個照相館也是他開辦的。因此，黃英又是當地第一個會照相的女子。這也是上世紀末本世紀初，西方文明影響到湘西結出的最初果實。新的物質生活方式的輸入，也包含着某些新的思想觀念的產生，同中國傳統的舊家婦女相比，黃英思想較爲開明。例如，按當時舊家風氣，太太們照例要敬神佛，吃觀音齋。有關禁忌在黃英身上卻難得嚴格實行，有時打牌，打着打着便忘了這是齋戒的日子，毫不在意地便吃起東西來。這份對舊規矩的不經意，對新風氣認可的脾性，後來直接影響到她的子女。她的長子沈岳霖，便是鳳凰第一個穿西服的，被本地人稱作「土洋人」。

一九〇〇年前後，當沈宗嗣隨軍駐守大沽炮臺的時候，黃英已經是三個孩子的母親。連同後來所生，沈宗嗣與黃英共生育九個子女。其中四個夭折，長大成人的有三子二女。沈宗嗣一心想當將軍，對家事和兒女很少過問。他雖然長得一表人才，大眼濃眉，身材魁梧結實，爲人豪放爽直，不缺少做將軍的氣概。但年近二十，仍然只是駐守大沽炮臺的提督羅榮光身邊的一員裨將。一九〇〇年，義和團運動在中國北方興起，並由此導致西方八國聯軍與清軍之間的戰爭。同年五月，英、美、法、意、日、俄、德等國十七艘炮艦陳兵大沽口。六月二十一日，聯軍登岸攻陷大沽口炮臺，提督羅榮光率軍抵抗。終因不敵，敗走天津，自盡殉職。大沽失守，沈宗嗣於亂軍中逃出大沽口，返回湘西家中。這次回家，使他有了第四個孩子。

　　沒有庚子的義和團反帝戰爭，我爸爸不會回來，我也不會存在❽。

---

❽ ＜從文自傳·我的家庭＞，《沈從文散文選》，人民文學出版社一九八二年版。

一九○二年十二月二十八日（舊曆冬月二十九日）凌晨，沈宗嗣和黃英的第二個兒子降生於人世，被取名為沈岳煥。

沈岳煥出生後僅四個月，即一九○三年四月，祖母——沈宏富之妻因病去世。

關於祖母的死，我彷彿還依稀記得我被抱着在一個白色人堆裏轉動，隨後還被擱到一個桌子上去。我家中自從祖母死後十餘年內不曾死去一人，若不是我在兩歲以後作夢，這點影子便應當是那時唯一的記憶❾。

大約在祖母死後，外祖母便來到沈家，同女兒在一起生活。從此，這位外祖母便長住沈家，一直活到九十多歲。從出生到四歲，沈岳煥長得健康肥壯，天資聰慧，很得家裏人喜愛。從四歲起，母親便開始教沈岳煥識字。於是，沈岳煥一面從母親那裏接收方塊字，一面從外祖母手裏接糖吃。到肚子裏裝下五六百左右生字時，肚子裏也同時長起了蛔蟲。蛔蟲越鬧越凶，沈岳煥被弄得又黃又瘦。家裏依照偏方，用草藥蒸鷄肝給他當飯吃，就在這一年，母親又為沈岳煥生下一個弟弟。這時，兩個姐姐正到一個女先生處上學，於是，沈岳煥便跟了兩個姐姐一起讀書。這女先生原是沈家的親戚，沈岳煥年齡太小，終究讀書的時間較少，坐在女先生膝上玩的時候倒較多。等到弟弟兩歲，沈岳煥六歲時，兄弟兩人同時出了疹子。其時，正值六月大熱天氣，兄弟兩人

❾〈從文自傳·我的家庭〉，《沈從文散文選》，人民文學出版社一九八二年版。

日夜發着高燒，既不能躺下睡覺，一躺下便咳嗽發喘；又不要人抱，抱時便全身難受。家裏實在無法，只好將兄弟兩人用竹簟捲起，同春捲一樣，豎立在屋內陰涼處。在那時的湘西，出痧子原是生命的一大刼關，孩童因此而死去的極普通。這病來得凶，家裏大人對兄弟二人已不存在指望。因此，當兄弟兩人被捲起立在屋角時，屋廊下已同時置放了兩具小小棺木。

出人意料的是，當家中大人已經完全絕望的時候，兄弟二人的高燒卻慢慢退去，到後居然全好了。病後，因弟弟年幼，家裏特別爲他請了一個高大健壯的苗族婦人照料。因養育得法，弟弟逐漸長得高大壯實。沈岳煥卻因此一病，變成了一個小小的「猴兒精」。

從此，這小小的「猴兒精」，便給父母帶來了慪不完的氣，扯不斷的煩惱。

二、一本小書和一本大書

六歲時，沈岳煥開始入私塾讀書。

沈家附近不遠處，是駐防鳳凰綠營兵的屯糧的地方，本地人稱作倉上。倉房成兩行排列，中間夾出一條通道。通道由大石板鋪成。通道盡頭，是管倉的衙門，學館便設在這衙門裏。由於教書的先生同時在這衙門裏作事，這衙門又成了先生一家的居所。

這先生姓楊，與沈家是親戚，沈岳煥應叫這先生作姨爹。

到倉上念書的，連同沈岳煥，共十七人。學館有兩項規定，這些學童必須遵守。一是每天上學時，照例要對着學館裏所設的孔子牌位一揖，然後對先生一揖；散學時再對孔子牌位一揖，然後對先生一揖。先生說，上學前和散學後還應對爹媽一揖，爹媽卻免了。一是學館裏的作息表：早上——背書，溫書，寫字，讀生書，背生書，點生書；散學。早飯後——寫大小字，讀書，背全讀過的書，點生書；過午。過午後——讀生書，背生書，點生書，講書，發字帶認字；散學。每天周而復始。

學習的內容照例先是《幼學瓊林》，而後《孟子》、《論語》、《詩經》。

私塾的啓蒙教育重在識字與背誦，至於章句的意義，學生是否眞的明白，照例不大過問。按規矩，凡是學生該認的字認不得，該背的書背不出時，就由學生自己將凳子搬到先生面前，讓先生按在凳子上打屁股。由於上學前已識過不少字，加上記性又好，沈岳煥遭受這種待遇的機會比其他同學要少。因此，沈岳煥平平靜靜地度過了起初半年的私塾生活。

然而，時間一長，這私塾裏呆板而無生氣的生活，再也引不起沈岳煥半點興趣。同時，他又從同學中發現了一件稀奇事，有的人明明逃學，卻又用謊話蒙騙先生，有時居然能逃過先生的懲罰；而逃學的人又向他說起在外面玩耍時種種有趣情形。一點好奇開始支配着他，心裏有了一種躁動，屁股在學塾裏再也坐不安寧了。

他終於進行了第一次逃學的嘗試。這第一次逃學，是在外面看了一整天的木偶戲。那場面，那氣氛，那情景，使他着了迷。晚上回家，想起自己逃了學，在大人面前還紅了臉。第二天廠着膽子去上學，心怦怦跳着，擔心在先生面前「翻船」。果然，先生見面後即問：「爲何昨天不上學?」他囁嚅着答：「昨天家裏請客。」——家裏請客可以不上學，在這裏已成慣例。先生相信了，船終於沒有翻。

小小心眼裏開始了算計。這逃學而嘗到的禁果的滋味，與被發現屁股上挨二十板子相比，不用說是「合算」的。——即使不逃學，背不出書也要挨打；還不算說謊能夠奏效。

於是，沈岳煥逃學的次數漸漸多了起來。但任你乖巧溜滑，像一條泥鰍，卻總有響水的時候。逃學終於被家裏發現。第一次被發現時，氣壞了那位一心想當將軍的父親。父親吼著要砍掉沈岳煥一個手指——這做父親的對兒子寄望太高，因見兒子從小生性聰明，極爲喜愛，盼望著長大後能做一個著名京劇演員譚鑫培一類人物，在這軍人眼裏，這比當一名將軍還要高些，他本人就是一個京劇迷。

想像著被砍去手指的痛苦，沈岳煥被嚇得大哭起來。但手指終於沒有被砍掉。雖遭到家裏、私塾兩面的挨打罰跪，倒反因這懲罰滋長起抵抗情緒。除了逃學，沈岳煥還和學伴一起，幹起了惡作劇。常常乘中午睡覺時，給先生臉上畫鬍鬚，背上貼王八。然後又是被罰跪、打板子。

家裏開始埋怨私塾管教不嚴，於是，在倉上讀了一年以後，讓沈岳煥換了一個學塾。新的學塾設在外祖父家隔壁，一個田姓人家家裏。塾師姓熊，對學生十分嚴厲，打起人來毫不留情。由於他與一個劉姓人家是親戚，學生犯了過失，他照例不打劉家二少爺，卻專打沈岳煥。因待人的這點不平，這塾師便將為人之師的所有威信，在沈岳煥面前完全失去了。加上學伴中有一個姓張的表哥，年齡比沈岳煥大了幾歲，在逃學和撒謊方面，是一把老手。沈岳煥與他一拍即合。於是，他便領著沈岳煥逃學。先是到張家桔柚園裏去玩，再到城外山上去玩，到各種野孩子堆裏混。事後，再教沈岳煥撒謊、圓謊的種種技巧；如何用一種謊話對付家裏，如何用另一種謊話對付私塾。調換學塾還給沈岳煥提供了意想不到的方便。先前的學塾離家近，不僅逃學不易避人眼目，即便在路上多呆一會，還要繞道而行，時間耽誤太久，遲到了還不容易尋找借口。現在可好了，新的學塾離家很遠，不必再包抄偏街，便可理直氣壯地從長街上一路磨蹭過去，經過許多有趣的地方了。

由這活動半徑的延長，沈岳煥便在學塾讀一本小書的同時，開始習讀鳳凰城內外由自然和人事寫成的那本大書。

每天上學，沈岳煥手中提一個竹書籃，一出門便將鞋脫下，提在手上，沿著那條長街走去。沿街排列著各行作坊：針舖、傘舖、皮靴店、剃頭舖、肉舖、金銀舖、冥器舖。針舖門前一老人低頭磨針，鼻樑上架著一副極大的眼鏡；傘舖大門敞開，十幾個學徒一齊作傘；皮靴店一個胖子正用夾板緔鞋，一到天熱便總是腆出一個大而黑的肚皮，上面還極醒目地長出一撮黑毛；剃頭舖裏，一去理髮的人總是手托一個小木盤，呆坐著讓剃頭師傅用剃刀朝頭皮上蹭去；肉舖的肉案桌上，剛宰殺的新鮮猪肉被剁碎時，還在顫顫跳動；米粉作坊裏騾子推磨的聲音，好遠就能聽見。

這些沈岳煥還不感覺稀奇。能引起他看上好一陣子的，是染坊師傅的踩布作業。踩布的多是強壯有力的苗族漢子，先是將一匹整布捲在一個大的圓木碌子上，再將它放在地面一塊略呈凹面弧形的青石板上，然後這漢子便飛身跨上碾石——由石匠打鑿成的馬鞍形巨石，重達三五百斤，雙手扶著牆上橫木，碾石壓在碌子上，人站在碾石上，雙腳左右輪番使力，帶動碾石前後移動，碾石又帶動碌子左右滾動。踩布人在空中懸著，看得沈岳煥的心也懸著。直到踩布人翻身下地，沈岳煥的心也才落下來。染成青色或藍色的布匹經碾壓後，平整宛如鏡面，泛出青白色的光來。又有三家豆腐作坊，全是苗人。苗婦人頭上扎著高高的花帕，手戴銀圈子，身穿綉著五彩花邊的圍裙，小腰白齒，一面用鋥亮的泛光的紅銅勺舀取豆漿，一面輕輕地唱歌，引逗著背後用背包單縛著的孩子。

還有一家紮冥器兼出租花轎的舖子，常有紮成的白面無常鬼，藍面閻羅王、魚龍轎子、金童玉女。從停放舖子裏花轎的數目上，每天有多少人接親，冥器是否又換了什麼式樣，照例爲沈岳煥所關心。他還常常停下來，看舖子裏的人在冥器上貼金、敷粉，一站許久。

沈岳煥再往前走。

過了衙門是一個麵館。麵館這地力，我以爲就比學塾妙多了！早上麵館多半是正在擀麵，一個頭包青帕滿臉滿身全是麵粉的大師傅正騎在一條木杠上壓碾着麵皮，同頭又用又大又寬的刀子齊手風快地切剝，同頭便成了我們過午的麵條，怪！麵館過去是寶華銀樓，遇到正在燒嵌時，鋪台上，一盞用一百根燈草並着的燈頂有趣的很威風的燃着，同時還可以見到一個矮肥銀匠，用一個小小管子含在嘴上像吹哨那樣，用氣逼那火焰，又總吹不熄，火的焰便轉彎射在一塊柴上，這是頂奇怪融銀子的方法。還有刻字的，在木頭上刻，刻反字全不要寫。大手指上套一個小皮圈子，就用那皮圈子按着刀背亂劃。誰明白他是從那學來這些玩藝兒呢⑩。

沈岳煥就這樣一路看過去，他總是看不厭倦。他喜歡這些人和物，它們的顏色、聲音、形狀、氣味能讓他眼熱心跳。百物製作的全過程，比學塾裏背書識字，更來得上心。

然而，這並不能使他滿足。有時，他又繞道向西城竄去。

西城設有關押囚犯的監獄。大清早便可見一羣犯人戴著腳鐐，成一線從牢中走出，由士兵押著去做衙門派定的苦役。牢獄附近是殺場。如前一天剛剛殺人，一時無人收屍，屍體便常常被野狗撕碎。沈岳煥趕過去，或用一塊石頭，敲擊那顆污穢的人頭；或拿一根木棍去戳屍體，看會不會蠕動。他太好奇，卻還想不到去追究背後隱伏的悲劇。有時，還不等他靠攏，便有一羣野狗因分贓不勻，正在屍體邊互相齜牙咧嘴地爭鬪，喉管裏不時發出沉悶而凶狠的吼聲。這時，沈岳煥便遠遠站定，用書籃裏預先準備的石頭，揚手向野狗擲去。見野狗受驚後猛然分開，因不甘就此

⑩〈在私塾〉，見《沈從文文集》，第一卷，花城出版社、三聯書店香港分店一九八二年一月版。

罷休又復聚攏的情形，沈岳煥便得到了一種極大樂趣。

殺場臨近一條小溪。小溪傍西城牆根朝東南方向流去，過南門、東門，滙入沱江。既然已經到了溪邊，沈岳煥總免不了挽起褲管，從溪流中一路踹去。流動的溪水輕輕咬著一雙小小腳桿，沈岳煥感到十分舒服受用。踹水到了南門，便上岸。機會好，河灘上正巧殺牛，他便急忙趕過去，看人如何將牛放倒，如何下刀，下刀時那滿腹委屈無從申訴的可憐畜生如何流著兩行清淚；牛被開腔後，心、肝、腸、肺的位置又是如何分布。

河灘過去一點，傍南門有一條邊街。街上有織簟子的舖子，又有鐵匠舖。看完殺牛，沈岳煥走進邊街，便又看篾匠用厚背薄刃的鋼刀破篾，兩個小孩蹲在地上雙手飛快地編織竹簟；看小鐵匠拉風箱、揚錘、淬火。積以時日，他便將編織竹簟、打製各種刀具農具的工藝程序，弄得清清楚楚。

學塾位於北門，沈岳煥卻出門西，入南門，在完成這門必修課的各道程序以後，才再繞城裏大街朝學塾走去。

還有兩件使沈岳煥醉心的事，一是出東門站在大橋上看大水。每逢春夏之交，一場暴雨過後，沱江漲了大水。這時，城裏城外只聽見滿河水響，於是，城街裏人急匆匆去河邊看河裏漲水。一時間，橋面上和沿河岸邊便站了許多人。平時溫柔清澈的河水一反常態，變得暴怒異常。渾黃的激流不時從上游捲起木頭、家具、牲畜、屋樑之類，奔湧而下。這時，橋頭上必有人用長繩繫住腰身，眼睛直直地瞪住河面，一見有值錢可用的物件漂來時，便踊身躍入水中，游到物件旁，用繩子將其縛住，然後借水勢飛快地朝下游岸邊游去。上岸後再將繩子另一頭捆在大樹或巨石上，這獵獲之物便歸其所有了，那情景十分壯觀。而在不遠的河灣洄水處，又有人在那扳罾，巴掌大的鯉魚在罾網裏蹦跳。扳罾的人從容安靜、與撈東西人的緊張激烈，形成鮮明對照，一面是動如脫兎，一面是靜若處子。這一靜一動，其美麗動人處，非筆墨所能形容。

另一件是捉蟋蟀。五月麥收時節，樹木迸發新枝，竹筍破土而出，田壠裏新麥香氣瀰漫。感應著大自然的變化，人身上被激發起的生命力量已呈飽和狀態，彷彿要從全身毛孔裏綻出。一場微雨過後，滿山遍野都響起蟋蟀鳴奏的曲子。那聲音在沈岳煥聽來，簡直是天籟！他在學塾裏更是坐不安寧，總是想方設法逃學，到山野田間去捉蟋蟀。春天，蟋蟀多藏身於草叢、泥縫、割剩的麥兜裏，捕捉便極容易。不一會，沈岳煥兩手便各有了一隻。但他並不離去，又將第三隻趕出，一見新趕出的較手中的更爲雄壯，羽翔色彩更油亮，旋即將手中的放掉，撲過去將這新的逮住。如此捉了又放，放了又捉，大半天過去後，手裏剩下的仍是兩隻。下午三時許，他便急急趕到城裏一個刻花板的老木匠家裏，借他專供蟋蟀鬪架的瓦盆，比試兩隻蟋蟀的優劣。老木匠同意借盆，卻以鬪敗的一隻歸他作代價。隨後，他又提議用自己另一隻蟋蟀與沈岳煥剩下的一隻比試。條件是如果沈岳煥的鬪贏，借瓦盆一天；若老木匠的鬪贏，蟋蟀全歸老木匠。沈岳煥正等著這個建議，便立即答應下來，老木匠進屋拿出一隻蟋蟀與沈岳煥的相鬪，結果不消說是沈岳煥又輸了。沈岳煥有點喪氣，他看出老木匠的一隻照例是自己前一天輸給他的。老木匠見他悻悻的，趕緊收拾起瓦盆，帶著鼓勵的神氣，笑著說：「老弟，明天再來！這不算什麼，外面有的是好的，走遠一點去捉！明天來，明天來！」於是，沈岳煥彷彿取得了勝利的預期，微笑著走出老木匠家的大門，轉回家裏去了。

一個不到十歲的孩子，在這地方要成天向各處跑去，照例必須養成一種強悍的脾性。一隻狗會冷不防向你撲來，另一個頑劣孩子，與你當面交臂而過，會突然用手肘向後朝你背上一擊，撞你一個「狗搶屎」！這暗施襲擊自然算不得角色，即便得手也會輸了名頭，更多的是公開挑戰。如果見你單身一人，對方便用眼睛睖定你，一面大聲大氣地說：

「肏他媽，誰愛打架就來呀！」

「哪個大角色，我卵也不信，今天試試！」

「小旦腳，小旦腳，聽不眞麼，我是說你呀！」

假若你生性軟弱，就只能自認晦氣，假裝沒聽見，腳步快快地走去；如果忍不得這口氣，便會有一場惡鬥！沈岳煥當然不是那種膽小怕事的人。一來，他從一心想當將軍的父親那裏，早就繼承了一份膽量與勇氣；二者，鳳凰地接川黔，民氣強悍，遊俠之風頗盛。軍營裏有哥老會的老么，市井裏有好打不平的閑漢。因此，即使在大白天，鳳凰街上也可見兩條漢子，一對一用單刀或扁擔互砍。事情發生時，本地小孩不但不躲，反要擁身去看熱鬧。這時，孩子的父母照例不加理會，只問或說一句：「小雜種，站遠點，莫太近！」沈岳煥就親眼見過後來名震湘西的龍雲飛與人決鬪，用刀將對方砍翻以後，極從容地走下河去洗手。在這種環境裏，除非有先天弱疾，後天殘廢，莫不從小就把心子磨得硬硬的。沈岳煥當然不會例外。好在這一對一的爭鬪方式，也影響到孩子身上。打架時，即使對方有一羣，也不會以多欺少，可以任你選定一個作對手，其餘人不許幫忙。如果被對手摔倒，只怪你運氣不好，讓他打一頓了事；如果將對手摔倒，對方只說一句：「有種的，下次再來！」便讓你揚長而去。每逢這種時節，沈岳煥照例能選出一個與自己差不多的對手，憑著他那份敏捷與機智取勝。或是將對手摔倒，或是先被對手摔倒，而後憑技巧翻過身來壓到別人身上去。對沈岳煥來說，這種鬪毆也只是持續了一段時間。俗話說，「不打不相識」。打架的次數越多，認識的朋友也越多。到後大家都因逃學打架成了熟人朋友，反倒不再打架了。

日子一天天過去。沈岳煥逃學的次數隨年齡增加而增長，受處罰的次數也就與逃學次數成正比。既然逃學已成積習，要瞞過家裏耳目，便越來越困難。或因熟人告狀，或因學塾與家中兩方面對證。而且，一天野下來，身上總要帶一點形跡，或是上山摘野果時被刺蓬扯破了衣褲，或是捉蟋蟀時渾身沾滿泥漿，或是打架時手上臉上掛一點彩，都能成爲家裏施加處罰的憑證。這處罰，除了挨打，照例是罰跪。下跪時點上一根香，不等香燃盡不准起身。然而，同一種藥服用多了就難免失效一樣，罰跪一多，沈岳煥身上有了抗藥性：

我一面被處罰跪在房中的一隅，一面便記着各種事情，想像恰如生了一對翅膀，憑經驗飛到各樣動人事物上去。按照天氣冷暖，想到河中的鱖魚被鈎起離水以後撥喇的情形，想到天上飛滿風箏的情形，想到空山中歌呼的黃鸝，想到樹木上累累的果實。

沈岳煥完全沉醉在自己的想像裏。在這種情形下，他已將罰跪的痛苦忘卻。二十年後，他不無得意地說：「我應感謝那種處罰，使我無法同自然接近時，給我一個練習想像的機會。」⓫

盡管如此，在當時，沈岳煥幼小的心裏並不服氣。他有他的理由：

我從不用心念書，但我從不在應當背誦時節無法對付。許多書總是臨時來讀十遍八遍，背誦時却居然琅琅上口，一字不遺。也似乎就由於這份小小聰明，學校把我同一般同學一樣待遇，更使我輕視學校。家中不了解我爲什麼不想上進，不好好的利用自己聰明用功，我不了解家中爲什麼只要我讀書，不讓我玩。我自己總以爲讀書太容易了一點，把認得的字記記，那不算什麼稀奇。最稀奇處，應當是另外那些人，在他那份習慣下所做的一切事情。爲什麼騾子推磨時得把眼睛遮上？爲什麼刀燒紅時在鹽水裏一淬方能硬？爲什麼雕佛像的會把木頭雕成人形，所貼的金那麼薄又用什麼方法作成？爲什麼小銅匠會在一塊銅板上鑽那麼一個圓眼，刻花時刻得整整齊齊？這些古怪事情實在太多了⓬。

⓫、⓬〈從文自傳〉，《沈從文散文選》，人民文學出版社一九八二年版。

童年的沈岳煥生活在他自己所能感覺到的世界裏，這個世界充滿了他無法解釋的自然之謎。要獲得謎底，學塾和家裏兩方面都不會給他什麼幫助，他也不敢拿這些去問先生和父母。他常常爲此發愁。生命有了擴張自己的衝動。這種擴張既然不願循著社會和長輩安排的道路，要一味發展自然的天眞，便不能不依靠自己踩出一條路來。

我得用這方面得到的知識證明那方面的疑問，我得從比較中知道誰好誰壞⑬。

這簡直是一種方法論的胚芽。有一種理論認爲，人的所作所爲，他的行爲方式和思想模式，都可以溯源到他的童年。倘若這一說法並非全無根據，那麼，當我們去把握沈岳煥生命成熟後的思想、行爲模式時，便不難發現其中晃動著的童年沈岳煥的影子。

三、革命：晃動著歷史的影子

兒童的世界與成人的世界彷彿是兩個天地。沈岳煥愈是與自然貼近，便愈是和成人世界離遠。雖然，每當人們在冬夜裏圍著火炕取暖，夏季黃昏搖著蒲扇坐在院子裏乘涼的時候，他總要傍著家裏或親戚中的長輩，聽他們談論、講述親族或本地有名人物的種種掌故和軼事。其中，浸潤著人生創業艱難的感慨和屬於本地人的那份榮光。

⑬〈從文自傳〉，《沈從文散文選》，人民文學出版社一九八二年版。

——咸同之季，「長毛」作亂，本地幾個賣馬草的年輕人投效湘軍，如何九死一生，與「長毛」幹仗，隨曾國荃攻入南京城的，鳳凰人中就出了四個提督軍門。……那個被當地人翹著大拇指，因書讀得好甲午年考中進士授「庶吉士」的熊希齡，先一年本已考中，因一筆字寫得不好，房師要他先將字練好再參加殿試，他硬是呆在家裏苦練了一年；戊戌那年，他如何與陳立三、黃遵憲、梁啓超、譚嗣同等人在長沙辦時務學堂，鼓吹變法維新。變法失敗，他因「庇護奸黨」而被革職；後來，皇帝老子懷疑他與唐才常共謀自立軍起義，密令將他逮捕，又如何賴人搭救幸免；後來又如何做了東北三省清理財政的監理官。……庚子年間，北方又出了義和拳，專殺洋毛子；他們如何練神兵，有神符護身，刀槍不入；那時候，父親隨軍駐守大沽口，親見洋毛子來攻，槍炮如何厲害，羅提督又如何率領人馬抵抗，又如何敗走，如何自殺……。

凡此種種，不一而足。然而，這一切對沈岳煥說來，就像平時從舊戲裏看到的一樣，或是紅花臉殺進，黑花臉殺出，或是奸臣當權，忠臣遇害，義士死節，照例覺得十分遙遠。雖然也感到一些興奮，一些神秘，對其中所包含的意義，人們談論時其所以感嘆噓唏，卻不曾去理會。

然而，這些發生在湘西千里之外，爲沈岳煥弄不明白的事情，正蘊釀著中國近代最重大的歷史轉折。太平天國起義——戊戌變法——義和團運動——革命黨人成立同盟會並在全國各地多次組織武裝起義，就在他出生前後發生。到他將滿九歲這一年，革命黨在武昌發動武裝起義，攻擊總督衙門，並進而占領武漢三鎭。武漢首義成功，全國各地紛起響應，清王朝近三百年的統治就要終結了。

這年初冬，卽武昌起義發生後不久，鳳凰城裏的氣氛突然緊張起來。駐防鳳凰的清軍加強了城防守備，各城門口增添了崗哨，街道上隨時可見兵隊巡邏。——辰沅兵備道尹朱益竣已下令嚴查革命黨人的活動，派兵到處緝拿可疑分子，邊城失去了往常的和平與寧靜。

與此同時，鳳凰城外的鄉村田野，也開始騷動起來。革命黨人田應全，正暗中聯絡湘西各反清幫會組織，由鳳凰城北郊長寧哨哥老會首領唐力臣、吉信苗族進步人士龍義臣，以及吳正明、龍鳳山、吳玉山等苗族八大首領，分頭發動苗漢人民準備武裝起義，隨後在長寧哨組織光復軍，一時間便集合了一萬六千多人。同時，貴州境內靠近鳳凰的松桃廳，也組織了兩千多人，星夜趕往長寧哨集合，準備分三路進攻鳳凰城。

在這支起義隊伍中，絕大多數是苗族羣衆。苗族成爲起義軍的主力，是一點也不奇怪的。這除了一般意義上的爲封建統治者與人民大衆的矛盾所激發外，還應歸因於苗族與滿漢統治者的長期民族矛盾。而且，這前一種矛盾，對於一般苗族羣衆，照例不大容易弄得明白。在他們看來，這正是一個機會，來洗刷因民族歧視、壓迫、剝削而遭受的民族屈辱，淸算二百年來苗族與滿族統治者及依附淸廷的漢族官僚、商人結下的未曾淸算的血債。長期以來，苗族人民政治上毫無權利，被隨意屠殺、買賣，隨時承受「苗人雜種」——一種最難以忍受的汚辱，在許多苗漢雜居區，爲維持生存，甚至不敢承認自己的苗族身份。在經濟上，原屬苗族的大量肥田沃土，被屯兵和客民地主強行霸佔，商業也多操縱在外地客民商人手中。例如鳳凰城裏，作布匹生意的是江西人，賣藥的是廣東人，賣煙的是福建人等等。即使參加起義的本地漢族羣衆，更直接感受到的，也是外來官吏、商人對湘西本地人的壓迫與剝削。因此，這次起義，是專門對付鎮筸鎮與辰沅永靖兵備道兩個衙門的旗人大官和外路商人。——革命在骨子裏積澱着一個歷史的原型。

鳳凰城內外，雙方已擺開陣勢，箭拔弩張，成一觸即發之勢。

這種緊張氣氛，也被帶到了城裏沈家。這一天，沈家急急地走來一位沈岳煥的遠房表哥，人們習慣稱他作「躲韓」⑭的年輕人。躲韓身材矯健精悍，紫色臉膛，黑黑的眼珠裏透着靈氣。他住城北十里的長寧哨，是一個守碉堡的綠營兵。從長寧哨過去十來里就是苗鄉。躲韓在苗鄉頗有威信，有事需人相幫時，他只要去苗鄉一喊，便能立即喊攏一些人來。沈岳煥原本和他極熟，四歲時還曾被他帶到長寧哨玩過幾天。每當黃昏，村莊田野被一層薄薄暮色所籠罩，鼓角聲音便從那小小碉堡裏傳出，不知怎麼總帶着幾分悲涼。直到許多年後，那情景在沈岳煥記憶裏仍極清晰。躲韓每次進城時，總要給沈岳煥帶一點城裏不易得到的小東西，給他講苗人中許多稀奇事；

---

⑭ 躲，讀作央，屬鳳凰方言，其意爲「小」。後來沈岳煥在軍隊裏當司書時，因年齡小，便被稱作「躲師爺」。

沈岳煥也總是纏着不讓他走，直到雙方有了新的預約，沈岳煥方肯罷手。

可是這次卻不同往常，躲韓竟不大搭理沈岳煥，一進門就直接找到沈岳煥父親，兩人嘀嘀咕咕，一談就是半天。隨後，一整天都是從沈家進進出出，到城裏各鋪子裏買回許多白色帶子，到後又托沈岳煥的四叔去買了幾次，還直嚷着不大夠用。在這同時，母親忙着給沈岳煥兄弟姐妹收拾隨身換洗衣服，父親則將家裏人喊到一起，宣佈要送小孩子到鄉下去。沈岳煥預感到城裏有什麼事就要發生，心中似乎有了某種期待。因此，當父親問他：

「你怎麼樣？跟阿奶⑮進苗鄉去，還是跟我在城裏？」

「什麼地方熱鬧些？」

「不要這樣問，我明白你的意思。你要在城裏看熱鬧，就留下莫過苗鄉吧。」

事情一經決定，大哥和弟弟就由阿奶送到苗鄉，大姐二姐則送到長寧哨附近的齊梁洞。——齊梁洞是鳳凰境內有名的山洞之一。洞內乾燥寬敞，地方偏僻隱蔽，能容納一兩萬人，為本地人躲避兵災匪災的理想之地。當天，兄妹姐弟四人和兩擔白布擔（另一擔由一位與躲韓同來的人挑着）便隨同躲韓上了路。

原來，城裏一些紳士早已和革命軍暗中有了聯絡，準備攻城時充作內應，躲韓便是來通知他

⑮ 阿奶，苗語中對同輩女人的稱呼，相當於漢語中大姐之類。這裏實指在沈家照顧沈岳煥弟弟的苗婦人。

們起事時間，要他們預作準備的。第二天，沈家氣氛更爲緊張。四叔一會兒跑出門去，一會兒又跑回來和家裏其他人悄悄說上一陣。大家臉上都懸着緊張，說話也有點結結巴巴。沈家原有兩支廣式獵槍，幾個檢查槍支的人似乎有着某種默契，不時相互對視着微笑。晚上，父親在書房裏擦槍，叔父便在燈光下磨刀。這一天，沈岳煥一刻也不能安穩，小猴兒似的在屋裏竄來竄去。一會兒跑去看父親擦槍，一會兒又跑到庫房邊，看四叔低頭磨刀，見別人微笑，他也不知所謂地跟着微笑。他雖然還不知道將發生什麼事，卻知道一定有一件新鮮事快要發生，而這事似乎是屬於干仗一類。晚上，當四叔又一次出門時，他急忙跟到屋檐下，試探着問：

「四叔，你們是不是預備打仗？」

「咄，你這小東西，小伢兒懂什麼，還不趕快睡去！」

於是，他被一個丫頭拖着，蔫蔫地回到上邊屋裏，不一會便伏在母親的腿上睡着了。

就在沈岳煥進入夢鄉的時候，鳳凰城內外響起了槍聲，守城清軍與攻城隊伍已經接上了火。當時，城裏綠營屯兵有五千餘人——道尹衙門所轄一千一百三十六名，屬總兵管轄的三千七百五十六人⑯。從人數上看，革命軍方面佔有絕對優勢。可是，已經暗中附義、商定從城內接應的一部分官兵，據說臨到起事一刻，在是否要保護商人問題上未能與起義軍方面達成協議，也有的說

⑯ 據辛亥時湖南各地駐軍兵力分布表，見《湖南省志》第一卷，湖南人民出版社一九七九年版。

是事起倉卒，城裏官兵不敢貿然響應。於是，起義軍一下子失去了內應。加上攻城的三支隊伍在忙亂中又相互失去聯繫，而對手又是平時訓練有素的強敵，起義隊伍終於被擊潰，作戰中犧牲了一百七十多人⑰。清軍緊接着又開始了搜捕與屠殺。

第二天，沈岳煥同平時一樣醒來，見家裏人早已起身，每個人都臉色蒼白。幾個叔叔全不見了，男的只有父親一人，正低頭坐在太師椅上一句話不說。沈岳煥猛然記起殺仗的事，便問父親：

「爸爸，爸爸，你究竟殺過仗了沒有？」

「小東西，莫亂說。昨夜我們殺敗了，死了好多人！」

這時，四叔滿頭是汗地從外面回來了，一進門，便結結巴巴地向父親報告說，衙門已從城外擡回幾百顆人頭，一大串人耳朵，七架雲梯和別的一些東西，對河燒了七處房子。聽說有幾百顆人頭，父親便要四叔趕緊去看看，有沒有躲韓在裏面。一聽說殺了那麼多人，有人頭又有人耳朵，其情形正與父親平時講的殺「長毛」的故事相合，沈岳煥感到一種興奮，一分緊張。

洗過臉，他便溜到了大門口。

這時，天陰沉沉的，好像要下雨的樣子。街上異常清靜，平日這時，街面上早已響起的賣泡

⑰ 據《吉首大學學報》一九八二年第三期民族問題增刊〈湘西苗族〉。

粑、炸油粑人的叫賣聲全都消失了。沈岳煥胸口和腳心起了一種搔癢，恨不得立時跑出去看看。但今天到底不比平日，他不敢自作主張。過了一會，街上各鋪子已奉衙門之命開了門，家住對門的張家二老爺也上街去看熱鬧了。父親告訴沈岳煥，張家二老爺是暗中和革命黨有聯繫的本地紳士之一。於是，沈岳煥便隨了父親，也來到道尹衙門口。

一批血淋淋的人頭垛放在衙門前的平地上，衙門口的鹿角上、轅門上，從城外繳獲、用新竹做成的雲梯上，也懸掛着許多人頭，有的面目已經血肉模糊，有的兩眼尚未閉上，極不心甘似地朝人們瞪着；人頭中間，夾着一大串被割下的人耳朵。看的人都不大作聲，臉上露出各式各樣極不自然的古怪表情。

可是，屠殺還才剛剛開始。緊接着便是衙門派兵分頭下苗鄉捉人，被捉的多是隨意捕來的鄉下無辜農民，捉來後照例不需要任何罪證，就趕到北門外河灘上去砍頭。每次殺人五十，行刑士兵二十，看熱鬧的人三十左右。被殺的人既不被剝去衣服，也不用繩索捆綁，就那麼隨便朝河灘上趕去。乖巧一點的，冷不防朝看熱鬧人中間一站，就可以逃脫性命；只有那些糊糊塗塗，不知道爲何被捕，現在將有什麼事發生的，到河灘上被兵士吼着跪下時，才明白這是怎麼回事，於是哭喊着在河灘上亂跑，劊子手便如狼似虎般撲上去，一陣亂刀將其砍翻。

這種殘酷的殺戮持續了一個月，沈岳煥站在城頭看殺人也有一個月。

舊戲和故事裏「人頭如山，血流成河」的情景，過去只存在於沈岳煥的想像裏，是那樣遙遠，又是那樣模糊；現在卻一下子被推到身邊，那樣清晰地血淋淋呈現在他的眼前。人類正用自己的手，將那麼多活鮮鮮的同類一下子變成一堆沒有了活氣的血肉。沈岳煥原先企望從中獲得的兒童遊戲般的樂趣沒有得到，成人們的這種「遊戲」實在太嚴重了一點。雖然，沈岳煥沒有感到恐懼，有時還和其他孩子比賽眼力去數河灘上屍體的數目，卻終於起了一點疑心：這麼多人爲什麼一下子被殺？殺他們的人又是爲了什麼？事情太令人費解，這裏面一定出了什麼錯誤。他拿這個問題去問父親，父親只說是：「造反打了敗仗」；衙門出的告示和稟告撫臺的文書上，卻說是「苗人造反」。

凡造反便該殺頭，「苗人」造反便更多了一層被殺的理由。因此，凡被捉來的苗人都得殺頭。這用來對付苗族的幾千年延續不變的規矩，又照樣用來對付這場革命，對付那些其實並未造反的「苗人」。在衙門大官們的眼裏，這場革命只是苗族不服王化的歷史延續。聽說殺人是因爲「苗人造反」，沈岳煥腦海中突然閃過城外山頭上爲防苗人叛亂而設置的碉卡，日暮黃昏時古堡上響起的鼓角聲音，它們與眼前的景象融成一片。沈岳煥彷彿心有所悟。他想弄明白其中包含的意義，卻又總是無從將它弄得明白。

終於因殺人太多，原先與革命黨人有聯繫未被發覺、在本地說話有點分量的紳士便去衙門，請求有一個限制。既然抓來的人不能全部殺掉，又不能全部釋放，便殺一部分，放一部分。而選擇的辦法竟是委託神靈去裁決——將人犯押到天王廟大殿前院坪裏，由犯人在神前擲筊來決定。

凡順筊、陽筊，開釋；陰筊，則被殺頭。這個辦法實行後，沈岳煥便又跟在犯人後面，到天王廟看他們擲筊決定生死。

看那些鄉下人，如何閉了眼睛把手中一副竹筊用力拋去，有些人到已應當開釋時還不敢睜開眼睛。又看那些雖應死去，還想念到家中小孩與小牛猪羊的，那份頹喪，那份對神埋怨的神情，眞使我永遠忘不了。也影響到我一生對於濫用權力的特別厭惡。

我剛好知道「人生」時，我知道的原來就是這些事情⑱。

到年底，殺人終於停止。因爲形勢又有了新的變化。其時，革命黨人又在鳳凰、乾州、松桃三廳重新聚集了力量，準備規模更大的武裝起義。一來，衙門大官眼見到全國各省紛紛「獨立」，清王朝氣數已盡；二來，他們也感到了再與革命軍對抗後果的可怕，一九一二年初，鳳凰道、廳衙門被迫宣佈投降。於是，城裏各處掛起了白旗，反正的士兵結隊在街上遊行，衙門方面與革命黨人達成妥協：一切地方事務交本地紳士出面主持，革命黨人方面放外來鎮守使、道尹、知縣離境走路。

革命在鳳凰算是成了功。但是，在革命中付出巨大犧牲的苗、漢人民，並沒有獲得他們應有的報償，地方的軍、政大權落到了鳳凰上層紳士階級手中。其後相繼崛起的田應詔、張學濟、陳

---

⑱〈從文自傳．辛亥革命的一課〉，《沈從文散文選》，人民文學出版社一九八二年版。

渠珍等地方軍政勢力，直接影響到湘西社會後來三十年的興衰榮枯。

革命後地方不同一點，綠營制度沒有改變多少，屯田制度也沒有改變多少。地方有軍役的，依然各因等級不同，按月由本人或家中到營上去領取食糧與碎銀。守兵當値的，到時照常上衙門聽候差遣。馬兵照舊把馬養在家中。衙門前鐘鼓樓每到晚上仍有三五個吹鼓手奏樂。但防軍組織分配稍微不同了，軍隊所用器械不同了，地方長官不同了。縣知事換了本地人，鎮守使也換了本地人。當兵的每個家中大門邊釘了一小牌，載明一切，且各因兵役不同，木牌種類也完全不同。道尹衙門前站在香案旁宣講聖諭的秀才已不見了。但革命印象在我記憶中不能忘記的，却只是關於殺戮那幾千無辜農民的幾幅顏色鮮明的圖畫⑲。

革命也給沈家帶來了始料不及的變化。先是鎮守使、道尹、知縣衙門宣佈投降，地方一切交由紳士主持後，沈宗嗣因暗中參與革命，在民主選舉中成爲本地要人。但不久，鳳凰舉行省議會代表選舉，沈宗嗣與一個姓吳的競選，結果失敗，心中憤憤不平，覺得臉上無光，一氣之下，便離開鳳凰，跑到北京去了。與他同行的還有一個本地人闞祝明。二人同住北京酉西會館，並組織了一個鐵血團，準備刺殺袁世凱。誰知事機不密，被袁世凱的爪牙發覺，闞祝明被捕後立即槍

⑲〈從文自傳·辛亥革命的一課〉，《沈從文散文選》，人民文學出版社一九八二年版。

決。幸虧闕祝明被捕時，沈宗嗣正在劇院裏看著名京劇演員譚鑫培的演出，得到熟人報信，連夜逃出關外，改名換姓，在熱河都統姜桂題、米振標處隱匿。——姜桂題與沈宏富曾一起共過事；據說沈宗嗣出逃時，又携有熊希齡所寫托姜桂題關照的條子。在這之前，熊希齡曾出任熱河都統。

這些，沈家都是幾年後才知道的。對於沈家的人，沈宗嗣這次離家北行，便是一連幾年，音訊全無。

沈宗嗣爲何要行刺袁世凱？是出於個人對社會的怨憤積鬱？是囿於當時風氣，以暗殺社會權要爲時髦？是受革命思想影響，將袁世凱看作國賊？或者，三者兼而有之？現在已無從考究了。這個封建王朝的將軍之子，在時代潮流挾裹下，先是向封建制度叛逆，繼而又拿性命向新的政治寡頭作孤注一擲，其行爲即便未必全出於對社會發展的理性思考，它所劃出的這一段軌迹，似乎也積澱着每逢改朝換代時期，貴族及世家子弟的一種共通模式。

沈宗嗣的這次冒險之舉，雖然沒有給歷史留下任何印痕，卻直接作成了沈家在鳳凰的敗落。

四、續一本小書和一本大書

辛亥革命在鳳凰演出的一幕，作爲一種實感經驗，被刻進沈岳煥的大腦襞皺深處，成爲他後來整體人生思考中明晰而活躍的人生因素。然而在此時，它之於沈岳煥，仍然只是一種人生直覺，一個孤立的「點」，一種不明所以的現象。如果它不能同更多的點、線交織成人生網羅的屏幕，沒有理性的電光石火將它激活，即便不是全被忘卻，也不過被充作飯後茶餘的談資，一只生命棋盤上的死棋，無法成爲沈岳煥生命泉流的有機構成。

眼下，這一幕已成過去。革命在本地「成了功」，鳳凰的人事表面上有了一些刷新，骨子裏卻一切因循舊例，邊城又恢復了往日的寧靜。於是，這場革命的種種情景，不久便被翻到沈岳煥意識的下層，在他的生活中，一時不再占有什麼位置，他又同時去讀一本小書和一本大書了。

一九一四年左右，鳳凰有了新式小學。一九一五年，沈岳煥從私塾轉到設在城內王公祠的第二小學。半年後，再轉入第一小學讀書。

第一小學位於城南對河的文昌閣。學校依山面河，山上古木參天，林間荆棘雜草叢生，因無人修葺，顯得原始矇矓。大白天有大蛇滑行而過時，齊腰深的芭茅便向兩邊翻捲。文昌閣瓦梁上可見長蛇蜿蜒而下，就連上課時，屋梁上也會掉下蛇來。蛇的種類不一，多爲毒蛇，身上的花紋卻很美。校門邊有一眼井泉，水清冽而甘甜。下課後，學生便用竹筒作成的長勺隨意舀取解渴，卻從不聽說有人因此生病。

新學校給了沈岳煥許多新鮮。不僅是同學人數比先前多了幾倍，課餘活動範圍非私塾可比，學校規矩也和私塾有了許多不同。——不必成天咿咿呀呀地背書；嚴重的體罰已經廢除，雖然也有因過失被老師罰站的時候，卻不必再擔心被按到凳子上打屁股；照例七天有一個假日，不必像私塾那樣不間斷地天天去上學，像一篇沒有句逗的文章。這些，都很對沈岳煥的胃口。可是，他在課堂上依舊沒有學到什麼東西。除了識字、讀書以外，也沒增添什麼新內容。從他幾年後仍不知氫氣、參議院是什麼東西判斷，似乎還沒有自然、歷史之類的課程。雖然已經開設了手工課，但那只是用小刀在座位底板下鐫刻自己的名字，或用白色瓷泥給每個教師揑塑像，並依據老師像貌或性格某一缺陷，各自取一個帶漫畫色彩的綽號，旣刁鑽、古怪，又貼切傳神。

旣然課堂依舊拘束不了沈岳煥的自然天性，上課便成了他的例行公事。能使他傾心的，仍然是在太陽底下的各種光與色。下課鈴一響，他便野馬式的奔出，或是到操場上與同學作「龍虎鬪」，或是和幾個同學一起，跑到樹林裏各自選定一株合抱大樹，比賽誰先爬上樹頂。由爬樹學會認識各種樹名；有時爬樹失手，掛破了皮、扭傷了腳，便去採藥，因此又認識了十多種草藥。倘若要走得更遠一些，便去老師處請假，老師是四個從常德師範畢業的年輕人，常常一下課便玩麻雀牌。在當時，麻雀牌也是一種「新事物」，能學會玩牌也是一種時髦。他們對教學旣不十分上心，管理也不嚴格。加上四個教員中還有兩個是沈岳煥的表哥，請假一律照准。於是，看戲請假釣魚請假，甚至到田裏去捉蚱蜢也請假。夏天，去河邊釣半天魚；春天，便上山採筍子、摘蕨菜，比賽叫各種雀鳥的名字。

如果放學時天色尚早，便和幾個同伴沿邊城牆腳下一路逛過去。遇有柴船在河邊停泊，又一時無人照看時，幾個人便急忙跳上船，飛快地朝河中划去。

等一會兒那船主人來時，若在岸上和和氣氣地說：「兄弟，兄弟，你們快把船划回來，我得同家。」遇到這種和平講理人時，我們也總得十分和氣地把船划同來，各自跳上岸，讓人家上船同家。若那人性格暴躁點，一見自己小船爲一羣胡鬧小將把它送到河中打着圈兒轉，心中十分憤怒，大聲喊罵，說出許多恐嚇無理的野話，那我們一面同罵着，一面快快把船向下游流去，盡他叫罵也不管它。到了下游時幾個人上了岸，就讓這船擱在河灘上不再理會了。有時剛上船坐定，即刻便被船主人趕來，那就得有一分兒擔當驚險了。船主照例知道我們受不了什麼簸蕩，搶上船頭，把身體故意向左右連續傾側不已，因此小船就在水面胡亂顚簸，一個無經驗的孩子擔心會掉到水中去，必驚駭得大哭不已。但有了經驗的人呢，你估計一下，先看看是不是逃得上岸，若已無可逃避，那就好好地坐在船中，盡那鄉下人的磨煉，拚一身衣服給水濕透，你不慌不忙，只穩穩坐在船中，不必作聲告饒，也不必惡聲相罵，過一會兒那鄉下人看看你膽量不小，知道用這種方法嚇不了你，他就會讓你明白他的行爲不過是一種帶惡意的玩笑，這玩笑到時應當結束了，必把手叉在腰上，向你微笑，抱歉似的微笑。

「少爺，夠了，請你上岸！」⑳

⑳〈從文自傳·我上許多課仍然放不下那一本大書〉，《沈從文散文選》，人民文學出版社一九八二年版。

若是夏季，每天都少不了下河游泳。因擔心被淹死，家裏對游泳照管得較嚴。於是，放學後便遠遠跑到河上游拐彎處，那裏水既深，又不易被家裏發現。到後，將書包朝河灘上一摔，脫光衣褲，便向水裏撲去。其時，父親已離家去了北京，管束沈岳煥的責任就落到大哥沈岳霖的身上。因此，在每天估計得到的時間裏，大哥總要下一次河。這位大哥，耳朵不大聽使喚，眼睛也極近視。要從河中一羣光身孩子中認人，實在不容易。但他卻有算計，到得河灘上時，就從堆放的衣褲上一一查認過去。一看到沈岳煥的衣褲，也不作聲，拿起就走。然後坐在大路上，等着弟弟投案。這樣經過兩次教訓，沈岳煥便預先將衣褲藏起，一見大哥從城門口出來，得同伴報信後，便急急游到河中，仰臥在水面上。大哥到河灘上各處搜尋找不到衣褲，便大聲問兄弟的同伴：

「熊澧南、印鑒遠，你見我兄弟老二嗎？」

「我們不知道，你不曉得看看衣服嗎？」

搜查問詢都沒有結果，這位進過美術學校的大哥，便站在河灘上，略帶憂愁的樣子欣賞一陣風景，或取出速寫簿，坐下來畫兩張素描，隨後輕輕吹着口哨，從原路打轉身了。幾次過去，他終於起了疑心，卻也不說破，照舊裝着相信兄弟不在河裏的樣子，轉回到城門邊隱蔽處，像一匹雄猫預備獵取耗子似的，極有耐心地守候着。等到游泳的一羣走近時，便從暗處飛快躍出，一把攫住沈岳煥的衣服便走。不久，沈岳煥摸清了大哥的「棋路」，又有了新的對策：有時故意遠遠落在同伴後面，有時又繞路躲開南門，從東門進城回家。

一個夏天，兄弟倆不斷地捉着迷藏，眞有點道高一尺魔高一丈的味道。這也難怪，水對沈岳煥，具有一種特殊的吸附力。每當脫光衣褲，赤條條與河水親近時，沈岳煥覺得自己整個地融進了大自然；仰臥在水面上，望着高遠的藍天，那裏彷彿藏着無窮的秘密；和同伴一對一澆水比賽，陽光照射在迷濛的水花上，泛起七彩虹橋，周圍的山、樹、雲、煙，別是一種型範和色彩；浮在河中，流水在身前身後不歇止地流動，整個天地便飄浮起來，人也好像是在虛空中浮動。

我感情流動而不凝固，一派清波給予我的影響實在不小。我幼小時較美麗的生活大部分都與水不能分離。我的學校可以說是在水邊的。我認識美，學會思考，水對我有極大的關係㉑。

若是星期天，日子又湊巧，或一六，或二七，或三八㉒，正逢城郊墟場趕集，吃過早飯，沈岳煥或邀人，或被人邀，一行幾個先下河洗一回澡，再走十里路過長寧哨去趕集，在墟場人堆裏轉着看熱鬧。他們一會兒出現在賣牛處，看買賣雙方大聲吼着、嚷着，在價錢上相互爭執，當一

㉑〈從文自傳·我讀一本小書同時又讀一本大書〉，《沈從文散文選》，人民文學出版社一九八二年版。

㉒湘西趕集，按約定，相鄰近的墟場將趕集的日子岔開。如五日一集，一個墟場趕集日子定在每月逢一逢六，另一個墟場則逢二逢七，餘此類推。

方的誠意被對方有所懷疑時，便漲紅着臉，指天指神賭咒發誓；一會兒鑽到賣山貨處，一面聽人們談論獵獲猛獸時種種危險情形，一面用手觸摸虎豹皮毛。想起這山中猛獸生前的威風，心頭仍禁不住一懍；一會兒，他們又擠到賭場上，看那些鄉下漢子下注時，期待混和着擔心，如何支配到一只手微微顫抖……。在來回的路上，他們還要從造紙場邊過，從造船的河灘上過，從碾坊、油坊邊過。過造紙場時便看造紙，看工匠們如何用細篾帘子漏取紙漿；過造船處時便看修船、造船；太陽光正灑滿河灘，河灘上正架起一隻舊船的龍骨，工匠正忙着將粗麻頭與桐油、石灰拌和成的漿料，嵌進船的縫隙裏去。最經看的還是那些碾坊和油坊。碾坊、油坊必傍溪傍河而立。溪河上游距碾坊、油坊不遠處，律一道小小擋河壩，將水引入渠道。渠水流到水碾處，從高處跌落時突然發力，衝擊坎下裝置的水車，轉動的水車帶動碾坊地下碾盤連軸，地面上的石碾便沿着圓形石槽運行。石碾將晒乾穀粒碾碎後，再用風車將穀殼扇去，然後用竹篩篩去細糠。水車轉，碾石轉，風車轉，人轉竹篩轉，最後轉出滿籮筐的白米和滿身糠灰的篩米婦人。若是油坊，除碾具外，還有榨油裝置。開榨前，將桐子或油茶子漚熱，剝出桐籽茶籽，晒乾、烘乾後倒入碾槽碾碎，再大灶大火蒸熟後取出，用稻草和鐵箍團成直徑尺餘的圓餅，置木榨上夾緊。然後，打油人手執油錘，——錘杆是長有丈餘、碗口粗細的柞木，錘頭由鐵鑄成。錘杆居中繫一根粗繩，懸掛在屋樑上，——一面歌呼，一面跑動中借勢發力，撞擊油榨上裝有鐵頭的楔子。在大力擠壓下，油液便成線狀流入油槽。榨過油的枯餅，用來洗衣、漚肥、鬧魚，都是上好的材料。

這些東西就夠古怪。最迷人的還是榨油時的那種氣氛。開榨後，全部工序便同時進行。一時間，水車咿咿呀呀地轉動，揚起一陣又一陣雪白的水花；水碾軋軋地旋轉，轉過來，又轉過去，看碾人不時敏捷地從石碾橫軸上一躍而過，油錘撞擊楔頭，發出開山炮似的轟響，數里之外就能聽見；蒸料時油坊內彌滿白色蒸汽和醉人香氣，人頭便在白霧香氣裏浮動；遍身油膩的打油漢子，一邊發力打錘，一邊歌呼。那歌呼在靜寂的山野裏蕩漾，旣悠揚，又綿長。聽到這聲音，沈岳煥小小心裏彷彿浸入了一絲凄涼。

望着那些碾槽內正被碾碎的桐籽，沈岳煥常常想起幼時去黃羅寨鄉下時見過的堆積如山的桐子。冬日的晴天，白霜漸漸化去，靜寂的山野顯得極爲空疏、清朗。早飯過後，一羣村婦圍坐在桐子堆邊，用小小鈎刀剝取桐籽。剝出的桐籽攤晒在坪壩上。各家的孩子一會兒在桐籽上翻跟斗、摔跤，一會兒圍在大人身邊聽他們擺「龍門陣」：張家老大上山砍柴，早飯少吃了點，到時又碰上落雨，又冷又餓，待他走進一個沒人去過的岩洞裏躲雨，猝然看見洞裏有一張石桌，桌上擺着一籠白蒙蒙的泡粑，還冒着熱氣。旁邊地上有一路腳印，每個有一尺多長；乾州有個跛子，姓李，過八面山時，碰到一個人熊。腳不方便，逃不脫，兩隻手被人熊死死抓住。人熊對着他迷迷地笑，笑了好久。笑夠了，張嘴就咬。虧得跛子腳不方便人聰明，先就有了算計，手拐子上套了兩個竹筒，人熊抓着的是竹筒不是人手。等人熊笑迷了的時候，跛子將兩手輕輕抽出，白撿了一條命；城裏副爺家一個女子，人生得好秀氣！沒想到講婆家高低不就，年紀都二十好幾了。那天到鄉下走親戚，從天坑㉓邊過，沒成想被洞神看起了。那個洞神是白蟒成精，白衣白帽，長得好標致！副爺女子也被他迷住了，轉回屋裏就不吃不喝，氣色反越來越好，天天喊着洞神就要來接親了。接親那天，副爺女子滿臉紅光，笑成一朵花，嘴裏盡講新姑爺騎高頭白馬，八抬大轎，好不威風！只可惜凡人看不到……」

講完這些，婦人們照例要拿那些三五歲的男孩子取樂：

「老三，老三，快過來，伯娘問你，要不要討個新姑娘？」

「要。」

「要那個？」

這孩子準會指定一個平時給他印象最深的姑娘：「要四姐。」

「你要四姐作什麼？」

「引我睡覺。」

看到那個被稱作四姐的大姑娘羞得臉紅紅的，品味着那孩子答話的底蘊，姑嫂姐妹便前俯後仰笑得直不起腰來。

這些掛在山裏人嘴邊的故事，原是他們泛文化的一部分。雖然它們一代接一代地傳遞下來，

㉓天坑，湘西隨處可見的石灰岩溶洞，深不見底，爲傳說中神仙鬼怪的居所。

卻每次都說得有眉有眼，有名有姓，不由小孩子不信。那裏面透着的神秘與新鮮，對沈岳煥具有無窮的魅力。就在這種荒誕又現實的傳聞裏，孕育着沈岳煥所屬南中國人的浪漫幻想情緒。

當沈岳煥終於從眼前各種光色和想像的迷醉裏走出來時，幾個人都感到肚子有點餓了。——鄉下人趕場，最愜意的莫過於在攤子上吃狗肉。花點錢，買一碗「包穀燒」，要一碗狗肉，一面喝酒，一面用筷子挾狗肉蘸辣椒鹽水往嘴裏送。若遇上熟人，便兩人對飲，吃得「哦荷」朝天，那滋味眞夠以後半個月的咀嚼。——這時節，若身上帶有零錢，幾個人雖不喝酒，照例要買一碗狗肉吃。假如湊巧誰也沒帶錢，幾個人便在墟場各處轉悠，看是不是碰得上親戚熟人。運氣好，碰上一位親長，那親長必要問：「過午了沒有？」大家正巴不得有這一問，卻又不好意思開口求援，便相互望着羞怯地一笑。那親長心裏有數，也就笑笑地說：「這不成，不喝一杯還算趕場嗎？」於是，幾個人便被這親長拖到狗肉攤上，切一斤兩斤狗肉飽肚。

吃過狗肉，各人身上立時長了許多精神，就又走到河邊上，看河中來往的船隻和竹筏、木筏。長寧哨位於苗區與苗漢雜居區的交界處，從這裏沿河上行，到名叫鳥巢河的地方，便是純苗區了。因此，長寧哨成了苗民與外部進行物資交易的集散地。河面上的小船和竹筏，有一部分是屬於苗民的。苗民的船隻造型特別雅致，篙槳十分精美，一眼就能分辨清楚。這河面，給沈岳煥開啓了通往另一個世界的窗口，從中，可以窺見到一個根源古老的民族身影。

請你想，一個用山上長藤紮縛成就的浮在水面上走動的筏，上面坐的又全是一種苗人，這類人的女的頭上帕子多比斗還大，戴三副有飯碗口大的耳環，穿的衣服是一種野蠶繭織成的峒錦，裙子上面多釘銀泡（如普通戰士盔甲），大的脚，踢拖着花鞋，或竟穿用稻草製成的草履。男的苗兵苗勇用青色長竹篙撑動這筏時，這些公主郡主就銳聲唱歌。君，這是一幅怎樣動人的畫啊！人的年齡不同，觀念亦隨之而異，是的確，但這種又嬌媚，又野蠻，別有風光的情形，我相信，直到我老了，遇着也能仍然具着童年的興奮！望到這筏的走動，那簡直是一種夢中的神迹！

我們還可以到那筏上去坐，一個苗酋長，對待少年體面一點的漢人，他有五十倍私塾先生的和氣。他的威風同他的尊嚴，不像一般人來用到小孩子頭上。只要活潑點，他會請你用他的自用烟管（不消說我們却用不着這個），還請你吃他田地裏公主自種的大生紅薯，和甘蔗，和梨，完全把你當客一般看待，順你心所欲！若有小酋長，就可以同到這小酋長認同年老庚。我疑心，必是所有教書先生的和氣殷勤全爲這類人取去，所以塾中先生就如此特別可怕了㉔。

那時，沈家每年還有三百石左右的田租收入。三個叔父兩個姑母占有其中的兩份，沈岳煥家占取一份。因此，沈岳煥便有機會跟長輩們到一二十里外的鄉下去，督促佃戶和臨時雇傭的短工

㉔〈在私塾〉，《沈從文文集》第一卷，花城出版社，三聯書店一九八二年版。

收穀。鄉下有城裏所沒有的新鮮物事，沈岳煥也有了不同於城裏的玩法。——去田裏辨別各種禾苗、害蟲；用雞籠到水田裏罩取鯽魚、鯉魚；向佃戶討鬪雞；剝桐樹皮捲製哨子……。最有趣的是打獵。春天，到山中野雉交配繁殖季節，將馴養的雉媒帶到山林間放出，勾引林間野雉。待野雉飛近，舉起鳥槍便打。等候時那份期待，野雉飛近時那份急切，槍中鵠的時那份喜悅，永遠不會使沈岳煥感到倦怠。秋末冬初，人們上山圍獵黃麂、野猪、狐狸時，沈岳煥也跟着滿山亂跑。有一次，佃戶們將沈岳煥用繩子捆在一棵大樹的高枝上，讓他看被追趕的黃麂如何驚恐萬狀地從樹下跑過。他還看見過一對狐狸被追得在一株大樹根下亂轉，後來這對狐狸的皮毛便成了叔父身上的馬褂。這次獵狐所見種種，後來在他的小說裏有過極精彩的描述：

在這雪晴清絕山中，忽然騰起一片清新的號角聲，一陣犬吠聲。我明白，靜寂的景物雖可以從彩繪中見出生命，至於生命本身的動，那份象徵生命律動與歡欣在寒氣中發抖的角聲，那派表示生命與奮而狂熱的犬吠聲，以及在這個聲音交錯重疊綜合中，帶着醉心的惶恐，絕望的低嗥，緊迫的喘息，從微融殘雪潮濕叢莽間奔突的狐狸和獾兔，對於憂患來臨掙扎求生所抱的生命意識，可絕不是畫家所能從事的工作！……

……身後一株山桂樹旁噝的一響，一團黃毛像一支箭射入樹根窟窿裏去了。大家猛不防嚇了一驚，掉過頭來齊聲叫，「狐狸，狐狸！堵住，堵住！」

不到一會兒，幾隻細腰尖耳狗都趕來了。有三隻鼻貼地面向樹根直撲，搖着尾巴向窟窿狂吠。……於是那支箭就在這刹那間，忽然又從樹根射出，穿過我的脚前，直向積雪山澗竄去。幾隻狗隨後追逐，共同將溪澗中積雪蹴起成一陣白霧。去不多久，一隻狗逮住了那黃毛團時，其餘幾隻狗跟踪撲上前去，狐狸和狗和雪便滾成一團。在激情中充滿歡欣的願望，正如同呂馬童等當年在垓下爭奪項羽死屍一樣情形。三個獵人和我那四個同伴，看見這種情形，也歡呼着一齊跳下山澗，向狐狗一方連跌帶滾跑去㉕。……

這中間，已經加入了後來才有的，沈岳煥自己的生命意識和審美觀照，然而，誰能說其中沒有沉積着人之初對生命的感悟？他讀這一本大書所見到的一切，盡管在當時只能是對事物的直觀感印，卻也聚集着他後來思索人生、表現人生的實感經驗。

這種不安於課堂，傾心於自然與人事的光色，幾乎每個生長在這邊陬之鄉的學童，都能攤上一份。不肯好好念書，成天在外面野，雖使家長傷透腦筋，卻也是意料中事。最使家裏難堪的，是沈岳煥竟學會了擲骰子賭錢和說各種下流野話。擲骰子賭錢似乎與小時賭劈甘蔗培養的興趣有關。沈家附近道臺衙門前的大坪壩上，白天是菜市，晚上總擺有各種各樣小吃攤子。一到天黑，每個攤子上便一齊亮起螢火似的燈光。那時，一吃過夜飯，沈岳煥便與同街的伙伴，在暈黃光波的漾動中，圍着攤子賭劈甘蔗。——將一根甘蔗的一頭削尖，豎立在地上，參加的人抽簽排定順

㉕〈赤魔〉，《沈從文選集》第四卷，四川人民出版社一九八三年版。

序，輪流用小鐮刀去劈。由於人小，第一個總要站在一張小凳上，方能與甘蔗等高。誰手法好，刀身能穿過蔗身，就可不花錢吃最好的一節甘蔗，由輸家出錢。現在，賭劈甘蔗的年齡已經過去，賭輸贏的興趣已轉移到擲骰子賭錢。將骰子抓在手中，奮力向大土碗裏擲去，口裏跟着喊出「快」、「臭」種種專用術語，沈岳煥便忘了周圍一切，進入一種忘我境界。如果家中一早派他上街買菜，他就同一羣小無賴跑到米廠天棚內玩骰子。如果手氣好，贏了錢，便拿來立即買東西吃；若運氣不佳，將買菜的錢輸去，就悄悄從後門溜回家中，徑直去找外婆；從她那裏將輸掉的錢補足。這辦法極冒險，因此，他常常只拿出一個銅子下注，贏了便走，輸了也不再來。這樣輸贏數目少，家裏很難察覺，敷衍過去也還容易。

由於賭術精明我不大擔心輸贏。我倒希望玩個半天結果無輸無贏。我所擔心的只是正玩得十分高興，忽然後領一下子爲一隻強硬有力的手攫定，一個啞啞的聲音在我耳邊響着：「這一下捉到你了，這一下捉到你了！」

先是一驚，想掙扎可不成。既然被捉定了，不必回頭，我就明白我被誰捉住，且不必猜想，我就知道我同家去應受些什麼款待。於是提了菜籃讓這個彷彿生來給我作對的人把我揪同去。這樣過街可眞無臉面，因此不是請求他放和平點抓着我一隻手，總是趁他不注意的情形下，忽然掙脫先行跑同家去，準備他同來時受罰。

每次在這件事我受的處罰似乎略略過分了些，總是把一條綉花的白綢腰帶縛定兩手，繫在空谷倉裏，用鞭子打幾十下，上半天不許吃飯，或是整天不許吃飯，親戚中看到覺得十分可憐，多以爲哥哥不應當這樣虐待弟弟，但這樣不顧臉面去同一些乞丐賭博，給了家中多少氣惱，我是不理解的。

我從那方面學了不少下流野話，和賭博術語，在親戚中身份似乎也就低了些。只是當十五年後，我能夠用我各方面的經驗寫點故事時，這些粗話野話，却給了我許多幫助，增加了故事中人物的色彩和生命[26]。

五、從「將軍」向士卒的跌落

「我那時太野，簡直無法收拾。一到晚上，盡作各種稀奇古怪的夢。常常夢見自己生了翅膀，身不由己向空中飛騰，虛飄飄的，也不知飛了多久，突然看見滿天金光，那金光異常強烈，又閃爍不定，照得我頭暈目眩，全身燥熱，急得我大叫一聲，就醒轉來了。……好多年後，它還使我半夜裏無法安睡。這大概是因爲小時摔跤，腦子受了傷的緣故。」

一九八四年夏，當年的沈岳煥在北京崇文門大街的高層寓所內，和我談起六十餘年前他的頑童生涯時，就是這樣開頭的。

---

[26]〈從文自傳·我上許多課仍然不放下那本大書〉，《沈從文散文選》，人民文學出版社一九八二年版。

「什麼時候摔的跤？」我問。

「摔了多次，爬樹摔過，翻槓子也摔過。最重的還是在預備兵技術班的那一次。我攀上槓子，兩臂向後反挂，準備作一次背車。不知怎麼不小心，旋轉時從槓子上猛地摜到砂地上，喉嚨一下子跌啞了，想說話，卻無論如何用力，也不出聲。幸虧班長梁鳳生趕緊將我扶起，架着我在操場上亂跑。跑了好一陣，才慢慢說得出話來。」

「關於預備兵技術班的起因，您在自傳裏說過。那是民國五年，地方上受上年十二月蔡鍔在雲南組織護國軍討伐袁世凱戰事的刺激，感到軍隊非改革不能自存，鳳凰鎮守署便設立了四個軍事學校：一個軍官團，一個將弁學校，一個學兵營，一個教導隊。如此說來，湘西地方軍隊也參加『護國運動』了？」

「當然參加了。當時田應詔任湘西鎮守使，此人是日本士官學校畢業，和蔡鍔同期，參加過辛亥革命，攻占雨花臺，首先隨大軍進南京的軍官裏就有他。蔡鍔的參謀長朱湘溪說他大少爺脾氣，不中用，才轉回湘西。『護法』、『靖國』等大規模戰役，湘西方面都派兵參加過，曾兵出常德、桃源，進抵長沙。只是作首腦的割地自保情緒太重，戰事一過，就又退守湘西。」

「鳳凰開設軍事學校那年，我上了高小。本地人都覺得學軍事較有出息，一個與軍官團陳姓教官作鄰居的，要求這教官飯後課餘也教教孩子，於是就辦起了預備兵技術班。開張不過半個月，就招集了一百多人。我看見那些受過訓練的同學，精神顯得比別人強悍。他們告訴我，參加技術班的人，兩個月考選一次，考取了可以補上名額當兵，問我願不願參加。我決定去問問母親，看她是不是允許。」

「以沈家在鳳凰的地位，您那時是一個少爺。家裏能同意你參加嗎?」

「在我們那地方，當兵不算恥辱，鳳凰上層階級大多是行伍出身。文人方面，人們記得的，好久才出了個翰林熊希齡，四個進士，四個拔貢。至於武人，不算咸同年間所出四個提督軍門，單是後來保定軍官團出身的，就有一大堆。從日本士官學校畢業，擔任蔡鍔參謀長的朱湘溪，也是鳳凰人。因此，本地人多以當兵是年輕人唯一出路。這時，父親謀刺袁世凱的事，風聲也不那麼緊了。輾轉從熟人處得到消息，知道他在東北。哥哥受家裏囑托，已經一路給人畫像，北上千里尋父。家裏只有母親操持，而我又不受管束，母親正拿我沒有辦法。既然有機會考一份口糧，技術班裏規矩又極嚴，覺得與其讓我在外面撒野，不如讓我進去受訓練。因此聽我一說，就立刻答應了。還特別爲我縫製了一套灰布軍服。」

「在技術班裏，難道如您母親所期望的，您的野性被管束住了嗎?」

「說來也怪，倒眞是被管住了。這大概得力於那位陳姓教官在我心目中的威信。這個人作事極認眞，儀表又威嚴，永遠挺着胸膛走路。先就聽說他翻槓子技術極好，得過全省錦標，又親見他在天橋上竪蜻蜓，用手走四五個來回；在單槓上打四十多次大回環，似乎毫不費力。在我眼裏，他簡直是個新式徐良、黃天霸。我們既怕他，又心悅誠服歸他管。」

「只是規矩太嚴了點，方法也有點死板。倒是另一處訓練班更有趣些。」

「那時，我所在的技術班，用的是新式訓練法，那另一處，用的是傳統的舊式訓練法。主持舊式訓練的，和我家是街坊，小孩子喊他滕四叔，同輩稱他滕師傅。」

「這兩處的規矩截然不同。我在的一處，操練時姿勢稍稍不合要求，教官當胸就是一拳；服裝風紀略有疏忽，先就得吃一巴掌，還得罰立正半小時。跳木馬時，一下子摜到地上，哼也不許哼一聲；野外演習，喊一聲臥倒，不管是水是泥，就得立即撲下去。這對於我們這些大不過十七，小的才十二歲的孩子，實在不大合適。滕四叔教的那個班，動作不合要領，就讓退到一邊，由師傅親作示範，犯了錯誤也受處罰，可那種處罰卻是讓犯錯誤的人泅水過河一次，或其它類似有趣待遇。」

「教授的內容也不同。我們學跑步，一跑就是一點鐘；練正步、齊步，一練就是老半天，十分單調。還學打靶、白刃戰，最後是射擊學、築城學，得聽種種艱深道理和不順耳的陌生名詞。我們的學習是枯燥呆板的，生命凝固而不流動，被另一處嘲笑為『洋辦法』。他們學的是翻筋斗，打盾牌，舞長矛，耍齊眉棍。單是盾牌就有藤編圓盾牌，皮製方盾牌，上面還描有各式好看的彩色花紋。武器有標槍、弓箭，花樣多，形狀也美麗悅目。他們學騎馬射箭，學擺陣，全體排成方陣隨金鼓聲進退。練格鬥時，可以單個練習，也可成對厮打，一人手持盾牌大刀，一人使關刀或長矛，一面格鬥，一面喊『殺！』他們的學習活潑有趣，學習與遊戲無從分開。」

「這樣一來，教官和學兵的關係也大不一樣。我們尊敬、懼怕教官，在他面前緊張、拘束；他們愛自己的師傅，學兵和師傅在一處時，總是十分親熱。」

「那您為什麼不去參加滕師傅的訓練班呢？」

「家裏不讓我接近滕四叔。滕四叔是個怪人，一身奇才異能。不作任何準備，頭略略一動，便可將身子向空中拋起，或前或後，或左或右，來一個空心筋斗；極高的桅杆，眨眼間就可爬到桅尖；又會扎猛子，再深的水也可以一扎到底，老半天不必浮出換氣；又會捉魚，要吃魚時，只要到河裏打一轉身，總不會空手而歸；還會採藥醫傷，誰手腳受傷，他隨手在路邊採幾樣花草，嚼碎敷上，就可包好。……說來實在太多，他給我的印象簡直是無所不能。」

「性格也有趣。他不識字，一個粗人，身份又卑微，到老只是一個戰兵。難得的是他對誰都和氣，遇事比誰都講公道，特別喜歡和小孩子玩在一處，樣子既天真又嫵媚。遇上『額外』、『守備』一類小官，總是垂手低眉，異常和氣謙恭地喊一聲『總爺』。」

「只是他不但教孩子在操場上演兵擺陣，還教他們用骰子擺陣賭博；既教他們打拳練習，還鼓勵他們打架鬥毆：『狗肏的，沒得屌用，攢點勁，再來，再來！』因此，家裏規矩大點的孩子，都不准到他那邊去。參加他那個訓練班的，多是寒微人家子弟。由於同住一條街，我家裏要點草藥或遇到別的什麼事，常免不了找他幫點小忙，卻不許我和他泡在一起，大約是擔心我跟着他學下流。我呢，卻常常瞞着家裏，跑到他那裏去玩。我後來在軍隊中遇到危險，一些自救救人的知識，還是從他那裏學來的。」

「您在技術班的成績如何？」

「很不錯。我六歲時出疹子，差點死去，又得蛔蟲病，體質弄得很弱。虧得技術班的訓練，使我體質結實了好多，同時也磨煉了性格的堅毅。後來凡事不關心成敗得失，始終能堅持下去，就得力於這種訓練。我還先後參加過三次守兵缺額補充的考試，考試的內容是將學習的各種技術演習一次。單槓上掛腿翻上接十字背車，蹿一次木馬，走一回天橋，拿一個大頂；指揮一個十人小隊，下正步、跑步、跪下、臥倒種種口令。雖有許多軍官在場，臨事心裏不免有點慌張，但動作還沒有失誤。三次缺額考試我都沒有得到。第一次被一個叫田杰的人得去，他在班上作大隊長，聰明能幹，各樣都來得，在同學中威信極高；大家都喊他作『田大哥』；第二次考取的是一個姓舒的孩子，年齡和我不相上下，雖各種技術不怎麼出衆，膽量卻極大，從兩丈多高的天橋上，翻筋斗落下，到地還穩穩站住；第三次是一個叫田棒槌的，撐竿跳會考全班第一。其餘人雖然落選，倒也無話可說。我雖未考中，家裏仍然十分高興。一是進技術班後，我每天去軍官團上操，衣服穿得整整齊齊，又懂了許多軍中禮節；二是第一次考試還得過軍部獎語，家裏以為我已經上了正路。」

「那您當時一定是很得意的了？」

「是很得意。在技術班裏，我有一個好朋友，名叫陳繼瑛，家住在離我家不過五十米。吃過晚飯，我和他就相約穿上灰布軍服，有意挺起小小的胸脯子，氣昂昂從街上走出城去。城門邊有個賣牛肉的屠戶，常常故意逗我們，拿腔拿調喊我們作『排長』。還有一個守城老兵，一邊對我們作鬼臉，一邊陰陽怪氣叫我們『總爺』。我們照例不予理睬，自以為將來要作大事。陳繼瑛一心想當團長，我只想進陸軍大學，『排長』、『總爺』之類，我們還不放在眼裏，父親平時用甜甜的故事，給我講祖父作將軍贏得的那份榮光，平時不怎麼在意，這時卻在我身上起了作用。我本來就不愛讀書，皇帝又被趕下了金鑾寶殿，心想當狀元已毫無希望，當將軍還有可能。一有了這種念頭，我便儼然有了當將軍的氣概。得到軍部獎語時，我就認定自己將來總有一天要當將軍。有一段時間，我幾乎成天生活在作將軍的想像裏。」

這大約就是人們常說的潛移默化，一種集體無意識，一遇機會，就會被誘發出來。據沈岳煥自己說，這種當官作大事意識的被清洗，是他在保靖讀了許多書以後。然而，他後來的厭官從文，終不過是中國人那種「兼濟天下」的心理模式換了一個方向而已。

「可惜好景不長。陳姓教官一人主持技術班，處理一切井井有條，成績特別突出，被鎮守使看中，調去當了衞隊團的營副。如此一來，技術班無形中就解散了。這時是一九一七年四月，技術班前後存在了八個月。」

「您在自傳裏說，您是一九一七年八月入伍當兵的。從四月到八月，您在作什麼?」

「還是一邊上學，一邊在外面野，可以說是舊態復萌。因為又失去了有效的管束。那年秋天，我已經小學畢業，報名進了初中。學校就在我家附近的道門口。班上已經分配了座位，可還沒等到上課，我就跟軍隊下辰州了。」

「那時，您父親未歸，哥哥已經北行，家裏作主的只有您母親。讓您當兵的決定是母親作的了?」

「是那樣。當時母親處境十分艱難。首先是家裏破了產。最初，父親隨軍駐守大沽口，家裏值錢一點的『寶貝』(珠寶之類)都帶在身邊。庚子大沽口一戰，父親狼狽逃出，這些『寶貝』便全部丟失了。眼下，哥哥在熱河赤峰找到了父親，父親卻不肯回家。他在外避難五年，盡打『爛仗』。身邊盡是作官的，他爲人愛面子，一切應酬不肯落後，在外面欠了一屁股債。一九一六年底，袁世凱死去，他才與家裏通信。來信就是要家裏典田還債。到後，家裏一點田產便典光了。

「眞是禍不單行。一九一七年家裏又死了我的二姐。二姐比我大兩歲，人生得聰明、美麗，性子倔強，凡事不落人之後。得的是『女兒癆』。得了病，仍改不了那份要強好勝脾氣。她的死也就死在那份倔強性格上。二姐死的時候，母親哭得暈死過去兩回。母親也是個要強的人，自我出生以來，我還是第一次見母親傷心落淚。我也很傷心，記得埋葬二姐時，我還悄悄帶了一株山桃，插在墳前土坎上。十七年後我第一次返回故鄉時，那株山桃已長有兩丈多高了。

「當時，我體會不到母親的苦處。她讓我出門當兵，一定是極難的決斷——因爲我那時才十四歲多一點。家中的敗落，二姐的死，接踵而來的打擊使母親將世事看開了些。與其讓我留在家裏學下流，不如讓我自己掙一份口糧，到世界上去學習生存。一個家住城裏的楊姓軍官這時正帶兵路過鳳凰，母親向他說及家中情況，那軍官答應讓我以補充兵名義，隨軍隊同去辰州。如此一來，就決定了我以後的命運。」

這位母親承受的精神壓力之大，是不難想像的。一個女人家，丈夫多年下落不明，全家靠自己一人操持。及至丈夫有了消息，還沒等到他回家，家裏已經破了產。大兒子耳聾眼瞎，難有多大指望。大女兒遲早是別人家的人。二女兒正當如花年齡，却不幸病逝。小兒子已過繼給了叔父，小女兒剛剛五歲。原指望第二個兒子一改頑劣習性，終能為家中爭氣，却又偏偏「惡習」難改，不得不在他小小年紀，狠下心將他送出去經受磨難。她經歷的原是舊家敗落的痛苦。「君子之澤，五世而斬」。輪到沈家，還不過三世。這也是中國近現代社會大變動中許多官宦世家的共同命運。魯迅、老舍、巴金等許多中國現代作家，都經歷過類似的家庭悲劇。它帶給這些舊家子弟始料不及的痛苦，却也使他們能夠直面現實人生，並間接作成了中國現代文學在三十年代的繁榮。

「母親的決定，對您是不是來得太突然了些？」

「毫無準備。那天正是舊曆七月十五中元節，我拿了些紙錢、水酒、白肉，用一個小木盤托着，到河邊奠祭河鬼。照習俗這一天誰也不敢下水，河面異常清靜。我燒了紙錢，澆掉了白酒，吃了那塊熟肉，就脫了衣褲，一個人在河水裏泡了足足兩個小時。」

「回家吃過晚飯，母親要我換了一件長衫，穿上新鞋新襪，說是要我送她到一個親戚家去。問『去作什麼？』只說『去了就曉得了』。不一會，就知道去的是過去和我家作過鄰居的楊家。他家有個女兒，名叫楊蓮生，人稱蓮姑，年齡和我差不多，人生得很秀氣。記得一次打大醮，她還裝扮成觀世音菩薩，讓人擡起從街上走過，看起來美極了。還沒許配人家，我平時常想到她家去，卻又不敢去。」

「楊家住在城中一個地勢較高處，一路要爬二十多道高坎。穿着長衫新鞋，本就不大自然，這時好像又有了某種預感，心裏忐忑不安，就覺得那二十多道坎子好高，比平時難走多了。到得楊家屋門口，瞧瞧自己一身打扮，我又起了疑心：『莫不是看郎吧？』這樣一想，就渾身不自在起來，賴着不肯進楊家屋。到母親答應讓我只到楊家花園裏找蓮姑玩，我才進了門。走到花園裏時，果然碰到了蓮姑。她見我來很高興，先是帶我到荷池邊釣蓮蓬，又讓我看她家養的金魚，吃龍山出產的大頭菜。到後她告訴我，明天她要去辰州，一路要坐三四天的船，那地方是大河，船多得數不清，那些拉縴的，搖櫓的，全會唱歌！」

「我問她：『那裏可不可以洗澡？』」

「她用手指在臉上刮着羞我：『你們男的就只曉得洗澡！』」

「我正和她沒完沒了地說話，楊家一個丫頭叫我到屋裏去。從角門進去，只見屋裏點着煤氣燈，白光照得人眼花。母親正和蓮姑父母坐着談話。見我來，大家便不再作聲。向楊家父母行過禮，母親要我坐下，好像有什麼話要對我說，卻又難於開口的樣子。好一會，母親才告訴我，她與楊家表叔商量讓我出去當兵，明天一早就要動身。話一講明，屋裏氣氛一下子輕鬆了許多。」

「回到家裏，我在燈下痴痴地弄着從蓮姑家帶回的蓮蓬。九妹也比平時乖，不來和我爭要那蓮蓬。接着，我又撥弄了一回我養的蛐蛐，見它那齜牙咧嘴有趣樣子，我決心帶它出門，便又拿燈找了一個竹筒，準備明天一早把它裝到竹筒裏去。回到屋裏，見母親一邊清理我出門要用的東西，一邊傷心垂淚，我心裏也酸酸的，上床睡覺時也哭了一回。」

「其實我那時並不怎麼難過。因爲姓楊的軍官當面說好，我這次是當護兵，可以背盒子炮。想像着背盒子炮的神氣威風，身上有了按捺不住的亢奮。」

「第二天一早，大姐搖醒了我。洗過臉，外婆將我拖到一邊，幽幽地說：『乖，你要走了，我還不曉得能不能再見到你。到你娘面前磕兩個頭，你是太讓她操心了。你這次出門，她的心也是在你身上！』」

「向母親磕過頭，母親一遍又一遍地囑咐：『出外不要淘氣闖禍，犯了軍紀，……這一去也不要你作官發財，只盼你能好好作人。家裏已到了這種地步，連這一棟房子也只能保住三年五年。三五年後，你在外面作事好，能接濟到我和你九妹，那自然是好。……出門不比家裏，要自己擔心冷熱。……』」

「終於到了動身的時候，全家送我到大門口。從昨夜起天上就落了雨，這時仍細雨濛濛。街上已有人喊賣油粑粑。我穿一身大姐連夜趕出的、照預備兵技術班軍服仿製的藍紡綢衣，衣作得太肥大，極不合身。打起裹腿的兩隻小腿，就像兩棒包谷。腳上白布袜套一雙新的三耳水草鞋，身上背一個花包袱。當我走進隊伍時，看見別人穿一身黃色制服，各種領章、肩章分出不同階級。軍官們騎馬，家眷坐轎，其中就有蓮姑。馬上幾個軍官，全是我先前認識的熟人，這時從我身邊過，卻彷彿不認識我！想起蓮姑出發時對我說的話『昨夜我媽告訴我，以後不能再喊你作四哥了。我應當喊你的名字。我爹也說這是規矩！』我明白，連蓮姑也不再和我平等！覺得身子一下子縮小了許多！回過頭來再看鳳凰，全城已被籠罩在濛濛煙雨之中，變成模糊一片了。」

這是一個從少爺和想像中的「將軍」，向現實中的士卒的跌落。由這一跌落產生的精神和心理的落差，使沈岳煥從天真的想像裏驚醒過來。命運之手正將他從富貴溫柔之鄉攫出，扔進不可知的人生漩渦。這是幸運，還是不幸？那位扮過觀世音菩薩，此時正在他身邊轎上讓人擡着的蓮姑，後來却因為吃鴉片煙死去！兩相比較，真讓人生出無限感慨！

「我得隨隊伍走六十里，才能乘船去辰州。第一次走這樣的長路，眞把我累壞了。背上的包袱越走越重，腳上也打起了水泡。正走得兩眼發直不知何以爲計，一個腳夫見我人小可憐，就讓我將包袱掛到他的擔子上去。同時又碰上一個中年差遣，他和我叔父同過學。有了熟人說話，又空手空腳走路，覺得鬆快多了。臨近黃昏時候，我們便到了一個地名叫高村的大河邊了。」

「二十多隻蓬船並排停在水邊，各船上都站滿了士兵，正忙着尋找指定的船隻。我想找一個歇腳的位置，問各船的士兵，皆回答已經住滿，並問我屬於第幾隊。我不知道自己屬第幾隊，也不知道去問誰。一些看來較空的船頭，站着穿長衫的秘書參謀，那種傲然凜然的樣子，實在使我害怕，也就不敢去問。我只好獨自坐在河邊大石上發呆。」

「這時，天已慢慢黑下來了，河面上已起了白霧。一羣野鴨子一類水鳥，在暮靄中接翅掠過河面，向對岸飛去。我感到異常孤獨，心裏酸酸的，有點憂愁，有點傷心。我明白，生命開始進入了一個嶄新的世界。」

第三章　躰師爺傳奇

一、生命旋轉於死亡的鐵磨下

船上所見無一事不使我覺得新奇。二十四隻大船有時銜尾下灘，有時疏疏散散浮到那平潭裏。兩岸時時刻刻在一種變化中，把小小的村落，廣大的竹林，黑色的懸岩，一一收入眼底。預備吃飯時，長潭中各把船隻任意溜去，那份從容那份愉快，實在使人感動。搖櫓時滿江浮蕩着歌聲。我就看這些，聽這些，把家中人暫時忘掉了。四天以後，我們的船編成一長排，停泊在辰州城下中南門的河岸專用碼頭邊。

又過了兩天，我們已駐紮在總爺巷一個舊參將衙門裏，一份新的日子便開始了❶。

到沅陵(即辰州)後，沈岳煥被編入支隊司令的衛隊。衛隊成員清一色頭腦單純、身體結實的小兵，大的年齡不過廿二歲，小的只有十三歲。大家睡硬木板子墊磚頭拼成的通鋪，吃陳年糙

❶〈從文自傳·辰州〉，《沈從文散文選》，人民文學出版社一九八二年版。

米飯。早上起床號吹過不久就吹點名號，點名完畢就下操坪跑步。下午無事可做，便躺在通鋪上唱〈大將南征〉的軍歌；領到槍後，就坐在太陽底下擦槍。有時支隊司令出門會客，選派二三十人護衞，算作例外，每天如此周而復始。既然除了跑步、擦槍，就無事可做，沈岳煥免不了外出，到各處走動。或是到河街上看一路排着的無數小鋪子，和滿地擺着待售的各種有趣物件；或是跟着給團長管馬的馬夫，到朝陽門外大草坪上去放馬；或是同營裏三個小號兵，過城外河壩上學吹號。

沈岳煥每天都不能忘懷的，是跑到城門洞裏去吃湯圓。一到那裏，便從賣湯圓的手中接過一碗湯圓，坐在一條長凳上，熱氣騰騰地往嘴裏送。遇到本營軍官從城門洞路過時，一面趕緊放下手裏的土花碗，站起身來，一隻手往帽檐邊擱，一面口裏含含糊糊喊「敬禮」。那樣子極滑稽，常惹得那些平日在士兵面前故作威嚴的軍官開心微笑。

此外，就是去南門碼頭，看沅江水面下駛上行的船隻、木排。沅陵依山傍水，位於沅水中游，爲來往於上游各縣與常德、長沙之間各類船隻必經的水碼頭。沈岳煥站在碼頭上，呆呆地看那些顏色鮮明，可裝四五千桶桐油的洪江油船，平頭大尾、船身異常結實的白河船，專運石灰、黑煤，樣子極不中看的辰溪船，頭尾高舉，秀挺靈便的麻陽船，以及大得嚇人的長方形木排，爲一羣精壯漢子各據一角，單撓擊水，順流而下。它們彷彿各有自己的性格和生命，在這條千里長河上競爭生存。有時，沈岳煥又從碼頭走上停泊在岸邊的木排，一面點數借風帆上行的船隻，一面聽河面上響起的陣陣櫓歌：

依來嗬吓！喲嗬吓！到了辰州不怕三洲險，喲嗬！到了桃源不見灘，依嗬吓！

那情景實在動人。在帆影櫓歌中，沈岳煥便將心裏思鄉的淡淡哀愁忘去。

日子便這樣一天天過去。不久，沈岳煥因整理內務，得到了上司誇獎，加上從預備兵技術班學得的知識，被升爲上士班長。不到一年，又由於字寫得好——閑時伏案練字的結果，在懷化升爲上士司書，住書記處。因人小，被軍中熟人、同事稱作「躲師爺」。從一九一七年八月至一九一九年九月的兩年多時間裏，這位躲師爺便在由當時中國——湘西特定歷史條件結構而成的人生浪濤裏浮沉。

這時，袁世凱已作完了他的百日皇帝大夢，在全國聲討聲裏，憂憤死去。黎元洪、馮國璋繼袁世凱之後相繼執政，卻無法號令「諸侯」，全國各地大小軍閥擁兵自立，借機擴充勢力、爭奪地盤，因而戰爭迭起。湘西地方勢力也在沅陵組成了一個聯合政府——靖國聯軍第一軍政府，集合了三派軍事力量。一是由出任軍政長的田應詔指揮的第一軍，一是由出任民政長的張學濟統率的第二軍，一是由旅長盧燾率領的黔軍一個旅。在沅陵——常德之間，與聯軍對抗的，是駐兵常德，由馮玉祥率領的一個旅。雙方各自保守原有地盤，互取守勢，伺機而動。在湘西聯軍內部，又各有算計，常因防地分配發生磨擦。聯軍成分既複雜，人數也龐大。單是第一、二軍，就有約十萬人。各部分軍隊駐紮沅陵的，就有約兩萬人，而全城人口不過五千戶！全靠各軍聯合組成的稽查處維持，方才免於戰爭。只是苦了沅陵的百姓。由於鈔票發行過多，每天兌現時總有小孩和婦人被踐踏而死。領米時，各部分軍隊爲爭先後，相互毆打傷人，也是極平常之事。這樣一支龐大軍隊，一切軍費開支全靠湘西二十餘縣的彈丸之地供給，成了民衆不堪忍受的沉重負擔。常常是一個地方，黔軍走了，第一軍又來了；第一軍走了，第二軍又來了。來時派伕、要錢；走時又是派伕、要錢。所需不足，便燒殺搶掠，無所不爲，與民衆之間勢成水火。

沈岳煥所在第一支隊，屬張學濟第二軍指揮。到達沅陵後不久，聯軍首腦召開了一次會議，重新分配各軍駐地。大約是因爲沅陵駐兵太多，不堪維持，便決議除一部分留守防下游侵襲，其餘分頭去各縣城駐防。於是，沈岳煥所屬第一支隊，被指派去芷江境內「清鄉剿匪」。

隊伍沿着沈岳煥上次下沅陵路線，乘小船溯流而上，四天後至高村上岸，再改變方向，步行三天至芷江所屬東鄉榆樹灣❷。上岸後第一天，隊伍進入一條山谷狹徑，路兩邊山頭上長着密密的山竹。沈岳煥正隨隊默默行進，猛聽得一聲槍響，陡然一驚，隊伍中立時有人驚呼。「打死人了！打死人了！」頓時，隊伍亂成一團，各人尋找地方隱蔽。待到不再見有動靜，派人循槍響方向去搜尋，放槍人早已不見了踪影。大家只好從死者身上卸下槍支，砍倒兩根大竹，用繩子捆紮成擔架，將死者擡着，一行人又上了路。第二天，隊伍再次遭到當地人冷槍襲擊，轉眼間又倒下

❷即今懷化市所在處，原懷化鎮與今懷化市不在同一個地方。

兩個。有人朝天大罵娘，嚷着要「報仇」。大家咬牙切齒，恨恨不已。

果然，一到榆樹灣，隊伍安排好住地，各鄉團總就捆着送來了四十三個老實鄉下人。於是，將人犯連夜過堂、打板子、畫押、取手模，第二天一早就殺了二十七人，接着又殺了五個。以後便是成天捉人。被捉人犯，如果願意出錢交納捐款，便取保釋放；無力交納捐款，或仇家鄉紳已暗中出錢運動必須殺頭的，就隨便列上一款罪案拉出去砍頭。既然「剿匪」就必須殺人，殺人又正可以弄錢，於是，一邊鼓勵鄉紳團總抓對頭仇人，一邊再抓團總「吊肥羊」。又花錢雇本地人當偵探。每五天逢集趕場時，這偵探便在市集上人羣裏擠，指定誰是土匪派來的探子，就立即捉住，略加審訊後拖到趕集人來往較多的橋頭，即刻砍頭處死。在榆樹灣駐紮期間，沈岳煥所屬這支軍隊，先後殺了近二千人。一九一二年左右，一個姓黃的辰沅道尹，在這裏殺過二千人，一九一六年，黔軍司令王曉珊，在這裏又殺了三千左右，爲當地人留下了一筆結算不清的血帳。

四個月後，第一支隊移防距榆樹灣不遠的懷化鎮。先是懷化駐有黔軍一個守備隊，爲爭防地，雙方前哨已經多次奉命相互開槍攻擊，都企圖用武力迫使對方讓出防地。每次衝突結果，雙方互有死傷。打了停，停了又打，兩方頭腦拿士兵的人命打賭。最後，守備隊方面被迫撤出懷化。

一聽說移防，各處營房附近便一片混亂。傳事兵滿頭大汗在街上跑，副兵抱着許多長官要用的香煙跑，急着向鄉紳辭行的師爺也跑；司務長從各雜貨鋪裏急進急出，後面跟着一串扛各樣雜物的火伙；銀錢鋪擠滿兌現的士兵；一些小副兵站在街上嚼板栗花生，見到軍官也懶得舉手敬禮；營房前擠着向士兵討女兒風流債、討麵賬、點心賬、酒賬的人；到處響着各營連集合的號音，馬嘶人喊，毫無頭緒可尋。沈岳煥也像沒頭蒼蠅似的，這裏撞，那裏鑽，各處去湊熱鬧。

隊伍終於開進了懷化鎮。各家屋檐上已掛起大大小小的歡迎旗，路邊看熱鬧的小孩大睜着眼睛，鋪子裏的生意人停下手裏的活計，估量這新來的軍隊。這些因爲沒放槍就占領而感到無味的士兵，這時正用眼睛搜尋住家門戶裏的女人。沈岳煥正隨隊走着，前後忽然起了低聲：

「喲——，嘖嘖！」

「老弟，對呀！」

「哥，回過頭去，這邊又是！」

「辮子貨！」

「招架不來，我要昏了！」

「以前好他娘的守備隊！」

「看，看！」一個士兵用手觸了一下沈岳煥。順着他示意的方向看去，一個小小的白皙面龐縮到鋪臺下去了。這一瞥而得的印象，使沈岳煥對這些士兵起了莫名其妙的同情。

懷化是一個只有百十戶人家的小鎮，沈岳煥隨隊住進本地的楊家祠堂，這一住便是一年零四個月。軍隊在這裏無其他事可做，成天仍是「剿匪」殺人。在這一年多時間裏，他們又殺了二百多人。每次人犯抓來後，照例是先過堂，軍法長坐當中，戴一副墨鏡，一臉殺氣。旁邊坐一錄事，低頭錄供。軍法長先看團上稟帖，問過犯人年齡姓名，便突然生氣，喝一聲「不招就打！」於是在喊聲中，那人被按倒在地，打了一百。然後再審。

「他們說你是土匪，不招我打死你！」

「冤枉，他們害我。」

「為什麼他們不害我？」

「大老爺明鑒，眞是冤枉。」

「冤枉冤枉，我看你就是個賊相，不招就再給我打！」

「救命，大人！我實在是好人，團上害我！」

於是按倒再打。為逼出口供，他們用木棒打犯人腳上的螺絲骨，幾下就敲出骨髓來。又用香火熏鼻子，燒胸脯，用鐵棍上「地綳」，「啵」的一聲將犯人的腳扳斷。犯人受刑不過，便胡亂招出口供，任錄事記在公文紙上。這時沈岳煥已是司書，每次過堂時，他都站在旁邊，等候錄事將記錄交給自己整理，然後再交軍法長存案。

過堂多在晚上，第二天便是殺人。一到殺人時，那些據說很有學問的副官、書記官、軍法長，全都急匆匆跟着士兵跑去觀看。劊子手一刀將人頭砍下後，便拿刀大踏步走到集上各屠桌邊，照規矩割肉，一次就可以得六七十斤肉。看熱鬧的軍官、士兵回來後，照例是議論殺人：那漢子下跪姿勢不對，做匪沒有經驗。若有經驗，應該單腿下跪，有重傷便盤膝坐下。——頭落後才能仰天倒下，死後方能投生。連這點都不懂，單喊一聲「二十年後又是一條好漢」，算不得完全角色。……跪下地後必須伸長頭頸梗，劊子手一刀才砍得利索。……那劊子手好刀法，一刀一個，眞有本領！也虧那死的將頸梗伸長，不是一個縮頭烏龜……。

等到下一個人犯被處決，有了新的話題，他們便不再談論先前的那個。每當聽到他們的議論，沈岳煥心裏就起了一種異樣的感覺：他們殺了人，即刻就忘記了，被殺的家中大概不久也會忘記家裏有人被殺的事。大家就這樣活下來。雖然劊子手回營磨刀時，夜裏總要買一百紙錢，爲死者焚燒，也只是一種「規矩」。他聯想起白天在街頭見到的情景：幾個士兵正從鄉下歸來，中間夾着一個十二三歲的孩子，挑着兩顆人頭。不用問，這人頭照例必是這孩子父親或叔伯的無疑。後面又是士兵，押着捆着的人犯，或挑着一擔衣箱，牽一頭耕牛……。想到這裏，沈岳煥心裏有點難過。可爲什麼難過，他卻無法想得明白。

突然，在沈岳煥住處旁邊建起關人犯的木柵欄，凡關這裏的人犯，就交沈岳煥幾個人看守。這些被關的人多是「肥猪」，要逼着這些有錢人交出錢來。交出了指定的數目，被關的人就可以大搖大擺走路。這是軍隊不可少的一項出息。於是大富戶抓了又抓小富戶，直到無可再抓。也有爲仇家陷害的。一天，這柵欄裏關進一個年輕人。這人長得極英俊，爲人又和氣。被關押期間，他將家裏帶給他的板栗、紅薯分送給沈岳煥等人吃，又會吹簫，能吹「娘送女」和其它各種各樣曲子。當守兵弄來一隻簫給他吹時，沈岳煥痴痴地聽了半天。於是看守者與他有了一種親近。他在家排行第二，大家便喊他作「二哥」，又從他口裏得知了他被抓的緣由。他是被仇家陷害的。早先，他的祖母曾許配給仇家，後來毀了約，兩家爲這事打了一趟堡子❸，各自死了許多子侄。仇家遵祖上遺訓，要拿他報仇。既然有了交情，又事出寃枉，大家便替他到上司處說情。結果同意出一百塊「樂捐」放人，並答應讓他回家稍作準備，就來隊伍上當兵。誰知出去後第四天，就傳來了壞消息：「二哥」回家後第三天晚上，來了幾個臉上抹鍋灰的人，將他從家裏拖走。第二天在坳上就發現了他的屍體，手腳和頭被砍下，掛在一株桐子樹上，顯然是仇家所爲。這事很使沈岳煥傷心。

這事過了不久，隊伍裏又出了逃兵。一個姓羅的什長，拐了槍逃走，被抓獲。因保證交出三支槍以贖其罪，得營長寬大處理，用鐵鐐鎖腳，仍在營房裏留住下來。那天晚上，他讓一個火伙作陪，到外面園圃裏大便。那火伙在園門口等了半天，見仍無動靜，叫他也不答應，一想事情不妙，便大聲喊了起來：

「逃脫騾子了，逃脫騾子了！」

營長得知消息，立卽懸出三百元賞格，派士兵分頭去追。沈岳煥和一些士兵充作一路，拿了

❸ 湘西方言，稱與對頭武力相拚爲「打堡子」。

器械，點燃火把，向後山追去。他的心輕輕跳着，感到一種興奮，懷了一份希冀。他不爲賞格，因爲賞格能否兌現實在難說；也不認爲非把那逃兵抓住殺死不可，他與他絲毫沒有仇怨。彷彿這是一場遊戲，不必害怕有什麼危險。逃兵脚上戴有鐵鐐，行動不便，自己這邊人多，手上又持有隨時可致人於死命的器械。他只感到，這逃兵如果由自己最先發現，一定是很有趣味的事。

但搜尋結果卻讓人失望，他們只得空手而歸。可是，等他回到住處，就得知逃兵已在另一條路上被逮住。第二天，這逃兵就被殺了頭。有三個士兵是這個逃兵的朋友，曾帶他逃走，也受到牽連。照規矩這三人也該死罪，營長卻突然饒他們不死，只各打五百，送進牢裏，算是「運氣」好。

見自己身邊這些人，死的猛不然就死去，活的又偶然活下來，沈岳煥感到了生死的莫測。他想起不久前，一個士兵半夜爬起來，砍了同班士兵七刀。到後問他爲什麼殺人，回答說：「他罵了我的娘。」這是一個可以成立的理由，大家都相信了。——按照湘西人的習性，凡無緣無故將辱罵加在別人身上，是免不了要用血去洗刷的。而且，凡輪到死的，無論是「土匪」還是逃兵，臨死前似乎都不感到多少痛苦。大家全相信死亡能否輪到自己頭上，全都是「命」。明白死亡已派定到自己頭上時，誰都不缺少那份鎮定與從容。在這些人中，相信自己還不如對「運氣」、「命」的信托。想到這些，沈岳煥覺得有一點什麼堵得心裏發慌。

賞格發下來了。捉住逃犯的一組，得三分之一，其餘出了力的分三分之二。得了賞錢，大家又圍在鋪子上賭起了牌九。望着他們興高采烈樣子，沈岳煥心裏起了一點懷疑：爲什麼營長出三百塊錢，一定要把那漢子捉回來？捉來就殺了，大家又拿這錢賭博，究竟又是爲什麼？他知道，一切都是「規矩」。既然是「規矩」，就勿須再加說明，也不必再問了。至於這「規矩」由誰作出，爲什麼要這樣規定？誰也沒想到要弄弄明白。沈岳煥想弄明白，卻終於無法弄得明白。

大約是在駐防榆樹灣時，沈岳煥和他的堂兄沈萬林分到了一起。沈萬林大沈岳煥七歲，在軍隊裏任弁目，屬少尉級。他之於沈岳煥，半是堂兄半是媽。沈岳煥的睡眠、飲食和其它一些瑣事，均得到他的照料。每天早晨五點，他都照例去搖醒沈岳煥：「弟弟，點名了，快快，你聽號音！」由於閑暇時間太多，沈岳煥有時也拿筆學寫楷書，他便指導沈岳煥練字。他臨過黃山谷的字帖，從他那裏，沈岳煥知道了陸潤庠、黃自元以外許多書法家的名字。

沈岳煥只羨慕他的那套少尉級軍服，在那上面生出許多幻想。

平時，軍隊裏官兵軍階的不平等，早已使沈岳煥感到了許多委屈。不消說士兵違犯軍紀，輕則罰站，重點的，軍官便不由分說按倒打屁股。就連上街，軍官們穿着馬靴，高視濶步，「柝柝」在街中心走，自己遠遠就得預備敬禮，待軍官近身時，得趕緊向路旁一閃，霍的一個立正，將手舉到帽檐邊去。那些剛剛爬上去的司務長、副官一類，爲體味剛升官的榮耀，尙能高興親切地回禮，若是那些「校」字號的，或騎馬，或步行，或站正，眼睛總是看着前面的虛空，只當沒有看見。卽便回禮，手也只是漫不經心地揮揮。倘若他們遇見的比自己官階更高些，或卽刻跳下馬，或閃到路邊，動作敏捷，態度謙恭，舉手行禮，一絲不苟。堂兄是少尉級，若能穿上這套黃色軍服上街，雖仍免不了敬禮，至少也可以用獲得的尊敬，將受到的屈辱拉平。

可是，沈萬林總是認眞地勸他：「一個弁目，沒有讀過書的人也能作，不值得你眼紅。你應該作副官長和更像樣一點的。發狠一點練字，將來會成名家的，不單是可以賣錢……。」

這話很對沈岳煥的胃口，從此發奮練字。每天空閑時，周圍的人們，或是一面圍着烤火，一面閑談，或是打撲克、賭錢，各人口裏咒爹罵娘；或是蒙頭大睡，鼾聲高低起伏……，沈岳煥總要伏在旁邊一張桌子上埋頭練字。

沈岳煥剛從副兵升爲司書時，書記官很瞧不起他，常常變着法子從沈岳煥工作中挑刺。事後，沈岳煥便去找堂兄敍說心裏的委屈。每當這時，沈萬林便趕緊用手掩住沈岳煥的口：

「弟弟，受點委屈要學會忍耐！」他咬着牙，極力掩飾自己爲沈岳煥所抱的不平，「要自己努力！……」終於不能再說下去。兩人相處一年後的一天，沈萬林一早跑來向沈岳煥辭行，說是要押送六百塊軍餉回鳳凰。他極高興地告訴沈岳煥，自己已用補發的欠薪，給母親換了一只金戒指，給家裏妻子打了一副金耳環。與他同行的，有陳士英兄弟二人和唐仁懷以及一位會賭錢的痞子副官，這次他已贏了四百塊錢回家。沈岳煥便托他帶一個包袱回家，裏面有不能再穿的衣物，以及每日臨摹〈雲麾碑〉積下的四十多張大字。

沈萬林走後第四天晚上，沈岳煥伏在秘書處桌子上抄寫一份公函，譯電處的譯員正和一個姓文的秘書在旁邊下棋。不久，一個傳事兵送來一份電報稿交譯員譯出。譯員接過電報稿看了一遍，忽然用手搔着頭，臉上即刻變了顏色。這時，正巧副官長走了進來。譯員突然叫道：「副官長，他們全完了！」接着，他抓起電報稿，結結巴巴念道：

「辰州，司令鑒：五日來差……萬林等行至馬鞍山爲匪殺斃。二人死，一重傷。匪即其同伴陳士英兄弟，已請防軍緝，特聞波叩。」

第二天，消息來得更確切。沈萬林和唐仁懷當即就斷了氣，重傷的是痞子副官。凶手是陳士英兄弟二人。

原來，陳士英兄弟與痞子副官有仇，商定在路上找機會報復，他們平時與沈萬林關係不壞，起初還曾在沈萬林處作過客。由於擔心沈萬林告發，就下狠心將其一併了結。結果，兩個作陪的死去，仇人反獲救。後來，沈萬林帶給母親和妻子的金飾，成了自己的殮葬費。沈岳煥托他帶回家的四十多張大字，母親怕見物傷心，終於也全燒掉了。

聽到堂兄死訊，沈岳煥極其傷心。吃飯時，他跑到副司令官面前，大哭着請求立即捉拿凶手報仇。然而，人死終究不能復生，堂兄那熟悉的身影和他所給予的溫情，只能長留在沈岳煥的記憶裏了。

這時，湘西聯合政府內部，力量對比已經發生了重要變化。起初，第一軍由田應詔節制。此人治軍無方，並且不思整軍經武，卻花了許多錢在鳳凰傍河修了一座新式花園，以紀念他的母親，常常與幕僚在花園裏飲酒賦詩。而張學濟第二軍實力尚厚，故沈岳煥所屬第一支隊尚能占領芷江東鄉一帶有優勢地位的防地。此時，田應詔已將第一軍指揮權交給了手下一位團長陳渠珍。陳渠珍讀過不少書，頭腦新，能幹聰明，接手第一軍指揮後，力圖自強，軍力大有振作。而第二軍由於內部成份複雜，無力團結，張學濟又在軍事、財政兩方面面臨重重困難，而第一支隊「清鄉剿匪」，又只知道殺人，在地方上聲譽極壞。一九一九年底，陳渠珍率部從麻陽開過，直逼懷化。第二軍感到極大壓力，又無力抵抗，便不得不退出芷江一帶防地，向沅陵方面撤退。

這次撤退與上次移防懷化時情形自又不同。官兵上下一片驚慌，時時感到身後有人追來。懷化鎮除了祠堂和廟門，街上各樣舖子和住家大門，都緊緊關閉起來。警察不敢再站崗執勤。團防局的山砲，已經移到局門前安放。街上急匆匆走的都是兵。此時，他們思想出奇地一致，見到任何一點值錢的東西，就順手撈走；臉上交織着既凶惡、貪婪，又盲目、恐慌的神情，全身關節不由自主地起着痙攣。

其時正值嚴冬，天上飛着鵝毛大雪。沈岳煥同其他士兵一樣，用棕衣包裹了雙腳，在雪地裏跋涉。匆匆趕到河邊，匆匆上船，浮到河面上。五天後，第一支隊又回到了沅陵。

到沅陵後，第二軍仍然呆不住，於是以「援川」名義，開到川東、鄂西一帶就食。

時間過得飛快。轉眼間年關已過，春天過去又是夏天。可是，第二軍的日子卻不好過，一到川邊便與當地民衆接了火。八月間，隊伍開到鄂西來鳳，又與當地「神兵」和民兵發生衝突。一個早上，來鳳的「神兵」和民兵乘第二軍官兵熟睡之際，手持斧頭、菜刀、鋤頭，潮水般湧入兵營。全軍除一個團先行過龍山布防外，自參謀長、秘書長、軍法長、旅長、團長、營長以下官兵，全數被殺斃。這支殺人以萬千計的軍隊，終於沒能逃脫命定的厄運。

隊伍開拔時，沈岳煥因人小，和二十多個老弱病殘官兵，留在沅陵留守，辦點後勤雜事，終於在這場刼難中死裏逃生。

第二軍既然已經覆滅，留守處也就失去了存在的價值。一九二〇年九月，在得到軍隊覆滅消息的五天後，沈岳煥領了遣散費和隨身護照。回到了鳳凰家裏。

後來，他回憶這一段行伍生活時說：

我呢，一事無成，軍隊裏這裏那裏轉着圈子，但張起眼睛，看那些同道朋友，一個兩個在光頭子彈下喪失了生命，在別人的吶喊聲裏就讓自己逃下來，在我的吶喊聲裏又看到別人一樣的作出可笑的神氣逃去。自己跑，看人家跑，兩者的循環，使我對人生感到極端的疲倦，然而還是轉，還是轉❹！

沈岳煥剛剛獨自走進人生，就置身於一個非理性的世界，生命全在死亡的鐵磨下旋轉，生與死全是那樣突然。全不由生活在這個圈子裏的人們自己作主，他們也不曾想到要自己作主。他們

❹〈畫師家兄〉，《沈從文文集》第八卷，花城出版社、香港三聯書店一九八三年版。

的理性世界一片荒蕪。死的無聲死去，活下來的，就那樣昏天黑地活着。被殺的十分愚昧，殺人者也極其愚蠢。不明不白地殺人，又不明不白被人殺。然而，在當時，他們（包括沈岳煥在內）全認爲這一切只是「照習慣辦事」，「十分近情合理」。到沈岳煥意識到這是「許多人類作出的蠢事，簡直無從說起」，應當是幾年以後的事。然而，這一份血的經驗攙入到他的生命裏，再也無法抹掉了。

二、「煥乎，其有文章」？

還是駐防懷化的時候。有一天，沈岳煥得到上面通知，要他從副兵連搬到秘書處去住。——他已被提升爲上士司書，以後將在秘書處作事了。司令部設在楊家祠堂後殿樓上。他來到司令部，軍法長、秘書長、副官長正陪着司令官，圍坐在一張桌子上搓麻將。見沈岳煥正怯怯地從門口擠進來，秘書長說：

「哈，我們的躰師爺來了。」

坐在司令官下手的軍法長，名叫蕭選靑，一個又高又大的胖子，坐着似乎還比沈岳煥高出一截。沈岳煥早就認得他。每次，押送到司令部來的人犯連夜過堂，戴着墨鏡，高坐上面主持審訊的就是他。他那巍然峨然的樣子，每每使沈岳煥生出畏懼。據說他很有學問，可是臨到殺人時，他卻總是馬馬虎虎宣布一下犯人的罪狀，在預先就準備好的斬條上，用朱紅揮上一筆。沒等犯人押出大門，便擱下手中的筆，一手撩起身上長衫的衣角，一手拿起泛光的白銅水烟袋，急匆匆跑出後門，穿過菜園，抄捷徑搶先占據離殺人的橋頭較近的一個土墩，去欣賞殺人時那「有趣」的一幕。看完殺人，回到司令部，又照例要和別人談論一通犯人被砍頭時的種種表現。末了，便是用劊子手在集上肉案上割來的豬肉下酒，喝得醉倒在飯桌邊，害得副兵像狗一樣在主人旁邊守到半夜。

可是此刻，軍法長卻沒有過堂時的那種威風神氣，臉上堆着笑，平和地問：

「躲師爺，你叫什麼名字？」

「沈岳煥。」

「哈，岳煥，岳煥。『煥乎，其有文章！』」他搖晃着腦袋，拖着私塾先生讀古文時的那種腔調，「我看，你就叫從文吧。」

從此，沈岳煥就變成了沈從文。

「煥乎，其有文章！」語出《論語·泰伯》，爲頌揚堯治天下的功德之辭。意思是堯以無爲天道治天下，天道無以名，只有功業文章，巍然煥然而已。這裏的「文章」，是指經天緯地的事功。可是在當時，沈從文不僅談不上有什麼事功，而且腹中空空，就連狹義的小文章也還沒有入門。

沈從文調到秘書處後，除了伏案抄寫公文、習字，與沖沖跟着別人去看殺人外，還有的是空餘時間。但是，他不曾想到過讀書，而且也幾乎無書可讀。身邊那些「長」字號人物，似乎每人都有點學問，有的曾作過一兩任縣知事，有的去日本留過學，可是一來司令官不識字，二來這裏也不是談學問的地方，於是有了一種默契，大家照例閉口不提讀書一類的事，成天只是陪司令官打牌、談天、喝酒、抽鴉片。每當桌上麻將相撞，「劈拍」聲響起，或是全軍上下幾十條烟槍吞雲吐霧時節，沈從文總是默默走開，看也不看。——打牌身上無錢，抽鴉片心裏不願。因爲他親見過幾位年長親戚，抽鴉片抽得不成人形，到後來精力衰竭而死。

於是，他只得另尋相宜的去處，打發一個接一個的漫漫長日。好在他從小便貪玩，又會玩，在每一件自然景物和人事上皆能生出濃厚的趣味。若逢春秋季節，他便邀上幾個副兵，上山採藥、摘花，尋摘各種山果。到了夏天，便常常獨自跑到離住處不遠的一個風洞裏，享受冷風拂身的那份快意。那風洞由石灰岩天然生成，風大約是因風洞與另一處山洞相通而起。可是，據當地人傳說，卻是洞神所爲，若是吹了這風，便會作寒發熱。鎮上那些夭折的少男童女，就是被這洞神攝去的。遇到刮風下雨日子，外面不能去，他便呆在營房裏，用筆在紙上描摹楊家祠堂建築上的木雕畫。「三英戰呂布」、「豬八戒招親」、「長坂坡」、「二十八宿鬧昆陽」種種人物故事，被修建祠堂的那些無名匠人，雕刻得神氣活現，栩栩如生。有一回，沈從文描摹了一幅「趙子龍單騎救主」，貼在住處牆壁上，看得那些小副兵哄然叫好，要沈從文給他們每人都畫上一張。

最讓沈從文得意的，是邀上幾個士兵，上山砍條竹作簫。截取一段青竹，鑽四個圓眼，在一端安一個扁竹膜哨子，便可仿新婚嫁女嗩吶聲，吹胡笳曲中〈娘送女〉、〈山坡羊〉各種曲調。然後，四五個人口中各含了一支短簫，並排從懷化鎮那條獨街上走過，嗚嗚喇喇一路吹進營門，招惹了許多人跑出來看熱鬧。一些軍官不知出了什麼新鮮趣事，急忙從司令部樓上窗口伸出頭來。那軍法長也在其中，等着明白是怎麼回事時，便一面搖着那顆碩大腦袋，一面不存惡意地罵道：

「這些雜種，硬是玩出精怪來了。」

熔鐵廠和修械處也是沈從文常去的地方。熔鐵廠位於懷化鎮背街處，沈從文發現它時，眞好像哥倫布發現了新大陸。從此，他成了那裏的常客，觀看這小地方古老的冶鐵流程，如何先將褐色鐵礦石與木炭像夾心餅乾式的分別層疊在高高泥爐裏，從下面點火。燒至七八天後，等礦石燒酥，再將其放入可以傾側的泥爐，加炭點火，用風箱向爐膛鼓風，鐵汁熔化後，敲去泥爐下部側面泥塞，扒去礦渣，將爐身傾斜，讓鐵汁瀉到砂地上。鐵汁冷卻後便成了生鐵塊。每次來這裏，沈從文總要搶着幫人拉風箱。一邊聽風箱拉動時呼呼吼聲，一邊看爐口噴吐出的碧色火焰，他的心也輕輕地歡愉地跳着。

從熔鐵廠回去，路過修械處，便見那個主任，黑着一臉痲子，高坐在一堆鐵條上，一面唱歌，一面調度指揮手下幾個小工人。時間一長，沈從文也成了他們的熟人。入冬後，每當工作告一段落，師徒幾人便常常圍着一大缽狗肉喝酒，凡沈從文到場時，也總忘不了邀他入伙。有一次，大家一面吃喝，一面談論狗肉如何補人，吃了身上如何發燒，縱是落雪絞凌天氣，也不覺冷。那主任正喝得滿臉痲子通紅，便斥責幾個徒弟：

「沒出息的東西，男子漢大丈夫怕什麼冷？」隨後又大喝一聲：

「有種的跟老子下河泅水去！」

幾個徒弟要作男子漢大丈夫，沈從文也不願在人前丟臉，便一齊扒光衣服，同了痲子主任，從後門下到小河裏，相互嘻嘻哈哈亂澆一陣水，再光着上身跑回來。盡管每個人冷得上下牙齒作對兒格格廝打，皮膚也密織起鷄皮疙瘩，卻不缺少強刺激下生命能量獲得發洩後的那份暢快。

狗肉是個好東西。這些山民出身的軍人，無論軍官或士兵，都不缺少吃狗肉的嗜好。沈從文任司書後，住司令部秘書處，便和周圍那些「長」字號人物在一處吃飯。每當他們想吃狗肉時，必有人打哈哈說：

「天氣這樣壞，若有狗肉大家喝一杯，可眞不錯！」

「上次眞對不起躭師爺，害他忙了一天！」

「想不到躭師爺還有這一手，狗肉燉得眞好吃！」

這時，沈從文必自告奮勇，從他們手裏接過錢，跑到街上去買狗肉。有時，他還瞞着大家，自己出錢，到街上買一腿狗肉，拿到修械處打鐵爐上，將狗肉表層燒焦，再和副兵一道，下河將焦處刮去，洗盡，剁成小塊。再上街買作料，然後將狗肉、作料放入有鐵絲穿耳的砂罐內，懸在打鐵爐上，再哼哧哼哧拉風箱，將狗肉燉爛。到吃晚飯時，他便出其不意地叫副兵將狗肉端上桌子，去收獲每人臉上露出的驚訝。其實，這些軍官見沈從文出去，從樓上早已覷着他提了狗肉跑來顛去，已清楚他演的是哪齣戲。這時，卻故意裝作事出意外樣子。那軍法長還要故作矯情：

「怎麼，怎麼，躲師爺，難道你又要請客了？這次可莫來了，再來我們就不好意思了。」

沈從文知道他們的做作，軍隊生活的無聊正需要這點幽默作佐料。但他仍喜歡這樣作，每五天逢鎭上趕集日子，他總要燉一回狗肉。反正這些「長」字號人物手裏有錢，每次罰款、逢趕集在街上擺賭抽頭，他們照例都有一份。沈從文每月領了很少一點薪餉，也不知道如何去花。既然燉狗肉可以收獲許多樂趣，這錢似乎也找到了相宜的去處。

懷化多陰雨天氣。這一日，天氣依然陰沉沉的。秘書處出現了一位自遠道而來，新上任的秘書。他叫文頤眞，湘西瀘溪人，曾留學日本。小小的個子，皮膚白淨，穿青緞馬褂，舉止斯文，一來便到各「長」字號人物處拜會，開口便是「請多關照」。見他那彬彬有禮的樣子，即使同副兵說話，也是輕言細語，沈從文感到十分彆扭，自己慣熟的生活裏梗進了一樣不協調的東西。他心裏想：

「稀罕事呢，一個二氣角色！」❺

---

❺ 二氣，湘西方言，故意做作的意思。

難怪沈從文有這種想法。那時，這支軍隊上下官兵是不知「文明」爲何物的。這不只表現爲他們殺人如麻，視人命如草芥，就連平時交往，也是滿嘴髒話野話。魯迅有一篇雜文，論及積澱在「他媽的！」這句「國駡」上的國民劣根性。可是，這一句「國駡」較之這些軍漢們口頭習慣稱謂，簡直是小巫見大巫。他們與人說話，總自稱「老子」，對方若年齡相當，必以「狗侴的」相稱，年齡小點的，便喊作「小屁眼客」；談及第三者，少不了以「那雜種」開頭。還有許多富有想像力卻髒汚到不能明說的用語。奇怪的是，越是熟人，這些野話用得越是自然捷便，彷彿其中含有一種親熱，不這樣作反見生疏。這已成爲慣例。誰聽了也不作興生氣。好在機會均等，虧了的可以用同等方法找補回來。可是這姓文的秘書，偏偏與衆不同，好像不是這個世界裏的人。別人說野話，他只是微笑，從不作等價交換。他與沈從文認識後，總是對沈從文說：

「啊呀呀，躲師爺，你人那麼一點點大，開口就老子長老子短，好意思！」

「老子不管，這是老子的自由！」

文頤眞聽了，並不生氣，只是一面搖頭，一面看着沈從文微笑。終於看得沈從文不好意思起來。

「莫玩那個。你聰明，應該學好，世上有好多好事情可學。」他規勸沈從文說。

沈從文卻把頭一歪：「那你給老子講講，老子看什麼好就學什麼。」

……不知不覺中，沈從文覺得和文頤眞親近了幾分。不久，兩人就成了好朋友。文頤眞便給沈從文講述了在外面見到過的種種，講火車、輪船、電燈、電話是什麼樣子，英軍美軍軍服的式樣如何，魚雷艇、氫氣球爲何物。沈從文感到十分新奇，彷彿被帶到了另一個世界，心裏起了一種朦朧的嚮往。

文頤眞到來的第二天，天氣轉晴。沈從文見文頤眞將行李箱打開，晾晒箱內衣物。衣物取出，箱子裏剩下兩本書，封面上寫着「辭源」兩個大字。文頤眞隨手將書翻翻，對沈從文說：

「這是寶貝，你想知道什麼，上面都寫着。」

書是那樣厚，字又那麼小，沈從文心裏嚇了一跳。聽文頤眞說及此書的好處，沈從文有點不信，便提出諸葛孔明臥龍先生要他找。文頤眞立即給他查找了出來。沈從文既覺驚奇，又十分快活。

文頤眞問他：「你看過報紙沒有？」

「老子從不看報。」沈從文回答。

文頤眞笑笑，從《辭源》中翻出「老子」條給他看，他才知道太上老君原來叫老子。

他忽然對書和報紙起了興趣，便和秘書處另外兩個人商量，每人出四毛錢，訂了一份《申報》。等這報紙送到後，他在那上面認識了許多生字。

但使他神往的，仍是文頤眞那兩本厚書。可是文頤眞對這兩本書卻極愛惜，輕易不拿出來給別人翻，看時也要先洗手，沈從文只能從別人那裏借《西遊記》、《秋水軒尺牘》看。偶而，文頭眞也讓他翻翻《辭源》，在那上面，他才懂得「氫氣」、「參議院」、《淮南子》爲何物。

可是不久，隊伍撤退到沅陵，又從沅陵開過川東，沈從文和文頤眞分了手。那時，文頤眞已升作了秘書長。幾個月後，這個文靜平和，嗜書如命的讀書人，卻慘死在鄂西來鳳那場軍隊和「神兵」的衝突裏。

盡管和文頤眞相處的時間不長，沈從文卻感到自己生命裏揉進了一點新的東西。在沅陵留守的那段時間，他的下意識裏，總是晃動着文頤眞的影子。

我喜歡辰州那個河灘，不管水落水漲，每天總有個時節在那河灘上散步。那地方上水船下水船那麼多，由一個內行眼中看來，就不會有兩隻相同的船。我尤其喜歡那些從辰溪一帶載運貨物下來的高腹昂頭「廣舶子」，一來總斜斜的擱在河灘黃泥裏，小水手從那上面搬取南瓜、茄子，成束的生麻，黑色放光的圓甕。那船在暗褐色的尾梢上常常晾晒得有朱紅褲褂，背景是黃色或淺碧色一派清波，一切皆那麼和諧，那麼愁人。美麗總是愁人的。我或者很快樂，卻用的是發愁字樣。但事實上每每見到這種光景，我總默默的注視許久。我要人同我說一句話，我要一個最熟的人，來同我討論這些光景❻。

沈從文開始感到了寂寞。雖然無事可做時，他仍到處跑去，看考兵棚士兵上操，婦女們在井

---

❻〈從文自傳·女難〉，《沈從文散文選》，人民文學出版社一九八二年版。

邊洗衣、發豆芽菜，或登上教會學校旁邊的城牆，看那些中學生玩球。當球無意中踢上城牆，下面便有人喊：

「小副爺，小副爺，幫個忙，把我們的球拋下來。」

想到別人把他當作副兵，不知道自己其實已是司書，沈從文心裏起了幾份得意，且加上一份在人前保守住了秘密的快樂。但不知怎的，同時心裏又感到十分孤獨。

有時，他正在城牆上，前面走來幾個穿紅着綠的女孩子，其中年紀小點的便喊：「有兵有兵」。意思是要預作防範，或趕緊掉頭避開。每逢這時，沈從文瞧瞧自己身上的灰色軍衣，心裏感到一點慚愧，便假裝伏在城堞缺口處，向遠處看風景，以便讓這些女孩子從身後走過。同時，心裏又有了委屈：我是讀書人，和別的兵並不完全相同，不應當被別人厭惡。

眼前忽然浮起文頤眞和他的兩本厚厚的《辭源》，浮起曾訂閱了兩個月的老《申報》，浮起《秋水軒尺牘》等種種影像。

就在這一類隱隱約約的刺激下，我有時同到部中，坐在用公文紙裱糊的桌面上，發憤去寫小楷字，一寫便是半天⑦。

⑦〈從文自傳·女難〉，《沈從文散文選》，人民文學出版社一九八二年版。

三、神魔之爭

寒冬臘月，朔風一陣緊似一陣，吹得山間林木嗚嗚地吼。枝上的積雪不時被抖落下來，濺起一團團白霧。天氣奇冷，層雲陰沉沉壓在山頭上，遍地積雪毫無退卻意思，彷彿正等着它的下一批伙伴的到來。山野一片清寂，路上少有行人，只有一些鳥雀，在雪地上跳來跳去覓食。

此刻，在鳳凰通往芷江的山道上，有幾個人正在趕路。走在前面的是一個挑行李的脚夫，中間兩個轎夫抬着一頂坐人轎子，後面跟着一個背包袱的年輕人。這年輕人依據雪地行軍經驗，脚上包着棕衣，深一脚淺一脚地走，步履蹣跚。他就是沈從文。前面轎子裏坐着的，是他的七舅娘。他們正一路作伴，從鳳凰過芷江去。

蓬鬆的積雪已抹平了山路的崎嶇，表面看來，彷彿銀裝玉砌，一線平坦。可是，路表下面，卻潛伏了種種危機。山道一會兒從小溪堤面過，一會兒擦着深壑邊走，行路人稍一疏忽，便會跌得人仰馬翻，輕者受傷，重者送命。有時明明是平路了，也會猛不知一脚踩空，跌入陷坑。即便不擦破皮肉，也會弄得人狼狽不堪。

一行人正走着，前面的忽聽後面「唉呀」一聲，接着便傳來沈從文大聲呼救聲音。那脚夫趕緊卸下行李，拿扁擔向後跑去。只見沈從文已滑入一個丈餘深的大坑，雖在努力向上攀援，卻因脚底打滑，怎麼也爬不上來。那脚夫一面讓他抓住扁擔，用力將他拉上來，一面笑笑地說：

「沈家少爺，走路眼睛莫打野，心思要放到腳桿上，看景致以後有機會！」

其實，沈從文何嘗有心思看雪景，此時他心裏正像這遠近積雪山野，一片茫茫。

自沅陵留守處撤銷，自己被遣散回家，差不多又有了半年。家裏的景況同兩年前出門當兵時相比，更覺艱難。父親仍然沒有回家，哥哥北上也還沒有回來。田產已經典光，家裏正坐吃山空。母親成天在愁雲裏轉，不得已對外放出口風，看有什麼合適人家，願意將家裏的房子賣去。年齡大了兩歲，沈從文較前懂事了點，明白了母親的苦處。他自然不能再像早先在家那樣，成天到外面去野，也不能閒着在家裏呆下去。他感到心煩，得想法找點事做，繼續到世界上去謀求生存。

軍隊裏已不能再去。熟悉的人，一個一個相繼死去，一切來得那樣平常，又那樣觸目驚心。雖然他們業已躺在黃土下面，可留在沈從文心中的影像，再也無從抹去。——堂兄沈萬林教給他的那份作人要自強的勇氣，連同凡事學會忍耐的脾性，一齊揉進了他的生命；軍法長簫選青和秘書文頤眞，恰似爲他生命發展的兩面作出的安排。尤其是文頤眞那樣一個文弱書生，被捲入到這世界一小角隅的戰亂中來，其生命行爲與環境的不協調處，眞正令人感慨。彷彿冥冥中眞有一位神靈，在預爲安排這一切。文頤眞在沈從文生活中的突然出現與消逝，恰似專爲點醒沈從文沉睡的理性而來，又彷彿爲沈從文理性的完全甦醒還有一段路要走匆匆而去。——他只覺得人生有點稀奇，有點神秘，讓人眼目迷亂。他無法弄清各種事變的前因後果，「一切都是命，萬事不由人」。湘西老輩人用以解釋人生變故的話語，此時正蒼涼地爬上他的心頭。他這次隨七舅娘到芷江去，就爲的是尋找機會。芷江是湘川黔邊境的重要通道，機會自然較多，加上沈從文又有一些親戚在芷江，凡事可得他們照顧。

四天後，一行人到了芷江。沈從文暫住在剛從縣長任上下來的五舅家裏。

不久，機會果然來了。這位五舅擔任了芷江警察所長，由他安排，沈從文在警察所裏作了一名辦事員。辦事處設在舊縣衙內，沈從文的職責是每天抄寫違警處罰的條子。舊縣衙旁邊是關押犯人的典獄署，每天晚上，獄中老犯人毆打新犯人的呼喊聲清晰可聞。警察所也有一些抓來暫時未曾發落的小偷寄監在那裏，每逢黃昏收監點名時，沈從文照例跟在一名巡官後面，一手捧着點名册，一手提盞馬燈，去典獄署清點這邊寄監的人犯。

不久，警察所的職權有了些調整，原屬地方財產保管處負責的本地屠宰稅，劃歸警察所徵收。於是，沈從文便兼任收稅員。芷江在湘西算得上一個大碼頭，地當官道，過往人多，商業興隆。肉行方面每天都有二十頭猪肉和一兩頭黃牛肉生意可作。照規定，每只猪抽稅六百四十文，每頭牛抽取二千文。沈從文每天塡寫稅單，還常常陪着另一位查驗員到各處肉案桌上去查看。這份職務於沈從文極相宜，因爲他每天都有機會將芷江城各處都跑到，還可以走過那座長約四百米的大橋，到對河黃家街去。由於職務和舅父所長的關係，芷江城裏各店鋪老闆總要和沈從文打招呼，不久，他便和本地人混得很熟。

那時，正是一九二一年，發祥於北京的五四運動已經波及湘西地方。一次，沈從文正站在一些屠夫旁邊，一面欣賞他們表演「庖丁解牛」技藝，一面看街景，幾個本地在桃源師範讀書回家休假的女學生從街上並肩走過。她們都是芷江大小地主的女兒，各人頭上剪去了辮子，留起短髮，身穿短裙，旁若無人。這份打扮與神氣，很受當地人的訾議。果然，一見她們遠遠走來，幾個屠夫便議論起來：

「聽說，她們在學校裏正經事全不做，只知道唱歌、打球、讀洋書。」

「讀什麼書？只會用錢。一年用的錢可以買十六條水牛！」

「花錢還是小事，聽說她們男男女女混在一起，人熟了，想和哪個男人睡覺，不要媒人，不要財禮，就鑽到一個被窩裏作戲，這是『自由』！」

他們一邊說，一邊「咕咕」笑着。沈從文也覺好笑，便跟着哈哈大笑。到他明白這些女學生當時正接受一份新的信念，後來又大都勇敢地投入革命漩渦，去領受各自命運中擁有血淚的人生苦樂，其生命有着令人眩目的莊嚴，那是以後的事了。

在芷江，除了作警察所長的五舅，沈從文還有一家在當地名望最高的親戚。這就是擔任過民國政府總理的熊希齡的家族。那時，熊希齡已和母親、妻子兒女遷居北京，其四弟壯年病逝，四弟媳（即當年給沈從文父親提過親的田應詔之妹）也已回老家鳳凰作四姑太去了。座落在芷江青雲街的熊公館，此時正由熊希齡的七弟熊捷三照管。熊捷三的妻子，便是沈從文的七姨——沈從文母親的妹妹。熊捷三本人也曾作過一屆國會議員，後辭職回家伺奉母親，到後來熊母北上，便居家納福。他在芷江是頭號人物，充當本地紳士領袖，抵抗過路軍隊的無理攤派。無論兵匪，若能綁熊捷三的票，須出五十條槍才能贖回，是一個身價極高的人物。

由於是姑舅親，沈從文作警察所長的五舅和熊捷三過從甚密。兩人幾乎每天都要在一起作詩，附庸風雅。沈從文當時雖不會作詩，每天總有一段時間跑去看他們作詩。詩作成後，沈從文便替他們抄寫。心裏懷着得到他們誇獎的願望，沈從文不獨抄詩極有興致，還專門抽空習寫小楷字帖。

熊府是一座三進三院的老式建築。進大門，便見一個院落，條石鋪地，極爲整齊。門廊上放一頂綠呢官轎，過去一時專爲熊老太太出門所備，現在仍在原處閒置着。天井裏置一花架，上面放有四五盆蘭花、梅花，兩側長廊檐下，掛一些臘魚、風鷄、鹹肉。第二進除開過廳，前後四間正房，三間空着，一間原爲熊四老爺生前所住，牆壁上還掛着兩幅大照片，一是熊四老爺仿拿破侖騎馬姿勢，一爲四太太學約瑟芬裝扮。第三進有幾間堆柴炭雜屋和一個中等倉庫。倉庫分兩部分，一放糧食，一儲雜物。一次沈從文幫熊家清理倉房，發現雜物中有金華火腿、廣東鴨肝香腸、美國奶粉、山西汾酒、日本小泥人、雲南冬蟲草、熊掌等共百十個不同品種，都是過去過往官親饋送的禮物。正屋大廳裏掛有一軸沈南苹大幅仙猿蟠桃，四個墨竹條幅。一壁高懸二十支鳥羽銅鑲長箭，是熊希齡父親生前作游擊參將的唯一象徵。

這是熊府老屋，應是熊希齡父親手上所建。左側還有三進兩院新房子。大約是熊希齡回鄉省親掃墓前一年修建的。新房建築不另立大門，從裏面與老屋門院相通。兩進房屋間，由前後兩院拼成的大院落裏，方石板鋪地，養植着五十來盆素心蘭、魚子蘭和茉莉，兩個花臺栽有山茶和月季。一口大金魚缸裏，置一座兩尺多高的石山，玲瓏剔透，上植一株小黃楊和數莖海棠、虎耳草。正面大廳牆上，掛四幅墨龍，墨氣淋漓，帶風雨襲人神氣，明人手筆。另一邊是趙秉鈞手書六幅十八尺屏條。院子臨街一頭，是一排半西式二層樓房，上下各三大間。上層分作書房、臥室，下層三間打通爲一大客廳。客廳設有硬木炕榻，嵌大理石太師椅和半新式醉翁躺椅。天花板上，懸有蝕花玻璃舊式宮燈、燾斗蓬罩大煤油燈。炕後條桌上放一架二尺寬瓷器插屏，一對三尺高釉下彩瓷花瓶裏，插幾支孔雀羽翎。一個會客用衣帽架，京式樣子。這個客廳也掛一些字畫。有章太炎、譚祖庵所作壽詩，黎元洪五言壽聯和當時一些名家繪畫，多是熊希齡爲母親做壽時收下的禮物。

沈從文既是熊家親戚，又不缺少好奇心，加上對湘西這小地方所出新式宰相的幾分敬仰，不久就把熊府各處布置熟透了。平日無處可去，或來抄詩又無詩可抄時，他便到熊府左側新建房屋的大院和客廳裏去。由於熊希齡携家眷去了北京，這裏早已庭院冷落，客廳裏一片寂寞。沈從文常常獨自呆呆地看上好一會兒，望着客廳裏到處厚積的灰塵，院子裏花木的自榮自枯，他好像看到了民國一任總理當年的榮耀，預感到今後的衰微。對照自己家庭的興衰，他彷彿隱隱約約觸到了歷史的秘密，心裏平添了幾分的傷感。

然而，最能吸引沈從文的，莫過於客廳樓上的書房。那裏還留有一隻大書箱，裏面有一套林紓翻譯的小說和十來本白棉紙印譜。一九二一年整整一個夏天，沈從文就坐在那個大院花架邊的臺階上，陸陸續續讀完了狄更斯的《賊史》、《冰雪姻緣》、《滑稽外史》、《塊肉餘生述》等作品。從那印譜上，認識了許多漢印古璽款識。

一夏天長日，院子裏一片清寂。狄更斯的小說正將他帶到另一片土地上爲同一日頭照及的世界。他發現書中所述世事的艱難和那些墜入困境的世家子弟所作的種種掙扎，與自己的經歷遭遇有許多相似之處。隨着書中人物命運的演變，耳邊彷彿響起一曲哀婉傷感的樂音，與沈從文心中的情感和鳴。他感到自己與作品中人物命運的相通。看到書中人物多有一個好的歸宿，他不由在心中自問：我的將來又會如何？旋即他又在心裏自答：能不能得到一個好的安排，就全看你自己如何了。

沈從文不僅從書中人物身上比證自己命運，也佩服狄更斯敍述故事的本領：

我喜歡這種書，因爲他告給我的正是我所要明白的。他不像別的書盡說道理，他只記下一些生活現象。卽或書中包含的還是一種很陳腐的道理，但作者却有本領把道理包含在現象中。我就是個不想明白道理却永遠爲現象所傾心的人❽。

熊公館隔壁還有一所熊希齡創辦的中等學校。取名「實務學堂」，實爲隱喻熊希齡與梁啓超、譚嗣同等人在長沙倡導維新的舊事。此時學校已停辦。在這所學校的圖書館裏，沈從文翻閱過《史記》、《漢書》和其它一些雜書，以及有《天方夜譚》連載的《大陸月報》。

由於辦事認眞，收稅做得有條不紊，幫親戚抄詩抄得極好，狄更斯小說和其他一些書籍又部分疏導了身上那份野性，沈從文在芷江給人一個好學上進的印象。於是，在幾個年長親戚和本地紳士眼裏，沈從文算得上懂事明理有作爲的角色。在與熊捷三一起吟詩、交沈從文抄寫的幾個月後，作警察所長的五舅因積久的肺病瞑目長逝。此後，屠宰稅又改歸本地團防局負責徵收。新機關對原先稅收工作考察的結果，沈從文又得了職務「不疏忽」的評語，收稅員仍由沈從文作下去，月薪已從原先的十二千文加到十六千文。他還學會了刻圖章、寫草書，作半通不通的五律舊詩。這時，母親在鳳凰已將家中房屋賣掉。這在地方人眼裏，是要被看成「敗家子」的。現在房子既已售出，自覺無顏見人，也就不好意思在鳳凰另外租房子居住。聽說沈從文在芷江做事做得好，有出息，母親便在過去因胡鬧無法收拾的兒子身上，重新編織起希望之夢。於是，母親帶了沈從文的九妹，來到芷江，在青雲街熊府附近賃屋與兒子住在一起，賣屋所得近三千塊銀元，全

❽〈從文自傳·女難〉，《沈從文散文選》，人民文學出版社一九八二年版。

數存入錢莊，交由沈從文經管。

沈家原是湘西有名的舊家，又與熊府是親戚，還有錢存到錢莊裏，沈從文又聰明能幹，按本地人觀念，要面子有面子，要錢有錢，要人才有人才。本地幾個有錢有地位的紳士財主，都打量着要沈從文作女婿。當他們請熊捷三問問沈從文母親的意見，看能不能得到這樣一個女婿時，熊捷三總是笑笑地說：「這事不忙，最好再等等看。」——原來他心裏也有自己的小九九，早盤算着要將自己女兒嫁給沈從文，來一個親上加親。這在他，甚至也不再是一個需要保守的秘密。他就不只一次半開玩笑半認眞地向沈從文作過暗示。

可是，來到沈從文生活中的一段小小插曲，卻把這些人的打算連同母親編織的美夢，全給擊碎了。

稅收職責新屬的團防局，是一個商會性質的機構。在這裏，沈從文認識了十幾個本地著名商人，還經常看到一個和自己年齡不相上下的男孩子出出進進。這男孩子似乎和團防局許多人相熟，皮膚白白的，模樣俊秀，與人應酬所需要的大方機靈皆不缺少。聽人介紹，沈從文知道這男孩子名叫馬澤淮，是芷江著名大戶龍家的私生子。就在馬澤淮出入團防局之間，沈從文逐漸和他熟悉起來，並成了好朋友。有一天，馬澤淮對沈從文說：

「我姐姐要你到我家去玩。去不去？」

沈從文不免有點驚訝：「你姐姐怎麼認得我？」

「唉，沈家少爺，芷江哪個不認得？我姐姐早就曉得你，說你辦事認眞，能幹，眞是個聰明人。」

一點不好意思連同幾份得意，寫在沈從文眉目神情之間。馬澤淮知道，沈從文是非去不可了。

從馬澤淮家裏回來，不知怎地，沈從文腦海中不斷浮現出那個女孩子的影子。伴隨初次見面而來的一點驚訝，幾份羞赧，那女孩子白白的面龐上飛起緋紅的笑靨、細腰長身，體態輕盈，身體各部分配置得似乎都恰到好處。胸前一對拳頭大結實的小乳房，半害羞似地躲在襯衫裏，又半挑逗似的彷彿要從衣縫中豁裂而出……。青春期女孩子那份迷人處，啃嚙着沈從文的心。眼下，沈從文已到了十八歲年齡，不可抗拒的自然法則，使他不能不陷入一個年齡相當的女孩子的誘惑。過去在軍隊裏見到那些年長士兵思念家中年輕妻子時那種神情發痴，渾身作寒作熱的情狀，現在被他第一次親身體驗到了。他以爲，那個名叫「愛情」的東西，此時正在自己心裏發芽生根。

沈從文魂不守舍的樣子，被馬澤淮瞧在眼裏。這個鬼精靈，立即看穿了沈從文的心事。於是，他常常在有意無意之間，用相宜的言語朝沈從文心裏癢處搔去。——說他姐姐如何誇沈從文好，將來哪個女孩子能嫁給沈從文，準有好福氣；說沈從文是自己難得的知己朋友，如果能成爲親戚那才更好，……如此等等。沈從文不懷疑朋友說話的眞實，覺得馬澤淮是個値得信托的人。

沈從文爲那女孩子弄得辦事無心思的樣子，同樣被團防局一些人瞧在眼裏。輾轉傳揚開去，不久就被一心希望沈從文作自己女婿的熊捷三和幾個有錢紳士知道了。他們見到沈從文時，都勸沈從文不要這麼傻。終於有一天，熊捷三將沈從文母親請到家裏，並把沈從文也叫了去。這次是當着家裏長輩的面，正式認真地給沈從文議親。熊捷三提出四個女孩子——一個是熊捷三的女兒，兩個爲芷江著名大族龍家的女兒，一個姓李，也是芷江有名望人家，徵詢沈從文的意見，看誰好就定誰。

沈從文將這四個女孩子與那個自以爲愛上了的女孩子作了比較。他明白，四個女孩子的像貌全不在那個女孩子之下，而家境、教養，卻非後者所能企及。奈何前者沒有後者才有的那種「愛情」。——他覺得自己愛上了馬家那個女孩子，對馬澤淮的話也深信不疑，以爲那個女孩子也正愛着自己。而且，狄更斯小說中那些男女相互的痴心鍾情，此時正調度着沈從文的感情走向。聽了熊捷三的話，他一面搖頭，一面回答說：

「那不成，我不作你的女婿。也不作店老闆的女婿。我有計畫，我得按照自己的計畫作去。」

話是那麼脫口而出，可是他在心裏問自己：我有什麼計畫？自己也無從回答明白。

看到兩人問答問的神氣，沈從文的母親一句話也不說，始終只是微笑着。她明白自己的兒子，好像預感到沈從文命中注定還得經歷許多磨難，自己也將連帶着經歷那份磨難，微笑裏也就摻雜着一絲憂慮。

聽了沈從文的回答，熊捷三無可奈何地說：「好，那我們看，一切有命，莫勉強。」

沈從文的第一次議婚，就這樣以失敗告終。這一頃刻的選擇，幾乎改寫了沈從文此後一生的命運。如果他選擇了那四個女孩子中的一個，將會如何？十幾年後，他在北京回憶這段往事時，這樣說：

假若命運不給我一些磨難，允許我那麼把歲月帶走，我想像這時節我應當在那地方作了一個小紳士，我的太太一定是個有財產商人的女兒，我一定做了兩任縣知事，還一定做了四個以上孩子的父親；而且必然還學會了吸鴉片烟。照情形看來，我的生活是應當在那麼一個公式裏發展的。這點打算不是現在的想像，當時那親戚就說到了的⑨。

這眞是一場神魔之爭。它令人想起希臘神話裏住在俄林波斯聖山上諸神的明爭暗鬪。或是宙斯與赫拉，或是赫拉與雅典娜，在冥冥中用魔法或神力，在那些凡夫俗子身上賭着輸贏，同時派定了那些凡夫俗子無法規避的一份命運。發生在沈從文身上的這場神魔之爭，「魔性」戰勝了「神性」，「情感」戰勝了「理智」，原先的生命等式方程中的一邊摻入了一個新的因子，那等式的另一邊，當然就得另外改寫。它意味着沈從文命運中緊接而來的一場磨難。然而，它又正是

⑨〈從文自傳·女難〉，《沈從文散文選》，人民文學出版社一九八二年版。

一件幸事，它最終將沈從文從那份預約的庸俗生活發展裏攫出，去承擔較之一個鄉村紳士遠爲重要的人生責任。——這當然是一種事後諸葛亮，在當時，人生是不曾向人們作出這樣的預約的。那時，沈從文總感到心裏有些話要對那女孩子說，需要用一種什麼方式顯示自己值得那女孩子愛。既然馬澤淮將成爲自己的親戚，值得信賴，沈從文便用剛剛學會運用的舊詩來製作情詩，並托馬澤淮帶給他的姐姐。這期間，芷江突然發生了戰事。八百土匪包圍了芷江，四百守軍加上一百團丁，據城與之對抗。直到外面援軍趕到才解了圍。在芷江被圍的四天裏，芷江城外有七百棟房屋被燒，夜裏火光映紅了半邊天空，城內外槍聲大作，到處都是喊殺聲，紫色流彈在空中飛來飛去。城裏居民人心惶惶，各家到處打聽消息，關心戰事的發展。可是沈從文無暇顧及這些，他正無日無夜地給那個女孩子趕製舊詩。

就在給沈從文傳遞詩箋期間，馬澤淮開始向沈從文借錢。他似乎很講信用，今天借錢，明天還錢，後天借走，大後天還回。在經過無數次借還之後，沈從文終於發現，家裏賣房子得來，由自己經管的那筆錢，有一千塊左右不對數。任憑沈從文算來算去，種種方法用盡，也算不出這筆錢究竟到哪裏去了。這事的蹊蹺處，沈從文直到晚年也沒有弄明白。

這事只能與馬澤淮借錢有關。可是，雖然事出有因，卻查無實據，沒理由興師上門問罪。沈從文何嘗不想當面向馬澤淮問問明白，但這時馬澤淮卻不再與他照面，團防局也消失了他的蹤迹。

沈從文終於明白自己吃了大虧，那一千塊錢連同自己的「愛情」，全進了烏有之鄉。他心裏十分害怕，每天作事都心不在焉，只想尋找出一種不失體面的解救方法，可是想來想去想不出。那個姓龍的商人隱約知道了這件事，私下向沈從文許諾，替他補足這一千塊錢的虧空。但人要臉面樹要皮，這事總有一天要被人知道。他感到在芷江再也無臉見人。既然種種辦法都無從補救，還是三十六計，走爲上計。

主意已定，他便給母親寫了一封信。信上說，

……我作了錯事，對不起家裏，再也無臉見人。我走了，這一去永遠也不會回來了。……

沈從文胸口酸脹得緊。想到自己的行爲不知道連累到母親有多少氣慪，他感到自責的痛苦。同時，他又覺得心裏好像有一點委屈。自己並不是不想學好，到芷江以來，自己一心想認眞辦事，好好作人，卻不明白爲什麼結果偏偏與自己預期的全然相反。這責任似乎不該全由自己負擔，可又不知道該怪罪誰。

他嗚嗚地哭了。

他將寫給母親的信，連同在錢莊存款的票證，一起留在家裏，用一張包袱，胡亂裹起一些換洗衣物，然後搭上一條開往常德方向的船，瞞着母親和熟人，悄悄地離開了芷江。

四、小客棧裏的「紅娘」

船到常德停泊後，沈從文帶着隨身小包袱，上岸尋找宿處。常德不是這次出走預定的終點，但他必須在這裏轉船，才能繼續遠行。

他在沿河碼頭的河岸上走着，心裏彷彿極爲悲壯。芷江的事做得實在太過丟臉，他也曾模模糊糊萌生過用什麼方法結束自己生命的念頭，終又不甘心就這樣死去。唯一的辦法就是走得越遠越好，到北京去，到一處沒有任何熟人的地方去，不獨讓家裏和熟人不再知道自己的存在，忘記自己丟人現眼行爲，也讓時間洗刷盡自己因痴心糊塗所蒙受的恥辱。

他來到中南門裏，尋找那個取名「平安」的小客棧。他早先就聽說，這客棧的老闆和自己的大舅相熟。當年辦郵政局時，大舅來常德辦事，就住在這個客棧裏。當他終於找到這個小客棧時，突然從旁邊蹿出一個人來，攔住了他的去路。

「哈，這不是四弟嗎？什麼風把你吹到這裏來了？」

「……」

那人將沈從文上下打量一番：「看樣子，你是來尋找住處的吧？我們兄弟有緣份，我也住在這裏。你就和我住一處吧。」

沈從文一眼就認出他是表哥黃玉書，大舅的兒子。記得小時，因黃家姑表姐妹多——聶家四個，楊家一個，沈家兩個，這表哥一天到晚便在她們圈子裏轉，一來便嘰嘰喳喳說個不停。沈從文的外婆一聽見他的聲音就煩，「這叫雀兒又來了！」

[illegible]在這陌生地方見到自己親戚，沈從文寬了點心。到客棧裏後，各人問起對方情況，沈從文得知表哥從常德師範學校畢業後，跟隨大舅跑過北京、天津許多大地方，各處找事作沒有結果，沒奈何回到常德等待機會的。到後聽沈從文說及離家的原因和去北方的打算，黃玉書說：

「老弟，這點點事有什麼要緊！想開點，車到山前自有路。要去北京？莫急，先陪我在這裏住一陣子，實在不行，明年我和你一同去。路太遠，麻煩事多，兩人同去也好互相照應。」

聽表哥說得有理，沈從文便隨他在這小客棧裏住下來了。兩人名爲等機會找事做，實爲本地人所說的「打流」。每天除了在客棧裏吃飯、睡覺，便是到常德大街小巷、河邊碼頭各處閑逛。

常德是一座中等城市，湖南著名的水碼頭，沅水從城南流過，下注洞庭，上貫川、黔，扼住湘西的咽喉，爲各種貨物上行下放的中轉集散地。延長千里的沅水流域及上游十多條支流，十多個縣出產的桐油、藥材、牛皮、豬鬃、煙草、水銀、五倍子、生漆、鴉片煙，從這裏經洞庭運往長沙、武漢、上海；東南沿海所產鱿魚、海帶、淮鹽、花紗、布匹、煤油、藥品、白糖等輕工業產品及日用消費品，也經這裏運往湘西及川、黔邊境吸收消化。這作成了常德商品經濟的發達。表面看來，城裏活動着的各種軍政要人，清客幕僚，城門口張貼的因時局變化而變化的各種稅收廣告、政治宣傳品、廣東上海壯陽補虛藥物和「活神仙」、「王鐵嘴」一類人物看相賣卦廣告，以及經營妓女業的人物，正維持着市面的「繁榮」，而眞正支持着這一切活動的，還是河面上幾千大小船隻和數萬名掌舵、攔頭、推船、拉纖、拋錨各種水手。

因此，眞正吸引沈從文的，還是那條幾里長的河街和碼頭。每天，沈從文都要在那條河街上走一兩個來回，看小孩子鬪鷄、打架，軍隊中人放馬，染坊工人下河漂布，聽賣糕人敲竹梆，賣糖人打小銅鑼。有時，一個婦人因家裏的鷄被人偷去，正坐在長街門前，一面「砍腦殼」、「殺千刀」亂罵，一面用菜刀在一塊擬作偷鷄人的木板上剁。住「麻陽街」一段的妓女，身穿印花紅綠洋布衣褲，粉臉油頭，一邊坐在門前長凳上晒太陽剝葵花子，一邊用麻陽人腔調唱歌。船攏碼頭後，一時間滿街都是水手提了乾魚，扛着大南瓜，船老闆携帶各種禮物到處走動，分送親朋熟人。每當那些學生模樣的青年男女從碼頭上岸，隨身行李上正貼了上海、北京旅館的標簽。沈從文必趕上去辨認那些標簽，打量它的主人來自何處。遇有送葬隊伍過身，他又跟在後面到墓地去，看他們下葬的方法與湘西地方的異同。

他還喜歡站在碼頭上，辨別沿岸停泊的各式各樣船隻和各種不同氣質、禀性的弄船人。除了在沅陵見過的洪江油船、麻陽船、辰溪船、洞河船、白河船，還有三桅大方頭，俗稱「大鰍頭」的鹽船，頭尾尖銳，裝運糧食飛越洞庭湖的「烏江子」和來自常德不遠處、專載人客的「桃源划子」。前兩種船算是沅水流域的外來客，後一種可說是本地戶。令沈從文感到十分稀奇的，是船隻與弄船人性格的某種契合處。一如洪江油船的顏色鮮明、富麗堂皇，船老闆也照例高高個頭，穿長袍，罩青羽紋馬褂，戴呢帽或小緞帽，腰佩麂皮抱肚，上繫粗大銀鏈，腳蹬生牛皮靴，踩得地面「柝柝」的響。拔錨開船時，擂鼓敲鑼，在船頭燒紙點香，放千頭子鞭炮，煮白肉祭神；麻陽船頭尾高揚，秀拔靈便。船工人一如洪江油船老闆裝扮，卻口舌靈便，善應酬交際，見人便請教仙鄉何處，貴府貴姓；白河船因沅水支流白河（又名酉水）而得名，因白河多亂石險灘，水勢險峻，故船身極爲堅實，不怕碰撞。弄船人多爲土家人，剽悍結實，一身勁鼓鼓樣子，隨時作成預備與人鬪毆神氣，洞河發源於所里（今吉首，原屬乾州）苗鄉，河面不寬，水勢卻較平穩，故洞河船船身輕巧，船舷低下。駕船的所里人身材小巧俊氣，唱歌嗓子極好聽。水手中間有苗人，爲人老實、忠厚、純樸戇直；「桃源划子」恰如飄落水面的一片木葉，專供來往木材商人、私煙販子、公務員、男女學生搭乘。划船人費力不多，收入不錯，身上便生懶筋，多抽鴉片的癮君子，暗中還爲有錢木材商人拉皮條，引人到那銷魂的地方去。還有那些原木結紮的木排，一到桃源、常德，很快不見了踪影。放排人多來自沅水各支流沿岸深山，生性豪爽，視錢財如身外之物，信奉「生不帶來，死不帶去」的古訓，木排一脫手，便撒手花錢，喝酒吃肉，找妓女胡鬧。原打算給家中母親妻兒帶點大碼頭稀罕用品，到後常常空手而歸，照例毫不在意。出了氣力，見了世面，得了快活，值得！山裏人的過剩精力和錢財，轉眼間被消化吸收後，他們便帶了一種滿足，轉身回去。幾個月之後，一切又從頭開始。也有少數人白手發家的，到後總免不了花錢替相好妓女贖身，帶回家去作妾。

這眞是一部活生生的文化地理學。沈從文不僅充滿興趣地翻閱這一切，領悟着它內含的意義，還經常找那些身份卑微的下層人物攀談。與這些人談話所得印象是那樣強烈，以至後來他進入大都市，總不忘拿它與城裏讀書人談話所得印象對比：

一個人既然無事可作，因此到城頭看過了城外的一切，還覺得有點不足時，就出城到那大場坪裏找染坊工人與馬夫談話，情形也就十分平常。我雖然已經好像一個讀書人，可是事實上一切精神上却更近於一個兵士。到他們身邊時，我們談到的問題，實在比我到一個學生身邊時可說的更多。就現在來說，我同任何一個下等人就似乎有很多方面的話可談，他們那點感想，那點希望，也大多數同我一樣，皆從實生活取證來的。可是若同一個大學教授談話，他除了說說書本上學來的那套心得以外，就是說從報紙上得來的他那一份感想，對於一個人生命的構成，總似乎缺少一點什麽似的⑩。

可是，眼前的景物人事，卻無法完全驅散促使他出走常德那件蠢事罩在心頭的陰影。這期間，沈從文也曾寫信給母親，信中充滿自責和懺悔。母親回信說：

……已作過了的錯事，沒有不可饒恕的道理。你自己好好地做事，我們就放心了。

讀到母親的信，沈從文想像着母親爲自己不爭氣傷心落淚的樣子，便獨自跑到城牆上去哭。其實，母親對這事看得很開。事情已經作了，埋怨責備毫無用處，很有點「破甑不顧」味道。只是擔心沈從文凡事當眞的「鄉下人」脾氣，將來還有被城裏「聰明人」耍弄的時候。

⑩〈從文自傳·常德〉，《沈從文散文選》，人民文學出版社一九八二年版。

同時傳來消息，在沈從文離開芷江不久，那位喚起他心中戀情的女孩子，出發到外面讀書時，在船上被土匪搶去作了押寨夫人。聽到這消息，沈從文悵然若有所失。便仿照失意墨客樣子，在客棧牆壁上，題寫了兩句唐人傳奇小說上的詩：「佳人已屬沙叱利，義士今無古押衙」，抒發自己心中的感慨。後來，那女人被一位黔軍團長花重金贖去。團長不久又被槍斃。不知是出於看破了紅塵，還是走投無路，這女人終於進芷江洋教堂作了一名修女，去伺奉冥冥中的天主了。

沈從文似乎也有點將世事和女人看淡，既無意讀書，也無興趣練字了。

但目前的處境卻不允許他處之泰然，「平安」客棧不平安，——錢首先成了問題。他和表哥所住的客棧，每人每天需付三毛六分錢食宿費。沈從文早已一文不名，大舅每隔一兩個月給表哥寄二、三十元錢作爲接濟。錢寄來後，黃玉書總要留下一部分，買兩斤五香牛肉乾以備不時之需，每次最多交給客棧二十元，因此老是結不清帳。按客棧規矩，每五天結帳一次，到時兩人照例支吾過去。帳越欠越多，店裏對表兄弟兩人的態度也越來越冷淡。兩人先是住三面大窗的「官房」，到後被借故調到只有兩片明瓦透光的小儲物間。兩人也故意裝痴，不表示任何異議。照客店舊規，客人既不翻臉，主人就不能下逐客令。可是每到吃飯時，老闆娘卻意有所指地發牢騷：「開銷越來越大了，門面實在當不下，樓下鋪子零賣煙酒點心賺的錢，全貼樓上了，還有人吃八方飯！」

沈從文和表兄只低頭吃飯，裝作沒聽見；或陪着笑笑，卻不答腔。除冷語譏誚，老闆娘還有一手。吃過晚飯，老廚師帶一本油膩膩帳本走上樓來，十分客氣地要向客人借點油鹽錢。黃玉書裝成見過世面的老江湖神氣，接過帳本隨便瞄瞄兩人名下所欠數目，又毫不在意地將帳本推開，拿腔拿調地說：

「我以為欠了十萬八千，這幾個錢算什麼？內老闆四海豪傑人，還這樣小氣，笑話。」隨即掉過臉來對沈從文，「老弟，你想想看，這豈不是天大的笑話！我昨天發的那個催款急電，你親眼看見，還不是遲早三、五天就會有款來了嗎？」連吹帶哄將老廚師打發下樓。

店老闆有個乾女兒，十六歲，長得又白又胖，常常找個借口上樓，故作嬌態地要黃玉書剪點鞋面、圍裙花樣。離開時，總要悄悄留下一包寸金糖或芙蓉酥，黃玉書照收不誤。他一面吃芙蓉酥，一面笑那女孩子長得像一團「發糕」。每次將老廚師支走後，黃玉書便對沈從文長長噓一口氣，說：

「老弟，風聲不大好，這地方可不比巴黎，我聽熟人說，巴黎的藝術家，不管做什麼事都不礙事。有些人欠了二十年房飯帳，到後來索性作了房東丈夫、女婿，日子過得滿好。我們在這裏攀親戚倒有機會，只是我不大歡喜吃『發糕』，正如我不歡喜從軍一樣。我們真是英雄秦瓊落了難，黃驃馬也賣不成！」旋即又模仿私塾先生拈卦吟詩神氣，抑揚頓挫地哼道：「風雪滿天下，知己能幾人？」

凡事雖有表哥在前面擋着，黃玉書又生性豁達，凡事放得開，能苦中作樂。沈從文卻感到心裏不安，這樣下去怎麼辦？在苦撐了五個月後，沈從文催表哥想法找事做。那時，離常德九十里的桃源縣，駐有一支湘西地方軍隊。是當年陳渠珍指揮的靖國聯軍一部分，賀龍在其中擔任一個支隊的司令。曾和賀龍拜過把兄弟的向英生，也是鳳凰人，此時正帶着妻子住在常德春申君墓旁的一個大旅館裏。向英生曾留學日本，一身抱負，做事非知縣、道尹不幹，同鄉人皆以為「狂」，曾作過知縣，思想新，一心只想改革。到後理想在現實面前碰壁，反把到手的空缺革掉了。他與三教九流都有來往，目下雖無事可做，卻一切應付裕如，沈從文怎麼也弄不懂他錢自何來。在沈從文催促下，表兄弟兩人便去找向英生，請他代為介紹，到桃源去找事做。向英生十分熱情地寫了介紹信，要二人去找賀龍。生性厭惡當兵的黃玉書，只得和沈從文一道去桃源見賀龍。沒想一見面就談妥，賀龍爽快地答應讓黃玉書作十三塊錢一月的參謀，沈從文當九塊錢一月的差遣，讓他們回常德收拾一下就來上任。送客時，賀龍還十分客氣地對兩人說：

「碼頭小，容不下大船。只要不嫌棄，留下總可以吃吃大鍋飯。」

可是，沒等二人去上任，一件新鮮事來到他們中間，把他們繼續拴在了常德。

那時，沈從文的七舅娘正在常德一所小學校裏教書，表兄弟二人一道去看望她時，得她介紹，認識了在同一學校任教員的楊光蕙小姐。這位楊小姐也是鳳凰縣人，家住離城四十五里的得勝營（吉信），在桃源省立第二師範學校讀書時，和黃玉書一樣，學的是音樂美術。兩人既是同道，一見面就有了交談的興趣。加上黃玉書平時性情洒脫，一事不做，整天能自我陶醉唱歌；人又年輕，一對大眼睛烏黑發亮，虎虎有生氣；擅長作通草畫，一件作品送什麼「巴拿馬賽會」，還得過銅牌獎。見面不久，兩人就相互鍾情，心裏燃起愛情之火。

那所小學校離沈從文所住的小客棧有三里路遠近。從此，黃玉書幾乎每天都要拉沈從文作陪，到學校去見楊小姐。遇到有熟人來客棧相訪或是天上下雨，黃玉書未能去時，楊小姐必托校役帶一封信來，說有要事相商。到那裏後，黃玉書和楊小姐坐在學校禮堂的一架大風琴旁，一面彈琴，一面聊天。沈從文就站在禮堂外面替兩人觀風。一見到那位校長老太太走來，就趕緊通知他們。因此，校長一到禮堂門口，裏面的琴聲就忽然高了起來。這老太太見此情景，便非常和氣地笑笑：

「你們彈琴彈得眞不錯！」

老太太說的究竟是並不知情的應酬話，還是語含雙關，用「彈琴」作「談情」的諧音，一時難得分明。可兩個當事人卻相互會意，臉上訕訕起了紅暈。

回到客棧，黃玉書便忙不迭地給沈從文作揖，要他代筆給楊小姐寫信，沈從文照例推辭不過。黃玉書自己卻躺在床上，一面口裏哼着曲子，一面閉目溫習與楊小姐見面時的情形。信寫好後，沈從文從頭念給他聽。黃玉書聽他念完，一面搖搖翹起的大拇指，一面連聲誇獎：

「老弟，妙！妙！措辭得體，合適，有分寸，不卑不亢，眞可以登報！」

接着，黃玉書叫來茶房，要他將信給楊小姐送去。茶房卻借口有事走不開，婉言推辭了。無奈，只好再由沈從文代勞，替兩人傳書送柬。就這樣，替黃玉書前後寫了三十多次信，跑了三十多個來回。有幾次，楊小姐還和沈從文談起，這信寫得如何如何好，看不出，黃玉書還眞有點文才。沈從文聽了，心裏好笑卻不敢笑，又不知如何作答，只得含含糊糊敷衍過去。回到客棧裏，沈從文向黃玉書說起這件事，黃玉書一面哈哈大笑，一面說：

「老弟，你看，我不是說可以登報了嗎？」

沈從文雖然爲自己和表哥製造的這點「奇蹟」開心，心裏間或也浸入一絲苦味，一點委屈。離開芷江，擺脫了自己在那場愛情遊戲中讓人捉弄的尷尬主角地位，想不到現在又輪到來替表哥作鴻雁傳書，充當起這場並非游戲的愛情裏的一名配角。雖然作這些事情時，出於替表哥盡一份義務，作得有滋有味，過後想想，也就感到有些無聊，心裏空落落的。流落到這小客棧裏，整日無事可做，這樣混下去，何時是個了結？而這時，沈從文和表哥在客棧裏的地位再一次跌落。客棧方面變着法子將他們的住處又一次作了調整，從那個沒有窗戶的小儲物間搬到了緊靠茅房的一個特別小的房間裏。沈從文再也忍受不了這份人格上的屈辱，奈何手中無錢，人前講不起大話硬話去維護自己作人的尊嚴。唯一的辦法仍然只有那一個「走」字。

然而，走到哪裏去呢？

先前，和表哥去桃源見賀龍時，沈從文在那裏碰到從保靖總部派來作譯電的表弟聶清。後來，賀龍應允的差事雖沒作成，沈從文卻有機會免費坐船去桃源表弟處玩過幾次。在那裏，他見到這支當年的「淸鄉」軍隊，面貌與從前自己所在軍隊大有不同。不獨槍械較前整齊，紀律也嚴格，上下官兵精神極有生氣。沈從文入伍當兵的願望變得强烈起來。恰巧這時，有一隻運軍服的帆船，正預備從常德上行到保靖去。押運這隻軍服船的人，名叫曾芹軒，過去曾是沈從文哥哥的朋友。在桃源的那位表弟也正要隨船回本隊去。由於親眼見到駐防桃源軍隊的變化，對陳渠珍又懷了幾份敬佩，沈從文下決心跟船去保靖，再想辦法在軍隊裏謀一碗飯吃。

臨行前，由七舅娘出面與客棧方面交涉，只說：「欠的賬掛着，將來發了財再還！」客棧方面礙於過去熟人面子，事到如今，即使不准走人也於事無補，只好自認晦氣，同意讓沈從文只管走路。

終於有一天，沈從文搭上那隻運軍服的帆船，溯流而上，去尋找人生新的機運。

第四章　生命的轉機

一、船上岸上

將那個隨身小小包袱隨手擱進船艙，沈從文重重地吁了一口氣。望着身邊腳下向東流去的蕩蕩江水，身上彷彿有了一種解脫重負的輕鬆。從此，可以不再看人冷臉，聽客棧老闆娘指桑罵槐的譏誚，承受難以忍受的無形壓力。宛如一匹囚困樊籠的山麂，被放歸到大自然，去尋找另一個能適情怡性的生存圈。或許，在前面等着它的，將是另一種嚴酷的生存競爭，但只要能活，便能像一匹眞正的山麂似的活下來，卽或死去，也能像一匹眞正的山麂那樣去死。

眼下，在這條船上，組成那個小小生物圈的，除了曾芹軒、沈從文和表弟聶清，還有一個攔頭工人，一個舵手。

這段七百餘里水路航程，並不輕鬆。沈從文離開芷江時，還是秋涼時節，現在已近年關，又是嚴多奇冷季節。江面上寒風挾裹着濕氣，直冷到人的骨髓裏去。爲安全計，這隻帆船隨一隊百來隻貨船同行，兩岸上有一隊士兵護送。這些士兵每天晚上輪流站崗放哨，白天沿岸步行，遇船出事，還得幫助船夫，十分辛苦。沅水河灘極多，尤其靠近沅陵一段，青浪、橫石、九溪、白溶，灘連灘接，白浪滔天。單是青浪灘就是四十里水路，船隻順流而下只需二十分鐘，逆水上行便需整整一天。上灘時因河槽狹窄，又是逆流行駛，船隻像蝸牛似的在水面上爬行，每天不出事躭擱，也只能走三十里。爲減輕船隻重量，每逢上灘時，沈從文三人就上岸，頂風冒雪跟着縴夫腳跡走，有時還得爬山繞道而行。飲食也極簡陋。離開常德時，沈從文身上帶了一塊七毛錢，表弟聶清則有二十塊錢。一到船上，這些爽快大方的山裏人，就立即實行臨時「共產主義」。船行不到一百里，所有的錢便花得精光。隨後，每天就只能燒辣椒蘸鹽水下飯。

儘管如此，三個人精神上彷彿皆無負擔，一路嘻嘻哈哈，過得十分快活。冷了，幾個人一面放翻身子，鑽進船艙棉軍服裏取暖，一面聽曾芹軒講各種下流野話和他的風流韻事。

他那時年紀不過二十五歲，却已賞玩了四十個左右的年輕黃花女。他說到這點經驗時，從不顯出一份自負的神氣，不驕傲，不矜持。他說這是他的命運，是機緣的湊巧。從他口中說出的每個女子，都彷彿各有一份不同的個性，他却只用幾句最得體最風趣的言語描出。我到後來寫過許多小說，描寫到某種不爲人齒及的年輕女子的輪廓，不至於失去她當然的點線，說得對，說的準確，就多數得力於這朋友的敍述。一切粗俗的話語，在一個直爽的人口中說來，都常常是嬌媚的。這朋友最愛說的就是粗野話。在我的作品中，關於豐富的俗語與雙關比譬言語的運用，從他口中學來的也不少❶。

一路上，他們還聽攔頭和舵手就地即景，講述沿河各種傳說和故事：沅陵邊境柳林岔地方，沿河高岸上有一條長長鐵鏈，拉向山上的神廟。這鐵鏈裏，藏着一個動人故事。本地一個年輕美麗寡婦，愛上了對河廟中一個年輕和尚。那和尚卻心如木石，不加理會，寡婦便二十年如一日，每天以燒香爲名，去看望那個和尚。那鐵鏈就是兒子爲母親走路方便所修；青浪灘腳，伏波宮濱河而立，空中飛着黑色的鴉羣。傳說這烏鴉是漢代馬援接船送船的神兵。每逢船下行時，鴉羣便在船頭空中盤旋，船上人必得拋擲食物，由鴉羣在空中接食。照規矩，任何人不得傷害這些烏鴉。傷其一隻，必須賠一隻大小相等的銀烏鴉。……

旅途雖然辛苦，卻不寂寞。

十八天後的黃昏時節，船隊停泊到沅陵南門碼頭，這天恰好是陰曆正月初一。沈從文和聶清、曾芹軒三人空手上岸，跑到市街熱鬧地方，看了一氣春聯。這對於沈從文，也算得一次故地重遊。他與致極高地向聶清和曾芹軒談起幾年前駐防沅陵時的各種往事。看過春聯，三人返身路過一個屠戶鋪子，沈從文猛然想起一件往事。這個鋪子裏的屠夫，原是一個退伍士兵，爲人蠻悍好強，會幾手拳腳，與人打架，一時誰也不是他的對手。當沈從文向曾芹軒和聶清說起這件事

❶〈從文自傳·船上〉，《沈從文散文選》，人民文學出版社一九八二年版。

時，只聽得腳前「叭」的一聲響，三人冷不防嚇了一跳。趕忙定神看時，一隻大爆竹正炸得紙屑亂飛，曾芹軒前後左右掃了一眼，見四下無人，覺得這爆竹來得蹊蹺，趕緊拉着兩人走過屠戶門前不遠處停下，回過頭來，似乎有所等待。這時，又有兩個商人模樣的人從屠戶門前過，突然從屠戶樓上迅速飛下一個爆竹，在兩個商人腳前炸響了。兩個商人吃了一驚，相互望了望，彷彿明知怎麼回事，現出一種無可奈何惹不得神氣，趕緊走開了。曾芹軒恨恨地說：

「這狗雜種故意嚇人，讓我們去拜年吧！」

話音未落，他已經搶到屠戶門前，一邊舉手拍門，一邊異常和氣地叫：

「老闆、老闆，拜年！拜年！」

不一會，便聽見有人下樓來開門。門剛拉開，曾芹軒一眼看清就是那個退伍士兵屠夫，拱手之間，突然揮起拳頭，朝屠夫腦門上擊去，只聽「通」的一聲，門口燈光燭影裏，仰天倒下了那個屠夫。接着，屠夫口裏咕嚕咕嚕一陣亂罵，樓上也有人急問：「怎麼回事？」

曾芹軒鬭鷄似地昂着脖子，破口大罵：

「狗禽的，把爆竹從我頭上丢來，你認錯了人，老子打了你，有什麼話說，到中南門河邊送軍服船上找我。老子名叫曾祖宗。」

說罷，摸出一個名片朝門裏丢去，返身拉着沈從文和聶清的膀子，哈哈大笑着揚長而去。

回到船上，三人以爲那屠夫過不久會趕來比武，曾芹軒在腹部紮起一個軟牛皮大抱肚，揀選了一塊合手的濕柴，沈從文和聶清也從河灘上撿回一堆卵石，預備這屠夫到來時的一場惡鬪。可是直等到半夜，也不見那屠夫趕來。

第二天，起錨不久，船隊從沅水轉入白河。白河水容量雖不及沅水，卻比沅水凶險。從沅陵到保靖，要過鳳灘、茨灘、繞鷄籠、三門、駝碑五道著名險灘。弄船人有句口碑：「鳳灘茨灘不算凶，上面還有繞鷄籠。」船上鳳灘、茨灘，縴夫必須身背手挽縴繩，身子貼地，拖着船在河道小小容口間破浪逆流上行。繞鷄籠的河床，全由堅硬石板疊成一道道不規則石坎，船下行時，箭似的跌跌撞撞跌下石坎，稍不留意，觸石即成碎片。

船慢吞吞爬過了鳳灘，氣喘吁吁地爬過了茨灘，又大口大口喘着粗氣，跳石級似地跳過了繞鷄籠。

也不少在較平緩的長潭裏航行的時候，沈從文有機會來欣賞兩岸迷人景致。人文歷史與自然地理的交織，使沈從文生出許多感慨和驚訝。船過烏宿，附近有大酉洞，那是遠古傳說中的藏書之地；過永順會溪坪，楚王馬希范與土著立約休兵的銅柱，歷千載風雨，在河岸邊赫然而立，沿河崖壁的洞穴邊，高高懸起赭色棺木，那是遠古人類崖墓葬遺跡。過王村，兩岸清奇壯麗風光歷歷在目。

夾河高山，壁立拔峯，竹木青翠，岩石黛黑。水深而清，魚大如人。河岸兩旁黛色龐大石頭上，在晴朗冬天裏，尚有野鶯畫眉鳥，從山谷中竹篁裏飛出來，休息在石頭上晒太陽，悠然自得囀唱悅耳的曲子，直到有船近身時，方從從容容一齊向林中飛去。水邊還有許多不知名水鳥，身小輕捷，活潑快樂，或頸膊極紅，如縛一條彩色帶子，或尾如扇子，花紋奇麗，鳴聲都異常清脆。白日無事，平潭靜寂，但見小漁船船舷船頂，站滿了沉默黑色魚鷹，緩緩向上游划去。依山作屋，重重疊疊，如堆蒸糕，入目景象清而壯❷。

船終於到了三門灘，這裏距保靖七十里水路。河邊一山，名白雞關，夾岸石壁揷雲。截面大如桌面的古樹，森森而立，二丈五尺的茅草，長得密密匝匝，彷彿藏有許多恐怖與神秘。河床大石林立，激浪咆哮，只聽滿谷雷鳴。

船隻正由縴夫拉着上灘，忽聽攔頭的叫一聲「不好！」船頭便「砰」的一聲撞到一塊巨石上。沈從文趕緊爬出篷艙看時，只見船頭纜繩已斷，船的右半弦已被撞碎，刹那間船已失去控制，正跌跌撞撞急速向下漂去。三人一下子傻了眼，不知何以爲計。五分鐘後，船上就灌滿了水。幸虧裝的是棉衣，船一時尚未下沉。兩個駕船的雖不驚慌，種種努力卻無法使船靠岸，只得聽憑船隻漂了三里路遠近，到了水勢較緩處，才半靠氣運，半靠人力，讓船擱到了河邊水淺處。

不一會，十幾個縴夫和護送的士兵，都氣喘吁吁地趕來了，船上幾個人全身也弄得透濕。大家互相望着對方吃驚狼狽樣子，一句話不說，只是「嘿嘿」傻笑。

---

❷〈湘西·白河上游幾個碼頭〉，《沈從文散文選》，人民文學出版社一九八二年版。

從這裏到保靖，走旱路只有四十五里，水路尚需兩天才能到達。這裏雖然偏僻荒蠻，卻無土匪出沒。因此，其它船隻便不再停留，繼續開船走了。留下的縴夫拆下破船上的篷板，在河灘上臨時搭起一個棚子，準備在這裏過夜。

天色終於黑下來了。兩岸高山影影綽綽，作成朝河灘上撲下的神氣。雖然滿河水響，反倒讓人覺得靜寂得害怕。爲了防止荒山中猛獸侵襲，大家在河灘上燒起兩堆大火。沈從文三人伴同幾個擋頭、舵手、縴夫，在河灘上聽了一夜灘聲。

這天恰是正月十五元宵節。

到保靖後，沈從文住在另一位在軍隊裏作書記的表弟那裏。他只想得一個說話有份量的人介紹，到陳渠珍或其他軍官身邊作一名護兵。雖然這支軍隊裏有不少年輕同鄉，卻也人人地位卑下，無從措力。但大家都熱情幫忙，這人借一件軍服，那人借條皮帶，第三人拿出一雙鞋子，將沈從文打扮成一個彷彿訓練有素，懂規矩不苟且的兵士，然後由表弟帶領，到軍法處、秘書處、參謀處拜會那些高級軍官。對方每次都說可以設法，卻照例毫無結果。大約一來這些軍官都有護兵，或是苗人和鄉下人，或是親戚子侄，前者做事能吃苦，後者辦事較可靠；二來這些軍官都認識沈從文父親，讓他當護兵，將來熟人見面不好意思。

沈從文只能隨遇而安，耐心等待機會，誰知一等就將近半年。幾個月裏，每天早晚到吃飯時節，他便趕緊跑到同鄉熟人那裏去，不問情由不管地方，只要有飯吃，拿起碗便吃。晚上到應該熄燈睡覺時，就和表弟鑽一個被窩，抵足而眠。生活過得雖然和常德時一樣清苦，卻因爲周圍都是差不多年齡的同鄉、熟人、朋友，相互間一律平等，要罵就罵，要打就打。打過罵過，不久又如同什麼事也沒發生一樣，少了那份看人冷面的委屈。沈從文雖然很少和人尋衅，卻也不缺少湘西人那種倔強脾氣。一次，因一件小事和表弟發生爭執，互不相讓。睡到半夜，沈從文突然動了氣，不高興和表弟睡了，半夜裏又不能另找住處，就一個人走到養馬的空屋裏，爬進一個乾馬槽，呼吸着混有馬料和乾馬糞味道的空氣睡了一夜。第二天一早醒來，想起夜裏發生的事，忿氣依然難平，就跑到表弟住處，拿起那個隨身小小包袱要走。不料表弟軟硬兼施，用笑話逗趣，兩人又講了和，笑着在地上扭成了一團。又一個晚上，這表弟與一個同事爭論一個問題，雙方各持己見，都不服輸。這表弟便對那人說：

「你不服氣嗎？那好，我兩個出去打一架定高低！」

對方竟也披上衣服，跟他走到一個菜園裏，兩人摸黑扭成一團，將一大片白菜踩得稀爛。兩人身上都滾了一身泥，鼻青臉腫地悄悄摸回住處，各自睡去。第二天吃早飯時，旁人從兩人鼻眼間看出蹊蹺，刨根問底，兩人又哈哈大笑，昨夜裏一時的芥蒂立時冰化雪融。

那時，陳渠珍在保靖城外白河邊辦了一個聯合中學，集合了一羣湘西十三縣選送來的年輕學生。平時課餘時間，這羣野性未泯的中學生便下大操場踢球。不久，這遊戲傳染了軍隊一些青年士兵，無事時也來這裏賽球。踢法沒有規矩，不限人數，到時一窩蜂下場，將球到處亂踢。沈從着。有時一腳將球踢出校外，那些學生怕受處罰，往往要繞道撿球。沈從文在場時，常常自告奮勇，爬過鐵絲網拾球。他很高興當着衆人的面做這種事，以獲得那些青年學生的誇獎。如此一來，沈從文在他們眼裏簡直像個英雄，並因此結識了許多朋友。

這些青年學生朋友中，有三個是沈從文的同鄉。一個姓韓，一個姓楊，另一個名叫印鑒遠，眼睛雖然近視，卻是個球迷。那操場上牛糞極多，印鑒遠卻常常分不清哪是牛糞，哪是皮球。一次與人爭球，他將一堆牛糞誤作皮球，拚命一腳踢去，弄得對手全身一塌糊塗。他極其迷信命相，常為自己有一條好鼻子而得意。有人問他將來作什麼時，他就捏住手指打一個響榧子，說：

「不要小看我印瞎子，我不像他們那麼沒出息！我要作個偉人！說大話不算數，你們等着瞧吧。看相的王半仙誇獎我這條鼻子是一條龍，趙匡胤黃袍加身，不兒戲！」

有一次，沈從文和他一起過渡，去對河野猪嶺看鄉下人新捕獲的豹子，兩人手裏空空，無法付過渡錢。船快靠岸時，印鑒遠對撐船人說：

「撐船的，伍子胥落難的故事你曉得嗎？」

撐船人說：「我曉得。」

「你曉得？很好。你認準了我這條鼻子，將來有你的好處。」

撐船的明白是怎麼回事了，也指着自己鼻子說：「少爺，不帶錢不要緊，你也認清我這鼻子！」

「我認得，我認得，不會忘記。這是朱砂鼻子，按相書上說主酒食。你一天能喝多少？我下次同你來吃個大醉吧！」

……………

由於在書記處和表弟搭鋪同住，幾個月下來，沈從文與所有在書記處作事的書記都熟悉起來。每當書記處事情較多，忙不過來時，沈從文便去那裏幫助他們抄寫一些不重要的訓令、告示之類。一天，沈從文正伏案抄寫一件信札，來了一個高級參謀，見沈從文面生，就走過來問：

「你是什麼名義？」

沈從文以爲對方識破了自己身分，責備一個外人不應挿手軍中公務，心裏一陣發慌，趕忙站起來，怯怯地說：

「我沒有名義，是來這兒玩的。幫他們忙，抄寫這個文件。」

書記官見狀，趕緊替沈從文圓場：「他字寫得好。先前作過司書，作事很裏手，虧他幫了我們好多忙。」

那高級參謀拿過抄件看了看，那字果然寫得比其他書記都強，行文款式也一絲不茍。於是，詢問了沈從文的姓名、籍貫，意義不明地笑了笑，隨後將沈從文名字開報上去，當天就批准沈從文作了四塊錢一月的司書。沈從文後來知道，那高級參謀姓熊，自己小時候同伴熊澧南的哥哥。

飯碗有了着落，沈從文作事格外認眞。由於先前有過作司書的經驗，字也寫得格外出衆，又能糾正文件中的筆誤和款式可斟酌處，他的月薪不久就加到了六元。沈從文因寫字而「發跡」，就更加發狠練字。他經常注意報紙上有正書局廣告，將每月一點薪水攢積起來，五個月內就買了十七塊錢的字帖。那位書記官彷彿看透了沈從文心事，常常在別人都已熄燈睡覺時，用一份廉價的誇獎，將沈從文送上辦公桌，在一盞油燈下趕寫緊急公文。

書記處的事雖不少，卻多帶突擊性。每天有訓令、命令抄寫時，不管多少，四個書記一齊動手，寫完爲止。遇文件實在太多了一點時，其它部門的書記照例會趕過來很高興地幫忙。因此，他們仍有許多閑暇時間，跑到外面去玩。在這羣年輕士兵中，沈從文有幾個最要好的朋友。陸弢、滿振先、田傑、鄭子參等，都是鳳凰人。每到發薪日子，他們便湊錢打平夥，到街上買狗肉來燉；或輪流作東，到麵館裏去吃麵；遇到天氣好，就到保靖城四周的山上去玩。

那時，保靖仍極荒蠻。四周高山環列，城南後山一帶，有狼羣出沒。城北對河一面大嶺，野猪極多，有虎豹活動。即使大白天，也可聽見虎嘯，聲音在山谷中震蕩，良久方息。沈從文等人常去的後山，有一亂葬崗子，專埋小孩屍體。每逢有人下葬時，遠處總蹲着一羣狼和野狗，等掘坑埋人的一走，便將墳扒開，爭食小孩屍首。沈從文等人去時，爲防身自衞計，各人手裏捏一根大棒，那些野獸見他們來時，也不逃跑，只靜靜坐在墳上，露着白森森牙齒，睜着光光的眼睛，與他們對視。直到他們撿起石頭朝狼的頭上擲去時，方才朝山林裏飛奔而去。每到月晦陰雨夜間，狼嚎聲就遠遠近近傳來，聲音低沉而綿長，似乎雜夾着憂鬱與悲傷。這些大多生長在山裏的士兵，早已習慣了這種環境，誰也不感到害怕與吃驚。只是爲了防野狼夜裏爬窗偷襲，一到夜裏，就把門窗關緊。這擔心並非沒有道理，一天夜裏果然有兩隻狼來爬窗子。兩個哨兵見狀，深夜裏不敢開槍，便背靠背站着，用刺刀指定這兩匹狼，作出隨時準備搏鬪的姿勢。那兩匹狼卻若無其事，大模大樣從兩個士兵面前並排走去。

……………

日子就這樣被打發過去。當時，在沈從文看來，這生活過得十分健康和自然。雖然自己和周圍的朋友，社會地位極卑微，收入又極少，並常常在一種近於胡鬧的場合中將錢花去，性情卻處於無拘無束的自由狀態。當哭時便放聲大哭，當笑時便放肆大笑。要打就打，要罵就罵，大家都赤裸着身心去接近和體驗這人生。所接觸的世界，正是一個結結實實的世界。在這種接近與經驗中，就好像觸到了自然的秘密。可是，他們的行徑在另一些人眼裏，又豈止是胡鬧而已。這一切全都是下作、無聊，在他們身上繁殖、蔓衍的，只是一種流氓氣和近於流氓氣的東西，見到時不能不令人生氣。而他們不知文明、道德、社會責任爲何物的麻木處，又眞正讓人可憐。然而，這些君子中的多數卻不曾想過，自己所信奉的「文明」、「道德」、「社會責任」，離開了這種實在的世界，只不過是在書本上和想象的虛空裏胡亂抓摸的東西，到後結起帳來，仍然是烏有的空虛，反倒把一些作爲人的東西丟去了。自省到這一點而仍自尊自大者，是虛僞；不能自省而洋洋自得者，豈不也很可憐？也許人類正劃分着許多不同的圈子。在這不同圈子裏起作用的，大約正是人們通常津津樂道的那個「文化」。不同文化圈的人們間的隔膜，在實際人生裏，比想像的要嚴重得多！也許，那種能夠全身心地從一個圈子爬摸到另一個圈子，並在這種爬摸中，從深處況味人生的人，才是眞正有福了！

然而在當時，這一羣年輕士兵，也並不曾預備在這種生活裏終其一生。同任何時代的青年一樣，他們也懷抱着自己的理想。不過這種理想，因時代環境不同，有着獨特的式樣，並加上楚人身上特有的氣質，更加浪漫天眞而已。他們眼下之所以各安其分地在這裏呆下去，正因爲他們都相信終有一天機運會來到自己的面前，去施展心中的抱負。並且，這抱負並非各自藏在心裏的秘密，他們不缺少相互言志的機會。

這裏的自然環境似乎也適合他們抒發情懷。白河一線清流從城北穿山而過，夾岸懸崖石壁，上多洞穴。其中，有兩個洞最美麗著名。一在河北大山下面，與縣城隔水相望，名叫獅子洞；一在河南，距城約三里遠近，名叫石樓洞。這洞踞懸崖，臨長河，對河一山，山上數列古松，分佈錯落有致，景色極爲清絕秀麗。這些洞穴裏，同樣留下了沈從文和他的朋友們的足跡。一次，沈從文和陸弢、滿振先、鄭子參、田傑一起遊石樓洞，面對滔滔東去的白河流水，他們興奮熱烈地談起各自的志向。有想當苗官守備，在苗鄉稱王的；有想當參謀長，領兵打仗的；有想作警備隊長，保境安民的；也有想行俠仗義、打富濟貧的。當大家問到沈從文的打算時，他頗爲躊躇起來。他想起自己幾年來各處流轉接受自己應得一份命運的經歷，混一口飯吃常常都沒有着落，更看不出有什麼事業等着自己去作，生活似乎沒有給自己任何憑據。聯想到那位近視眼朋友印鑑遠自詡的那條鼻子，自己的面相也沒有什麼特別處，沒有眼睛鼻子之類來增加自己的自信。雖然從幾年來見到的人生種種變故裏，看到了「時間」的古怪，一切人一切事全在「時間」下被改變。死去的不由自主地死去，活下來的，又去接受一份新的命運。只要自己能夠結結實實活下去，也將會接受一份新的人生安排，自己願意在那份新的安排下好好地作一個人。可是，那是一份什麼樣的安排？輪到自己來做的，又是什麼樣的事？一切全像眼前的虛空，高遠而不見邊際。於是，他對幾個朋友說：

「我不曉得我該做什麼事。將來能做什麼就做什麼吧。」

這一份答卷，不僅筆者覺得沒勁，大約也會讓許多青年朋友失望。倘若交給那些大中小學教師批閱，多半會判個不及格。時代已到了二十世紀二〇年代，這些苟安一隅的士兵，還在作着升官發財的迷夢，卽便是打富濟貧，終不過是綠林好漢的行徑，好笑！沈從文也竟然如此胸無大志。古人云，人無志不立。聯想到沈從文等人言志之日，在中國其它地方，爲數不少的沈從文同輩人，正捋袖奮臂，要肩負天下興亡重任的高遠雄闊之志，不能不感到沈從文的窩囊。可是，倘若承認直到今天，我們許多人眞心裏的那個志向，不見得比這些人高尙多少，而每個人的人生際遇，在實際上所能作的，也並不依據豪言壯語去安排，那麼，又無法不承認沈從文的回答，正有着令人洩氣的誠實。

讓我們丟開這些空泛不着邊際的議論，繼續追尋沈從文的人生足跡。

二、人生掀開隱蔽的一角

從保靖通往湘、川、黔交界的官道上，沈從文置身於一隊軍人之中，正由東向西，腳步匆匆地走着。

此時正值夏秋之交時節，太陽抖着餘威，不停地燒烤山林和土地，蒸騰起陣陣滾熱的氣浪。沈從文身着一件單布軍衣，腳上套一雙草鞋，背上一個由布單包紮起的背包裹，裹着一件舊棉襖，一件舊夾襖，一條夾褲，一雙新買的絲襪，一雙青色響皮底鞋子，一套白大布單衣褲，褚遂良的《聖教序》、王羲之的《蘭亭序》、虞世南的《夫子廟堂碑》以及《雲麾碑》字帖各一本，一部《李商隱詩集》，另加半斤冰糖。背包外插一雙自由天竺筷子，一把牙刷，懸一個搪瓷碗，由扣在碗底的鐵絲鏈子繫着。腰間纏一條板帶，裏面放着七塊錢。那是出發前支取的九塊錢買絲襪、冰糖後的餘數。這便是他到保靖後積攢的全部財產。盡管身上沒有什麼負累，一身洒脫，可這時節走長路，除早晚稍覺鬆爽，仍極辛苦。由於沈從文心裏裝着一種企望，和由這種企望激發起來的喜悅，舉步卻較平時高遠。

不久前，沈從文得一個消息：川軍司令湯子模派人到保靖聯繫，請陳渠珍派四個團的兵力，到川東塡防。在雙方派代表往來洽談，商定實際接防的時間、防地範圍等細節以後，這消息就得到了證實。這次帶兵去川東的司令，就是一年前在桃源駐防的那位張姓指揮官，賀龍也以警衞團團長的身份隨同前去。

一天，滿振先跑來問沈從文：「軍隊開過川東去，要一個文件收發員，九塊錢一月，你去不去？如果想去，我去和參謀長商量作調用，要回來也很方便。」

沈從文很高興。這時，他心裏正有一個划算：應當找機會傍近那些有權長官身邊，讓他們認識一下自己的長處，若機緣湊巧，自己身上的那點長處得到發現、培養、開發，並終於成熟時，也許會爭得一份較好的人生安排。現在也許正是一個機會。此外，這次去川東，軍隊防地最遠處可到靠近三峽的涪州（涪陵）。幾年前，滿振先、陸弢、田傑三人，小小年紀就曾結伴從湖北宜昌出發，徒步沿長江上重慶。聽他們眉飛色舞地說起巫峽的雄偉壯麗，沈從文心裏好生羨慕！神往着有一天，自己能親自去巫峽看看。這下機會來了，只要一到川東，去巫峽就不難了。

懷了一點心機，一份秘密，沈從文立即同意了滿振先的建議。

現在，他正隨着入川司令部的人員，經花垣，從湖南邊境小鎭茶峒出境，進入貴州，經松桃，再轉川東秀山，去龍潭。

一路上，他們過了許多道河，看到許多用原木紮成的渡筏。過茶峒時，只見白河在碧山中穿流，四川洪安鎮、貴州茅坪寨與茶峒傍白河鼎足而立，為三省邊境苗、漢、土家族雜居之地。白河兩岸茂林修竹，秀色宜人。濱河一座白塔，與橫亘在青山翠林之間的一列白崖呼應，映日照月，景物如洗，輪廓十分鮮明；入四川邊境，翻過一道高山，山名棉花坡，上三十二里，下三十五里，站在山頂廢堡前四下看時，雲蒸霧騰，羣山如巨鯨在大海裏攢動；過一個集市，那裏每場有五千匹牛馬交易；又過一個古寺院，寺南有一白骨塔，塔頂形似穹廬，石牆上雕滿佛像，塔底一個圓坑，呈鍋底狀，裏面人骨零亂，有些腕骨上還套着龐花紋銀鐲，也無人摘取。據說一年前鬧神兵，死了一城人，半年後將人骨收攏在這裏置放，三年後再行火化。

他們一共走了六天，由於人多，打前站的無法全部安排住宿處，地位卑微的只好各自設法。有三個晚上，沈從文抱一條長凳睡覺；一個晚上，和另一人分占一張方桌；剩下一次，連長凳也沒到手，不得已跑到外面，在稻草堆❸裏過夜，看金色流星劃過墨藍色夜空。

❸按湘西、鄂西、川東、黔東北農家習慣，禾稻收割去粒後，依一定形狀將稻草在露天裏存放。以一根碗口粗細圓木作樁，樁高約兩丈，以木樁為中心，將晒乾後成束稻草呈圓形碼起。頂面成圓錐形坡面，雖經雪雨不會腐爛。稻草不用作柴火，冬天充作牛馬料草，或墊猪圈、牛欄，也選取一些整齊光潔的，墊在床褥下，既鬆軟，又暖和。用時從底部開始抽取，形成空洞，常為小孩玩樂之所。這種存放稻草的方法似乎不見於江南平原農村。沈從文後來寫作的一些小說，這種稻草堆是常見的物象。如《阿黑小史》中的那對年輕情人，就是常常在這種地方幽會的。

六天後，入川軍隊一部份繼續向西上行，司令部卻在龍潭駐紮下來。

沈從文的職務是機要收發員，負責收發文件，然後加以登記備查。文件按性質分平常、次要、急需三類，每類又分收、發兩項，用六個簿子分別記載。再加一本總帳。每天晚九點，沈從文抱着七本簿子，送參謀長轉司令官檢查，畫押後再抱回來。這職務事情不多，地位較司書略高，還可以不交伙食費，每月可淨得薪水九元。得了錢，沈從文就邀朋友上街吃麵；無事可作時，就到龍潭鎮上各處去玩。龍潭是川東邊境上一個重要集鎮，是川鹽（岩鹽）入湘之道，又是川東桐油集散地，市面倒也繁榮。有大油坊、染坊、釀酒槽場、官藥店、當鋪；有郵政局、陳設乾淨整潔的客棧，以及經營妓女業的「私門頭」。鎮邊有一條小河，一個湘川邊境遠近聞名的龍洞，洞口闊大寬敞，高約十丈，洞深半里處還可透光。一股寒流從洞裏流出，長年不竭。手入水中，浸骨地冷，卽刻發麻失其知覺，大六月天無人敢入水洗手洗腳。沈從文每天都要到這洞裏去一次，在洞裏大石板上，一面坐聽洞水漱石聲音，一面吹涼風解熱。最後用一個大葫蘆，灌滿涼水，帶回來送同事朋友解渴。

那地方既有小河，我當然也歡喜到河邊去，獨自坐在河岸高崖上，看船隻上灘。那些船夫背了縴繩，身體貼在河灘石頭下，那點顏色，那種聲音，那派神氣，總使我心跳。那光景實在美麗動人，永遠使人同時得到快樂和憂愁。當那些船夫把船拉上灘後，各人伏身到河邊去喝一口長流水，站起來再坐到一塊石頭上，把手拭去肩背各處的汗水時，照例很厲害地感動我❹。

河對面的一座廟裏，還駐有川軍一個旅部和一連兵力。沈從文輕易不敢獨自過河。因爲軍隊雙方頭頭關係尚好，底下士兵卻免不了爲小事打架。有得兩人作伴時，方敢到各處走走。

司令部設在市中心的戲樓上。由於文件保密的緣故，沈從文住樓上最後一角的單間，從那裏倒回來，依次住着司令官的十二個差弁、參謀長、秘書長、司令官和軍法長。對面樓上是軍法處、軍需處、軍械處，樓下爲副官處、庶務處。戲臺上住衞隊一連。正殿用竹蓆布幕佈置成一個客廳和公事房，既用來會見本地紳士團總，又兼作審案公堂。各部門門口，都貼上一張白紙條，仿虞世南字體寫出部門名稱，全出自沈從文的手筆。在他的房裏，更是貼滿了自己的書法作品，所有眼目能及處，都貼上小字條，上書「勝過鍾王，壓倒曾李」——凡歷史上的書法家，他以鍾繇、王羲之爲冠，凡在世書家，又以曾農髯、李梅庵爲首。自己只要超過他們，就可稱雄天下。沈從文也不缺少年輕人中常見的那份狂氣。

在沈從文隔壁，住着一位管領那十二名差弁的軍官，名叫劉雲亭。這個人原是上山落草的匪首，後因張司令官在危難時救了他一條性命，便丟開山大王不做，在司令官身邊作了一名親信，以上尉名義支薪，對司令官一片忠心。上一年在沅陵河邊，時逢三九嚴寒天氣，不知誰說了一

---

❹〈從文自傳·一個大王〉，《沈從文散文選》，人民文學出版社一九八二年版。

句：「現在誰敢下水，誰不要命」他立卽脫光衣服，「撲通」跳入水裏，來回游了一個小時，隨後爬上岸來，用眼睛瞟瞟先前說話的人，淡淡地說：「一個男子漢的命，這點水就能要去了嗎？」平時在軍中打撲克賭錢，常有人作手腳。被騙的人一旦申訴，他就默默地走過去，從作弊者手中一把抓過錢來，摜到受騙者面前，又一句話不說走開了。他爲人凶狠剽悍，卻又能行俠仗義。其貌不揚，一副矮矮瘦瘦的身胚，黑黑的臉膛，一對眸子卻漆黑發光。軍隊裏上下官兵，誰也不敢輕易撩他。他還會唱幾句舊戲，畫幾筆蘭草！在他當土匪之前，本是一個安分守己的老百姓，爲人老實怕官，曾被外來軍隊當作土匪抓起，卽將槍決時，居然被他逃脫，到後就拉人拖槍，上山作了大王。也許是由於爲報救命之恩，委屈自己作人奴僕，心裏也感寂寞，每逢沈從文不出門時，便走到沈從文房裏聊天。

我從他那裏學習了一課古怪的學程。從他口上知道燒房子、殺人……種種犯罪記錄，且從他那種爽直中說明了解到那些行爲背後所隱伏的生命意識。從他那兒明白所謂罪惡，且知道這些罪惡如何爲社會所不容，卻也如何培養到這堅實強悍的靈魂。我從他坦白的陳述中，才明白用人生爲題材的各樣變故裏，所發生的景象，如何離奇，如何眩目❺。

不久，對河川軍駐紮的大廟裏，關押了一個稀奇的女犯人。這人名叫夭妹，十八歲就作了土

❺《從文自傳·一個大王》，《沈從文散文選》，人民文學出版社一九八二年版。

匪首領，川東一帶凡聽到她名字的人，無不咋舌。據說她還有七十條槍埋在地下，這些槍在當時價值萬元。川軍方面想從她那裏套出口供，便押解到旅部來了。這女匪首又是出名的美嬌嬌，被捉後，川軍年輕一點的軍官都爲她傾倒，想將她弄到手。有兩個小軍官還爲此動武丟了性命。解到旅部後，大小軍官也想占她便宜，卻顧忌她心狠手毒，殺人不露神色，輕易不敢接近她。聽到這消息，沈從文心裏萌生出去看這女匪首的願望，他有着對一切新奇事物太多的好奇。一天吃飯時，他對同桌的劉雲亭等人說，誰能帶他過河去看看，就請誰喝酒。

幾天後的一個黃昏，劉雲亭忽然跑到沈從文房門口喊：「兄弟，兄弟，和我去一個好地方，你就可以看你要看的東西。」

沈從文正準備問個究竟，劉雲亭卻拉着他下樓，出營門，徑直過河走到那座關押夭妹的廟裏。

廟裏駐有川軍一個排。劉雲亭似乎和他們都很熟。打過招呼，兩人朝後殿走去，拐過一個彎，就到了關押女匪首的地方。

這裏極暗，只有壁間擱着一盞燈發出微弱的光，照着一排柵欄。柵欄裏，一個女人背對出口坐在一條毯子上，正借壁間燈光作針線，那份安詳、專心致志的神氣，和沈從文見慣的普通女人沒有兩樣。

「夭妹，夭妹，我帶了個小兄弟來看你！」劉雲亭對着女人背影喊。

那女人轉身站了起來。一副清瘦秀麗的白白面龐，身段出奇地勻稱，爲世上所罕見。沈從文怎麼也無法將殺人不眨眼的匪首與眼前這個女人的形象聯繫起來。他想：莫不是出了什麼差錯，就像當年在懷化時，那位會吹簫的二哥一樣，受了仇家的誣告？

女人走近栅欄，沈從文再看時，不禁吃了一驚：一雙眼睛在燈光微茫裏，正閃射出逼人的寒光，臉上微微笑着，嘴角卻掛着一絲藐視一切人類的譏誚。當劉雲亭告訴她，沈從文是自己的好朋友時，女人帶着懷疑的神氣，彷彿在說：只怕未必。沈從文眼裏含着憐憫，極力表明自己誠意似的微笑着。

劉雲亭對她說：「他是年輕人，怕羞，你不要那樣看他。」

沈從文立即有了不平，低聲分辯着：「我才不怕誰！你不要喝多了酒亂說！」

女人似乎放心似地笑了起來，隨後用力拉了劉雲亭一下，沈從文明白他們有什麼話要說，就走開了一點。劉雲亭和女匪首低聲說起話來。夭妹埋怨劉雲亭把先前兩人約定的事情忘了，劉雲亭則辯解自己曾卜過課，月份不利，動不得。女人帶了幾分幽怨，將她做好的鞋面拿給劉雲亭看，那份柔情，眞勝於妻子對於丈夫。沈從文越發覺得奇怪：這樣一個女人，怎麼就作了土匪首領？作爲女人的秀美與多情，在她身上都不缺少，比自己見過的那些軍官的姨太太，似乎更像一個賢妻良母，卻想不到她是這一帶做了無數嚇人大事的著名土匪！

見兩人還有什麼事要商量，卻礙着自己在面前不便說的樣子，沈從文便向二人告辭。劉雲亭將他送出廟門，捏了捏他的手，作成有許多秘密以後再告訴你的神氣，又轉身進去了。

回到住處，沈從文胸中彷彿塞進了一團扯不清的亂麻，他無法對眼前的人生事象作出理性疏解。回憶着剛才見到的一切，他想起三年前發生的一件事來。那是駐防榆樹灣的時候，當地一個商會會長的女兒，年紀輕輕，卻得肺病死去。埋葬後，街上一個賣豆腐爲生的年輕男子，夜裏將女孩屍體從墳墓裏挖出，背到一個山洞裏睡了三天，再將屍體送回墳墓。這事終於被人發覺，這男子被抓起押送到沈從文所在的軍隊裏來，過堂取了供詞，即將斬首。臨刑前，這男子一聲不響，樣子極從容，只是默默地看着自己受傷的腳踝。沈從文問他腳踝被誰打傷的，他微笑着輕輕地說，那天他送女孩子屍首回去，天正落雨，不小心拐了腳，差點也滾到棺材裏去了。沈從文又問他爲什麼要做這種事。他望了沈從文一眼，作成小孩子不會懂得什麼是愛的神氣，不再回答。

過了一會，他又自言自語地說：「美得很，美得很。」

另一個士兵問他：「癲子，要殺你了，你怕不怕？」

他不經意地回答：「這有什麼好怕的！你怕死嗎？」

那士兵被傷了自尊心，大聲呵責說：「癲狗入的，你不怕死嗎？等一會就要殺你這癲子的頭！」

那男子不再作聲，不屑理會地笑笑。那樣子好像在說：「不知誰是癲子。」

……………

實在的人生掀開了它隱蔽的一角。機緣湊巧，沈從文從這裏走了進去。貼近了人生的深層。他感到世俗觀念與這實在人生深層存在的距離。他所接觸的這些人生現象，全是「黑暗」與「罪惡」。可是在這罪惡背後，卻隱蔽着作爲「人」的東西。穿過「黑暗」，那裏面卻有着眩目的光明。在當時，他雖然弄不淸楚究竟是什麼東西令人眩目，社會一般觀念與實在人生的不合處是怎樣造成，卻感到了有兩種相反的東西，在劉雲亭、夭妹和那位賣豆腐男子的生命裏交織。

……在一種胡亂想像中，沈從文睡着了。

第二天，沈從文得到消息，女匪首夭妹，早上已被川軍拖出去砍了頭。沈從文大吃一驚，趕緊跑去看時，只見夭妹的屍體已用白木棺材裝殮，地下一灘血，一堆紙錢焚燒後餘下的白灰。再掉轉頭來去找劉雲亭，他正獨自躺在床上，睜眼望着虛空，臉色嚇人，誰也不理，什麼話也不說。

沈從文終於別人口裏知道了詳情。原來昨晚沈從文離開後，劉雲亭和夭妹商量好，由劉雲亭設法保她出去，然後取出夭妹埋藏的七十支槍和劉雲亭原先保藏的六十支槍，兩人一起上山作大王，謀下半世的快活。到後女人以身相托，兩人在監獄裏作了一回夫妻。卻不料被看守發現，觸犯了川軍忌諱，衆人憤憤不平，以爲本軍上下軍官想方設法弄不到手，反讓外人占了便宜。頃刻間一排人上了刺刀，夾道而立，要和劉雲亭算帳。劉雲亭卻不慌不忙，將兩支手槍上了膛，指定衆人，聲言有人和他過不去，手裏槍子不認人！川軍方才知道劉雲亭不好惹，眞動起手來，一條命要用幾條命換。如果事情鬧大了，駐龍潭的筸軍與川軍人數是十二比一，到頭來吃虧的是自己。只好眼睜睜看着劉雲亭大搖大擺出廟門而去。既然奈何劉雲亭不得，便立即拿夭妹開了刀。

夭妹死後，劉雲亭一直躺在床上，不吃不喝，也不和任何人說話。別人也不敢去惹他，以免自找晦氣。七天以後，他忽然起了床，跑到沈從文房裏，一見面就說：「兄弟，我運氣眞不好，夭妹是爲我死的。我哭了七天，現在好了。」

這事剛過不久，沈從文發現有一種危險正迫近自己身邊。原來，司令部那位參謀長是個性變態狂，極好男色，身邊的一些年輕士兵已身受其害。當這事暗中沸沸揚揚傳到沈從文耳中時，他吃了一驚。他想起過去有一回，晚上去送文件登記簿審閱，參謀長看人那種色迷迷淫邪眼睛，雖也曾起過疑心，卻全沒朝這方面想。現在明白了是怎麼一回事，沈從文感到了害怕，得趕緊尋找對付的方法，否則，自己將蒙受一輩子洗不盡的羞辱。

終於，他偷偷地給陳渠珍寫了一封信，敍說自己目前的處境，希望能將自己調回保靖。不久，陳渠珍回信說，你不願住龍潭，就回來，到司令部來作事。沈從文將陳渠珍的意見告訴了張司令官，獲得批准，並讓他支了三個月的乾薪，作爲跟隨他到川東一趟的酬勞。有了錢，沈從文非常高興，他可以搭坐小貨船返湘西，不必再爬那個令人望而生畏的棉花坡了。這時，劉雲亭跑來告訴沈從文，他也要回湘西去，準備和沈從文一道走。問起緣由，沈從文才知道劉雲亭最近又和一個洗衣婦人暗中相好。那洗衣婦親屬在張司令官外出時攔路告狀。回來張司令官對劉雲亭說，這事不行，我們在這裏是客軍，再這樣胡鬧會影響軍隊聲譽。劉雲亭不服，到處張揚說，這是我的自由，司令不准我作這事，我就請長假回家，玩我的老把戲去。說着說着認了眞，果然就去告假。張司令官略加思索，也就准了假。於是，在沈從文的護照上，又添上了劉雲亭的名字。兩人一大早跑到河邊看了船，約定當天下午動身。吃過早飯，兩人正在樓上收拾行李，樓下有人喊劉雲亭到軍需處算帳。劉雲亭高高興興地朝樓下跑去。

突然，樓下響起衞隊集合的哨聲，值日副官連喊着「備馬」！根據過去經驗，看樣子又要殺人。沈從文起了疑心：殺誰？土匪？他趕緊走到窗前，推開窗子向下看去，劉雲亭已被剝光衣服，赤裸着的上身被繩子捆得結結實實。沈從文的心猛地提了上來，他明白，劉雲亭已臨近生與死的分界線了。

被綁好的大王，反背着手，聳起一副瘦瘦的肩膊，向兩旁樓上人大聲說話：

「參謀長、副官長、秘書長，請說句公道話，求求司令官的恩典，不要殺我吧。我跟了他多年，不會做錯一件事。我太太還在公館裏伺候司令太太。大家做點好事說句好話吧。」

大家互相望着，一句話不說。那司令官手執一支象牙烟管，從大堂客廳從從容容走出來，温文爾雅地站在滴水檐前，向兩樓的高級官佐微笑着打招呼。

「司令官，來一份恩典，不要殺我吧。」

那司令官說：

「劉雲亭，不要再說什麼話丢你的醜。做男子的作錯了事，應當死時就正正經經地死去，這是我們軍隊中的規矩。我們在這裏作客，凡事必十分謹慎，才對得起地方人。你黑夜到監牢裏去姦淫女犯，我念你跟我幾年來做人的好處，爲你記下一筆帳，暫且不提。如今又想爲非作歹，預備把良家婦女拐走，且想同家去拖隊伍。我想想，放你同去作壞事，作孽一生，盡人怨恨你，不如殺了你，爲地方除了一害。現在不要再說空話，你女人和小孩子我會照料，自己勇敢一點做個男子吧。」

那大王聽司令官說過一番話後，便不再喊公道了，就向兩樓的人送了一個微笑，忽然顯得從從容容了。「好好，司令官。謝謝你幾年來照顧，兄弟們再見，兄弟們再見。」一會兒又說：「司令官你眞做夢，別人花六千塊錢運動我刺你，我還不幹！」司令官彷彿不聽到，把頭掉向一邊，囑咐副官買副好點的棺木。

於是這大王就被簇擁着出了大門，從此不再見了❻。

當天下午，沈從文臨時塗去護照上劉雲亭的名字，依舊上了船。

路上走了五天。

一次船停泊在一個地方，沈從文遇上一個玩把戲的人，邀他到時丢錢幫場。到後將賺來的錢

❻〈從文自傳‧一個大王〉，《沈從文散文選》，人民文學出版社一九八二年版。

用來打平伙，大家飽嚼了一頓。

又過一處不知名的地方，見軍隊正剿一個村子，抱鷄捉牛，放火燒屋，焰煙冲天。

船近湖南邊境小鎭裏耶時，見一小山羊站在伸向河中的岩嘴上低頭飲水。青山碧水，岩石黛黑，岸上水中點綴着一團白雪，顏色極爲鮮明。只是那個小生命怯怯地站在岩石上，下臨深潭，彷彿隨時都可能掉入水中，又讓沈從文替它揑了一把汗。

三、向人類的智慧凝眸

從川東回到保靖，沈從文被陳渠珍留在身邊作書記。

陳渠珍，一八八二年生，鳳凰人，畢業於湖南武備學堂。一九〇七年與林伯渠哥哥林修梅投奔川邊大臣趙爾豐，任新軍六十五標隊官。其時，英軍入侵西藏，陳渠珍上書〈西征計劃〉，得上司賞識，被任命爲督隊官，一面率軍抗擊英軍，一面鎭壓西藏土著叛亂。辛亥革命時，陳渠珍率部譁變，挑選湘黔籍官兵一一五人取道青海返回內地，僅七人生還。一九一二年回到湘西，督辦開河工程。田應詔保奏他開河有功，反而因此舊事重提，被押解送京。得傅良佐擔保，回湘西在田應詔軍中任副參謀長，主辦軍官訓練團，培植個人勢力。一九一七年升參謀長，兼任第一梯團團長。護國戰爭發生，田應詔不理軍務，湘西護國聯軍第一軍軍長改由陳渠珍擔任。一九二〇年任湘西巡防統領。

陳渠珍主持湘西軍政後，打着「保靖息民」旗號，銳意整軍經武，開辦學校、工廠，刺激商業，使湘西一度出現辛亥以後最好的局面。然後對內部卻不實行變革，沿襲清代綠營屯田制老例，人民承擔賦稅極重；對外又不思進取，護國之役，出兵最遠不過桃、常，孫中山在廣東謀劃第一次北伐前，曾派代表與陳渠珍聯繫，委以「第一師長」職務。陳渠珍請一次客，送代表兩千元路費，委任狀卻壓在被褥底下毫無作用。這時，國內聯省自治口號喊得極響，陳渠珍便仿閻錫山在山西做土皇帝辦法，以「湘西王」自居。

陳渠珍中等個子，長得一表人材。不留鬍子，臉面常年光潔清爽，黃黃的眼珠，很有威嚴；穿長袍，不戴帽子，留分頭，後面拖個尾巴。俗話說，「黃眼珠不認人」，陳渠珍治事嚴厲，又生性猜忌多疑，卻自律甚嚴，每天天不亮即起床，深夜還不睡覺，年近四十也不討姨太太（後來卻娶姨太太一大堆，那是沈從文離開湘西以後的事了）。平時極好讀書，以曾國藩、王守仁自許，看書與治事時間幾乎各占一半。因此，在他的軍部會議室裏，放置了五個大楠木櫥櫃，櫃裏藏有百來幅自宋及明清繪畫，幾十件銅器古瓷，十來箱書籍，一大批碑帖，和一套《四部叢刊》。

軍部會議室是一棟新建房屋，孤零零站在一座山上。開會時，如機要秘書不在，就由沈從文擔任記錄。平時，會議室就由沈從文留住。每當陳渠珍需要閱讀某一書或抄錄書中某一段時，就由沈從文預先準備好。於是，圖書的分類編排、編號、舊畫古董的登記，全由沈從文來作。由於登記涉及書畫作者的人名、時代及其在當時的地位、銅瓷器物的名稱、用途等等，這些都必須弄得清清楚楚。在這過程中，沈從文學到了許多知識。又由於必須經常替陳渠珍翻檢抄錄古籍，日積月累，沈從文將大部分古籍也看懂了。

此外，軍部書記的職務也比秘書處、參謀處書記要作的事多。一有急電或別的公文送來，即使是半夜，也必須立即起床，抄寫回文。因此，沈從文不能隨便離開會議室，就好像被禁閉在這所孤零零的屋子裏。可是，一到不能外出時，沈從文反而又很清閒了。無事可作時，沈從文只能以讀書作消遣。有時，他將那些宋至明清繪畫一軸軸取出，掛到牆壁上，獨自默默地欣賞，領會它們的妙處，有時翻閱《西淸古鑑》、《薛氏彝器鐘鼎款識》一類古籍，與那些銅器上的銘文作比較鑑別，估出它們的名稱及價値；有時又去查閱《四庫提要》，以弄淸一部自己不熟悉的古籍的作者及其生活的時代。

……我在這方面對於這個民族在一份長長的年份中，用一片顏色，一把線，一塊青銅或一堆泥土，以及一組文字，加上自己生命所成的種種藝術，皆得到一個初步普遍的認識。由於這點初步知識，使一個鑑賞人類生活與自然現象爲生的鄉下人，進而對於人類智慧光輝的領會，發生了極寬泛而深切的興味⑦。

⑦〈從文自傳·學歷史的地方〉，《沈從文散文選》，人民文學出版社一九八二年版。

在一個特殊的環境裏，以一份特殊方式，沈從文承受了民族文化的寬泛熏陶。中國古代文明，開始了對這個「自然之子」精神荒野的耕耘。在這之前，雖有過那位秘書官文頤眞的點醒，芷江熊公館的藏書也曾對他產生過誘惑，卻因後來的種種變故，沈從文的精神原野又復歸於荒蠻。而現在開始的這一傾向，對於沈從文具有極爲重要的意義。他的歷史、文學、藝術的中國傳統根子，就是在這時紮下的。中國歷史上發生的無數次人類殘殺以及這種殘殺延及湘西發生的種種怵目景象，使他明白了湘西「蠻族」曾經歷過怎樣悲慘的命運，這種命運又是在怎樣的情形中被延續着。這影響到他後來對南方少數民族、整個中華民族乃至人類命運的認識方式；他所接觸的中國古代繪畫藝術，尤其是宋元以後的繪畫傳統，顯明地從一個側面規範了他後來文學創作的風貌；浸透在他創作中的古典文學修養、後半生從事文物研究必需的學識基礎，乃至他對中國書法歷史的透徹了解，幾乎都能在這裏找到最初的源頭。

這種內部精神的變動，必然影響和改變着沈從文外部行爲方式。他很少再各處跑着去玩，即或外出，也不如從前那樣玩得起勁了。偶爾到後山、河邊走走，也會攜一本線裝書，躺到草地上去看。疲倦時，就看天上的白雲、地上的流水。眼前的景物依舊，仍然是那山，那雲，那水，現在看時，感覺卻與過去有點不同了。心裏起着一點傷感，幾份肅穆，數縷柔情，一種延及自然的悲憫。有時，原先那些朋友邀他去玩，他也失去了往日的精彩。大家都覺得他變得有點古怪，無形中起了隔膜。外部行爲雖然平靜了許多，內部精神卻有了急劇變動。彷彿有一種什麼東西在沈從文心裏躁動，極力地要沖破束縛它的外殼，但他又說不清那究竟是什麼。他時時感到苦惱來襲，周圍卻沒有人來替他解除這份苦惱，他感到異常寂寞。他渴望着有一個合適的人來和他說話，能聽他陳述一點什麼，也能對他心中的紊亂進行疏解和啓發。

彷彿冥冥中有人預作安排似的，就在沈從文感到苦惱的時候，保靖城外的山道上，走來了一個能滿足沈從文內心需要的人。

一匹馱馬，馱着高高一堆線裝、平裝新舊書籍，由趕馬人牽着，緩緩前進。前面一位五十多歲的老者，棗紅色臉膛，濃眉，長髯，長袍馬褂，一派斯文。身前背後，卻正用原始的林莽、高崖、荒崗作陪襯。其情其景，在這偏僻荒蠻之地，有一種不多見的動人韻致。這位老者名叫聶仁德，是聶清的父親，沈從文的三姨父，陳渠珍過去的老師。

聶仁德到達保靖後，立即被陳渠珍安排住到了風景宜人的獅子庵。

獅子庵位於保靖著名的獅子洞口。從城邊向對河望去，一山聳立，宛如雄獅。臨河一面石壁，形同獅面。石壁上有一天然洞穴，張開如獅口，即爲獅子洞。洞口不十分高大，裏面卻空敞闊大，用火燎燭照，深不見邊。洞壁全是潔白如玉的鐘乳石，白色細沙舖地。一條天然小道通上一座石屋，置有石桌石凳。夏天有一泉水流出，水中有小魚蝦游動，冬天水枯，涓滴無存。魚蝦也不知何所來何所去。清乾隆年間，邑令王圖倡建書屋三間於獅子洞前，虛掩着洞口。書屋前老樹、修竹、古藤相互絞結纏夾，一派靑鬱氣象。附近有摩崖石刻，上書四個大字：

「天開文運」

聶仁德是個飽學之士，一八九二年與熊希齡進京會試，爲同科貢士。後因丁憂，未能參加殿試。辛亥革命在鳳凰成功那年，成爲湘西民選第一任民政長。這次是從湖北監利縣縣長任上下來，路過保靖，稍事休息的。他既屬於晚清民初之交一代鄉土知識分子，又恰逢「中學爲體，西學爲用」之風正熾的時代，同晚近其他知識分子一樣，聶仁德無論舊學、新學，都很有根底。自他在保靖住下以後，沈從文幾乎每天都要過河到獅子庵去，聽聶仁德談「宋元哲學」，談「大乘」、「因明」，談「進化論」。這些分屬中外東西不同來源的儒家理學、佛學、西方近代哲學，將沈從文帶入一個虛靜寥廓的思辯領域，展現出用來疏解自然、人生萬事萬物的不同因果鏈。天生的好奇心驅使沈從文提出許多他不知道卻又願意知道的問題，聶仁德也不厭其煩地作出解答，他似乎從這種談話中也獲得了許多快活。這一老一少，在這亘古長存的石洞前，面對千年長瀉的河流，進行着沒完沒了的辯難，一談就是很長很長的時間。然而，這些解釋自然、人生的不同學說，用來和自己所經歷的實際人生對照時，沈從文時而感到矛盾，時而又感覺模糊。最終留給他的，是一份需要他用一生精力去思辯，用自己生命去證實、去解答的作業。但在當時，這些時而清晰，時而矛盾和模糊的感覺，卻使他更加寂寞，心裏升騰起更爲寬泛的幻想，——他有了不安於目前生活的打算。

我總彷彿不知道怎麼辦就更適合一點。我總覺得有一個目的，一件事業讓我去做，這事情是合於我的個性，且合於我的生活的。但我不明白這究竟是什麼事業，又不知用什麼方法可以得來❽。

這時，陳渠珍在湘西，正着手完成他一生中的一份重要作業。由於國內軍閥間的暫時休戰，北京、上海和各省報紙正熱烈地討論「兵工築路墾荒」、「辦學校」、「興實業」的有關國內建設問題。感受着時局的影響，陳渠珍草擬了一份計畫，將湘西十三個縣劃分為一百多個區鄉，試行「湘西自治」。經過幾次各縣縣長和鄉紳代表會議討論、協商，就着手實施。於是，單在保靖，就設立了一個師範講習所，一個聯合模範中學，一個中級女學，一個職業女學，一個模範林場和六個小工廠。學校教師和工廠技師，都是從長沙聘來的，薪水比本地人要高。加上原來的一個軍官學校，一個學兵教練營，六個左右的軍農隊，一時呈現出興旺而有生氣的景象。為促進自治，還在保靖置辦了一部印刷機，設立報館，籌辦一個定期刊物。辦報需要校對，而沈從文在這方面顯示的才能既得到陳渠珍的賞識，在討論到校對人選時，就自然地想到了沈從文。於是，沈從文又被臨時調到報館，兼作校對。

在報館裏，沈從文認識了一個從長沙聘來的青年印刷工長，兩人住一個房間。由於受「五四」運動影響，長沙得風氣之先，這個青年工長成了一個思想進步的人物，身邊帶着許多新的書

❽〈從文自傳·學歷史的地方〉，《沈從文散文選》，人民文學出版社一九八二年版。

刊雜誌，並在房間牆壁上釘了幾塊白木板，將這些書籍雜誌放在上面。沈從文也從軍部會議室帶來一些字帖和古典詩集。一到工餘，兩人就對面同坐在一張書桌上，在同一盞燈下看書，一讀新書，一看舊籍，互不相犯。可是過了不久，兩人一熟，就由沈從文打破了這個界限。

一天，沈從文見對方手裏拿着的書封面上印有一個赤着上身的人像，沈從文感到新奇，就問那工長這是什麼書。那工長回答說是《改造》。沈從文又問那題名《超人》的書寫的是什麼。那工長彷彿吃了一驚，兩眼睜得圓圓地說：

「唉，伢俐，怎麼個末朽⑨？一個天下聞名的女詩人……也不知道麼？」

「我只曉得唐朝女詩人魚玄機是個道士。」

「新的呢？」

「我知道隨園女弟子。」

「再新一點呢？」

沈從文搖了搖頭，不再說話，他實在不知道再新一點還有誰。他感到有些羞愧。那工長翻開那本《超人》，將一篇與書名同題的小說指給他看。看完這篇小說，沈從文說：

「這個我知道了。你那報紙是什麼報？是老《申報》嗎？」

⑨ 長沙方言，伢俐，小伙子的意思；個末朽，這樣差勁之意。

工長不再回答，只將一套《創造》推到沈從文面前。看了一會，沈從文彷彿明白了白話文和文言文的區別：文言文用「也」字、「焉」字結句的地方，白話文用「呀」字和「啊」字；文言文敍一件事說得越少越好，白話文寫一件事說得越多越好。他將這點體會去問那位工長，那工長覺得有點好笑，但他也說不出更多的區別，只是說白話文最要緊處是看「思想」，若無思想，也不成文章。但沈從文卻弄不懂什麼叫「思想」，又不好意思再問，有點羞愧，有點不安，疑心自己眞有點長沙話所說的「朽」。

這印刷工人使我很感謝他，因爲若沒有他的一些新書，我雖時時刻刻爲人生現象所神往傾心，却不知道爲新的人生智慧光輝而傾心。我從那兒知道了些新的、正在另一片土地同一日頭所照及的地方的人，如何去用他的腦子，對於目前社會作一度檢討與批判，又如何幻想一個未來社會的標準與輪廓。他們那麼熱心在人類行爲上找尋錯誤處，發現合理處，我初初注意到時，眞發生不少反感！可是，爲時不久，我便被這些大小書本征服了。我對於新書投了降，不再看《花間集》，不再看《曹娥碑》，却歡喜看《新潮》、《改造》了。我記下了許多新人物的名字，好像這些人同我都非常熟習。我崇拜他們，覺得比任何人還值得崇拜。我覺得稀奇，他們爲什麼知道事情那麼多。一動起手來就寫了那麼多，並且寫得那麼好。

爲了讀過些新書，知識同權力相比，我願意得到智慧，放下權力。我明白人活到社會裏應該有許多事情可作，應當爲現在的別人去設想，應當如何去思索生活。且應當如何去爲大多數人犧牲，爲自己一點點理想受苦，不能隨便馬虎過日子，不能委屈過日子了⑩。

在這種感情的支配下，沈從文的第一個舉動就是向上海方面捐款興學。他常常從報紙上普通社會新聞欄裏，看到介紹賣報童子讀書、補鍋匠捐款興學的報道，便起了捐款的念頭。在一次領到一個月的薪金後，就全部買了郵票，裝進一個信封，上書「《上海國民日報・覺悟》編輯處轉『工讀團』」，落款「隱名士兵」。將信悄悄寄出後，彷彿盡了一份自己能盡的社會責任，他感到一種說不出的愉快。

在五四運動爆發將近三年以後，偏處一隅的沈從文終於受到了「五四」精神的洗禮，雖然有點姍姍來遲，卻終於加入到對沈從文精神領地的開墾。一時間，中國歷史文化傳統、由新的社會思潮所體現的西方文化傳統、實際存在於湘西本土的文化傳統，在沈從文內心世界發生着猛烈的撞擊，不啻一場戰爭！其結果，使他終於向新思想「投了降」。他從歷史文化中培養起來的民族自豪感和熱愛國家，熱愛腳下土地的情感，找到了一個新的方向，朝着時代的主潮皈依，開始面對二十世紀的「中國問題」，並由此產生了對別人、對民族中大多數人，對人類應當承擔責任的社會理想和歷史使命感。而這三種文化傳統相互撞擊形成的「合力」，勢又必影響和規範着沈從

⑩〈從文自傳・一個轉機〉，《沈從文散文選》，人民文學出版社一九八二年版。

文思考「中國問題」的獨特方式。雖然在當時，他還不可能明確意識到這一切，但由強烈的社會責任感和歷史使命感催發的，屬於中國知識分子的那種精神痛苦，卻將要使他的靈魂不再有安寧之日！

四、權衡與抉擇

頭顱中心彷彿有一股力在膨脹，一個梯隊接着一個梯隊向着四周衝擊，極力要突出腦顱的包圍；又像有人手執大斧，一下一下地朝着頭骨劈去，頭顱立時就要迸裂。渾身滾熱，鼻血一陣陣往外流，白色毛巾已經染紅；身子虛飄飄的，彷彿懸浮在半空，上不巴天，下不着地。極不情願，又身不由已。定一定神，極力將自己向下挫，誰知剛一着地，旋卽浮起……他只好放棄努力，一任身子晃晃悠悠地飄遊。這是到了哪裏？一個凉亭，一座祠堂，一段城牆，沅水上無人駕駛的小船正在飄灘。蕭選青、沈萬林、文頤眞、劉雲亭，一個接一個地衝着他笑，彷彿對他喊着什麼。他極力想要聽明白，卻又聽不清，隱隱約約地，似乎是「來吧，來吧」……突然想起他們都已死去，心裏陡然一駭，嚇得出了一身大汗，內衣全濕透了。然而，就在這一瞬間，他將身子落到了地面。……

沈從文慢慢睜開眼來，發現自己躺在軍部會議室的床上，幾個朋友正焦急地看着他。「從文，從文，你感到怎麼樣了？」滿振先一臉愁雲。「天保佑，已經過了七天，大約不太要緊了。」鄭子參長長吁了一口氣。

他終於想起，幾天前感到身子不適，頭痛發熱，不思飲食，請醫生來看，說是傷寒。自那以後，病情急轉直下，來得十分凶猛，再沒吃一點東西，腦子時而清醒，時而糊塗，在虛實捉摸不定的狀態中，也不知過了多久。他聽人說過，傷寒難過七天。七天不死，翅關已過，蒼白消瘦的臉上，浮起一絲柔弱的笑意。

這是沈從文從報館回司令部以後的事。在報館作校對三個月後，因軍部繕寫缺人，陳渠珍覺得這比校對更重要一點，於是將沈從文重新調回。沒日沒夜地傻幹，一個晚上抄寫一百件命令，又正值春夏之交，氣候變化無常，不久就病倒了。

近一段時間，身邊那些彷彿很有志氣的朋友，正忙着互相聯絡，召開同鄉會，組織聯誼會，幾次找沈從文參加，沈從文都婉言謝絕了，幾個月來，因沈從文的行爲令人費解，過去許多朋友都疏遠了。只有滿振先、鄭子參、田傑、陸弢四個人彷彿明白並體諒到沈從文的心事，依舊維持着從前的友誼。這一病，先後在床上支撐了四十天，虧得這幾個朋友照看和守護。尤其是回族同鄉的鄭子參，有段時間與沈從文在一間辦公室辦公，同住一間房子，感情特別好。虧得他端屎接尿，熬藥煎湯。陸弢、滿振先、田傑也不斷地來探望。這時正值五六月，是山上桃李成熟的季節。有位熟人給沈從文送來了一堆李子，危險期剛過的沈從文望着紅光誘人的時令水果，抓起一枚正想往口裏放時，恰被陸弢撞見。他一把搶過沈從文手裏的李子，着急地說：「你是傷寒，怎麼能吃這個！你不要命了！」說着，就把那些李子全都搶着吃了。望着他們一個個關心自己替朋友擔心的樣子，沈從文眼角噙起了兩粒淚珠。

他終於逃脫了死神的魔掌，病一天天好了起來。

沈從文的病剛剛脫體，一件意想不到的災難又降臨到了這幾位青年朋友中間。

雨後新晴。剛露臉的初夏陽光火辣辣地照着，每個人身上起着燠熱。許多人都已下河游泳了。這天，陸弢、滿振先、田傑幾個人跑來，邀沈從文去泅水。因疾病剛剛脫體，沈從文不太想去，陸弢說：「走，走，不下水到河邊走走也好！」好說歹說，拖着沈從文來到石樓洞下的河岸邊。河裏已經漲了水，河水淹平了長灘，水聲失去了先前的響亮，發出沉悶的吼聲。河邊高崖下，水流衝擊石崖，形成一股回水，旋起霸簟大的漩渦，像石磨一樣不停地轉，直讓人看得頭暈目眩。無形中彷彿有一股吸力，使人不由自主地要向它撲去。

陸弢大聲嚷着，「下水，下水，比比看誰先泅過河！」

見幾個人有點膽怯，沒有響應，陸弢邀滿振先。滿振先說：「這水太大，太危險，我看莫下水算了。」陸弢轉身對田傑說：「田傑，我兩個來！」

田傑趕忙說：「老弟，別拉上我，我不敢，有膽量你就先去！」

陸弢略略起了點氣，不再做聲。他飛快脫去衣服，獨自爬上河邊高崖，大喊一聲：「我來！」飛身向河中躍去。

沈從文見陸弢正對着那個巨大的漩渦，心裏起了一驚，張口剛想喊陸弢另尋地方下水，只見陸弢身體如離弦之箭，轉瞬間已射入漩渦之中。

誰知這一入水，就不見陸弢浮出水面，大家替陸弢捏起一把汗。卻又懷着一絲希冀，陸弢平時水性好，也許紮猛子向遠處游去，讓大家起一點小小的驚訝。大家便用眼睛在河面上各處搜尋。時間一分一秒過去，好久，大家各處都看不到有人頭從水中鑽出時，不約而同地起了驚慌。一個「死」字飛快掠過腦際，沈從文意識到陸弢已從這個世界消失，一個活潑潑的生命已被眼前的惡水吞噬。

「命運」猛地摑了沈從文一個巴掌，他被擊懵了，呆呆地站在河邊，頭腦裏頓時一片空白。他想哭，卻沒有眼淚；想喊，又發不出聲來。不知過了好久，他的意識才恢復過來。他想起陸弢過去和滿振先、田傑三人結伴從貴州前行過雲南，又徒步到廣東，再向西從宜昌抵成都，天不怕地不怕各處飄游的往事。田傑爲人精明多機心，路上遠遠看到有土匪守坳，就往陸弢身後躲，一碰到危險掉頭就跑。陸弢爲人大膽直爽，遇事總是走在前頭。又一身抱負，對這個強者得意弱者受欺的世道充滿怨憤，立志要剪除邪惡，替好人伸張正義。身體又健壯結實，生命豪放如同一隻猛虎。可是現在……。雖說死亡誰也無法規避，但攤到自己年輕朋友身上的這份命運，實在太不公平！

但這只不過是沈從文許多青年時代朋友一連串遭遇不測之禍鏈條上的一環。已經死去的不去說他。就連現在和他一起仍站在岸邊的另外三個好友，在這以後短短的幾年內，都將接受各自的一份命運安排。那位為人忠厚的滿振先，和沈從文既是朋友又是親戚——沈從文的小姑許配給了他。那位小姑在後來看電影時，居然被影片中血淋淋的戰爭場面活活嚇死，滿振先自己也在一九二九年以一個小軍官身份帶兵打仗，在桃源攻城時被捷克式自動步槍打死；鄭子參後來從黃埔軍校第四期騎兵科畢業，參加北伐戰爭，在東江作戰犧牲了。田傑終於作了一名蔣介石總統府警衛連連長，娶了一位中學生作姨太太。幾年後，沈從文從北京寫信給他，勸他不要在那裏混，最好來北京讀點書。田傑卻回信說：「老弟，世道太亂了，讀書我是不行了，就讓我得一天混一天吧……。」

三天後，有人在幾里外的下游發現陸弢的屍體，並打撈了上來。第四天，由沈從文主持，將陸弢埋葬在白河岸邊。

自己好容易從病魔手裏逃脫，陸弢又猝然被死神攫去，這一生一死兩件事，接踵來到面前，使沈從文亂了方寸。埋葬陸弢以後，他做事打不起精神，吃飯也失去了滋味，整天悶悶的，心海間卻掀起了軒然大波。

他又一次走出軍部會議室，獨自走到陸弢的墳前。墳上的新土還沒有改變顏色，白瘆瘆地沒一絲兒遮蓋，孤零零地蹲在河岸上。他想起去年年末，請假回鳳凰路過馬鞍山堂兄沈萬林被害的長亭處，周圍一片寂靜，只有枯草衰楊，在冬日的瑟瑟寒風裏顫抖，忍不住傷心，淚水從眼眶中簌簌跌落下來。現在陸弢又獨自留到了這裏。由陸弢、沈萬林、文頤真，直至前前後後親眼見到的那幾千無辜被殺的苗人和鄉下農民，組聯成自己五年來的人生旅程，彷彿是一場噩夢。人生中那些美好的人事就在眼皮底下消逝，而醜惡的東西正慢慢支配著一切。各樣長字號人物，憑借手中的權力隨便殺人，到頭來這些殺人者又常常被人所殺，形成一種惡性生死大循環。在這循環中，生命被視同兒戲。各人都把生命押到「命運」上去，生與死只是轉眼間的事。死得悲慘，活得糊塗。而自己也是心甘情願在這種人生浪濤裏不由自主地沉浮。——「我」在哪裏？

沈從文回過頭來，望望保靖城街和山上軍部會議室那座房子。這時正是晚飯時候，炊煙拖着一條條白色帶子，沿河谷逶迤飄去。河邊影影綽綽有人下河泅水。軍部大大小小的軍官，此時一定正有人打牌賭博，有人吸鴉片煙，也有人急急忙忙進出軍需處、參謀處、秘書處。忙的閑的，似乎都正在等候機會，一展胸中抱負。幾年來，自己不正和他們一樣，尋找人生的轉機？可是，這抱負是什麼？其實，講穿了，還不就是冀望沿軍中那幾十個階級，一級一級爬上去？眼下，這機運正來到自己身邊，前途大有希望。自己的才能正得到陳渠珍的賞識，幾年來經歷的種種磨難正培養著自己能吃苦的傻幹勁頭，只要忍耐下去，承認這個現實，並好好利用它，可以一步步作到科長、縣長、廳長。可是這支軍隊的所作所為，過去自己依習慣覺得合情合理，而現在，自己終於明白，這不過是一支半匪半軍的隊伍。一個軍部上下就有幾十條煙槍在那裏吞吐。陳渠珍的「安境息民」，也不過是要維持少數人在湘西十多個縣稱王稱霸。他們不以天下百姓為念，保守一隅，不思進取。卽或自己終於獲得了權力，到頭來也會被腐爛了靈魂！何況，還得甘心忍受自己上面幾十個不同等級「長」字號人物的壓迫。過去在軍階制度下所受一切委屈，在龍潭差點遭受的奇恥大辱，隨時都可能在身邊出現。到那時，自己怎麼辦？

沈從文心裏一陣煩躁。他用力一腳將面前一粒石子踢去，那小小石頭在空中划起一道弧線，然後沿河岸斜坡滾下去，終於滙入水邊礫石裏不見了。白河的流水正不休止地流向遠方，流向山外。它要流入沅水，滙入洞庭，再轉入長江，撲向大海。山外的山外另有一個同一日頭照耀的世界。那裏正有許多人燃燒起對新的社會的理想和冀望。一羣和自己上下年紀的人正通過那些新的書刊，檢討人生的價值，一場新的文學運動對新價值的確立所具有的長遠意義，把自己的生命粘附到「文學革命」的努力上。在遙遠的山那邊隱隱約約滾動着雷鳴，撲閃着眩目的閃電。好像有一個聲音在說：「沈從文，你得離開這裏，往山外走，到一個新的地方去，到北京去！」他怦然心動，幾乎被自己嚇住了。這是一種從好的選擇，沿著這條路走，可以獲得知識，用來疏解身邊這迷亂眼目的人生。可是，這是一條怎樣的路啊？前面沒有任何預約和期許，它通向的是一個自己毫無所知的世界，前途吉凶難卜。在目前的處境裏呆下去，風險要少得多，而且可以獲得權力。然而權力又有什麼用？沒有知識，缺少理性，只能用來濫殺無辜。在這世界上，誰也無權隨便殺人！而且，歷史上那些為官作宦有權力的人，雖然顯赫一時，終於一個兩個都消失了。「爾曹身與名俱滅，不廢江河萬古流」！——杜甫的詩句悄悄爬上了心頭。只有那些獻身於人類智慧創造的人，他們人雖死了，生命却永生不滅！知識和權力相比，自己願意獲得知識，放下權力。

望着幾片菜葉在水面上從容流去，沈從文心裏彷彿也從容了許多。他轉過身來，凝視着陸弢的墳墓，眼前浮起這位朋友那天從水裏撈出時渾身浮腫的樣子。這樣死去與死在外面有什麼不同？陸弢的淹斃，自己前不久差點病死，堂兄沈萬林、秘書官文頤真被人砍死，許多別的人被流彈打死，實在了無意思，毫無價值。自己有幸活下來，實在是一種偶然，一種奇跡。與那些死去的人相比，自己這條命算是白撿來的！與其在這半匪半軍隊伍裏糊糊塗塗混下去，還不如拿這條白撿來的命走出去賭一注看看！

……………

一連幾天，沈從文或是躺在床上，或是來到河邊，或在山頭，或在馬房，獨自一人秘密地想來想去，他終於得出一個結論，作出了自己的選擇：

「好壞我知道有一天死去，多見幾個新鮮日頭，多過幾個新鮮的橋，在一些危險中使盡一點氣力，咽下最後一口氣，比較在這兒病死或是無意中爲流彈打死似乎應當有意思些。」

到後來我便這樣決定了：「儘管向遠處走去，向一個生疏的世界走去，把自己生命押上去，賭一注看看，看看我自己來支配一下自己，比讓命運來處置我更合理一點呢？還是更糟糕一點？若好，一切有辦法，一切今天不能解決明天可望解決，那我贏了；若不好，向一個陌生地方跑去，我終於有一時節肚子癟癟的倒在人家空房下的陰溝邊，那我輸了。」⑪

這時，湘西各縣爲了實施「鄉自治」決議案，正在籌辦各種學校。爲造就師資，決定派送學生出省或去本省學習。凡學棉業、蠶桑、機械、師範及其它適應建設專業的學生，通過相應考試，都可由公家補助外出讀書。願進本省軍官學校的，凡在本地軍隊任職而又願意去的，可以臨時改授一個少尉銜送去。沈從文雖然已決定去北京讀書，可究竟學什麼？卻沒有明確具體目標。當他鼓起勇氣，囁嚅着向陳渠珍述說自己的打算時，還擔心陳渠珍不會答應。因爲他明白陳渠珍的爲人：自己雖然好讀書，卻從不鼓勵部下讀書，他害怕部下奪權，正援用孔夫子「民可使由之，不可使知之」的老例。可是這次，陳渠珍卻立即同意了。也許是這時他聽從了老師聶仁德的勸告，要想振興地方，必須選送人才外出求學。他答應讓沈從文領三個月的薪水，還鼓勵說：

「你到那兒去看看，能進什麼學校，一年兩年可以畢業，這裏給你寄錢來。情形不合，你想回來，這裏仍然有你吃飯的地方。」

於是，沈從文拿着陳渠珍寫的手諭，到軍需處領了二十七塊錢，獨自離開了保靖。

沈從文終於跨出了對於他一生具有決定性意義的一步。這一步跨出去，開始了他此後無法逆轉的生命歷程，同時意味着他即將擺脫生命的自在狀態，從一般的「鄉下人」中間脫蛻而出，滙

---

⑪〈從文自傳·一個轉機〉，《沈從文散文選》，人民文學出版社一九八二年版。

入「五四」開始的中國新文化、新文學的歷史洪流。

離開保靖，沈從文坐船沿沅水而下，到達沅陵，去探望此時住在沅陵的父母。大約在一九二一年，沈宗嗣已從東北返回湘西，在陳渠珍部作了一名上校軍醫官。先是隨那位張司令官駐龍潭，不久隨司令部遷返沅陵。沈從文的母親和九妹也趕到沅陵，與沈宗嗣同住。這位一心想當將軍的將軍後裔，終於只能在一個上校虛銜上走完自己生命的後一段路程。到他在鳳凰逝去，沈從文再沒能同他見面。這次沅陵相會，是沈從文與父親的最後一次見面。

在沅陵停留的幾天裏，沈宗嗣向沈從文敍述了關於那位可憐嫡親祖母的故事，關於她的苗人身份，關於她的最終被遠遠賣去，關於黃羅寨鄉下樹林裏的那座假墳……。

……彷彿十分遙遠了。那是黃羅寨鄉下。按規矩在大年三十這一天，各家都要給死去的親人上墳「點亮」⑫。……自己隨了姨婆到各處墳間亂轉。……一片密林，林子間一處隆起的墳墓，幾莖枯黃的茅草在墳頭搖動。墳上一塊墓碑，上面依稀可辨幾行字跡。

姨婆說：「岳煥，這是你婆，快磕頭！」

按習慣，凡本家祖父輩都稱「公」，祖母輩皆稱「婆」的，那時自然還不曾起過懷疑。現在終於明白，原來那就是自己嫡親祖母。嫡親祖母是被遠遠賣去的，那座墳原來是座假墳！

---

⑫ 臘月三十，在死去的親人墳前點燃香燭，焚燒紙錢，在湘西被稱作「點亮」。

父親的話，就像河中長潭裏的流水，靜靜地在空中緩緩滑過。沈從文彷彿在聽一個十分切近而又十分遙遠的故事。沒有悲哀，也沒有憤怒。只是鳳凰城周圍山頭上的殘碉，長寧哨古堡黃昏時嗚咽的號角，因「苗人造反」遭到屠殺的成千累萬的無辜，古史上屢遭征伐的南方「蠻族」，白河邊矗立的立約銅柱，爲征討湘西「蠻族」困死的漢伏波將軍馬援……，此時卻連成一氣，再也無法從沈從文的心頭挪移開去。

六十多年以後，我在北京沈從文寓所，向他問起父子倆當時講述這件往事時各自的心境，意在從中獲得類乎「痛說家史」一類的戲劇情節，用於這本傳記的寫作。可是沈從文的回答大出我的意料之外。他說：

「講的人十分平靜，聽的人也十分平靜，彷彿在聽一個極平常的故事。因爲在我們那個地方，這類隨便買賣苗人的事情實在太多了。」

幾天後，沈從文辭別父母，背起一個小小包袱，從常德乘船，越過八百里洞庭湖，經武漢，到達鄭州。因黃河漲水受阻，遂轉徐州，經天津，在離開保靖十九天後，到達北京。

走下火車，站在前門廣場上，沈從文舉目四望，只見川流不息的人羣，巍然高聳的前門城樓。

——「北京好大！」

他知道，自己「開始進到一個使我永遠無從畢業的學校，來學那課永遠學不盡的人生了。」⑬

⑬〈從文自傳·一個轉機〉，《沈從文散文選》，人民文學出版社一九八二年版。

第五章　卑微者之歌

一、學路茫茫

一個「鄉下人」，從偏處一隅的蠻荒之地，突然置身於這百萬人口的大都市，精神難免不失去平衡。沈從文站在北京前門廣場上，傻頭傻腦地東張西望，眼前的一切都使他感到新奇。同時，又有點手足失措，心裏空落落的。他知道眼下第一步，是尋一個住處將自己安置下來，卻計畫不出在這片新的土地上，如何跨出這第一步。他需要有一個熟悉的人，或熟悉的事，即便是一種熟悉一點的方式也好，來供他攀援。然而，眼前一樣也沒有。

正當沈從文感到困惑爲難的時候，一輛排子車停到了他的前面。

「先生，您想去哪兒？要不要車？我可以拉您到您想去的地方。」高個兒拉車的十分客氣地問沈從文。

在北京，這排子車不是供人坐乘，而是專門用來拉豬的。拉車的大約一眼看穿了眼前這個年輕人是個可以騙騙的鄉巴佬。而沈從文這個初來乍到的「鄉下人」，還來不及入境問俗，此時又正需要有人來幫助解決眼前的難題，見拉車的主動問起，便急忙說：

「有沒有房錢便宜一點的小客店？」

「有，有。咱們這就去西河沿，只兩塊多車錢。先生您上車。」

於是，沈從文將身體和隨身攜帶的小小包袱擱上車去，在一種旁人看來極可笑的情形中，聽憑車夫將自己拉到西河沿，在一家小客店裏住了下來。

那時，沈從文的大姐沈岳鑫和姐夫田眞一正在北京。幾天後，沈從文打聽到他們的住處後，就立即找上門去。

聽到敲門聲，田眞一出來開門。一見是沈從文，他便吃了一驚。等沈從文一進門，他便關心地問：

「你怎麼到這裏來了？你來北京，作什麼的？」

「我來尋找理想，想讀點書。」

見沈從文一副天眞浪漫神氣，田眞一苦笑起來，「嗐，讀書。你有什麼理想？怎麼讀書？你可知道，北京城目下就有一萬大學生，畢業後無事可作，愁眉苦臉不知何以爲計。大學教授薪水十折一，只三十六塊錢一月，還是打拱作揖聯合罷教軟硬並用得來的。大小書呆子不是讀死書就是讀書死，哪有你在鄉下作老總有出息！」

「可是我怎麼作下去？六年中我眼看在腳邊殺了上萬無辜平民，除了對被殺的和殺人的留下個愚蠢殘忍印象，什麼都學不到！做官的有不少聰明人，人越聰明也就越縱容愚蠢氣質抬頭，而自己儼然高高在上。被殺的臨死時的沉默，恰像是一種抗議：『你殺我肉體，我腐爛你的靈魂！』靈魂是個看不見的東西，可是它存在，它將從另外許多方面能證明存在。這種腐爛是有傳染性的，於是大小軍官就相互傳染下去，越來越墮落，越變越壞。你可想得到，一個機關三百職員有一百五十支煙槍，是個什麼光景？我實在呆不下去了，才跑出來！……我想讀點書，半工半讀，讀好書救救國家。這個國家這麼下去實在要不得！」

聽了沈從文一番話，田眞一心裏一動，不覺重新打量起沈從文來。幾年不見，他隱隱感到沈從文身上起了重大變化。——他不再是那個淘氣逃學的小頑童，不再是在芷江幹出丟掉一千塊錢一類荒唐事的「敗家子」了。不曾料到的，是這個偏處一隅的行伍裏的小兵，竟成了新思潮的俘虜，這簡直是個奇蹟！在他身上理想燃燒透出的熱力，和爲着這份理想獨自跑到北京來的勇氣，不能不令人驚訝。——他開始理解沈從文的心思了。

沉默了一會，田眞一微笑着，極誠懇地對沈從文說：

「好，好，你來得好。人家帶了弓箭藥弩入山中獵取虎豹，你倒赤手空拳帶着一腦子不切實際的幻想入北京城作這份買賣。你這個古怪的鄉下人，膽氣眞好！憑你這點膽氣，就有資格來北京城住下，學習一切，經驗一切了。可是我得告訴你，既爲信仰而來，千萬不要把信仰失去！因爲除了它，你什麼也沒有！」

不久，大姐和姐夫離開了北京，轉回湘西去了。留給沈從文的，除了第一次見面的這番囑咐，只有兩條棉被。

這時，沈從文已經從西河沿的小客店搬到酉西會館住下了。

酉西會館位於前門外楊梅竹斜街，是由清代上湘西人出錢修建，專爲湘西讀書人入京應試考進士舉人或候補知縣落腳準備的。在會館附近還置辦了一些不動產業，其收取的租金作爲會館的修繕費用。會館有大小二十個房間，除湘西十三縣在北京任職的低級公務員在這裏長住外，平時有一半房間空着，讓初來北京考學校的湘西同鄉居住。會館的管事姓金，是沈從文的一位遠房表哥。因此，沈從文跑去一說，便立刻應允，住這裏的好處是可以不出租金。

沈從文來北京的本意是求學，想找機會進一所大學讀書。然而，讀大學必須通過入學考試，這對只有高小畢業程度的沈從文，無疑是一道難以逾越的難關。也有勿需經過考試就可入學的。當時被認爲最有前途的清華大學，入學讀兩年「留學預備班」，就能依例去歐美留學。但沈從文不久就聽人說，進清華全靠走門子。有熟人，憑一紙介紹信，即可註册入學；沒有關係的，學業再好也難如願。

沈從文便不再作正式升學打算，他只好獨自在酉西會館裏，開始來北京後第一階段的自學。每天早上吃三兩個饅頭、一點泡鹹菜，就出酉西會館，進宣武門，一頭紮進京師圖書館，直到閉館時才返回住處。有時來得早了些，圖書館還沒開門，他就在外面候着，門一開就擁進去。到了冬天，北京氣溫降到零下十幾度，最低到零下二十幾度，沈從文仍然穿着薄薄單衣。所幸圖書館裏有火烤，有水喝，使他得以堅持下去。在這裏，沈從文讀了許多雜書，如《筆記大觀》、《小說大觀》、《玉梨魂》等等。逢圖書館不開門的日子，他便呆在會館裏。冬天屋裏沒有火爐，他就鑽進被窩，看隨身帶來的那本《史記》。他一面閱讀能夠到手的用各種不同文體寫成的新舊文學作品，又一面充滿熱情和耐心，閱讀用社會人事組成的那本內容無比充實豐富的「大書」。一段時間耳濡目染的結果，沈從文對北京的社會情形有了一個總體印象。

從酉西會館向西走十五分鐘，就到了聞名於世的琉璃廠——這是中國古代文化的一個窗口。兩條十字街上，排列着幾十家大小古董店，小胡同裏不標店名出售古董的更多。所有鋪子分門別類，給人以包羅萬象的印象，不上價的唐、宋、元、明歷代破舊瓷器，宋元明清「黑片」畫軸，使沈從文心醉神迷。由於一身寒傖，他不敢走進任何一個店鋪，便常常在各家店鋪門口徘徊，看他能看到的各種古董；向東走二十分鐘，就是北京著名的繁華鬧市之一的前門大街。那裏依舊保留着明清兩朝的規模，各種鋪子門前櫃臺斑駁陸離，各具特徵。臨街擺有各種飲食攤子，金、石、竹、木各種響器一齊鳴奏，與招攬生意的叫賣聲滙成一種稀奇的大合唱；從會館到前門大街有三條不同道路，即廊房頭條、二條、三條。廊房頭條，有許多店鋪出售珠寶冠服，過去一時專爲明清兩朝中上層階級服務。店鋪門面上陳列有展開徑長三尺、彩繪各種人物故事圖畫的大扇面，店內羅列着萬千團扇、紈扇、折了扇；二條則出售珠玉、象牙、犀牛角首飾佩件，還到處可見小小玉器作坊，一些滿頭白髮老工匠，正使用簡陋圓輪車床加工各種玉器；過前門大街入東騾馬市大街，又別是一番景象。「共和」已經十餘年了，許多店鋪前，還高高懸掛着發黑少光的舊金字招牌，上書「××鏢局」字樣，令人發古道俠客之想。每當看到這些鏢局，觸景生情，沈從文總要想起幾年前哥哥萬里尋父到赤峰，就是在這種鏢局裏，花錢取得一紙憑證，而後坐騾車從古北口出關的往事。眼前，就有兩峰駱駝一棚轎，參差上路遠行；再向南就是天橋，是沈從文去得最多的地方。這裏更令人眼花繚亂，到處都是賣舊貨的地攤。這裏是舊官紗和過時緞匹，正用比洋布稍貴的價格叫賣；那裏是成堆的舊皮貨，中間夾有外來洋貨，如羽紗、倭絨、嗶嘰、咔嘰、過時的衣裙。一件狐皮袍子，幾塊錢就可以成交。過去爲清朝大官用的白色芝麻點的雕翎扇，原先要二百兩官銀，時下三、五元就可以買一把。過去賣八百兩銀子的翎管，現在四塊錢就可到手。過去用於官場執事的號、鼓，凡屬晚清遺物，都賣得爛賤。若是早市、夜市，還聽憑買主用手去摸，摸到什麼是什麼，常常幾塊錢就可買到極講究值錢的東西。

沈從文感到自己正置身於一個巨大的歷史瓦礫堆裏，依稀聽到了封建王朝分崩離析的聲響。處處都在說明延長三百年的清王朝的覆滅，雖只有十多年，粘附這個王朝而產生的一切，全部已報廢，失去了意義。

……北京在變化中，正把附屬於近八百年建都積果的一切，在加速處理過程中❶。

---

❶ 〈二十年代的中國新文學〉，《沈從文文集》第十卷，花城出版社、三聯書店香港分店一九八四年版。

舊的已成廢品。然而，新的又在哪裏？

歷屆軍閥政府，在自己到北京後的三五年間，憑借手中武力，一個接一個粉墨登場，黎元洪任大總統時，雙十節在新華門前張燈結彩，讓市民入總統府觀光。這「第一公僕」有時還走出門外，假惺惺地和觀光者點頭、談話，表示民主國家元首風度。曹錕、吳佩孚出門，則淨街斷絕行人，車過處必拋洒黃土。張作霖外出時，士兵用槍對着沿街人家窗口，作預備放姿勢……。各種把戲玩過，終不免倒臺，失敗後帶，羣姨太太，保鏢，馬弁往租界一躲，萬事大吉。支撐這些「大帥」統治、代表「民意」的是國會八百議員。這些人在社會上被譏諷為「猪仔」，他們倒自認為「羅漢」，各以不同軍閥派系作靠山。議會開會時，常常大打出手，將墨盒作法寶，相互飛來擲去。扭打成傷後，先上醫院再上法院。大軍閥與外面小軍閥乃至土匪搭伙，膨脹勢力；執政武夫與國會文人打親家，穩定與擴大局面。高級官員追求的，只是逛窰子、上館子、聽樂子、討幾個女戲子、找一個好厨子，來它個「五子登科」。統治者從上到下只知有己，對人民作威作福。北京市面的繁榮全靠大帥、少帥、八百國會議員支撐。前門大柵欄幾個最大鋪子，經常出入的只有三種顧客：大官和姨太太、辦軍需的、妓女。北京各大飯莊和八大胡同妓院，生意興隆，無數官僚、議員、闊老在那裏應酬，揮金如土。可是，政府許多機關職員，卻積年不發薪水，全靠典押公產應付；各大學多年無人過問，聽其自生自滅。於是，管市政的賣城牆，管廟壇的賣柏樹，管宮殿的因偷竊過多，擔心難於搪塞，索性一把火將大殿燒掉，來它個死無對證。教育部長將京師圖書館善本書抵押給銀行，用來給部員發薪水。住西苑的大兵，也上行下效，撬起圓明園附近路面大麻石，賣給周圍學校、人家造牆起房子。然而，北京各公衆場所，就連極不起眼的小飯館裏，都寫上了「莫談國事」四個大字；辛亥革命過去十多年了，街上許多行人的頭上，仍舊高高地盤着辮子……這一切，似乎都安排錯了，等待人從頭作起，這個社會必須重造，凡事需重新安排！

沈從文牢記着在保靖時從新報刊上獲得的「文學革命」的印象。他認定，要重造社會，必須先從「文學革命」入手，通過文學作品，在國民中注入新的理想和熱情。可是，眼下自己連標點符號還不會使用！一切得從頭學起，在忍苦耐勞中慢慢求得進展。他堅信注重目前努力對自己、對國家將來的意義。

然而，這種獨居會館，去圖書館自行摸索的自學方式，給沈從文帶來了難以忍受的孤獨和寂寞。他需要有人來聽他傾訴自己的人生經驗，也渴望從別人身上獲得一些啓發。在酉西會館住了半年後，他的一位就讀於北京農業大學的表弟黃村生來看他，擔心他獨住會館，時間長了，於學習、身心兩不利，繼續下去不是辦法。於是特意替他在沙灘附近的銀閘胡同一個公寓裏，找了一個房間，並介紹了一些朋友。

新的住處是由原先一個貯煤間略加改造而成的。房間很小，僅可安膝容身，地面潮濕，臨時在牆上開了一個窗口，窗口上縱橫釘上四根細木條，用高麗紙糊好。房內擱上一張小小寫字桌，裝一扇舊門。沈從文坦然泰然地搬來住下了，還特地爲這個房間取了一個名字，叫做「窄而霉小齋」。

這次搬遷對沈從文的學習具有重要意義。他居住的銀閘胡同公寓，是以北京大學紅樓爲中心，附近幾十個大小公寓之一。在這些公寓裏，住滿了全國各地來北京求學的年輕人。這時，正值蔡元培擔任北京大學的校長。由於他的遠見卓識，北京大學向一切人開放。雖然，北京其他大學也有旁聽生，卻都有一定名額限制，唯獨北京大學對不註冊的旁聽生，毫無限制。因此，北京大學的旁聽生比正式註册的學生多幾倍。他們之中，有等下年再考的，有本科畢業準備再換系學習的，有等相熟同學畢業一道去就業的。雖然，這些人龍蛇不一，成分複雜，一些官僚、軍閥、地主、買辦子弟，打扮得油頭粉臉，一如文明戲中拆白黨小生，讀書成績極劣，打麻將、逛戲院、泡土娼，卻事事高明在行。沈從文的湘西同鄉中，就有讀書數年，回去後只會唱〈定軍山〉的；也有刻意仿效西洋人作派的，西裝筆挺，雙手揷在胸前，仿拜倫、雪萊樣子，作多愁善感、憂國憂民狀，其實腹中空空。有一個南方人張儀端，風度翩翩，隨時夾幾本燙金外文書，其實並不看。跟一個瞎子學彈三弦，學了三年，還沒學會定位。瞎子氣極，將三弦摔在地上說：「我教了二十多年，還沒見過你這麼笨的學生！」也有急功近利，寄望過高，最終不免失望，住不多久便折身回家的。但是，另一方面，「五四」開始的新文化運動在青年學生中已發生明顯作用，擴大了他們對社會重造的幻想和信心。在他們中間，正聚集起一支新的生力。英文系的陳煒謨、德文系的馮至，哲學系的楊晦，都是學生中著名的高材生。沈從文先後結識的朋友，除陳煒謨，還有劉夢葦、黎錦明、王三辛、趙其文、陳翔鶴等人。因緣時會，沈從文也成了北京大學不註册的旁聽生。他領過國文講義，聽過日語課，也間或去聽歷史和哲學。此外，蔡元培始終堅持學術自由原則，取兼容並包主義，選聘教師不拘一格，只以能力學識爲標準。梁漱溟當年參加入學考試，未被錄取，不久卻被聘爲哲學教授；陳獨秀、胡適、李大釗、劉師培可以同時在北大任教，連著名保皇黨人辜鴻銘也被邀請講學。蔡元培倡導的「門戶開放」和「學術自由」，醞釀成一種巨大社會動力，對中國社會後來的發展產生了極爲廣泛而深刻的影響。它對於中國現代文化學術史的意義，決不亞於黃埔軍官學校之於中國現代軍事史、戰爭史。

沈從文後來這樣回憶辜鴻銘來北京大學講學時的情景：

辜先生穿了件細色小袖綢袍，戴了頂青緞子加珊瑚頂瓜皮小帽，繫了根藍色腰帶。最引人注意的是背後拖了一根細小焦黃辮子。老先生一上堂，滿座學生即哄堂大笑。辜先生卻從容不迫地說，你們不要笑我這條小小尾巴，我留下這並不重要，剪下它極容易。至於你們精神上那根辮子，據我看，想去掉可很不容易！因此只有少數人繼續發笑，多數可就沉默了。這句話給我留下十分深刻的印象。這句話對當時在場的人，可能不多久就當成一句「趣話」而忘了。我卻引起一種警惕，得到一種啓發，並產生一種信心，即獨立思考，對於工作的長遠意義❷。

儘管有了聽課自由和權利，沈從文仍想成爲正式學生，獲得一張大學畢業文憑。這一年的秋天，他曾參加過燕京大學二年制國文班的入學考試。可是，考試時卻一問三不知，得了個零分，連預先所繳的兩塊錢報名費也被退回。從這時起，沈從文對正式入學死了心。於是，他一面時斷時續地在北大聽課，一面在公寓那間「窄而霉小齋」裏，開始無日無夜地伏案寫作。文章寫成後，就壯起膽子分別向北京各雜誌和報紙文學副刊寄去。然而，這些文章卻如同石沉大海，毫無回音。後來他聽說，當時《晨報副鐫》的編輯在一次聚會上，將他投寄該刊的十數篇文章連成一個長條，攤開後當衆奚落說：「這是某大作家的作品！」隨後把文章揉成一團，向字紙簍裏扔去。雖然文章無發表機會，沈從文卻沒有氣餒。這個「鄉下人」，雖溫良柔弱在外，卻頑強倔強於內。他確信別人能辦到的，沒有理由認爲自己就辦不到！他明白自己在通向文學之園的路上，根底極差；又毫無派系可供自己攀援，應分比別人要多受些磨難。今天沒有希望，只要明天還可望辦到，自己就沒有中途罷手的理由。

> 我依了《新青年》、《新潮》、《改造》等刊物提出的文學運動社會運動原則意見，引用了些使我發迷的美麗詞令，以爲社會必須重造，這工作由文學重新開始。文學革命後，就

---

❷〈二十年代的中國新文學〉，《沈從文文集》第十卷，花城出版社、三聯書店香港分店一九八四年版。

可以用它燃燒這個民族被權勢萎縮了的情感，和財富壓瘦扭曲了的理性。兩者必須解放，新文學應負責任極多。我還相信人類熱忱和正義終必擡頭，愛能重新粘合人的關係，這一點明天的新文學也必須勇敢擔當。我要從外面給社會的影響，或從內裏本身的學習進步，證實生命的意義和生命的可能❸。

二、窘困與「獨立」

一九二三年十二月，魯迅在北京女子高等師範學校的文藝會講裏，發表了題爲〈娜拉走後怎樣〉的講演。在這次著名演講裏，他說：「自由固不是錢所能買到的，但能夠爲錢而賣掉。」❹

魯迅所說的危機，其時正降臨到沈從文身上。

在沈從文尋求知識、實現理想的路上，遠不只是「入學無門、旁聽有份」那樣簡單輕鬆，他付出的是比這沉重得多的代價。他是爲着生命的獨立，爭取自己支配自己的權利而來北京的。可是，他的雙腳一跨入北京，就立即面臨經濟來源斷絕的巨大威脅。還在他來北京的路上，車過武漢時，從保靖軍需處支取的二十七塊錢就已花光。虧得在車上遇見一位陸軍部的小科長，攀談中

❸ 〈從現實學習〉，《沈從文文集》第十卷，花城出版社、三聯書店香港分店一九八四年版。

❹ 《魯迅全集》第一卷，人民文學出版社一九八一年版。

對方得知沈從文原為行伍中人，剛剛脫出軍籍。大約是出於同類相憐，借給他十塊錢作路費（當然是不作沈從文歸還打算的）。當他和姐夫田眞一第一次見面後，摸摸身邊，只剩下七塊六毛錢。他竟大着膽子在北京住下來了。也許，最初他還寄望於陳渠珍提供資助，這希望到後卻成了泡影。或者陳渠珍原先的承諾不過口頭說說而已，或者是沈從文離開保靖後不久，陳渠珍自己就陷入了政治、財政方面的困境。其時，沈從文的大舅正在北京香山，幫助熊希齡籌劃香山慈幼院的建設，但也沒有能力給沈從文提供長期援助。最初兩年半，沈從文就是在這種經濟來源完全斷絕、無望無助情形中度過的。冬天零下十多度的嚴寒，無論是在酉西會館，還是在銀閘胡同公寓，住處都沒有火爐。一身單衣、兩條棉被，就是沈從文的全部過冬之物。吃飯更成問題，常常在有一頓無一頓情形中，支持着最初階段的學習。

從今天看來，這簡直是一個令人無法想像的奇蹟！在這種情形下，堅持十天半月雖然也不容易，尚不難想像。可是，這種日子前後竟持續了兩年半！他是怎樣堅持下來的？這個問題一直困惑着我。一九八四年，當我在北京向沈從文問及這段往事時，就立即提出了疑問。他回答說：

「第一是靠朋友的幫助。當時住北大附近公寓的相熟同學間，幾乎過着一種原始共產主義生活，相互接濟是常事。陳煒謨、趙其文、陳翔鶴對我很關心，我常和他們一起在沙灘附近小飯館裏同座共食；燕京大學也有熟人。董景天（即董秋斯）是我在那裏最先認識的朋友。他是姐夫田眞一中學時的同學，後來成為共產黨員，後來當過周恩來總理的外交秘書。由於他的介紹，我先後認識了張采眞、司徒喬、劉庭蔚、顧千里、韋叢蕪、于成澤、焦菊隱、劉潛初、樊海珊等人。當時，董景天是燕京大學學生會主席，按慣例兼任校長室秘書。我去燕大時，晚上就睡在他獨住的小樓地板上。他曾當掉自己的西裝，特地爲我買了一雙新鞋；在北京農業大學，因表弟黃村生關係，認識了三十來個湖南同鄉。表弟住處，兩個房間共十六個床位，只住八人，他們聯合自辦伙食。每人每月可得二十五元公費，農場自己栽種的蔬菜瓜果，收獲時每人可分到一份。那裏的大白菜種得極好，每人每年可得二百斤。到手後，齊埋在宿舍前沙地裏。千八百斤卷心菜，可供幾個人三四個月消費。農場裏的雞蛋，凡屬園藝系的學生，每月按人分配一定數額，可以市場一半價格購買。每到無可奈何的時候，我便成了他們的「不速之客」，在那裏留宿三五天是常事。……八個朋友畢業後返鄉，北伐高潮期間，其中六人作了縣農會主席。隨後「馬日事變」一來，在國民黨「清黨」時一同犧牲了。燕京大學的朋友，除董景天，後來也陸續死於中國社會的各樣變故裏。

「第二是靠當時的環境，照清廷規矩，舉子入京會試，沒有錢，可以賒帳。到民國初年，雖然科學制度已經廢除，其遺風猶存。凡住北大附近公寓的窮學生，在公寓和小飯館吃飯，照例可以欠帳。漢園公寓附近，有一個賣煤油的老人，爲人善良，極富同情心。我們不僅可以向他賒煤油，還時常跑去對他說：「我們是學生，沒有錢，能不能借給我們一點？」老人手頭方便時，也總借我們一塊兩塊。……到三十年代，我從上海返回北京，到沙灘上走走時，還看見我們當時常去的那個小飯館的欠帳牌上，寫着『沈從文欠××元』。」

我問他：「那您有沒有去歸還欠帳？」

他有點不好意思地笑着說：「當然沒還。」

「也許我生活裏遇到的好人太多。在我走投無路時，總是得人相助。北河沿一個公寓，一九二四年我在那裏住了三個月。公寓的主人十分喜愛文學，知道不少文學知識，對弄文學的朋友有着十分古怪的同情。與他熟悉後，便拉你到他房間裏去，看牆上掛着的許多著名中外文學家的照片或畫像，如拜倫、高爾基、陶淵明、李長吉……，還能一一說出這些作家的根底，他總是想方設法和住在公寓弄文學的人接近。如果某報副刊上，登上某位房客的一首詩或一篇小說，他一發現，就趕緊拿了這份報紙，向公寓裏各位生熟房客報告。

「『先生，你瞧，這是咱們院子裏某號某先生作的。這是一首詩，寫北河沿兒大樹、白狗，寫公寓中抽苗的茭菰、天空中帶哨的白鴿、厨房中大師傅油膩膩的肥壯，七個韻腳，多美的詩！』」

「他從這種行爲中得到快樂，似乎比一時得到房客一個月的租金還要多。每到某位房客應交房租飯錢時，他就走到那人房間去。雖不說話，對方已經明白他的來意。只要你同他說起古今中外文學家遭受厄運，而後又在危難中如何遇到一位賢主人的軼事，他就會從古來世界上的事情，聯想到眼前的事，總不免嘆一口氣，不僅不再啓齒要錢，反倒在吃晚飯時，特意將菜開得豐富一些，盡你把帳欠下去。他開公寓的本意，是要賺一點錢的。可是如此一來，到後終於折本倒閉了。」

原先無法想像的奇蹟成爲似乎可以理解的現實了。然而，所有的日子並非全像上面所述那樣充滿中世紀的浪漫。沈從文仍然經常處於沒有飯吃的境地。餓急了，他就紮緊褲腰帶，到現在的兒童劇院對面——當時那裏紮着布棚子，有各種吃食出售——看別人吃飯；或者帶着極羨慕的眼光，看着一些北大教員乘坐私人黃包車從學校出來，而後漸漸遠去。……他也曾想到過半工半讀，跑到各個小工場去打聽，或是寫信寄到各處去詢問，措辭極其謙卑，條件也極爲低廉，結果卻總是失望。

深秋的北京，起了大風，塵沙遮天蔽日，昏黃的陽光在空中淒慘慘地閃爍，沈從文獨自彳亍街頭，又是一天沒有吃東西了。他漫無目的地沿街走着，冀望能遇上一個熟人，或是碰上一個意外機會，得到一頓飯吃。他穿過前門，走過東騾馬市大街，來到天橋附近。然而，幸運之神這次特別吝嗇，沈從文所冀望的全沒有出現。這時，一支奇怪的隊伍正從他身邊走過。最前面的是一個軍人模樣的人物，手裏搖搖晃晃舉着一面小白旗，身後跟着七八個面黃肌瘦、衣裳襤褸的同胞。

沈從文緊走幾步，傍近那個舉白旗的人，問：「你們是幹什麼的？」

拿旗的人打量了一下沈從文，無所謂地笑笑，回答說：「跟我們走，有飯吃。」

沈從文心裏一動，也許可以試一試運氣，臨時混一頓飯吃，便跟到隊伍後面。隊伍在天橋雜要棚附近轉了幾圈，便在一處停了下來。然後依次到一張桌子前畫押按手印。快輪到沈從文時，他瞧見了放在桌子上供人畫押的表格，一下子明白了就裏，趕緊悄悄地離開了隊伍，帶着失望轉回他的「窄而霉小齋」。

一個月後，沈從文又出現在大橋附近，情形一如前次。同樣的一支隊伍又從沈從文身邊走過。沈從文已經明白，那個舉白旗的人物，是直系或奉系軍隊的招兵委員，跟在他身後的同胞正預備去賣身當兵。他當然清楚，自己正是爲了尋求知識和理想，才脫離軍籍的。現在怎能走回頭路？可是，饑餓的壓迫這時正產生了一股力量，推着他不由自主地又一次跟在隊伍的後面。他暈暈糊糊地走着，心裏起着悲憤，同時纏夾着理不清的混亂。……又快輪到他塡志願書、按手印領飯費了，沈從文心裏突然起了一個回音：「既然爲信仰而來，千萬別要把信仰失去！」他吃了一驚，將一雙餓得昏花矇矓的眼睛，看定遠處，鎭一鎭神，終於從混亂無主的情感裏逃了出來，又一次轉身離去。

一九二四年冬，沈從文於百般無奈中，懷着一絲希望，寫信向幾位知名作家傾訴自己的處境。這時，郁達夫正受聘在北京大學擔任統計學講師，沈從文也想到了他。十一月十三日，在接到沈從文的來信後，郁達夫到公寓裏來看望沈從文了。這一天，外面正紛紛揚揚下着大雪。郁達夫推開那間「窄而霉小齋」的房門，屋內沒有火爐。沈從文身穿兩件夾衣，用棉被裹着兩腿，坐在桌前，正用凍得紅腫的手提筆寫作。聽見門響，沈從文回過頭來。一位年約三十的年輕人，身體瘦削，面龐淸癯，下巴略尖，正瞇縫着雙眼站在門邊。

「找誰？」

「請問，沈從文先生住在哪兒？」

「我就是。」

「哎呀，你就是沈從文……你原來這樣小。我是郁達夫，我看過你的文章。……好好寫下去。」

……默默地聽着沈從文傾訴自己來北京的打算和目前的處境，郁達夫感到脊樑一陣陣發冷。公寓大廚房裏，正傳來炒菜打鍋邊的聲音。

「你吃包飯？」郁達夫問。

「不。」

瞧瞧沈從文的神色，郁達夫一切都明白了。他站起身來，將脖子上一條淡灰色羊毛圍巾摘下，撣去上面的雪花，披到沈從文身上。然後邀沈從文一道出去，在附近一家小飯館吃了一頓飯。結帳時，共花去一元七毛多錢。郁達夫拿出五塊錢會了帳，將找回的三塊多錢全給了沈從文。一回到住處，沈從文禁不住伏在桌上哭了起來。

半個世紀以後，郁達夫的侄女郁風拜訪沈從文時，兩人談及了這件往事。

沈先生對我說這話時已是七十多歲的老人了，但他笑得那麼天眞，那麼激動，他說那情景

一輩子也不會忘記：「後來他拿出五塊錢，同我出去吃了飯，找同來的錢都留給我了。那時的五塊錢啊！」❺

當時，郁達夫在大學任教，經濟上也極窘澀。月薪名義上是一百一十七元，實際上只能拿到三十多元，也正處於「袋中無錢，心頭多恨」時期。大冬天身上穿一件用了多年的舊棉袍，不得不變着法子應付目前。沈從文的遭遇引發着他對社會黑暗的強烈不滿。從沈從文住處回去的當天晚上，他便揮筆寫下了那篇題爲〈給一位文學青年的公開狀〉的著名文章。在文章裏，他稱讚了沈從文「堅忍不拔的雄心」，也詫異於沈從文的「簡單愚直」。末了，還給沈從文獻了擺脫目前困境的上中下三策。上策是到外面找事作；或者去革命，去製造炸彈。中策是想法弄幾個旅費，返回湖南故土。下策又有兩種辦法，一是應募當兵；二是做賊去偷。最好先從熟人偷起，如沈從文有錢親戚老H家（H即熊希齡）。如懾於H慈和笑裏的尖刀，就先到自己這兒來試「破題兒」❻。——這當然是郁達夫一時的憤慨之辭。他當時還並不深知沈從文，只看到沈從文生活上的困頓，卻不明白沈從文是在什麼情形下走出湘西，又是爲着什麼而自甘如此忍苦。

郁達夫探望沈從文三個月後，沈從文以休芸芸爲筆名，在《晨報副刊》上發表了散文〈遙夜

❺ 郁風：〈三叔達夫〉，載《新文學史料》一九七九年第五輯。

❻ 參見〈給一位文學青年的公開狀〉，《郁達夫文集》第三卷，花城出版社、三聯書店香港分店一九八二年版。

——五〉。文章敍述沈從文乘坐公共汽車的一段經歷，在將自己與有錢人的對比中，傾訴自己窘迫處境和內心感受到的人生痛苦和孤獨。

這篇文章被北京大學教授林宰平看到了。有感於青年學生的艱難掙扎，這位生活素樸、自律甚嚴、富有同情心的學者，寫了一篇署名唯剛的文章。在引用沈從文〈遙夜——五〉的一段文字後，文章說：

上面所抄的這一段文章，我是做不出來的，是我不認識的一個天才青年休芸芸君在〈遙夜——五〉中的一節。芸芸君聽說是個學生，這種學生生活，經他很曲折的深刻的傳寫出來——〈遙夜〉全文俱佳——實在能夠感動人。然而凄清、無聊、失望、煩惱，這是人類什麼生活呢❼？

隨後，林宰平托人找到沈從文，邀他到自己家去談天。這陌路相逢的一老一少，談了整整一個下午。從沈從文的談話中，林宰平明白了眼前這個年輕人，並非大學生，而是一個入學無門、在逆境裏自學的文學青年。沈從文不平常的經歷，心中的打算和目前的處境，使他深深地感動了。末了，他語重心長地對沈從文說：

「要找事作，可以替你想想辦法。一個人僅僅活下來，容易；可是活下來，抱着自己的理想

---

❼ 唯剛：〈大學與學生〉，載於一九二五年五月四日《晨報副刊》。

不放，堅持下去，卻很難。」

一九二五年五月，得林宰平和梁任公的介紹，沈從文終於得到了一份工作——去香山慈幼院圖書館做了一名辦事員，月薪二十元。在這期間，沈從文曾去北京大學專門學過一陣子圖書管理。這時，熊希齡正在北京主辦慈善事業，香山慈幼院即由他開靜宜園所建，收容因水災無家可歸的兒童，並被推爲理事長。令人奇怪的是，沈從文在那樣艱難的處境中，爲什麼不曾得到與自己有親戚關係的熊希齡的幫助？去香山任職反而要通過林宰平和梁任公的介紹，對此，沈從文一直不願直敍其詳。也許，他曾經找過熊希齡，而熊希齡不願背上這個「包袱」。郁達夫文章中所說熊希齡「慈和笑裏的尖刀」，曾傷透了沈從文的心；也許，沈從文有着自己的打算。在沈從文終於上山以後，熊希齡曾不止一次將沈從文叫去，兩人議論國家大事直到夜深，但兩人最終有了隔膜。

事情起因於沈從文發表的兩篇有關香山慈幼院的小說——〈第二個狒狒〉和〈棉鞋〉。香山慈幼院這時由一個新化縣人當教務長，此人是肖小勢利之徒。對上極盡巴結之能事，對下則頤指氣使、作威作福。因不滿於他的爲人，沈從文在〈第二個狒狒〉裏，專爲他畫像，並連帶譏諷了慈幼院十八般武器俱全的「武庫客」。文章還敍及自己和這個「第二狒狒」一道在香山看戲，走進劇場大門，見前面第五排正中一個座位空着，就走去坐下了。而第二個狒狒卻只在後面靠左揀了一個座位——他不敢趨前，因爲他知道前面座位是留給「老爺」坐的。到了晚上九點鐘，「老爺」果然引了兩個「小玩物」到前排來了，前排的空座上卽刻就塡上了兩個奇麗肉體❽。

這文章在《晨報副刊》上發表後，立卽得罪了那位教務長。一九二五年八月的一天，沈從文由於身上衣物無法換季，趿拖着表弟黃村生早兩年給他買的一雙舊棉鞋，正低頭走出香山圖書館，突然一根木棍敲打在他的腳上。沈從文抬頭一看，見那位教務長戴一副墨鏡，臉上悻悻然，用手杖指着自己的鞋子說：

「哼，原來是沈從文。你這鞋子——」

「鞋底爛了，沒有錢買新的，所以——」

手杖第二次敲到沈從文的腳面上：「你看，你看，這成什麼樣子？」

沈從文的自尊心受到極大傷害。他聯想起古時韓信所受胯下之辱故事，心裏充滿屈辱。但他終於忍下心頭的氣憤，一聲不響地走開了。事後，他立卽寫了〈棉鞋〉，實敍這件事的始末❾。

文章在這一年九月發表以後，進一步激化了沈從文與教務長的矛盾。他被教務長叫去，當面大罵了一頓，還發出種種威脅。〈第二個狒狒〉裏的兩個「小玩物」，也在背地裏運動熊希齡，要對沈從文作出一種使其難堪的處置——她們認爲沈從文侮辱了自己人格的尊嚴。雖然沈從文並

❽〈第二個狒狒〉，載一九二五年八月二十二日《晨報副刊》。
❾〈棉鞋〉，載一九二五年九月二十七日《晨報副刊》。

不知道她們的具體計劃，卻已預感到一種嚴重威脅正逼近自己。在他自己，也正無法忍受教務長對自己無理的欺侮。雖然來香山對自己正是一種難得的幸運，但他不願用自己人格的獨立換取這份幸運。終於在這一年的秋天，沈從文沒有向慈幼院任何人打招呼，自己解聘了自己，收拾起身邊一小網籃破書，默默地一口氣跑到靜宜園門口，雇了一頭秀眼小毛驢，如同當年魯智深一樣，下山返回了「人間」，依舊住進那間「窄而霉小齋」，過那種前路茫茫的窮學生生活，繼續他的自我教育。

一九二七年，沈從文在一首題爲〈給璇若〉的詩中，以一位關心他卻不理解他的熟人口吻寫道：

難道是怕別人「施恩」，
自己就甘做一朶孤雲，
獨飄浮於這冷酷的人羣？
竟不理旁人的憂慮與掛念，
一任他慪氣或狂顚，
——爲的是保持了自己的尊嚴[10]！

[10]《現代評論》第一九三期，署名菌，璇若是沈從文使用的筆名之一。

這首詩透露了沈從文當時保守在心中的一個秘密：他是爲了保持自己的尊嚴和人格獨立，拒絕了作爲親戚的熊希齡的「施恩」。他之所以不去向熊希齡「乞憐」，就是下決心要割斷自己與湘西上層社會的聯繫，取得自己支配自己的自由。

一九八〇年，美國一位學者金介甫在北京訪問沈從文時，曾這樣問他：

「您爲什麼一九二三年來北京？」

「我想獨立。」——沈從文深知以聯姻方式建立和鞏固起來的湘西上層錯綜複雜的統治網絡：熊捷三是自己的姨父；大姐沈岳鑫嫁給了熊希齡的外甥田眞一；田應詔的妹妹差點嫁給沈從文父親，後來終於成爲熊希齡的弟媳；弟弟沈岳荃到底和田應詔女兒結了婚；而熊捷三曾一心想要沈從文做女婿。……這種關係弄得金介甫頭暈目眩，他感到實在太複雜了。沈從文對他說：「不過並不複雜。因爲等你深入下去，也不過是那麼幾個在當地十來個縣分管轄中稱王稱霸。我早就對於這種關係十分厭惡，所以一離開就不至於重新進入這個富貴囚籠。」⑪

爲了應付目前，在離開香山前後，由於楊振聲在《現代評論》任編輯，郁達夫應邀作該刊撰稿人，並幫助編輯部看稿；趙其文擔任該刊經理、會計一類職務；沈從文應邀擔任過《現代評論》的發行員。北京政變以後，有人介紹沈從文去找馮玉祥的秘書薛篤弼——薛篤弼在馮玉祥部

⑪ 楊苡譯金介甫〈沈從文論〉，載美國《海內外》第三十一期。

駐防常德時，曾任常德縣知事。——於是他又在馮玉祥部秘書處作過事；那時，沈從文的哥哥正在東北教學生繪畫，得知沈從文在北京的處境，便寫了信來，要他去東北，他又短期離開過北京。

一九二二年至一九二七年間，北京正處於政治鬪爭極爲尖銳複雜時期。除了各軍閥派系之間爭奪大總統寶座之外，先後發生了北京政變、孫中山進北京及其病逝、「西山會議派」事件、「三一八」慘案、魯迅和陳源等人的激烈論戰……。這期間，沈從文曾在中山公園聽過孫中山演講，感受過因孫中山進京而出現的嶄新熱烈氣氛；「三一八」慘案發生前，學生到處散布傳單，沈從文曾跟着滿街亂跑。可是政治鬪爭呈現的複雜形態，卻又使得沈從文眼目迷亂。反軍閥政府的政治力量中，成分極複雜，相互間的矛盾鬪爭也十分激烈，卻都一律在「革命」名義下進行活動，出現了莊嚴與猥褻的稀奇混和。這可把沈從文這個「鄉下人」弄糊塗了。他雖然充滿與奮地跑來跑去，卻弄不明白誰左誰右。他對魯迅和陳源之間的論戰也感到迷惑不解。他知道，魯迅支持的學生運動正是軍閥政府的眼中釘，而《現代評論》也是國民黨地下黨員主持的刊物，也是反軍閥政府的。既然大家都要「革命」，爲什麼還要相互鬪爭？——這種迷亂使得沈從文心裏起了一種警覺，他擔心捲入這場鬪爭，會將自己追求的「獨立」失去。他相信自己追求的「文學革命」，需要的是一種沉默的努力，這與醉心於政治鬪爭是難以兩全的。這時，北京大學學生也形成了許多集團和派別，一些相熟的人曾跑來動員沈從文參加。

「老弟，不用寫文章。你眞太不知道現實，盡作書呆子白日夢，夢想產生偉大作品，那會有結果？不如加入我們一伙，有飯吃，有事作，將來還可以——只要你願意，什麼都不難。」

「我並不是爲吃飯和做事來北京的！」

「那爲什麼？難道當眞喝西北風、晒太陽可以活下去？欠公寓伙食帳太多時，半夜才能同到住處，欠館子飯帳三五元，就不能從門前走過，一個人能夠如此長遠無出息的活下去？」

「爲了證實信仰和希望，我就能夠。」

「信仰和希望，多動人的名詞，可是也多空洞！你就呆呆地守住這個空洞名詞拖下去、捱下去，以爲世界有一天會忽然變好？老弟，世界上事不那麼單純，你所信仰希望的唯有革命方能達到。你出力參加，你將來就可以作委員、作部長、什麼理想都可以慢慢實現。你不參加，那就只好做個投稿者，寫三毛五一千字的小文章，過這種怪寒傖的日子。」

「你說希望和信仰，只是些單純空洞名詞，對於我並不如此。它至少將證明一個人有堅信和宏願，能爲社會作出點切切實實的貢獻。譬如科學……」

「不必向我演說，我可得要走了。我還有許多事情！四點鐘還要出席同鄉會，五點半出席戀愛自由討論會，八點還要……老弟，你就依舊寫你的傑作吧，我要走了。」⑫

⑫〈從現實學習〉，《沈從文文集》第十卷，花城出版社、三聯書店香港分店一九八四年版。

這個「鄉下人」，對他所認定的東西，有一種難以改變的固執。一九二六年四月，馮玉祥部受直奉軍閥排擠，撤離了北京。沈從文在馮玉祥部秘書處作事時，認識了一位姓趙的秘書。此人北大畢業，對沈從文十分關切。離開北京後，他隨部去了甘肅，在省政府任秘書。他曾給沈從文寫了一封信，邀他到甘肅一道共事，並寄來四十塊錢作路費。沈從文回信謝絕了他的好意，同時將四十塊路費退回。不久，甘肅發生回民事變，姓趙的秘書在這次事變中死去。這一年，隨着南方北伐戰爭轟轟烈烈進行，燕京大學方面沈從文認識的許多朋友，如董秋斯、司徒喬等，也先後到了武漢。他們也寫了信來，邀沈從文南下。沈從文終於也未成行。這時，他的作品已經較多地獲得了發表的機會，他捨不得丟掉這個剛剛打下的基礎。

——沈從文正執着於他所追求的「文學革命」，以一種在旁人看來的傻勁，繼續着他在文學道路上第一階段的艱苦跋涉。

三、相濡以沫

沈從文以不名一文的無名學子之身，在陌生的大都市熬過最初幾個年頭，終於沒有如魯迅所說的「不是墮落，就是回來」，到底是一個奇蹟。也許這是他個人的幸運——「遇到的好人實在太多」，卻也證明了即便在那昏天黑地的汚濁社會裏，中國的國民性也並非完全墮入「醬缸」。當然，也決不能據此作出逆向的推論。沈從文的奇蹟，是多種因素綜合而成的結果，決不僅僅是他在生命途路上所獲得的長輩、朋友的同情。沈從文不是同情與幫助的被動承受者，在他身上，具有一種獲得周圍朋輩激賞的生命魅力。正是這種魅力，將「賜與」轉變成一種人格平等的友誼。正如郁達夫與沈從文會面時所感受到的，沈從文具有一種「堅忍不拔」的氣質——憨勁十足，任何情況下都不氣餒，生活上窮困潦倒，精神上卻虎虎有生氣，竟能在有一頓沒一頓情形中堅持學習。一聽到有什麼好書，不管路有多遠，都會立即跑到這書出售的書攤邊，裝出買書神氣，傍近賣書人聊天。人一熟，就坐在旁邊小凳子上，將書看完。這全得力於沈從文青少年時期在行伍中獲得的人生磨礪。窮困不是恥辱。當時北京風氣，在學生圈子裏，窮困正是一種普遍現象，不會因此遭人恥笑。那時，沈從文大多天穿一身單衫褲，不僅沒有被朋友看不起，反而獲得身體好的讚譽。況且，他終於脫離了家鄉那支半匪半軍隊伍，掙脫了自己頭上不同等級的壓力，嘗到了擺脫人身依附、獲得個人「自由」的禁果，沒有屈辱感。即使遇到如同在香山的遭遇也能及時擺脫。更重要的是他擁有的那份奇特的人生經歷，這是他的多數青年朋友所沒有的。他們欣羡沈從文的這份財富，沈從文也從這種欣羨中，意識到自己擁有的優勢。他是在朋友的相互依傍中，獲得精神上的支撐，走過了這一段不易想像的人生道路。

到北京後不久，沈從文去燕京大學訪問董景天時，曾睡在董景天獨住小樓的地板上，與董景天作長夜之談。兩人天上地上談了一整夜，談得最多的還是沈從文。他向董景天講述自己的經歷和湘西種種民情風俗，在董景天面前展示了一個特異的世界，聽得他倦意全失。由於通宵未眠，第二天白天，董景天就有些招架不住。可是到了晚上，董景天禁不住這種談話的誘惑，兩人又繼續談下去。就這樣一連談了三個晚上。這次夜談改變了沈從文留給董景天的最初印象，對沈從文發生了濃厚興趣，因爲沈從文又一次讓他吃驚。他想起沈從文第一次來燕大，自己帶他去看電影的情景：

……走進電影院的大門，沈從文便急急忙忙搶到前面，選中前排一個座位坐下了，神氣間還有幾分得意。——這個「鄉下人」，是有生以來第一次看電影，還以爲看電影如同看戲，座位越靠前越好。——董景天見狀，不禁發愣，他不解沈從文何以搶別人不屑一顧的座位，當他默過神來，忍不住在肚子裏面笑了起來。

沒想到，在這個對都市生活缺乏常識、憨態可掬的山裏人身上，竟藏着那樣一個有血有肉、被細膩感覺到的人生世界。倘若終於有一天，他能將這感覺到的一切，藝術地組織成一個文學世界，不知會發生怎樣的奇蹟！最初，沈從文來找他時，他只是因田眞一的關係，盡一個同學應盡的義務，而現在，他感覺在自己心裏，正滋生着一種屬於朋友才有的那種貼近與溫情。

一九二五年五月，沈從文上了香山，住進香山飯店前山門新宿舍裏。這棟房子原是清初所建的四大天王廟。當香山寺改爲飯店時，慈幼院便以「破除迷信」爲理由，搗毀了廟裏的彩塑神像，將廟堂改裝成幾間單身職工臨時宿舍，沈從文便是搬進去住的第一位活人。傍近香山半山亭的，除這座天王廟，還有一系列大大小小院落，泥菩薩被拆除後，尙無人居住。院前院後荒草野樹之間，大白天也有狐兎不時出沒。到夜裏，周圍更是空虛荒凉，令人想起蒲松齡《聊齋志異》裏描述的情景。

有一天，陳翔鶴得知這一消息，竟獨自騎了一頭毛驢，搖搖晃晃上了香山，成了沈從文的不速之客。

陳翔鶴是個城裏長大的青年，平時讀書，深受陶淵明、稽康等人影響，羡慕這些古人灑脫離俗的胸襟。從沈從文寫來的信中，得知沈從文新居的情景，羡慕這個「洞天福地」；沈從文卻是個來自偏陬之地的鄉巴佬，對大都市一切正感到新鮮，雖然並不喜歡城市，也還沒有厭惡城市，正以獨住荒凉新居感到寂寞。雖然兩人心境各異，這次會面卻都各適其意。

陳翔鴻在山上一連住了三天。每天早晨，兩人來到「雙清」旁山溪溝裏，用搪瓷缸將一線細流舀進臉盆，或是走五十級臺階，到半山腰小池塘旁石龍頭口，挹取活泉水洗漱。到了吃飯時候，就由沈從文下山到慈幼院取來，常常是幾個冷饅頭、一碟子水疙瘩鹹菜。另提一洋鐵壺開水，供兩人解渴。生活雖然簡陋清苦，卻難得環境清幽。周圍古松的淸香裏，沁入雙淸荷花池飄來的荷花淡香，充滿離世脫塵的野趣。兩人的精神狀態都極好。從沈從文住處出天王廟大門，走下一段陡石階，就到了香山著名的兩株「聽法松」旁，晚上，沈從文和陳翔鴻就坐在這兩株名松旁的石頭上，談文學，談人生，談天說地，談神仙狐怪，作那時的文學青年所能作的浪漫之夢。到了夜半，四下裏一片靜寂，冷冷的月光從松枝間篩下，星星點點灑在兩人身上。談倦了，沈從文就從屋裏抱來一面琵琶，用他剛學到手的蹩腳透頂技法，爲陳翔鴻彈奏〈梵王宮〉曲子。——後來，沈從文再也記不起這面琵琶何所來又何所去，連同他那一手蹩腳的琵琶彈奏功夫，都一併丟到爪哇國去了。

這不過是沈從文與朋友交往的兩個小插曲。只有他與胡也頻、丁玲作爲朋友一場的結識、交往，直至三十年代初期與二人的「死別」、「生離」，前後長達近十年的悲歡哀樂，才是一曲動人情思的長歌。

一九二五年初，沈從文處於生活最困難的時節，正以休芸芸爲筆名，做着每個月得二十塊錢稿費的白日夢，將寫成的文章向各處投去。其中一篇，出乎意料地被登在了一月十三日的《京報・民衆文藝》上。在這之前，只有《晨報副刊》發表過他的兩篇短文，得過五毛錢的書券。一天，《民衆文藝》的兩位編輯，到沈從文寄身的西城慶華公寓探望文章的作者。談話中，沈從文得知這兩位編輯就是名字經常見於《民衆文藝》的項拙和胡崇軒（即胡也頻）。胡也頻曾就讀於天津大沽海軍預備學校，一九二〇年學校解散後，流落到了北京。一九二五年初，胡也頻與項拙一起在西單堂子胡同內牛角胡同四號，以每期二百份單張周刊作報酬，爲《京報》編輯《民衆文藝》。

大約過了一個星期，胡也頻再次來看沈從文時，身後跟了一個年輕女子，圓臉，長眉、短髮，上穿一件灰布衣，下着青色綢布短裙，正站在門邊望着沈從文笑。她就是丁玲，原名蔣褘，字冰之。因聽說沈從文「長得好看」而特意跑來看看的。

沈從文卻以鄉下人特有的生硬方式，直截地問道：「你叫什麼名字？」

「我姓丁。」

沈從文心想：「你長得像個胖子，卻姓丁，眞好笑咧。」

從談話中，當沈從文得知她的家鄉在安福縣（今湖南臨澧縣），而丁玲知道沈從文是鳳凰縣人時，兩人都起了一點驚訝。待到談話深入下去，陌生人之間固有的那種距離便在兩人之間縮短了。

——一九一四至一九一六年間，南方起了護國戰爭。湘軍曾以援鄂名義，經岳州開過湖北。那時我哥哥在筸軍中作一名軍佐，隨隊在安福縣城住過一夜。住處是當地蔣姓大戶的小姐綉房。房裏掛了一幅趙子昂的白馬圖，給我哥哥留下了極深的印象。——那就是我伯父家，那張白馬圖是我伯父的一幅寶畫。

——我父親死後，我就隨母親離開安福搬到了常德。由母親集資，辦了一個女子小學。小學畢業後，我就去桃源第二女子師範讀書。女友中有個姓楊的，就是鳳凰得勝營人。

——哈，我認識。六年前我還替她傳遞過情書，現在已做了我的大表嫂了。

……………

丁玲在桃源讀書時，「五四」運動的影響已到了湘西。「自覺」與「自決」，「獨立互助」

與「自由平等」的思潮，燃燒起一羣青年女學生的熱情。丁玲不問家裏意見如何，便和另外三個同學跑到長沙，轉入男子中學，後又受上海「工讀自給」的影響，又一同冒險跑到上海，進了平民學校，並在上海大學認識了瞿秋白、邵力子、陳獨秀、李達、陳望道、沈雁冰、施存統等教師。由於後來同伴中的王劍虹與瞿秋白同居，丁玲與瞿秋白一個弟弟過從甚密，遂鬧得流言四起，丁玲就獨自跑到北京，因朋友曹孟君和錢女士關係，住在西城闢才胡同一個補習學校的宿舍裏。她與胡也頻相識，是由於和胡也頻住同一公寓的朋友左恭的介紹。其時，左恭正與曹孟君戀愛，三位女友常常結伴到胡也頻所住公寓來看左恭。

由於沈從文和丁玲的原籍同是湖南，故鄉又傍近同一條沅水，兩人便有了許多共同的話題。加上都飄流在外，共同的「懷鄉病」將他們的友誼弄得密切了。

沈從文由胡也頻陪同，第一次回訪丁玲時，丁玲已從補習學校宿舍搬出，獨自住在通豐公寓的一個小房間裏。睡的是硬板子床，地面霉濕發臭，牆上糊滿破破爛爛的報紙，窗紙上用粉墨勾畫了許多丁玲熟人、朋友的臉譜——她對藝術發生着興趣，正爲投考藝專而作準備。

見丁玲和時下窮學生一樣，住這等簡陋房間，沈從文心裏生出不少感慨。在這之前，他與新的女性缺少接觸，總以爲女子天生情感脆弱，氣量狹窄，又怕累，又怕事，動不動就會流眼淚，喜怒哀樂全放到一些細微小事上。可是眼前這位女子，卻能與許多男子一樣，雖然無法正式上學，只能自己讀點書，外出時學習欣賞北京街景，無錢時設法敷衍公寓主人，卻仍能從從容容坐在這樣的房間裏看書寫字，眞是一個了不起的人物！

這個圓臉長眉的女孩子，第一面給我的印象，只是使我溫習了一番舊有的感想。她同我想像中的平凡女子差不了多少。她也許比別的女子不同一些，就因爲她不知道如何料理自己，即如女子所不可缺少的穿衣撲粉本行也不會，年輕女子媚人處也沒有，故比起旁的女人來，似乎更不足道了。

不過第二天我被那海軍學生拉到她住處時，觀念改變了些。我從她那兒明白了女人也是同男子一樣的人⑬。

這時，胡也頻已經愛上了丁玲。由於長期飄流在外，眼下生活又毫無希望，丁玲常常想起母親和夭亡的弟弟。加上正值青春期，對早年夭亡弟弟的思念，潛意識正發生着替代性的對異性愛的渴求，於是，她常常獨自跑到僻靜處痴坐痛哭。一天，胡也頻一早用一個紙盒子，裝了一束黃色玫瑰，花上繫了一張寫有「你一個新的弟弟所獻」的小小字條，托公寓伙計送給了丁玲。可是花送去後，半天沒有回音，胡也頻心裏忐忑不安，有點手足失措，就跑到沈從文住處，拉着他出去散步。

「她有個弟弟死了，她想起她弟弟，眞會發瘋。」

---

⑬《記丁玲》，上海良友圖書印刷公司一九三四年版。

沈從文早從胡也頻神色間估到了他的心意，就說：「要個弟弟多容易！她弟弟死了，你現在不是正可以作她的弟弟嗎？」

不想這無意中的一句打趣的話，正與胡也頻早上的行為暗合。胡也頻臉紅了一下，似乎想分辯什麼，卻又無從分辯，便猛地在沈從文肩上拍了一掌，就跑開了。

可是有一天，丁玲突然回轉湖南去了。這一下急壞了胡也頻，一個人關在房間裏生悶氣。沈從文跑到《民衆文藝》編輯處去看他，只見房間裏滿地都是撕碎的報紙和書頁。

這海軍學生，南方人的熱情，如南方的日頭，什麼事使他一糊塗時，無反省，不旁顧，就能勇敢的想像到別一個世界裏的一切，且只打量走到那個新的理想中去，把自己生活同別一個人的生活，在很少幾回見面裏，就成立了一種特殊的友誼，且就用這印象，建築一種希望……人既一離開，如今便到了使他發狂的時候了⑭。

於是不久，北京城的公寓裏便不見了胡也頻的踪跡。——他抑制不住胸中高漲的愛的潮汐，趕到湖南找丁玲去了。

五月，沈從文上了香山；九月，因〈第二個狒狒〉和〈棉鞋〉事件，沈從文受到訓斥和威脅。正當他感到孤獨時，陰曆八月十五那天，吃過晚飯，沈從文回到住處，見門上留有一張字

---

⑭〈記胡也頻〉，《沈從文文集》第九卷，花城出版社、三聯書店香港分店一九八四年版。

條：

休：你願意在今天見見兩個朋友時，就到碧雲寺下面大街××號來找我們，我們是你熟悉的人。

有熟人來訪，沈從文十分高興。他立即按紙條上所留的地址尋去，一路上胡亂猜測這兩人是誰。等到一見面，沒料到竟是胡也頻和丁玲。見沈從文找來，胡也頻一面拉着沈從文往屋裏走，一面叫着：「有客來了，你猜是誰？」

走到門邊，沈從文朝屋內看去。一個熟悉的圓圓黑臉，睜着一雙大眼睛朝外看人，臉上掛着幾分羞赧腼腆。房內只有一張雙人床。沈從文已經明白發生了什麼事，心想：「新鮮事咧。」他一邊笑着，一邊朝屋內唯一的一張藤椅坐下去，說：

「這是新鮮事情。」

胡也頻說：「這不是新鮮事情。」

三人一齊笑了起來。隨後，他們走到見心齋池邊，坐上一隻無槳無舵方頭船划水，互相說着分別後各自的情形。這時，慈幼院的孤兒們正聯歡慶祝節日，簫鼓聲從山上悠悠飄來，頭上懸着一餅暈暈糊糊的圓月。返身時，他們各人買了一片糖含在嘴裏，算是沒有辜負這一年一度的中秋佳節。

起初，胡也頻和丁玲的生活得到湖南方面的接濟，所住房間雖不很大，地面卻很乾爽，屋前屋後都是棗樹；又有井，用水也很方便，兩人自己動手辦伙食。一份新鮮的生活加上新婚的纏綿，日子過得十分興奮。沈從文時常跑到他們那裏吃晚飯，飯後便一起天南海北聊天。但過了不久，湖南方面的滙款便不能按時寄來，胡也頻和丁玲的生活就有點狼狽起來。到欲炊無米時，兩人就結伴下山進城，或找朋友告借，或出入當舖典當衣物。到不便進城時，就跑到沈從文住處，三人一起吃慈幼院大厨房裏的粗饅頭。

卽便在這時，三人仍互相說着人話——假若每人每月寫三萬字文章，得三十塊錢，就可以自己辦一個小小刊物，每周出版一次。還十分認眞地商量刊物該取什麼名字。每到這時，丁玲必說：

「先生們，別把我拉進去，我不作文章。你們要我來，我就當校對，因爲可以佔先看你們寫出的文章。」

「沒有你我們辦不下去。」沈從文誠懇地說。

「有了我就辦得下去嗎？我又不會寫什麼，派我充一角有什麼用處？」

「把你寫情書的那支筆來寫……」胡也頻笑嘻嘻地說，隨後望着沈從文作鬼臉。

丁玲有點急了，「得了，得了，頻，你爲什麼造謠言？我跟你寫過情書嗎？不能胡說八道，這一行你們男人才是高手！」

胡也頻打趣說：「你並不寫給我什麼情書，但我看你那樣子，是個會寫情書的人，不相信只要我們一離開就可明白了。」

「你自己不害羞，我爲你害羞。你們刊物我不管！」

可是爭論過後，丁玲反倒重新擬定計劃，並笑着徵求沈從文和胡也頻的意見，口氣早就軟下來了：

「文章我不會作，作了你們能高興改改，那我一定作。」

古詩云：貧賤夫妻百事哀。在胡也頻和丁玲之間，煩心的事正隨着經濟的拮据逐漸增多，兩人終不免爲着一點小事發生爭吵。每到這時，其中一人必定跑到沈從文那裏訴說心中委屈。到後，又總是由沈從文充和事佬，兩邊跑來跑去進行調解。考慮到目前境況，在這種每月九塊錢房租的地方長住下去不是辦法，沈從文建議兩人搬到可以多欠一點錢的公寓裏去。胡也頻和丁玲聽從了這個建議，終於搬到北河沿公寓——即那個上山前沈從文住過三個月，主人極好結識弄文學的朋友的那座公寓裏住下了。

雖然三人見面已不如先前方便，但只要沈從文一下山，總要到胡也頻和丁玲所住公寓裏去。並且，每次見面總離不開如何想法籌錢，用自己力量辦刊物的話題——那時，他們共同感到青年作者所受的冷遇。盡管按當時北京物價，辦一個類似《語絲》規模的刊物，每期印一千册，有十二三塊錢就可辦到。但這時，沈從文和胡也頻的文章，按最低稿費標準索酬，也無法找到固定地方發表，寄出的稿件常常一去無消息。當時，《語絲》正支配着北方文學空氣，只要能在該刊上發表作品，很快就會引起人們注意。這年五月，沈從文一篇題名〈福生〉的小說，由胡也頻通過一位熟人轉給周作人。當這篇小說在《語絲》上發表後，胡也頻拿了這期刊物，告訴沈從文時，沈從文見到目錄上文章的標題，感動得只想抱着胡也頻哭泣。但這種幸運只能偶爾降臨到他們頭上。於是，那個自辦的刊物只能在他們的想像裏誕生，旋即又在想像裏夭折。

這期間，胡也頻和丁玲住處，常有一些知名青年作家來訪，談起自辦刊物，總有人說自己已與某報接洽好，正準備辦一個什麼周刊。待客人走後，丁玲總是說：「頻，這些人要辦什麼，天生就有那種好運氣，一下子就可以弄好了。」

胡也頻總不放過任何努力的機會：「休，休，我們趕快也去問問，不要他們稿費也行吧。我們寫一封信去問問，還是親自去問問？你說。」

沈從文也總是苦笑，卻不作聲。他想起自己和胡也頻到處接洽，給別人辦一個副刊，卻總是毫無結果的事，心想：假如我們對文學事業有一種信仰，不必和別人計較一時的得失。眼下，只能在沉靜中支持。

可是，胡也頻只要一認爲有機會，就會立即伏到桌上，給編輯朋友寫信。寫完後怕丁玲搶去，總要退到牆角裏，然後唸給另外兩人聽。末了，總是由沈從文簽個名。丁玲說：

「頻，得了，你們不是文學團體中人，你們文章人家還不肯登載，何苦又去做這種可笑事情？」

胡也頻卻不覺得可笑，並硬拉着丁玲作陪，順北河沿走到北大第一院門前，將信塞進郵筒。

當然不會有什麼結果。不久，胡也頻和丁玲實在呆不下去，便一起返回湖南去了。兩人前腳走出北河沿公寓，沈從文因和慈幼院方面鬧翻，又後腳搬進這公寓。這之後，胡也頻不時從湖南寫詩寄給沈從文看，沈從文這時正在《現代評論》當發行員，便將這些詩轉給《晨報》和《現代評論》發表。由於這些詩的形式和原稿字跡，都與沈從文相近，編輯都以爲這些詩是沈從文作的。他倆都喜歡用硬筆頭，在窄行稿紙上，寫密密麻麻的小字，字間的疏密及塗抹勾勒方式，幾乎沒有區別。《現代評論》方面以爲也頻是沈從文的另一筆名。丁玲也繼續着同一書寫方式。以至一九二七年，丁玲《在黑暗中》的各篇章開始發表時，《小說月報》編輯葉聖陶見到原稿，也以爲不出沈從文和胡也頻二人之手。

想不到因三人的這同一習慣，在一九二五年四月－八月，在丁玲、沈從文和魯迅之間，惹起了一場嚴重的誤會。

一九二五年四月三十日，魯迅收到了一封署名丁玲的來信——那是丁玲獨自離開北京返湖南之前，因上學無望，處境艱窘，就寫了此信向魯迅求援。

信的大意是說：一個女子在現社會上怎樣不容易活下去，她已經在北京碰過許多釘子，但還是無出路，想要求魯迅代她設法弄個吃飯的地方，那怕就是報館或書店的印刷工人職位都可以⑮。

魯迅收到丁玲來信後，因不知丁玲其人，就托幾個熟人幫他打聽一下。次一天晚上，孫伏園就來報告消息了，說，豈明先生那裏也有同樣的一封信，而且筆迹很像休芸芸（沈從文當時的筆名，曾有稿給周豈明看，故豈明記得他的字。）於是在座的章衣萍便說，不要又是什麼琴心女士與歐陽蘭的玩意罷⑯。

魯迅信以爲眞，認爲沈從文以女人身分和他開玩笑，並因此生了氣。七月十二日，他在給錢玄同的信中，這樣寫道：

這一期《國語周刊》上的沈從文，就是休芸芸，他現在用了各種名字，玩各種玩意兒。歐陽蘭也常如此⑰。

七月二十日，魯迅在給錢玄同的信中，又就此事作了進一步發揮：

且夫「琴琴阿文」，確尙無倫文如歐陽公之惡德，而文章亦較爲能做做者也。然而做座之所以惡之者，因其用一女人之名，以細如蚊蟲之字，寫信給我，被我察出爲阿文手筆，則

⑮ 艾雲：〈魯迅所關懷的丁玲〉，載一九四二年七月二十二日《新華日報》。艾雲，卽荆有麟，當時是魯迅家中常客，後成爲國民黨特務，四九年後被槍決。

⑯ 艾雲：〈魯迅所關懷的丁玲〉，載一九四二年七月二十二日《新華日報》。

⑰ 《魯迅書信集》上卷：〈七四致錢玄同〉，人民文學出版社一九七六年版。

又有一人扮作該女人之弟來訪，證明確有其女人。然則亦大有數人「狼狽而爲其奸」之概矣。總之此輩之於著作，大抵意在胡亂鬧鬧，無誠實之意，故我在《莽原》已張起電氣網，與歐陽公歸入一類耳矣⑱。

後來，荆有麟從胡也頻那裏證實了確有丁玲其人，而且在北京無以爲生，已回湖南老家去了，便將這情況告訴了魯迅。魯迅心中的疑團和誤會，遂渙然冰釋。魯迅很抱歉地說：那麼，我又失敗了。既然不是休芸芸的鬼，她又趕着同湖南老家，那一定是在北京生活不

⑱《魯迅書信集》上卷：〈七五致錢玄同〉，人民文學出版社一九七六年版。歐陽蘭，當時北大學生，曾以女人名字發表文章，孫伏園曾認定是「一個新起來的女作家」。「琴琴阿文」，指沈從文。一九二五年七月十二日，《國語周刊》第五期刊登了沈從文所錄一首鎭筸方言民歌。歌曰：

六月不吃觀音齋，
打個火把就可跑到河裏照螃蟹。
「耶樂耶樂——琴琴唉！
今天螃蟹才叫多，
怎麼忘了拿籮籮。」

「琴琴阿文」卽據此而來。歐陽公卽歐陽蘭。以丁玲之弟的名義拜訪魯迅的，是胡也頻。丁玲回憶說：「這一天，他（胡也頻）又去看魯迅，遞進去一張：『丁玲的弟弟』的名片，站在門口等候。只聽魯迅在室內對拿名片進去的佣工大聲說道：『說我不在家！』他只得沒趣的離開，以後就沒有去他家了。」（〈魯迅先生於我〉，載《新文學史料》一九八一年第八期）。

下去了。青年人是大半不願同老家的，她竟同老家，可見是抱着痛苦同去的。她那封信，我沒同她，倒覺得不舒服⑲。

一九七九年，景山在《新文學史料》上勾稽考證了這段往事後，這樣說：

沈從文和丁玲兩位，現均健在。可是他們二人對一九二五年魯迅書信中提及的這一公案，恐怕都毫不知情吧⑳？

景山以為魯迅的談話是私下進行的，而給錢玄同的信又未公開發表，沈從文當時可能不知情。其實，這些談話和信件的大意，沈從文幾乎立即就知道了。這很可能與知道這些情況的人到處傳話有關。一九三一年，沈從文在《記胡也頻》一書中，這樣說：

丁玲女士給人的信，被另一個自命聰明的人看來，還以為是我的造作㉑。

當時，沈從文得知這一消息後，也同樣生了氣。人總有自己的尊嚴，以至在魯迅生前，沈從文始終不願與魯迅見面。一九二三至一九二六年，這兩位作家同時住在北京；一九二八至一九三一年，他們又同時住在上海，應該是不少見面機會的。在這件事上，魯迅和沈從文都未能冷靜地

⑲ 艾雲：〈魯迅所關懷的丁玲〉，載一九四二年七月二十二日《新華日報》。

⑳ 景山：〈魯迅書信部分人物事件考釋。十五「孥孥阿文」和丁玲〉，載一九七九年第四期《新文學史料》。

㉑ 《沈從文文集》第九卷，花城出版社、三聯書店香港分店一九八四年版。

抑制自己的感情。但無論魯迅還是沈從文，卻沒有因此影響各自對對方文學成就的評價。沈從文在他後來所寫的一系列論述中國新文學成就的文章中，始終將魯迅的創作放在最重要的位置；而魯迅在一九三五年與斯諾的一次談話中，肯定沈從文是自新文學運動以來，「出現的最好的作家」㉒之一。這些，當然都是後話了。

這年冬天，胡也頻和丁玲第二次返回湖南不久，胡也頻一個人回到了北京。但他一離開丁玲，便感到分離的痛苦，不久又借錢趕回湖南。丁玲同樣不能忍受這種離別的考驗，幾乎在胡也頻南下的同時，從湖南向北京出發。兩人乘坐的船卻在洞庭湖裏錯過了。於是，胡也頻再從湖南趕回北京與丁玲相會。這以後，兩人在北京不斷掉換公寓，一會兒銀閘胡同，一會兒孟家大院；一會兒景山東街，一會兒北河沿，最後又搬入漢園公寓。在銀閘、景山東街，到漢花園，沈從文都是和他倆住在同一個公寓裏。

當胡也頻、丁玲聽從劉夢葦的建議，第二次遷入北河沿公寓時，一些在北京的朋友，見他們二人重回北京，就有人建議成立一個文學社，辦一個刊物，由丁玲牽頭；並從「未名社」社名得到啓示，取名爲「無須社」。但最終也沒有取得什麼結果。

一九二六年，南方革命蓬勃發展。七月，國民革命軍出師北伐，同月北伐軍進入長沙；八月

㉒ 尼姆·威爾士：〈現代中國文學運動〉，載《新文學史料》一九七八年第一期。

攻克岳州；繼而在汀泗橋擊潰吳佩孚主力；十月，攻克武昌。隨着北伐戰爭取得進展，南方出現了蓬勃生氣。沈從文在北京的一些朋友，已紛紛南下；胡也頻在海軍預備學校時的一批同學，也投身到南方的北伐戰爭。這兩方面的朋友都先後寫了信來，要他們去武昌看看。當他們商量這事時，三個人都沒有去武昌意思。

理由又簡單又切實的是丁玲女士。……她的意思只是：「若想做官，可過武昌；若想做文章，不應當過武昌。」㉓

——這時，丁玲正開始醞釀寫短篇小說，胡也頻文章也有了出路，每月可得二十五元錢稿酬。生活剛剛穩定，不願意另作安排；沈從文先因《晨報副刊》改組，由劉勉巳、瞿世英繼任編輯，文章獲得了在《晨報副刊》上發表的機會，後又由徐志摩負責《晨報副刊》，文章得到賞識，有了較多發表機會，也不想放棄剛剛打下的基礎。因此，三人在這個問題上意見完全一致。

三人住進漢園公寓後，有于賡虞、許超遠、黎錦明、徐霞村、王森然等人經常與他們過從；女朋友中有凌叔華、黃廬隱等，卻不常來。

㉓《記丁玲》，上海良友圖書印刷公司一九三四年版。日本的高畠穰在他的《丁玲傳》中，據丁玲在〈一個真實人的一生〉裏所說：「那時形式上我很平靜，不大講話，或者只像一個熱情詩人的愛人或妻子。但我精神上痛苦極了！」推斷丁玲正醞釀着向革命方向轉變，並認定「這句話並非出自丁玲之口。」

四、卑微者之歌

一九二七年底，隨着第一階段北京生活的結束，沈從文走完了最初階段的創作歷程。他的作品最先見於報刊，是一九二四年十二月。〈一封未曾付郵的信〉，是至今能見到沈從文的處女作。一九二五——一九二七年，他的作品越來越頻繁地見於《晨報副刊》和《現代評論》，一九二六年，他的小說開始在《小說月報》上發表。三年間，先後發表各類作品六百七十餘題。一九二六年，北新書局出版了他的散文、小說、戲曲、詩歌合集《鴨子》，一九二七年，他的小說集《蜜柑》由新月書店出版。

關於這一階段的創作，沈從文在〈致唯剛先生〉㉔一文中，曾有過極明確的告白：

我只想把我生命所走過的痕跡寫在紙上。

凡屬眞誠的創作，不管作者聲稱如何忠實客觀，都不能不在最廣泛的意義上，滲透作家的主體意識。然而，對於沈從文的早期創作，這種生命的痕跡幾乎可以作最狹義的理解。這些作品，在極大程度上，合成了一部沈從文的「自敍傳」，是可以當作他的傳記材料來讀的。正如一九八四年沈從文親口告訴筆者的，「早期作品寫的都是眞事，那時還不會虛構」。這裏，有着郁達夫

㉔〈致唯剛先生〉，載一九二五年五月十二日《晨報副刊》。

將文學當作作家「自敍傳」的顯明影響。

事實也確實如此。這些以敍述親身經歷爲主的作品，按所述事件發生的時間，可以分爲往事回憶和目前遭遇實錄兩部分，而它們又分別由許多小系列組成。如那些篇末標明「一個退伍兵的自述」的作品，是他行伍生活的回憶；有關北京西山的一組，是他任職香山慈幼院時經歷的敍寫；公寓生活一組，則是他來到北京最初兩年窮困處境的實錄，如此等等。只是到了一九二七年，一部分以都市人生爲題材的作品，才開始逸出「自敍傳」的範圍，進入他的都市諷刺。

在《從邊城走向世界》一書中，我曾將這些早期作品按題材分兩大類：一是關於自己的鄉土——湘西生活的回憶和描摹；二是關於都市生活的見聞與感慨。並這樣論及他的早期小說內容的客觀含義。

> 一九二八年以前，有關故鄉生活回憶的文字佔據壓倒的比重。這些作品將人帶進一個奇異的世界。不消說春天採蕨、撿菌子，秋天摘八月瓜，冬日裏趕山圍獵，大街上男子一對一地單刀決鬥，單是臨溪而立的巨大水車，因溪流衝激飛快轉動時揚起的雪白的水花，碾坊裏終日不停地轉動的碾石，就夠令人心醉。秋夜裏，一羣人高擧葵藁或舊竹纜做成的火把，照得溪流上下一片通明，人人腰懸魚簍，手執鐮刀或小罩，混合着吃驚、興奮、相互埋怨的嚷叫，起勁地罩魚，晴明的白天，在靜寂而深幽的山谷裏，隨着砍樵人的刀斧起落，剎時間滿谷都是「宅宅宅宅」的響聲。從對山望去，一棵樹連枝帶葉頹然倒下，老半

天，才傳來山崩似的巨大響聲；臘月裏，人們將小米、赤豆、棗、栗、白糖、花生仁和在一起，熬着又香又甜的臘八粥；正月裏，人們便圍着炭盆，煨板栗，烤糍粑，吃白綿蒸肉；月夜裏，一個山村小姑娘在深山裏，正獨自奮力捕捉鑽進窩棚的小野猪；黎明時分，一個小哨兵在哨位上，怯怯地聽着山坡上「鬼撒沙子」發出的音響；一個患「失心顛」的小伙子，山鬼似的四處遊逛，連續幾天夜宿專供岩鷹砌巢的老虎峒；一位被逼落草的山大王既強討惡要、又大排場地娶商人的女兒做壓寨夫人，事情既荒唐又纏綿……作者表現的是偏處一隅湘西的動人風情。這場面，這景象，這情境，對當時的多數讀者，簡直是聞所未聞。它使人感着新鮮，感着一種刺激、一種興奮，便是可以想見的了。

文學到底不只爲着獵奇，不能止於社會生活的簡單記錄。沈從文這個階段的小說創作，終究不過是一種特殊民情、風俗、自然風光的表象展覽，——一種素樸而簡陋的憶往的記實，多數甚至算不得小說。自然主義的印象捕捉構成它們的基本特色。雖然在作品的某些細部描寫上，能夠傳達出事象特有的那份神氣，顯示着作者對事象特具敏感的潛在能力。可是，從作品內容的基本傾向看，除了自然景物、民情、習俗的外在風采，實在看不出什麼深一點的蘊含。一條溫情脈脈的感情細流在這些回憶裏流動——一種對孤獨的、爲人情冷漠挫傷的都市生活經歷的心理反應現象。誠然，少數作品顯示出一定的社會意義：〈福生〉、〈在私塾〉、〈我的小學教育〉是對扼殺兒童生機的舊私塾教育的抨擊；〈移防〉、〈船上〉揭露出舊軍隊的腐朽；〈老魏的夢〉（後改名〈上城裏來的人〉）是湘西農村慘遭舊軍隊燒殺奸淫歷史的忠實記錄；〈入伍後〉寫出了一個聰明可愛的青年農民，遭到有錢有勢的仇家卑鄙陷害與謀殺的悲劇，等等。有的作品也蘊含着作者對人生某些問題思考的萌芽，如〈在別一個國度裏〉（後更名爲〈男子須知〉），採用書信體，敍述一個被逼落草的山大王娶討一個商人的女兒做壓寨夫人的故事。在外面人的傳說裏，這個山大王簡直是青面獠牙，殺人不眨眼的惡魔。作品却通過後來成爲他的妻子的商人女兒的親身感受，敍說出這個窮苦人家出身的山大王，其實是一個懂得恨，也懂得愛，有血性也充滿温情的年輕英俊男子漢。顯然，作品反映了作者反世俗觀念的傾向——在道德領域內替那些被統治者視爲罪惡化身的具有反抗精神的下層人民翻案。作品的更名，也寄托着作者在道德問題上的某種審美追求。然而，即使上述作品，內容仍嫌單薄，主題也過於直露，粗略的敍述淹沒了某些必要的精詳描寫。

這種情況同樣反映在以都市經歷與見聞爲題材的創作中。這部分作品包括兩種基本類型：一、暴露都市中上層階級生活的空虛、庸俗與無聊；二、一個痛感孤獨、渴求人間同情與温暖（包括男女之間温愛）的淒苦靈魂的內心獨白。前者如〈晨〉、〈嵐生和嵐生太太〉、〈蜜柑〉等，後者是如〈篁君日記〉、〈長夏〉、〈老實人〉、〈看愛人去〉等。一是企圖鞭撻與諷刺，一是着重抒寫都市苦悶。但由於題材缺乏典型化的提煉，作者尚無法把握諷刺藝術的規律，結果鞭笞翻成展覽，尤其是第二類作品，帶有郁達夫小說影響的明顯痕跡。男女關係描寫的自然主義傾向爲時人詬病，便不足爲奇了。

或許，這些早期作品蘊含的另一個側面，卽更爲內在一點的，是刻畫在這些作品裏作者的心理軌跡。從這一側面，我們看到了一個焦灼不安的痛苦靈魂，一個屬於初入都市「鄉下人」卑微的身影。

這首先表現爲沈從文對「鄉下人」（沈從文「自我」的代稱）與「城裏人」在物質生活狀況及由此派生的精神狀態的對比。

日來的風也太猖狂了！我爲了掃除我星期日的寂寞，不得不跑到東城一位友人家中去消蝕這一段生命。詛咒着風的無聊，也許人人都一樣，但是我同你在車上並排坐着，我却對這風私下致過許多謝忱了。風若知同情不幸的人們，只要稍稍的因顧忌到一切的摧殘而休息一陣，我又那能有這樣幸福？你那女王般驕傲使我內心裏生出難堪的自慚與毫不相恕的自譴。我覺得一身渺小，正如一隻猫兒初置身於一陌生錦綉輝煌的室中，幾欲惶懼大號……這呆子！這怪物，這可厭的東西……當我慣於自傷的眼淚剛要跑出眶外時，我以爲同座另外幾個人，正這樣不客氣的把冷酷的視線投到我身上，露出鄙視的神氣。

到這世上，我把被愛的一切外緣早已挫折消失殆盡了，我那能再振勇氣多看你一眼？你大概也見到東單時頹然下車的我，但這對你值不得在印象中久占，至多在當時感到一種

座位寬鬆的舒適罷了！你又那能知道車座上的一忽兒，一個同座不能給人以愉快的，平常
而且襤褸的少年，心中會有許多不相干的眼淚待流？

這是作者卑微心理的眞實袒露，凄淸而憂傷。這類作品在沈從文的早期創作中，佔極大比重。它們敘寫着作者來到都市的最初階段，在人生旅途上的各種遭遇和內心感慨。有時，一聲鷄啼、一輛水車、一個花瓶、幾莖小草、幾葉浮萍，都能勾起沈從文對自己卑微人生的感喟，折射出當時一般小知識份子的內心苦悶與人世的坎坷不平。「一個陌生少年，在這茫茫人海裏，更何處去尋同情與愛？」㉕——擺脫人生卑微處境和都市冷漠，獲得人間溫暖與人生平等的內心欲求溢於言表。曾有人說，這是一個窮家子急欲爬進上流社會的心理反映。話雖說得刻薄，卻也源於同一現象。這種人生無所依憑的卑微感，必然生長出對社會的敵視：「眼前的一切，都是你的敵人！法度、教育、實業、道德、官僚……一切的一切，無有不是。」㉖其實，這正如同對處境優裕的人們的欣羨，同屬未能獲得社會確認的青年人極易產生的心態，也難以從中得出否定社會一切，具有徹底變革現實精神的結論一樣。

㉕〈一封未曾付郵的信〉，載一九二四年十二月二十二日《晨報副刊》。

㉖〈狂人書簡——給到×大學第一教室絞腦汁的可憐朋友〉，載一九二五年五月五日《京報·民衆文藝》。

甚至，就連這種極度卑微心理本身，也常常同時表現爲強烈的自尊。在〈第二個狒狒〉和〈棉鞋〉裏，一方面，字裏行間充滿了遭遇屈辱與壓抑的卑微感，另一方面，又同時流露出抗拒這種屈辱與壓抑的桀傲不馴。自卑與自尊在這裏實現着奇妙的統一。在更多的場合，由這種人生卑微感激發的內心痛苦，又透過往事與現實、故土與陌路、鄉村與都市的對立表現出來。在佔有一半比重的鄉村題材作品裏，沈從文扯起了故鄉風情綿綿不斷的回憶，企圖從往事中尋找由友誼和親情構成的人間溫暖與同情。卽便在那些往事不堪回首的行伍生活裏，似乎也滲透着一種甜蜜。這多數的往事回憶，與其說是沈從文在發掘蘊含其中的社會人生意義，或是着意反映另一個世界的眞實（事件本身也確是眞實的），不如說是一串連綿的情緒的珠子。那種脈脈溫情的細流，恰恰是這個鄉下人在都市人生裏生活敗北的另一種心理反應形式。在這種情緒的籠罩下，一些在沈從文實際經歷中難以想像的可怕人事，反倒一例充溢着某種天眞嫵媚的情趣。——實際人生在作者筆下作了陌生化的處理。這種感覺有時是極細膩的，並被置於同都市人生直接對比的框架之中。

至少有兩年以上，我沒有聽到過鷄聲了。鄉下的鷄，則是民十時在沅州的三里坪農場聽過。也許還有別種緣故吧，凡是鷄聲，不問宅是荒村午夜還是清晨白晝，總能給我一種極深的感動。

我到菜市場去玩時，看到那些小攤子下面竹罩裏，的確也還有些活鮮鮮（能伸翅膀，能走動，能低頭用嘴殼去清理翅子但不做聲）的鷄。它們如同啞子，擠擠挨挨站着却沒有做聲。它們之所以不能叫，或者並不是不會叫，因爲凡鷄都會叫，就是鷄婆也能「咯咯咯」，只能時時擔驚受怕，想着那鋒利的刀，沸滚的水，憂愁不堪，把叫的事都忘懷了吧！好比我們人，到憂愁無聊時，不是連講話也不大願開口了嗎？

然而我還有不解者，北京的鷄，固然是日陷於宰割憂懼中，難道別地方的鷄，就不是拿來讓人宰割的？爲什麼別地方的鷄就有興致引吭高歌呢？我於是覺得北京古怪㉗。

鄉村雄鷄與都市公鷄，同樣面臨宰殺的威脅，在沈從文的感覺裏，卻出現了兩種截然相反的情狀。它們是同一心理狀態下兩種不同情緒的象徵。這「古怪」，是作者的感覺搗的鬼。

早期創作沿着鄉村回憶與都市寫實兩條線索展開，已經透露出沈從文在鄉村世界與都市人生，或者鄉村文化與都市文化相互參照中透視人生這一整體創作格局的萌芽。但這並不是有意爲之，它只是一種情緒的產物，不是也不可能被置於具哲學意味的理性之光的燭照之下，還沒有形成屬於成熟期的沈從文的兩相比較。這種成熟的比較，不僅需要理性的成熟，還需要伴隨理性成熟而來的那種「鄉下人」在都市文化面前擁有的心理優勢。因爲成熟期形成的沈從文在對立與交流的格局中建造的藝術人生的整體構架，是少不了「鄉下人」，對自身精神優勢的確認的。

㉗〈怯步者筆記——鷄聲〉，《現代評論》第三十八期（一九二五年八月）。

然而此時，支配着這個「鄉下人」的，卻是在都市中因生活敗北而產生的卑微感。他正「感到金錢和女人兩方面的壓迫」㉘。在敍寫自己都市遭遇的作品裏，有相當一部分涉及對異性的強烈欲求，以及對自己在異性面前膽小怯懦性格的反省，這是沈從文坦率的內心獨白。這些作品，眞實地表露了主人公內心裏的情欲衝動，幾乎就是沈從文自己心理活動的模寫。這並不奇怪，一個二十四五歲的青年，不可能擺脫異性的誘惑，他逃不出自然法則的制約。〈第二個狒狒〉敍述他在劇場看戲，當「老爺」帶了兩個小玩物坐上前排，在他身邊空座上塡上兩個「奇麗肉體」時，他禁不住想起《聖經・雅歌》裏讚頌女王大腿「圓潤好像美玉」、「頸項好像象牙臺」的詩句，心裏起了波浪。

迦密山只在他之前不過三寸間隔，但給了他歡喜也給了他憂愁：因巴特拉並門旁的水池時時同過去，牽引他幾同想伸手摩撫一次那瑩然如玉的象牙台，蘋果的香味，使他昏迷如痴。……

這位不幸的少年，終於犯了許多心的罪孽，在巴特拉並水池的鑒照下，也成了一個卑劣東西了㉙！

㉘〈煥乎先生〉，《沈從文文集》第二卷，花城出版社、三聯書店香港分店一九八二年版。

㉙〈第二個狒狒〉，載一九二五年八月二十二日《晨報副刊》。

因這種對異性的欲求無法獲得滿足，這種「心的罪孽」便屢屢發生，也常常因此翻愛爲仇，將女人視爲自己的『敵人』」。因爲「每一個少年女人擦身邊過去時，卻能同時把他的心帶去一小片兒。」㉚

這當然不是愛情，它只是一種本能的生理反應。他也感到這種本能衝動排洩造成自己的心理病態。「呵呵，這成什麼事？我太無聊了！我病太深了！我靈魂當眞非找人醫治不可了！」——靈與肉的衝突折磨着他的靈魂，肉慾驅迫他下地獄，他竟產生了用錢買歡的念頭；理智又牽引他走出迷途，他自省到要擺脫純粹情慾的糾纏，去尋找眞正屬於人的情愛：

我所需要於人，是不加修飾的熱情，是比普遍人一般更貼緊一點的友誼，要溫柔，要體諒。我願意我的友人臉相佳美，但願她靈魂更美，遠遠超過她的外表㉛。

重要之處似乎不在如何率眞表現了作者對異性愛的欲求，也不在交織在這個鄉下人身上的靈與肉的衝突，——這在郁達夫等人的小說中表現得更爲突出有力——而是在這種追求中，晃動着的那個心理自卑、性格怯懦的鄉下人的身影。《老實人》、《煥乎先生》等小說，就是對這種怯懦性格的自剖。《老實人》中那位叫自寬的窮困學生，在公園裏遊蕩時，見兩位年輕漂亮女子，

㉚〈到北海去〉，載一九二五年八月二十五日《晨報・文學旬刊》。

㉛〈lào mel, zuo hen!〉，題意爲「妹子，眞美啊」苗語。載一九二六年八月三十日《晨報副刊》。

正在議論自己的小說，於是想入非非，企望能得其中一位做自己的妻子。內心的欲求驅使他與那女子攀談，卻反而弄巧成拙，被人視爲瘋子、流氓，引起警察干預，最後關進了派出所。究其失敗的原因，是他預先就被感覺中女人可望不可即的「高貴」所懾服，自慚形穢，缺少那份必需的自信與勇氣。這故事的某些情節可能是虛構的，人物的心理眞實卻是作者自身的心理眞實：「這漢子（可以說是無用的漢子），『勇敢』二字不知在什麼時節就離開他身體而消失到不可找尋的地方去了。」㉜

自然，這些早期創作，在藝術上是幼稚的。對一個只有小學畢業文化程度的文學青年，——他沒有由中學而大學以及出國留學那份福氣——在一種不易想像的艱難處境裏實行自我教育的「習作」，自不必責之過切。正如他自己所說：「我從事這工作是遠不如人所想的那麼便利的。首先的五年，文字還掌握不住。」㉝所謂「文字還掌握不住」，當然不只是形式與技巧問題。最主要的，是他尚無力向生活的深處開掘，刻劃缺乏必要的深度、廣度和力度。例如，偶然事變完全改變生命進程的人生現象，早就引起過沈從文的關注。這也許來源於他行伍中的好友，如文頤眞、沈萬林、陸弢等人，在意想不到的災難中猝然結束了生命這類事件的刺激。〈初八那日〉寫

㉜〈焕乎先生〉，《沈從文文集》第三卷，花城出版社、三聯書店香港分店一九八二年版。

㉝〈二十年代的中國文學〉，載《海內外》一九八〇年第十一——十二期。

一個卽將娶親的鄉下小伙子，被突發的大風吹塌的積木壓斃，〈石子船〉敍述一個深明水性的水手下河摸魚時，手被石縫卡住，活活憋死。這些偶然事變帶來的人生命運的陡然轉折使沈從文感慨不已。他朦朧地感到了其中蘊含着的人生哲理和「詩」，但他無力提取出來，只能復述這些事件的表層現象——他無法將人物的悲劇命運置於一種內涵深廣的人生哲學的燭照之下。而文字的粗疏顯示他還不善描寫，卽便某些細部描寫捕捉到事象的特有風韻，卻也無力展開，只有借助似曾相識的生活經驗與感受加以補充，讀者才能感覺到作者所欲表現的風貌全景。

盡管如此，這些作品仍以情感的眞摯和天眞的自然之趣，誕生了沈從文獨有的風格，而這，正是〈遙夜——五〉獲得林宰平的稱讚，〈市集〉得到「志摩的欣賞」的原因。

> 這是多麼美麗、多麼生動的一幅鄉村畫。作者的筆眞像是夢裏的一隻小艇，在波紋瘦鱗鱗的夢河裏蕩着，處處有着落，却又處處不留痕跡，這般作品不是寫成的，是「想成」的。給這類的作者，批評是多餘的。因爲他自己想像是最不放鬆的，不出聲的批評者；獎勵也是多餘的，因爲春草的發青、雲雀的放歌，都是用不着人們的獎勵的㉞。

雖然，沈從文稱這是使他「背膊發麻」的讚語，卻也並非沒有根據的吹噓。

㉞ 徐志摩：〈志摩的欣賞〉，載一九二五年十一月十一日《晨報副刊》。

第六章　海上的漩流

一、一個配角

一九二七至一九二八年間，中國的政局發生了重大變化。一九二七年四月，「清黨」事起，國民政府在南京成立，取代北洋軍閥政府的統治。七月，汪精衛與蔣介石實行「寧漢合作」，第一次國共合作至此完全破裂。

隨着中國政治重心的南移，出版業的盈虛消長也出現了變化。上海的新書業獲得了發軔勃興的機運。

這一變化直接影響到沈從文在北京的去留。這時，已分別出版過沈從文的《鴨子》和《蜜柑》的北新書店及新月書店，已先後遷往上海，有較多機會發表作品的《現代評論》也已離京南下；而原先在上海的《小說月報》，因葉聖陶負責編輯的緣故，沈從文的作品在上面獲得了一席之地。

生活對沈從文依然嚴峻。一九二七年，母親和九妹從湘西來到北京，和沈從文住在一起，一家三口的生活全靠沈從文的稿費收入。北京原有的基礎既已失去，上海又依稀閃露出謀生存、求發展的虹彩幻影，於是，沈從文決定離京南行。去留取捨的結果，決定了沈從文隨後幾年的人生際遇。

一九二八年一月，沈從文讓母親和九妹暫留北京，獨自先行到了上海，住進法租界善鐘里一個托上海的朋友預先租定的亭子間。隨後，再由亭子間遷入正樓大房。

三月的一天，胡也頻和丁玲突然出現在沈從文面前。由於二人不準備在上海長住，故來這裏尋一臨時歇腳之處。房裏除一桌一椅一木床，別無他物，於是，二人在地板上攤開被蓋住了下來。

他們一來，沈從文就發現，這兩位朋友的言辭間就發生着不明所以的齟齬。第二天一早，兩人便爆發了激烈的爭吵。對此，沈從文不再感到突兀。這呆子，以爲這爭吵不過是兩人在北京時的舊戲重演，屬於年輕情侶常見的爲一點小事的鬪氣任性。那時，每逢沈從文在場，總是極力從中轉圜、勸解，讓兩人平靜下來。從已有的經驗中，他知道這是青年夫妻間容易發生的事，當雙方稍稍冷靜下來，又會重歸於好。因此，他常常一邊勸解，一邊心裏想：

我若是懂事明理的人，我會看得出這是用不着救濟的事，一分凝固生活有時使人厭倦了，一點點新的發現照例就常常使人眩目。然而這眩目決不是很久的事，一時的幻覺必不至於使人永遠糊塗。同時，這過失若不過是由於過分熱情而成的多疑與多嫉，則只需要一分稍長的時間，一切誤會就弄明白了❶。

沈從文常常將主要責任歸於胡也頻，以為兩人發生誤會的原因，一定出於胡也頻的偏執熱情與不必要的疑嫉。然而這次爭吵，似乎有點不同了。

男的說：「我知道你不愛我，已愛了別人。」

女的說：「你不愛我你才不信任我。」

男的又說：「我就因為太信任你，你就去會他。」

女的又說：「你那麼多疑自私，還說在愛我！」

男的又說：「我信任你，你就成天到他住處去……」

女的又說：「我到他那兒去，你不是明知道為了什麼事情嗎？」

話說得再重點時，於是女的就把大衣脫去，把皮夾中所有的貨幣倒出，一面哭泣一面傷心地說：

「頻，頻，你莫說了，你瞧，我一個錢不要，空着這兩隻手，我自己走了，你不必再找我！」

男的也彷彿有理由十分生氣，接着就說：

❶《記丁玲》，上海良友圖書印刷公司一九三四年版。

「好，美美，你走你的，我知道你離開我就到什麼人的身邊。」

女的氣得臉色發青，一面開門答着：

「是的，我就是去他那裏。我愛他，我討厭你。」

「我早知道你是……」

「那你爲什麼像瘋子一樣追我趕我？」

男的見女的盡哭，盡把我送她那副美麗羊毛手套用牙齒咬得破碎不成樣子，又見我守在門邊，女的並不出門，就十分生氣地說：

「你要走，你走你的，我不留你！」

女的自然就極力推我，想攫取我衣袋中鑰匙，見我不讓她就說：「從文，你這是怎麼？你讓我走！我絕對不再留在這小房中！你不許我走，我就生你的氣！」

那男的於是也說：「休，休，你盡她走，她有她的去處！」

我讓她走我才眞是傻子！因爲我已經有過了很好的經驗，這一個抖氣走了，另外一個等會兒還是坐了車輛各處去找尋，把熟人處、公園、影戲場，無處不找到。我還得奉陪來作這種可笑的事情。當天找不着時，我又得用一切話語來哄着這一個，且爲那一個擔着心。日光下頭的事全是舊事，這一次自然還同上一次差不多。上海地方那麼寬，要我放走了這個，又去陪那一個向各處做捉迷藏的玩意兒，一面還時時刻刻揑着一把汗，以爲一個假若因爲慪氣跳水服毒，一個就會用小洋刀抹脖子自殺，簡直是一種無理取鬧小孩子的行徑，這種行徑也眞夠麻煩人！

女的旣不能走，男的後來便又想走了。這海軍學生雖然體力比我好些，但到了這些時節，自然不會把我屈服得下，我決不能把手中鑰匙盡他搶走。

於是三人支持下來，兩人皆如莎士比亞戲劇中名角的風度，用極深刻精粹的語言，互相爭辯同詰難，我則靜靜地倚定在房門邊，看這充滿了悲劇與喜劇意味的事件自然發展❷。

沈從文終於從兩人的辯難和陳述中，明白了這次爭吵的起因和主題所在。

原來還是住在北京漢園公寓時，沈從文、胡也頻、丁玲的文章都有了出路，三人卻打算依靠稿費的收入，將來到日本去讀書。要去日本，需先學日語，而要學日語，又需教日語的人。起初，這只不過是掛在三人口頭上的夢想。可是，在沈從文離開北京前後，丁玲已開始實行這個計劃，已由王三辛介紹馮雪峰來敎丁玲的日語。然而如此一來，在胡也頻和丁玲原先表面平靜的生活裏，掀起了極爲尷尬的情感波濤。

自然的，這先生上課一禮拜後，兩人之間便皆明白了這種學習有了錯誤，她並不適宜於跟

---

❷《記丁玲》，上海良友圖書印刷公司一九三四年版。

這個人學日文，他却業已起始跟她學習愛情了❸。

沈從文顯然被蒙在了鼓裏，丁玲自己並不以爲這是什麼錯誤。她在後來回憶說：

我認識雪峯是在一九二七年冬天，王三辛介紹他來教我日文。那時，留在北京的左傾知識分子較少，我們都因種種關係，限於條件，未能到火熱的革命的南方去，旣感到寂寞，又十分嚮往。特別是在國民黨反共的「四一二」事變以後，經常聽到一些使人沉痛的消息時，我們像飄零在孤島上的人，四望多難的祖國，心情無比憤慨、惆悵。因此我們相遇，並沒有學習日語，而是暢談國事、文學和那時我們都容易感受到的一些寂寞情懷。不久，一九二八年春天，雪峯到南方去了，我和也頻隨卽到了南方，我們是各自奔忙❹。

當然不只是談革命，也談愛情。由於兩人之間愛情的火焰愈燃愈熾，馮雪峰準備繼續留在北京，丁玲不同意這麼做。於是，馮雪峰先到了上海，並去杭州葛嶺爲丁玲、胡也頻租了房子。隨後，丁玲和胡也頻也趕到上海。在胡也頻與丁玲發生爭吵的第二天，兩人又一起去了杭州。而沈從文卻以爲他們去杭州是「爲了逃避這種感情糾紛」。——他又一次被蒙在鼓裏。

在他們去杭州後大約第六天晚上，胡也頻又獨自形色匆匆地跑到了沈從文的住處。沈從文問

---

❸《記丁玲》上海良友圖書印刷公司一九三四年版。

❹丁玲：《憶雪峰》。

他爲什麼一個人返回上海時，胡也頻臉上露出凄慘的微笑，只說自己不再回杭州。等兩人在床上躺下後，沈從文詳細地詢問了事情的前因後果。胡也頻怒氣沖沖地申訴了因馮雪峰在杭州的介入所出現的難堪局面，以及自己和丁玲雖同居數年，卻仍在某種「客氣」情形中相處的種種情形。沈從文想起幾天前兩人發生爭吵時，胡也頻粗暴地用腕力挾持丁玲，並晃起拳頭威脅她時，爭着吵着的丁玲反倒安靜下來的情景，以爲一個女性固然需要男子的柔情，有時也需要一點「粗暴」——他覺得自己找到了問題的癥結，遂將自己所知道的有關夫妻生活的科學知識，說給胡也頻聽，並勸他回到丁玲身邊去。第二大，胡也頻聽從沈從文勸告，重返杭州去了。不久，發生在胡也頻、丁玲、馮雪峰三人間的風波，終於以馮雪峰離開杭州平息了下去。得到消息，沈從文以爲是自己的建議起了作用，還頗爲自得。這個呆子，又一次以主觀臆測代替了事實——他將胡也頻與丁玲之間的衝突，單純地歸因於男女間生理上的不相諧和。

事實上，在丁玲與馮雪峰之間發生的，是一種雙方在靈與肉兩方面都感到滿足的愛情，丁玲所自稱的「偉大的羅曼史」。而在當時，丁玲既不可能將自己的眞實感情告訴胡也頻，更不會向沈從文吐露，這是可以理解的。幾年後，她向尼姆．韋爾斯談及當時的情形時說：

……隨即我有了一個「偉大的羅曼史」。我從未和胡也頻結過婚，雖然我們住在一起。一天，有一個朋友的朋友來到我們家裏，他也是詩人。他生得很醜，甚至比胡也頻還要窮。他是一個鄉下的典型，但在我們許多朋友之中我認爲這個人特別有文學天才，我們一同談了許多話。在我一生中，這是我第一次看上的人。這人本來打算到上海去的，但他現在決定留在北京。我不同意這個，而要他離開，於是，他離開了。兩星期後我追了去——胡也頻也追了來。我們一同在上海只過了兩天時，我們三個決定一同到杭州那美麗的西湖去，這在我是一個非常複雜的局面。雖然我是深深地愛着另外那個人，但我和胡也頻同居了許多時候，我們彼此有一種堅固的感情的聯繫。如果我離開他，他會自殺的，我決定我不能和我可愛的人在一起，對他說：雖然我們不能共同生活，我們的心是分不開的；又說，世界上只有一個人是我所愛的，無論他會離開多麼遠，這個事實可永遠不會改變。所以我們的愛只得是「柏拉圖式」的了。這決定使他非常悲哀，所以我終於不得不拒絕和他見面，把關係完全切斷。我仍然和以前一樣愛他，但把這個連他都保守了秘密，退回了他全部的信。關於這個人我不再多說了，雖然這故事現在已是一個公開的秘密❺。

丁玲從馮雪峰那裏，獲得的是一種靈與肉相統一的眞正愛情。他們三人之間風波的平息，是丁玲理智戰勝情感的結果，同時也由於馮雪峰的退避與胡也頻對丁玲的體諒。這理智，當然不是對傳統道德觀念的信守，而是出於丁玲不忍破壞自己與胡也頻之間「堅固的感情聯繫」。既然丁玲對馮雪峰的愛具有不可他移的性質，那麼她與胡也頻之間的這種感情，似乎與愛情並非一回

❺ 尼姆・韋爾斯：〈丁玲——她的武器是藝術〉，轉引自《丁玲研究在國外》，湖南文藝出版社一九八五年版。

事。丁玲對尼姆·韋爾斯的談話，是關於三人間關係的坦率的自白，應當是可信的。這在丁玲寫於一九三一和一九三二年的兩封〈不算情書〉裏，已有過同樣的表白。——〈不算情書〉也不算經過藝術虛構的小說，應當是丁玲當時感情的眞實記錄。

我不否定，我是愛他的，不過我們開始那時，我們眞太小，我們像一切孩子般好像用愛情作遊戲，我們造作出一切苦惱，我們非常高興地玩在一起了。我們什麽也不怕，也不想，我們日裏牽着手一塊玩，夜裏抱着一塊睡，我們常常在笑裏，我們另有一個天地。我們不想一切俗事，我們眞像是神話中的孩子們一樣過了一陣，到後來，大半年過去了，我們才慢慢落到實際上來，才看出我們是一個男人和一個女人，是被一般人認爲夫妻關係的。我們好笑這些，不過我們却更相愛了，一直到後來才見到了你。使我不能離開他的，也是因爲我們過去純潔無疵的大章。

在過去的歷史中，我眞正只追過一個男人，只有這個男人燃燒過我的心，使我起過一些狂熾的慾念，我曾把許多大的生活的幻想放在這裏過。我把極小的平凡的俗念放在這裏過。我痛苦了好幾年，我總是壓制我。……在和也頻的許多接吻中，我常常想着要有一個是你就好了。我常常想能再睡在你懷裏一次❻。

---

❻丁玲：〈不算情書〉，載《文學》一卷三期。

顯然，丁玲這裏所說的對胡也頻的愛，不是男女間的情愛，而是類乎密友或兄妹之間的愛。只有這種解釋才能與丁玲對尼姆・韋爾斯的談話相一致。如果這一推斷不算錯誤，那麼三人間關係最後處理的結果，對每個人都只能是一場悲劇。但在生活的表層上，胡也頻和丁玲的關係恢復了以往的平靜，「像一對度蜜月的伴侶」，在西湖邊度過了三個月的時光。這在沈從文看來，當然是一種喜劇結局。以至在八月間他去西湖靈隱石筍峰時，由胡也頻和丁玲陪同，參觀了兩人在葛嶺的住處，還興致極高地聽胡也頻指點自己所寫的《來了客的黑夜》裏的那個「賊人」，當眞從某處爬入、某處逃走。——這個褱在鼓裏的配角，不能不又一次地在《記丁玲》中陷入主觀推測。在〈記胡也頻〉裏，他自己也承認「這問題，結束到什麼情形裏，我依然是沒有明白的。」

然而，就在胡也頻、丁玲、馮雪峰三人間的風波平息下去不久，一些關於沈從文和胡也頻、丁玲的「三角戀愛」的傳聞，開始在上海灘不徑而走，隨後還變成文壇艷聞出現在上海的小報上。例如刊登在《雷雨》創刊號上的〈丁玲小傳〉，就這樣寫道：

……她的第二部作品《莎菲女士的日記》也受到廣大讀者的好評。此後連續發表的小說無論在風格還是在闡明支那精神方面都顯示了深刻而重要的發展。胡也頻在二個月後從北京南下，沈從文也接着來了，他們三人在法租界的倂靜地同居。這種三角戀事件受到全國的詆毀。但他們並不以爲慮。有時爲妒嫉，或爲經濟問題、思想問題他們激烈爭鬪過，但總的來說，他們這段生活是繁忙而愉快的。他們作詩寫小說，還繪畫，出版了各種雜誌。但結果都遭到失敗或被封禁。

沈從文聽到有關傳聞是在一九三一年一月。那是他從武漢大學返回上海的寒假期間，一些熱心的熟人朋友當面向他提及的。這在〈記胡也頻〉裏有過隱隱約約的透露：

那時還有一些屬於我的很古怪的話語，我心想，這倒是很奇異的事情，半年來上海一切都似乎沒有什麼改變，關於謠言倒進步許多了❼。

丁玲將這種傳聞的起因歸於《記丁玲》一書中所說的三個人的「同住」。在〈胡也頻〉一文中，她談及《記丁玲》在海內外引起的種種猜測後說：

上述所謂的「同住」就是問題之一，國內外來信詢問的也頗不乏人❽。

在《記丁玲》裏，沈從文是在敘述胡也頻拿丁玲想當電影演員而終於失望的往事，和丁玲開玩笑一事後說：

說到這些事情時，已在幾人同住上海的時節❾。

在另一處，沈從文寫道：

兩人皆覺得非遷個住處不可，恰好我住在新民邨也正需要搬家，故商量去找一相當房屋，

---

❼〈記胡也頻〉，《沈從文文集》第九卷，花城出版社、三聯書店香港分店一九八四年版。

❽《胡也頻選集》，福建人民出版社一九八一年版。

❾、❿《記丁玲》，上海良友圖書印刷公司一九三四年版。

預備三人同時可以住下⑩。

同樣的說法，在〈記胡也頻〉裏，沈從文談及三人在北京時的往事時，也曾出現過。

在銀閘一個公寓裏，我們是住過同一公寓的，在景山東街一個住宅裏，我們也住在同一公寓裏，到後在漢園公寓，仍然又同住在那個公寓的樓上⑪。

「同住」並非「同居」，二者的區別，在漢語的習慣用法裏，應當是明確無誤的。「同住」二字引起的一些海內外人士的疑問，大約是受了有關傳聞的影響，企圖從當事人那裏尋找佐證的一種聯想。沈從文用不着以有意的含糊來混淆視聽，以損害丁玲的名譽。至少，貶損別人同時也髒汚自己，卽便對沈從文自己，也不是什麼聰明之舉。丁玲在「同住」二字上產生的未曾明言的驚訝，似乎同她直到八十年代才讀到《記丁玲》一書時的整體心境有關。其實，早在一九三一年，她就看過有着同樣提法的〈記胡也頻〉。由於時間過去了五十年，她大約是早已忘卻了。

實際上，這「同住」，在上海期間，指的是沈從文、胡也頻、丁玲三人共同租賃薩坡賽路二〇四號一事。當時，胡也頻、丁玲及丁玲母親住二樓，沈從文和母親、九妹住三樓；在北京漢園公寓的「同住」，也曾引起過一些猜疑。當時是這座公寓小主人的美籍華人黃伯飛，在他的一篇回憶文字裏，作過這樣的說明：

---

⑪ 〈記胡也頻〉，《沈從文文集》第九卷，花城出版社、三聯書店香港分店一九八四年版。

這幾位住在漢園公寓的青年，我雖然只是個十三四歲的孩子，不知怎的卻都知道他們搞創作。我和沈從文所住的房間只是一牆之隔。沈從文的房間是樓後坐二樓左角的一間。我的房間正對着圍繞天井的左邊的走廊。沿着左邊走廊的兩個房間，一間是胡也頻的，一間是丁玲的。這兩個房間彼此相通，他們兩個只用靠近樓梯的一個門口出入。

這三個人我常見的是沈從文。他每次外面回來差不多總是挾着一些書籍和紙張，脚步迅捷地走到我的房門前邊就向左一轉走到自己的房間去。胡也頻總是一早就出去，很晚才回來，有時幾天都看不見他。丁玲則多半的時間躲在她的房間裏⓬。

關於這種傳聞究竟是否確有其事的問題，沈從文和丁玲的回答都是否定的。一九八四年，筆者曾當面向沈從文提及這個問題。對這個持續了半個世紀的傳聞，沈從文帶着幾分難以理喩的厭煩。沈夫人玩笑似地插話說：「不必迴避，有什麼就說什麼吧。」沈從文搖搖頭，以不容置疑的口氣說：「沒有這回事，那是上海小報造的謠。」

盡管如此，作爲對事實確證的要求，當然不能僅以本人的證言爲準。然而，倘若承認男女間的性愛，並非僅僅是一種生理欲求，它還需要情感與精神（包括雙方的人格、氣質）的相互吸引，那麼，一貫被丁玲看作「軟弱」、「動搖」、「膽小」的沈從文，是不會引起丁玲情感和精

⓬〈確實有緣〉，載《海內外》一九八一年第二八期。

神上的共鳴的，她與沈從文的關係，卽便在當時，也不會超出朋友之間的範圍，應該是可以相信的。

二、薩坡賽路二〇四號

天氣漸漸熱起來。西湖已不適宜久住。七月，胡也頻和丁玲從杭州來到上海，住永裕里十號。這時，上海《中央日報》的總編輯彭浩徐（學沛）——前《現代評論》的編輯，與胡也頻在北京時相熟，聽說也頻到了上海，遂邀請他擔任該報副刊的編輯，每月可得二百元的報酬⑬。其時，沈從文正陪母親去北方看病，等他重新返回上海，在胡也頻、丁玲處得知這個消息後，三人商量將這副刊定名爲《紅與黑》⑭。又由這副刊，激活了三人在北京時萌發的自己辦刊物的幻想。——這時，新書業已成爲上海商業贏利的時髦行業，由於眼紅北新書局的興旺，現代、春潮、復旦、水沫、開明、華通、金屋等一批新書店相繼開張，新書業的勃興，無意中爲作家的作

---

⑬ 據丁玲回憶，胡也頻編《紅與黑》副刊，每月可拿到七八十元的編輯費與稿費。

⑭ 談到胡也頻編《紅與黑》副刊的起因時，丁玲說：「正好彭學沛在上海的《中央日報》當主編，是《現代評論》派，沈從文認識他，由沈從文推薦胡也頻去編副刊，也頻當時不完全了解報紙性質。……但因沈從文的關係，便答應到《中央日報》去當副刊編輯。」——丁玲：〈胡也頻〉，《胡也頻選集》，福建人民出版社一九八一年出版。

品開通了出路。沈從文、胡也頻、丁玲三人的作品也獲得了相應的發表與出版的保障。這一情勢直接刺激了三人的冒險——三人又商定了編輯出版《紅黑》、《人間》雜誌的計劃。

在接手《中央日報》副刊的編輯後，胡也頻和丁玲搬到了薩坡賽路一九六號。這時，沈從文住馬浪路新民邨，爲商量與籌備《紅黑》、《人間》雜誌的出版，沈從文幾乎每天都到他們那裏去，連伙食也包在了一處。一個多月後，由於沈從文的出現，煽起了房東青年妻子微妙的感情欲望，胡也頻感到在那裏繼續住下去已不合適，而沈從文也正需要搬家，於是，三人共同租賃了薩坡賽路二〇四號。胡也頻、丁玲及丁玲母親住二樓，沈從文和母親、九妹住三樓，開始了其後一年間共同的緊張而忙碌的編輯與寫作生活。這時，胡也頻父親恰好來上海，答應爲他們轉借一千元籌辦刊物和紅黑出版社。於是，三人商定，由胡也頻負責《紅黑》雜誌，沈從文和丁玲負責《人間》月刊，並在各書店出版三人取名爲《二〇四號叢書》。

一九二九年，《紅黑》與《人間》兩個月刊的創刊號，分別於一月十日和二十日出版發行，三個人醞釀了長達四年之久的夢想終於變成了現實。

《紅黑》第一期出版發行後，三個人一起趕到集中了上海各書店的四馬路和北四川路，去看刊物出售情況。他們從一家書店溜入另一家書店，每人既緊張又興奮。各家書店櫥窗裏都陳列了這本新刊物，在他們眼裏，由劉既漂設計的刊物封面，「紅黑」二字顯得既極醒目，又格外厚重大方。看着讀者正拿着這期刊物翻閱，三人你看看我，我看看你，臉上都露出了會心的微笑。幾天後，他們又分頭跑到各處去打聽銷路，所得的情況比他們預料的要好——《紅黑》第一期僅在上海就賣出了近一千本，這在當時，是一個極可觀的數目。北京、厦門有朋友願意為他們幫忙發行；武漢、廣州也有朋友陸續來信，希望他們能夠多寄一些。種種情況使他們高興得臉上發紅，預備各期增印到五千份。

一份迅速增長的信心成為推動他們生活與工作的動力。雖然，以三人之力，支持兩個刊物，是一種極為沉重的負擔——最初的稿件，幾乎全部出自三人之手，編輯、出版、發行各種繁雜事項，均得自己動手。然而，這是他們自己的刊物，是用自己心血孕育、催生的嬰兒。在沈從文看來，它是三個文學青年在社會壓迫的困境中，實證生命價值的象徵。於是，在胡也頻身上，迸發出驚人的實幹精神。他既要負責編輯，又要跑印刷所，送稿，算帳，購買紙張，接洽書店；沈從文和丁玲則待刊物印出，便忙着抄寫訂戶名單，然後按名單將刊物分寄各處，或付郵到外埠，或親自送刊物到上海各書店。雖十分忙碌，精神卻十分愉快。

《紅黑》和《人間》是他們爭取文學「獨立」的產物。——在與文壇其他作家的關係上，他們渴求自主，避免捲入不必要的門戶之爭；在文學與商業的關係上，又希望不俯就商業贏利的趣味。其時，在上海文壇上，無產階級文學運動正開始勃興，在創造社、太陽社的作家和魯迅、茅盾等人之間，正爆發着關於「革命文學」問題的激烈論爭，國民黨政府正着手實施「黨治文化」，制定「三民主義的文藝政策」，開始醞釀所謂「民族主義文藝運動」，以便同無產階級文學運動相抗衡。而上海各書店的老闆，又正以商業贏利爲目的，迎合讀者趣味，竭力使文學作品商品化。雖然，沈從文和胡也頻三人對文學與政治的關係，無形中開始出現了並不完全一致的理解，卻共同不滿意於摻雜着某些意氣用事的無休止的理論論爭，對文學商品化傾向又懷有共同的不滿與厭憎。正如丁玲後來所說，他們出版《紅黑》，是「幾個又窮又傻的人，不願受到利慾薰心的商人的侮辱，節衣縮食想要改造這種唯利是圖的社會所進行的共同冒險。」[15]——這種共同的認識，成爲維繫三人關係和《紅黑》、《人間》刊物的紐帶。

在《紅黑》發刊詞〈釋名〉裏，他們這樣寫道：

> 紅黑兩個字可以象徵光明與黑暗，或激烈與悲哀，或血與鐵……這紅和黑，的確是恰恰適合於動搖時代之中的人性的活動。……但我們不敢掠美。我們取紅黑爲本刊的名稱，只是根據於湖南湘西的一句土話，例如「紅黑要吃飯的」！這句話中的紅黑便是「橫直」的意思、「左右」意思、「無論怎樣總得」意思。……因爲對於這句爲人「紅黑都得吃飯的」這個土話感到切身之感，我們便把這「紅黑」作爲本刊的名稱[16]。

發刊詞流露出沈從文一貫堅持的不從外部形式上俯就「時代興味」的思想傾向，和堅持刊物

[15] 丁玲〈胡也頻〉，《胡也頻選集》，福建人民出版社一九八一年出版。
[16] 〈釋名〉，載《紅黑》第一期（一九二九年一月）。

獨立地走自己的路的決心。〈釋名〉代表着三人當時的共同心聲。

我們起始寫文章的時節，希望的只是盡我們的力，給這個日趨寂寞的新文學重新再能夠與奮一次。

那時節正是新的創造社派在上海方面醞釀到「文學爲爭鬪工具之一」的主張時代，對立而作意氣抗辯的爲《奔流》一派人物，《新月》有梁實秋《罵人藝術》，是一本銷路最好的書。爲了方便起見，出版界譯了許多新書印出，上海方面還有幾個講「都市文學」的作家，也彷彿儼然能造作一種空氣[17]，我們是除了低頭寫作，什麼意見也沒有的。在亂糟糟的熱鬧空氣裏，鎮靜並不從我們身邊離開。我們自己知道一切從東方或西方轉販而來的意見和主張，出於許多人的口中，似乎已經很多了，當時却很少人來努力寫一點作品，故很希望自己做一點自己能夠作到的事[18]。

雖然在這期間，沈從文不願、也沒有捲入文壇的論爭，但文學論爭所涉及的一些實質問題，卻不能不促使沈從文思考。他反對文學成爲單純的政治鬪爭的「工具」，因爲那樣一來，文學就會成爲政治的副產品或點綴物。他看到了因此而出現的文學創作中的弊端：

[17] 指二十年代末出現在上海的「新感覺派」作家，如劉吶鷗、穆時英、葉靈鳳等。

[18] 〈記胡也頻〉，《沈從文文集》第九卷，花城出版社、三聯書店香港分店一九八四年版。

因爲有「思想」，他們就借一個厨子的口來說明「國際聯盟」以及不下於國際聯盟那種與二十世紀中國某公館厨子毫不相干的問題。他們想到革命，就寫革命，……他們能得大衆的了解和同情，是他們把習慣的一套給了時代，不像是時代眞正給了他們什麼⑲。

然而，沈從文也清醒地意識到，文學又不能不在寬泛的意義上與社會政治問題發生聯繫。這種文學與政治關係的矛盾統一現象，現實地擺在沈從文的面前。倘若將文學作爲社會變革的一個手段，並非爲着追趕政治時髦，而是出於作家嚴肅的選擇與眞誠的追求，——他不否認這是一種客觀存在，那麼，又當如何？

> 「說明這個社會這個民族的墮落與腐敗，修正這個社會制度的一切不能繼續下去的錯誤」，把文學凝固於一定方向上，使文學成爲一根槓桿，一個大雷，一陣風暴，有什麼不成⑳？

沈從文一面在心裏這樣問，又一面在心裏回答說：

> 文學原許可人作這種切於效率的打算。文學雖不能綜合各個觀點不同的作者於某一方面，但認清了這方面的作者，卻不妨在他那點明明信仰上堅固頑強支持下去㉑。

---

⑲〈一個母親·序〉，上海合成書店一九三三年版。

⑳、㉑《記丁玲》，上海良友圖書印刷公司一九三四年版。

文學是用生活作依據，憑想像生着翅膀飛到另一個世界裏去的一件事情。它不缺乏最寬泛的自由，能容許感情到一切現象上去散步。什麼人他願意飛到過去的世界裏休息，什麼人他願意飛到未來的世界裏休息，還有什麼人，又願意安頓到目前的世界裏：他不必爲一個時代的趣味拘束到他的行動。若覺得在「修正這個社會的一切制度」的錯誤，而把意識堅固，做一點積極的事情，他仍然不缺少那個權利。他有一切權利，却沒有低頭於一時興味的義務㉒。

沈從文不反對文學爲修正社會制度的錯誤作出努力。相反，他自己的文學創作，實際上也從未脫離修正社會制度的錯誤，向人類遠景凝眸這一總的追求。然而，他卻寧願走一條在他看來雖不「切於效率」，卻更帶長遠影響的文學創作道路。這是與他對文學相對於政治的「獨立」性的確認分不開的：

我不輕視左傾，也不鄙視右翼，我只信仰「眞實」……文學實有其獨創性與獨立價值㉓。

既不願與國民黨合作，以獲取政府的津貼；又不願效法商人，迎合讀者的一般趣味以贏利，他們的努力不能不是一次天眞的冒險。其結果，他們不得不一面爲刊物而奔忙，一面應付沉重的

㉒ 〈記胡也頻〉，《沈從文文集》第九卷，花城出版社、三聯書店香港分店一九八四年版。
㉓ 《記丁玲》，上海良友圖書印刷公司一九三四年版。

生活壓力。自一九二八年來到上海以後，沈從文不得不為一家三口的吃飯問題而掙扎。在北京時，沈從文最大的奢望就是每月能有三十元的固定稿費收入。眼下，雖然每月的稿費收入已超出這個數目的幾倍，可是，按上海的生活標準，每月二十元房租，十元水電費，加上三口人吃飯，每月支出至少在一百元以上。這時，母親的肺病正逐漸加重，成天咳嗽、咯血，九妹又要上學。治病、上學的開支也得靠賣文籌措。而上海各書店的慣例，十萬字左右的集子，只能拿到一百元左右的稿酬。除辦刊物外，沈從文幾乎將全部時間用於寫作。雖然，一些新開張的書店，如光華、神州國光、華通等，出書時都要沈從文給他們打頭炮，為得到他的書稿，正慷慨大方地贈與他「名家」、「天才」各種名頭，可是一到需要支付稿費時，卻極盡敷衍、拖欠、賴賬之能事，常常讓沈從文失望而歸。一九二八至一九二九兩年間，幾乎上海所有的書店和大型刊物都有沈從文的作品發表和集子出版，現代、新月、神州國光、北新、人間、春潮、光華、中華、華光各書店，就分別出版了沈從文的十多個作品集。可是，書出來後，沈從文卻總是不能按時得到應有的報酬，常常不得不親自上門索取，他解嘲似地稱自己為「文丐」，盡管如此，也不能每次如願。一九二八年十月，光華書店一次就出了沈從文的兩個小說集——《山鬼》和《長夏》，可是吝嗇的書店老闆給了一百塊錢就再也不給了。

由於手頭窘迫，沈從文從法租界動身到四馬路去，請求書店從他應得的份額中支出幾十塊錢，以應付家裏的燃眉之需。

他走進書店，在櫃臺邊找到辦事人，向他說明了自己的來意。

「這不行。」辦事人回答說。

沈從文說：「手頭緊，等着用錢，房租、水電費要錢，家裏病人等着看病。你們譬如作好事。……不給可不行。」

那辦事人望望沈從文，卻不作聲。那神氣彷彿在說：「怎麼不行？」

「凡是我應該得的錢就要，別的無話。」

辦事人笑笑，帶着「一個錢也不行，別無可答」的神氣，嘴裏卻這樣說：

「經理有話，說還有人一個錢也沒拿呢。」

……沈從文囁嚅着，再也無言以對。他只感到全身軟了下去，似乎四周都有眼睛盯着他，好像不是書店欠他的錢，倒是他跑上門來無理取鬧，他站在櫃臺邊，不說話也不走，只呆呆地看着到書店來買書的人進進出出。有的人正拿起沈從文寫的書，翻看，付款，離去；又有人以為沈從文是書店的伙計，要他取書來看。沈從文心裏想：一些人買書，一些人賺錢，而作者卻兩手空空。所謂新文學運動的擴張，意思就是把這種關係顯明地維持而已。

書店的辦事人不再理會沈從文，已經忙別的去了。沈從文知道等下去不是辦法，空手來還得空手去，便離開櫃臺，走出書店大門。他感到十分疲乏，便在門口石凳上坐了下來，漫無目的地望着街景。進進出出的購書讀者，不時有人有意無意地望了沈從文一眼。他們中正有着沈從文作品的熱心讀者，但誰也不會想到，這個呆頭呆腦坐在石凳上的人，正是被書店老闆和刊物編輯廉價地贈與「天才」桂冠的沈從文。想到十年來新文學作者受着官商的壓迫，單靠寫作幾乎難以爲生，如同自己一樣，在旁人難以想像的情形中掙扎，一些小報卻正在造謠說自己發跡買了一幢大房子；然而，也正由於這些書店老闆的競賣，無意中將新文學作品向讀者中普及，已形成不可逆轉之勢，沈從文不由得流露一絲苦笑。

又一個小時過去了，沈從文仍然呆坐着。大約是坐得書店的人有點不好意思。——他們以爲沈從文正在生書店的氣，賴在這裏不肯走，終於走出一個熟人，客氣地對他說：

「等經理回來，我們再同他說說，你明天再來看結果，如何？」

這一來，沈從文不走不行了。他的精神結構裏，缺少魯迅贊揚過的上海「青皮」氣質，面皮太軟，無法與人爭鬥翻臉。門坎極精的上海書店老闆們，大約正在摸透了他的脾性，才這樣軟硬兼施地與他敷衍、搪塞。

沈從文走出四馬路過東新橋時，夜幕已經落了下來，路燈放射出的慘黃的光芒，照得蘇州河面泛起一片黯淡的回光。

唯一的辦法還是伏案寫作，再將寫成的新作廉價地賣出去。然而貧與病似乎是孿生兄弟，生活的壓力，工作的勞累，使沈從文的身體十分虛弱。不知是不是他在保靖那場大病後留下的後遺症，每當他坐在斗室裏，面對一堵白色粉牆伏案寫作時，三天兩頭會突然頭痛難禁，接着便是不停地流鼻血。那情景十分駭人，常常弄得嘴角、下巴、衣襟、稿紙以及用來揩拭的毛巾上全都血跡模糊。一次，在復旦大學讀書的陳萬孚夫婦來看沈從文，當他們推開門一看，眼前的情景使他們驚呆了，只聽得「啊呀」一聲，陳萬孚夫人竟嚇得昏倒過去。結果，累得大家忙着去請醫生，反過來搶救這位夫人。

每當這時，沈從文的心境總是十分悲涼，絕望的陰影不時掠過他的心頭。在這兩年間他所寫的文字中，「自殺」、「死亡」以極高的頻率反復出現。那些帶自敍傳色彩的小說，如〈一個天才的通信〉、〈獃官日記〉、〈不死日記〉裏的主人公，在貧病和社會黑暗的兩面夾擊下，常常免不了自殺的悲劇結局。這自然是沈從文心理情緒的反射。沈從文自己並沒有試圖自殺，他還冀望通過艱難的掙扎，去證實生命的價值。他常常想：

……我還是應當把命運扔給我的一切，緊緊捏在手上，過着未來許多日子的。我還應當看許多世界上的事情㉔。

由於不忍心看着自己連累兒子受苦，沈從文的母親終於在一九二八年年底（或一九二九年初）離開上海，獨自返回湘西去了。

一九二九年春，沈從文、胡也頻、丁玲三人所辦的刊物，已開始險象環生，《人間》月刊出

㉔〈一個天才的通信〉，《紅黑》第三期（一九二九年）。

到第四期便不得不宣告終結，以便集中資金辦好《紅黑》。然而，他們的這一場冒險，似乎從一開始就預定了悲劇結局。到八月，終因資金周轉難以爲繼，《紅黑》也成了商業競爭的犧牲品。從最初的籌備，到《紅黑》最終停刊，一年的經營，他們非但未能賺錢贏利，一結帳，甚至連原先的本錢也賠了進去。但也就在這一年，他們編輯出版了四期《人間》，八期《紅黑》，各自寫了許多作品。除《紅黑》、《人間》上發表的以外，還以紅黑出版社及《二〇四號叢書》的名義出版了七種小說單行本。胡也頻的《光明在我們前面》，在薩坡賽路起首，丁玲的《韋護》在這裏誕生，沈從文的《龍朱》、《旅店及其他》、《神巫之愛》等小說也在這裏完成，他們終於以共同的努力，刻下了各自的生命痕跡。

爲謀今後的出路和償還所欠債務，三人商議分頭去找事作。沈從文決定去上海中國公學任教；這時，恰好濟南方面正托馮沅君、陸侃如——兩人也在中國公學兼課——幫助物色合適的中學教員，於是，由馮沅君、陸侃如介紹，胡也頻決定去濟南教書。八月，沈從文將九妹寄住在董秋斯夫婦家裏（董秋斯夫人蔡咏裳，正擔任史沫特萊的秘書），獨自搬到吳淞去了。一九三〇年初，胡也頻離開上海去了山東。一個多月後，丁玲也從上海動身，趕到濟南去了。

三、黑　鳳

一九二八年，當沈從文仍在生活困境裏掙扎時，徐志摩曾寫信給他說：「還是去北京吧，北京不會因爲你而米貴的。」

沈從文沒有因此重返北京。後來，他又對徐志摩談及自己想進上海美術專科學校，跟劉海粟學繪畫的念頭。徐志摩說：「還念什麼書，去教書吧！」

其時，胡適正擔任上海中國公學校長，由徐志摩介紹，胡適同意聘用沈從文爲中國公學講師，主講大學部一年級現代文學選修課。沈從文以小學畢業的資歷，竟被延攬爲大學的教師，這即便在當時，也不能不說是一種大膽而開明的決斷。

第一次登臺授課的日子終於來臨了。沈從文既興奮，又緊張。在這之前，他做了認眞而充分的準備，估計資料足供一小時使用而有餘。從法租界的住所去學校時，他還特意花了八塊錢，租了一輛包車。第一次以教師身份跨進大學的門，不能顯得太寒酸！按預先約定的條件，講一個鐘頭的課，只有六塊錢的報酬，結果自然是賠本！

當時，沈從文在文壇上已初露頭角，在社會上也已小有名氣。因此，來聽課的學生極多。今天又是第一堂課，還有一些並不聽課，只是慕名而來，以求一睹尊容的學生，故教室裏早已擠得滿滿的了。他們中已有不少人讀過沈從文的小說，聽到一些有關他的傳聞，因而上課之前，教室裏有人小聲議論着沈從文的長像、性格、文章和爲人。——他們知道沈從文是行伍出身，小說裏又不乏湘西地域荒蠻、民氣強悍的描寫，在他們的頭腦裏，遂不時浮現出想像中的沈從文的形象：一個身材魁偉、濃眉大眼，充溢着陽剛之氣的男子漢。

然而，當沈從文低着頭，急匆匆走上講臺，與學生對面時，眼前這個眞實的沈從文，卻與他們想像中的沈從文判若兩人：們想像中的沈從文判若兩人：一件半新不舊的藍布長衫罩着一副瘦小的身軀，眉目清秀如女子，面容蒼白而少血色，一雙黑亮有神的眼睛稍許沖淡了幾分身心的憔悴。

他站在講臺上，抬眼望去，只見黑壓壓一片人頭，心裏陡然一驚，無數條期待的目光，正以自己爲焦點滙聚，形成一股強大而灼熱的力量，將他要說的第一句話堵在嗓子眼裏。同時，腦子裏「嗡」的一聲炸裂，原先想好的話語一下子都飛迸開去，留下的只是一片空白。上課前，他自以爲成竹在胸，既未帶敎案，也沒帶任何敎材。這一來，他感到彷彿浮遊在虛空中，失去了任何可供攀援的依憑。

一分鐘過去了，他未能發出聲來；五分鐘過去了，他仍然不知從何說起。……衆目睽睽之下，他竟呆呆地站了近十分鐘！

起始，敎室裏還起着人聲；五分鐘過後，敎室裏的聲浪逐漸低了下去；到這時，滿敎室鴉雀無聲！沈從文的緊張無形中傳播開去，一些女學生也莫名地替沈從文緊張起來，有的竟低下頭去；在她們中間，有一位剛從預科升入大學部一年級的學生，名叫張兆和，時年十八，面目秀麗，身材窈窕，性格平和文靜，學生中公認爲中國公學的校花，因膚色微黑，沈從文後來稱之爲「黑鳳」。這時，她見沈從文行狀狼狽，一顆心也懸得極緊，怦怦直跳，血潮直朝臉上湧去，竟不敢擡頭再看沈從文……。——這些心地善良而富同情心的年輕女性啊！

這十分鐘的經歷，在沈從文的感覺裏，甚至比他當年在湘川邊境翻越棉花坡還要漫長和艱難。但他終於完成了這次翻越。他慢慢平靜下來，原先飛散的話語又開始在腦子裏聚攏組合。……他好容易開了口。這第一句出去，就像衝破了強敵的重圍，大隊人馬終於決城而出。他一面急促地講述，一面在黑板上抄寫授課提綱。

然而，他又一次事與願違。預定一小時的授課內容，不料在忙迫中，十多分鐘便把要說的話全說完了。他再次陷入窘迫。最終，他只得拿起粉筆，在黑板上寫道：

我第一次上課，見你們人多，怕了。

下課後，學生們議論紛紛。消息傳到教師中間，有人說：「沈從文這樣的人也來中公上課，半個小時講不出一句話來！」這議論又傳到胡適的耳裏，胡適卻不覺窘迫，竟笑笑說：「上課講不出話來，學生不轟他，這就是成功。」

不知具體起於何時，選修沈從文所授課程的那隻「黑鳳」的身影，飛進了沈從文大腦的屏幕，而且愈來愈鮮明，愈來愈深入，再也無從抹去。張兆和的美貌和沉靜，強烈地搖動着他的心旌，使他目眩神迷。丘比特的神箭射中了他的心窩，生發起愛情的潮汐。這時，沈從文已經二十六歲，早已過了一般人婚娶的年齡。可是，自從離開湘西，混入都市人羣以來，他面臨的最緊迫的問題，莫過於吃飯問題，性愛的欲求不能不被求生存的掙扎壓抑着。加上在他的人生路上，也未能碰上恰當的機遇，天下女子雖多，似乎全都與他絕緣。盡管同大多數青年一樣，沈從文免不了被青春期的苦悶折磨，一切卻無從談起，對性愛的欲望，只能在虛幻的想像中生成，旋又在想像中破滅。

這次似乎有點不同了。眼下，如何活下去已經不再構成最緊迫的威脅，愛的對象又是那麼現實，她已不是想像中的幻影，而是活生生的生命具體。愛的潮汐來得又是那樣猛烈，他常常被弄得寢食不安，坐臥不寧。飯後課餘，他在校園裏散步，常常情不自禁地朝張兆和住的學生宿舍跑去。他渴望着再見到她，並當面向她傾訴點什麼。可是，他在人前卻是個不尙健談、口齒樸訥的人。每當他來到張兆和面前，總是愣愣地站在房間中間，不知說什麼好。他本想向張兆和傾吐自己的愛戀之情，即便是一點模糊的暗示也好。可是及至說出來時，卻成了問她的功課，讀什麼書，以及家裏的情況。到後見她喜歡什麼話題，就談什麼。看他站着說話，張兆和請他坐下，他卻不坐也不走。見他這副呆相，張兆和心裏覺得有點好笑，又從他的神色中，隱隱約約感到幾分蹊蹺，反倒有點不安起來。

筆談遠勝於言談的沈從文，終於用他那支筆，給張兆和寫起情書來了，而且一發而不可收。據說那第一封情書，「僅只一頁，寥寥數語而分量極重」㉕。雖然，它連同隨後而來的一大堆情書，在經過長達半個多世紀的漫長歲月後，早已蕩然無存，可是在《新廢郵存底》中僅存的一

㉕ 張充和：〈三姐夫沈二哥〉，載《海內外》第二十八期。

封，從中依稀可見這些情書的大致輪廓。

我還要說，你那個奴隸，爲了他自己，爲了別人起見，也努力想脫離羈絆過。當然這事作不到，因爲不是一件容易的事。爲了使你感到窘迫，使你覺得負疚，我以爲很不好。我曾做過可笑的努力，極力去同另外一些要好，到別人崇拜我，願意作我的奴隸時，我才明白，我不是首領，用不着別的女人用奴隸的心來服侍我，却願意自己作奴隸，獻上自己的心，給我所愛的人。我說我很愛你，這種話到現在還不能用別的話來代替，就因爲這是我的奴性。

××，我求你，以後許可我作我要作的事，凡是我要向你說什麼時，你都能當我是一個比較愚蠢還並不討厭的人，……一個月亮不拘聽到任何人贊美，不拘這贊美如何不得體，如何不恰當，它不拒絕這些從心中湧出的呼喊。××，你是我的月亮。你能聽一個並不十分聰明的人，用各樣聲音，各樣言語，向你說出各樣的感想，而這感想却因爲你的存在，如一個光明，照耀到我的生活裏而起的，你不覺得這也是生存裏一件有趣的事嗎？

……一年內我們可以看過無數次月亮，而且走到任何地方去，照到我們頭上的，還是那個月亮。這個無私的月不單是各處皆照到，並且從我們很小到老還是同樣照到的。至於你，「人事」的雲翳，却阻攔到我的眼睛，我不能常常看到月亮！一個白日帶走了一點青春，日子雖不能毀壞我的印象裏你所給我的光明，却慢慢的使我不同了。「一個女子在詩人的詩中，永遠不會老去，但詩人他自己却老去了。」我想到這些，我十分憂鬱了。生命都是太脆薄的一種東西，並不比一株花更經得年月風雨，用對自然傾心的眼，反觀人生，使我不能不覺得熱情的可珍，而看重人與人湊巧的藤葛。在同一人事上，第二次的湊巧是不會有的。我生平只看過一回滿月。我也安慰自己過，我說，「我行過許多地方的橋，看過許多次數的雲，喝過許多種類的酒，却只愛過一個正當最好年齡的人。我應當爲自己慶幸，……」這樣安慰到自己也還是毫無用處，爲「人生的飄忽」這類感覺，我不能忍受這件事來強作歡笑了。我的月亮只在回憶裏光明全圓，這悲哀，自然不是你用得着負疚的，因爲並不是由於你愛不愛我。

…………

……我現在，並且也沒有什麼痛苦了，我很安靜，我似乎爲愛你而活着，故只想怎樣好好的來生活。假如當眞時間一晃就是十年，你那時或者還是眼前一樣，或者已做了某大學的一個教授，或者自己不再是小孩了，倒已成了許多小孩子的母親，我們見到時，那眞是有意思的事。任何一個作品上，以及任何一個世界名作作者的傳記上，最動人的一章，總是那人與人糾紛藤葛的一章。許多詩是專爲這點熱情的指使而寫出的，許多動人的詩，所寫的就是這些事，我們能欣賞到那東西，爲那些東西感動，却照例輕視到自己，以及別人因受自己所影響而發生的傳奇的行爲，這個事好像不大公平。因爲這理由，天將不允許你長是小孩子，「自然」使蘋果由青而黃，也一定使你在適當的時間上，轉變成一個「大人」。××，到你覺得你已經不是小孩子，願作大人時，我倒極希望知道你那時在什點地方做什麼事，有些什麼感想。「萑葦」是易折的，「磐石」是難動的，我的生命等於「萑葦」，愛你的心希望它能如「磐石」㉖。

這封信寫於一九三一年，距第一封情書已經兩年有餘了。而在最初，張兆和收到沈從文的情書時，緊張得有點不知所措，還稍稍起了一點反感；一個老師，給學生寫這種東西，眞稀罕！可是，一個少女的羞怯心理，卻使她害怕這事張揚出去，弄得滿校園飛短流長。她只得聽任沈從文一封接一封給她寫那沒完沒了的情書，卻一概置之不理。

張兆和的不予理睬，眞差點要了沈從文的命。他當然希望能得到一個明確的答復，可是結果非但不能得到她的隻言片語，連再去看她也不能夠。他愛她到了快要發狂的程度，一想起她，全身的血就奔竄得快了許多，渾身發熱作寒，十分痛苦，彷彿人生的一切都與他作對，愛情、幸福都與他無緣。他眞想從自己所住的樓上一躍而下，在死亡裏求得人生煩惱的解脫。

沈從文的煩躁不安，不知怎樣一來，很快在校園裏沸沸揚揚傳播開去，說是沈從文愛上了張兆和，張兆和卻不予理睬，沈從文急得要自殺。張兆和的一位女友，聽到這消息後，趕緊找到張

㉖ 沈從文：＜新廢郵存底＞，《沈從文文集》第十二卷，花城出版社、三聯書店香港分店一九八五年版。

兆和，對她說：「你趕緊給校長講清楚。不然，沈從文白殺了，要你負責。」張兆和也緊張起來，她帶着沈從文給她的一疊情書，急忙找到校長胡適，怯怯地說：

「你看沈先生，一個老師，他給我寫信，……我現在止念書，不是談這種事的時候。」

她希望得到胡適的支持，出面阻止這事的進一步發展。

可是，結果與她預期的相反。在聽過她的陳述後，胡適卻微笑着，帶着這事不值得大驚小怪的神氣，對他說：

「這也好嘛，他的文章寫得蠻好，可以通通信嘛。」

聽了胡適的話，張兆和臉上不免有些尷尬。與胡適談了一會兒其它事情後，就告辭走了。

自此以後，她既無從拒絕沈從文的來信，心裏又沒有作出回應的欲望。只好抱定你寫你的，與我無干的態度，聽任這事的自然發展。

張兆和對沈從文的冷淡反應，並不涉及她對沈從文值不值得她愛的估價——這個問題還壓根兒沒有被她放在心裏掂量過。這既與她當時的年齡還小有關，也與她所受的家庭教養相聯繫。

張兆和出身名門貴族，原籍安徽合肥。張家爲本地聲勢赫奕的大族，擁有良田萬畝，在肥西築成圍子，人稱「張家老圍」。曾祖父張樹聲，爲同治年間李鴻章統率的淮軍中著名將領，曾領兵轉輾江蘇浙江一帶，與太平天國起義軍作戰，爲清王朝立下了汗馬功勞。一八七九年至一八八四年間，出任兩廣總督和直隸總督，於淮軍中稱儒將。祖父也曾作過管司法的四川臬臺。父親張武齡，字繩進，是過繼給祖父的。祖父死後，承繼了一份厚實的家產。由於受近現代新思潮的影響，嫌自己名字太封建，自改名爲冀牖，又叫吉友。最初，想投資辦實業，因不知如何經營，遂遷居蘇州，獨資創辦平林中學和樂益女中。後因蘇州男校太多，便結束平林，專辦樂益。凡貧寒人家和工人女兒，一律不收學費。聘用教師也不拘一格，教師中很有幾個著名共產黨人，張聞天、侯紹裘、匡亞明等，都先後在樂益女中任過教。張兆和有兄妹十人，在她十歲那年死了母親。張武齡不准自己女兒穿戴耳環，在張氏家族中，張兆和與二姐允和、妹妹充和也是最先進新式學校讀書的女孩子。在樂益女中讀書時，張兆和兄妹就喜歡新文學，家裏訂有《小說月報》、《新月》等刊物，還自辦了一個刊物，取名爲《水》。可是，由於母親去世較早，張兆和從小又是褓姆帶大的，一份舊的家庭教育反由家裏的褓姆實行，逐漸培養起張兆和一份大家閨秀氣質，雅靜、平和、沉穩。長大後也接受了時代的洗禮，向新思潮認同，卻終不能成爲大膽、潑辣、熱烈、敢於向一切傳統挑戰的「新女性」。

因此，寫情書一事，反倒在她與沈從文之間築起一道無形的高牆，使她時時像山羊躲虎似的避開沈從文。當時，新月書店的會計蕭克木，身材長像酷肖沈從文。一次。張兆和去買書，一走進新月書店大門，猛然間見到蕭克木，以爲沈從文在店裏，嚇得她掉頭就跑。

然而，在她眼裏，沈從文的情書寫得實在是好！一方面，她害怕這驟然而來的求愛，另一方面，一份秘密的好奇，又使她無法推開這些充滿情感的文字的誘惑。她從頭到尾讀完每一封情書，隨後輕輕吁一口氣，將這些信藏進一口小箱子裏去了。可是，信中那些充滿愛慕、混合着憂鬱的言語，層積在她的心裏。時間一長，卻被漚熱、發酵。不知不覺中，她已習慣於那些起初讓她臉紅生氣，微嫌鹵莽的文字，並且不再怕它。——一份她並未明確意識到的愛，在她的下意識裏，正悄悄萌芽。

張兆和的沉默與退避，對沈從文無異是一種間接的鼓勵。他以鄉下人的憨勁，繼續着這場馬拉松式的求愛過程。

在這種不即不離狀態中，日了一晃就是四年。

一九三二年夏，張兆和已從中國公學畢業，回到了蘇州家中。其時，沈從文正在山東青島大學任教。他想四年來與張兆和的關係，現在已到了有個了斷的時候。他決定親自去蘇州看望張兆和，企望能得到她一個明確的答復。一放假，他便取道上海，乘火車再轉蘇州。

這天，蘇州九如巷三號張家門堂裏，來了一位戴眼鏡面色蒼白的客人，說他從青島來，姓沈，來看張兆和的。可是張家沒有一個人認識他。當他得知張兆和這時在公園圖書館看書時，以爲張兆和是有意躲着自己，神態窘迫而羞澀，十分不安，正當他進退無策之際，張兆和的二姐張允和出來了。問清了，他原來就是沈從文——他給張兆和寫過許多情書一事，對張家姐妹已不是秘密。於是，張允和請他進家裏坐坐，等張兆和回來。沈從文不肯，終於回轉他下榻的中央飯店去了。

張兆和回到家裏，張允和勸她去看看沈從文。在兄弟姐妹面前，張兆和臉上有點掛不住，悻悻然說：

「沒有的事！去旅館看他？不去！」

張允和說：「你去就說，我家兄弟姐妹多，很好玩，請你來玩玩！」。

回到旅館，沈從文很懊惱，獨自躺在床上生悶氣，自己坐了三十個鐘頭的火車，特意來看她，卻不想吃了閉門羹。想像中，張兆和收到自己來蘇州的信後，似乎漫不經心地對自己說：「你的信我收到了，想來你就來吧。」他在心裏自問：我爲什麼那麼傻？爲什麼人家對我那麼冷淡，我反而熱情到不成樣子？我把這次見面看得那麼鄭重，人家卻看得那麼隨便？

他咀嚼着想像中出自對方之口的「你就來吧」這幾個字，心裏湧起一陣奇特的情緒，似乎十分快樂，又似乎十分憤怒。

他的眼前又浮現出兩人見面時，可能出現的各自礙難開口、言不及義的情景：

她的心裏一定想說：「你的信我看過了，那些話我全不懂。我以為你不必那麼傾心。我不是你想像中那種人。」

自己卻想說：「你想想吧，我是想透了，只有你嫁我一件事。能使我幸福，也使你幸福。我想不出還有什麼人能使我那麼愛你。」

她一定明白自己這次來蘇州所抱有的希望。她或許會想：「我向他說一點什麼好，真有點難於對付。」

如果自己對她說：「我為難得很，因為我愛你。」她會怎樣回答？或者說：「不，這是不必要的事。」或者說：「這不新鮮，你信上不止說了一百次。」

如果我說：「你應當告訴我你對這件事的感想和意見，答應還是不答應？」她會說：「我沒有什麼感想，也沒有什麼意見。」或者說：「我已經告訴你不必要了呢。」或者因為我愚蠢的發問，她生氣了，哭了呢？

——而我真敢說：「你自己決定，或可或不可，當面作一個決斷嗎？」

我若真敢，她如果說：「不行」，我又敢說：「好，照你的意思辦，這是你的自由嗎？」

正當沈從文胡思亂想之時，有人來敲門了。他起身打開房門。見張兆和正站在門外，彷彿背書似地說：

「沈先生，我家兄弟姐妹多，很好玩，請你去玩玩?!」

說完了，再也想不起該說什麼。一切沈從文想像中的紛亂，在現實中竟是這樣簡便。於是，沈從文隨了張兆和，一同回轉九如巷三號。

沈從文拿出送給張兆和的禮物：一大包書籍，其中有兩部英譯精裝本俄國小說，以及托爾斯泰、陀斯妥也夫斯基和屠格涅夫的作品集。這是沈從文途經上海時，聽從巴金建議，並由巴金代他選購的。另外又買了一對十分精緻漂亮的書夾，上面飾有一對有趣的長嘴鳥。為買這些東西，沈從文賣掉了一本書的版權。見送的禮物太重，張兆和退還了大部分書籍，只收下屠格涅夫的《父與子》和《獵人筆記》及一對書夾。

其時，張兆和的父親和繼母正住在上海。她的五弟張寰和，從自己每月兩元零用錢中拿出一份，買了一瓶汽水，打開了請沈從文。對此，沈從文大爲感動，當面許下諾言：「我寫些故事給你讀。」後來果然寫了以佛經故事爲題材的小說《月下小景》裏的諸篇章，每篇末尾，都附有「給張家小五」字樣。

張兆和的二姐允和，是一個心性寬和、厚道的姑娘，專愛成人之美。沈從文對她十分信賴。返回青島後，他寫信給張允和，托她徵詢父親對這件婚事的意見。同時寫信給張兆和說：「如爸爸同意，就早點讓我知道，讓我這個鄉下人喝杯甜酒吧。」

其實，這反倒是多慮。張兆和的父親頭腦開明，對兒女的戀愛、婚姻，從不過問和干涉。兒女自己中意了，告訴他；他笑嘻嘻接受，不追問對方如何如何，更遑論門戶了。張家一位鄰居，曾遣媒向他求大女兒，他哈哈大笑說：「兒女婚事，他們自理，與我無干。」從此無人向張家提親。張家的保姆常對外人說：「張家兒女婚事，讓他們『自己』去『由』，或是『自己』由來的」。

在張兆和的婚事上，他自然不持異議。在得到父親明確意見後，張允和與張兆和姐妹倆，一同去郵局，分別給沈從文拍發了一個電報。張允和的電報上，只從自己名字上取了一個字：「允」。張兆和的電報則說：「鄉下人，喝杯甜酒吧。」電報員覺得奇怪，問張兆和是什麼意思。張兆和不好意思地說：「你甭管，照拍好了。」

這以後，張兆和方始與沈從文通信。至此，這場馬拉松式的求愛過程，總算可以望見了它的終點。

四、「生離」與「死別」

然而，一九二九年至一九三二年，戀愛並非沈從文生活的唯一內容。在這期間，正有一些重大事變在他身邊發生。

一九三〇年五月，去山東教書的胡也頻和丁玲突然回到上海，在環龍路住了下來，並寫信給沈從文，要他去看他倆。

從胡也頻和丁玲的口裏，沈從文得知二人離開山東的原因：由於那裏風潮鬧得厲害，他們不願受人利用，又不願讓人暗算，所以回來的。胡也頻又獨自告訴沈從文，他們簡直是逃出來的。可是聽了半天，沈從文仍然弄不通他們一定要「逃」回來的理由。過了幾天，他又從馮沅君那裏聽說，他倆是爲另一件事跑出來的。這另一件事具體是什麼，沈從文依然感到模糊。

關於這「另一件事」，丁玲後來有過極明晰的回憶：

……等我到濟南時，也頻完全變了一個人。我簡直不了解他爲什麼被那麼多的同學擁戴着。天一亮，他的房子裏就有人等着他起床，到深夜還有人不讓他睡覺。他是高中最激烈的人物，他成天宣傳馬克思主義，宣傳唯物史觀，宣傳魯迅與雪峯翻譯的那些文藝理論，宣傳普羅文學。我看見那樣年輕的他，被羣衆所包圍所信仰，而他却是那樣穩重，自信，堅定，侃侃而談，我說不出的歡喜，我問他：「你都懂嗎？」他答道：「爲什麼不懂得？我覺得要懂得馬克思也很簡單，首先是你要相信他。同他站在一個立場。」……後來他參加學校裏的一些鬪爭，他明白了一些教育界的黑幕，這沒有使他消極，他更成天和學生們在一起，有些同學在他的領導下成立了一個文學研究會，參加的有四五百人，已經不是文學的活動，簡直是政治的活動，使校長、訓育主任都不得不出席，不得不說普羅文學了。

我記得那是五月四日，全校都被轟動起來了，一羣羣學生到我們家裏來，大家興奮得無可形容㉗。

事情鬧大了，大家感到了問題的嚴重。這時，校長張默生給胡也頻送來了路費，並說，省政府已下令通緝他，要他趕緊離開濟南。

到後，沈從文自然明白了這件事的性質。對胡也頻和丁玲的行動，他並不感到吃驚。

他們把別人認爲已經稍過了時的問題，重新來注意，來研究，來認識，推動他們的不是別的，却只是他們幾年來對於社會現象認識的結論。……且明白一個民族一個社會的翻身，

㉗丁玲，〈一個眞實人的一生〉，《胡也頻選集》，福建人民出版社一九八一年版。

也皆得在某種強健努力中與勇敢犧牲中完成他的職務，故毫不遲疑，他們把這顯然「落後」的工作捏捉在手，再也不放鬆了㉘。

不久，胡也頻和丁玲加入了中國左翼作家聯盟，胡也頻被選為執行委員，並擔任工農兵文學委員會的主席。三月間，武漢一個新出刊物《日出》，刊登了胡也頻的〈光明在我們前面〉，立即被國民黨當局扣留。這以後，胡也頻和丁玲的稿件，一時都有了「問題」，半年間，都不見兩人有什麼文章發表，他們又連着幾次搬家。可是，生活的風雨，並未使他們頹唐。相反，在沈從文眼裏，胡也頻變得更加忙碌，也更加精神了。

……這個人每日所需要的糧食，已和我的稍稍不同了點，或者這仍然應說是那個南方人性格的特徵，耳朵所聽到的，眼睛所見到的，有了一些新的機會，給他一些新的注意，因為「另外一些營養，慢慢地在改造這個靈魂，表面上消瘦了許多，靈魂卻更健康了許多。

……

我常常心裏想：這個人比我年輕了許多，陽光在摧毀我們，卻成全這個人。㉙

轉變後的胡也頻，沒有忘卻曾與他同過患難的朋友，他希望沈從文能和他在同一個方向上前

㉘ 沈從文：〈記丁玲〉，上海良友圖書印刷公司一九三四年版。

㉙ 沈從文：〈記胡也頻〉，《沈從文文集》第九卷，花城出版社、三聯書店香港分店一九八四年版。

進。一次，他告訴沈從文，你的一個老鄉想見你。並同他談及這個人的情形㉚。末了，他勸沈從文也參加左翼作家聯盟。

對胡也頻的勸告，沈從文沒有作出直接的回答。對此，他心裏有着太多的顧慮。——這時，隨着「左聯」的成立，始於一九二八年的以太陽社、創造社爲一方，以魯迅等爲另一方的激進作家間的論爭已告結束。對這場論爭突然間的劇烈爆發，又突然間的沉寂，沈從文感到不可思議，他向胡也頻提出了自己心裏的疑問。

「使一個理想從空虛到堅實，沉默是心願的一種預備，因此他們沉默了。」胡也頻回答說。

然而沈從文仍有些想不通——當初他們的爭論是不是出於眞誠的信念？如果是，爲什麼突然間又會言歸於好？如果不是，當初爲什麼又要那樣做？——這個鄉下人的心裏，生出一份深深的疑懼。這一切，在他看來，似乎全起因於文學與政治的結緣。政治更多地需要目前；而文學，在注意目前外，似乎更值得向人類的遠景凝眸。何況，人生的寬泛似乎不能全部被政治所涵蓋。文學對於政治，既有其互相錯綜的一面，又有相對獨立的一面。如果文學與政治完全結緣，文學的相對獨立性就會遭到破壞。

他對胡也頻說：「文學方向的自由正如職業選擇的自由一樣，在任何拘束裏我都覺得無從忍

㉚ 係陳賡，這次會見並未實現，直至二十年後，陳賡才在北京派車接沈從文見面。

受。我卻承認每一個作家，都可以走他自以為正當的途徑，假若這方面不缺少衝突，那解決它、證明它的是非得失，還應當是他的作品。」

胡也頻不想同他就這個問題繼續爭論，只是充滿自信地說：「過半年看，我也不敢自棄，會寫一點東西出來。」

沈從文的疑懼，並不涉及對共產黨人的評價。雖然，他覺得共產主義理想與中國目前現實「太相懸隔」，但他佩服那些始終忠實自己的理想，為社會翻身目不旁瞬的共產黨人的雄強精神。在他的朋友中，並不缺少這種人。甚至就在這時，他與共產黨員董秋斯等人的交往仍然十分密切。見面時，董秋斯等人也是對他什麼話都說，從不迴避。然而，在他自己，卻只想走自己選定的文學道路。他是為了擺脫人身的依附，取得人生的「獨立」，才走出湘西的。因而，他擔心任何一種新的「依附」，都會使這種「獨立」失去。——他掙脫不了過去噩夢般的經歷的羈絆。

> 盡管我從來不覺得我比那些人有絲毫高尚處，而且居多還感覺到自己充滿弱點性格的卑微庸俗，可很難和另一種人走同一道路。我主要是在任何困難下，需要充分自由，來使用我手中這支筆㉛。

持有這種態度的沈從文，在丁玲看來，自然是「一個常處於動搖的人，又反對統治者，又希

㉛ 沈從文：〈記胡也頻〉，《沈從文文集》第九卷，花城出版社、三聯書店香港分店一九八四年版。

望自己能在上流社會有些地位。」而胡也頻「也常常感嘆他與沈從文的逐漸不堅固的精神上有距離的友誼」。但「他怎麼也不願失去一個困苦時期結識的知友」，因爲他和沈從文「曾像親兄弟過」㉜。

正如沈從文對左翼文學運動不免「隔膜」，胡也頻與丁玲對沈從文的了解也有了「隔膜」。這三個朋友間的友誼，出現了一條看不見的裂痕。這裂痕，使沈從文和胡也頻再也無從在各人的行爲方式上完全相互理解。

> ……另外一些時節，到他那裏去，也常見他躺在床上，似乎生着一種氣。問他「寫了什麼」時，總說「什麼也不寫」，似乎在爲人類愚蠢生氣，爲自己同這愚蠢作戰而疲倦了，也不能不生氣。我明白那個，我一定明白的。但在他那一方面看來，我却是個不明白自己的人；對於自己缺少自信，對於自己稿件隨意賣去，證明我是不能明白自己的。可是不明白自己的人，却並不失去了了解別人的權利。所以由我這一方面看來，似乎覺得他也有些不明白處。他不大贊同我那種「自苦」，我也不大贊同他那種「自苦」㉝。

一九三〇年，由於胡適預備離開中國公學，而沈從文在個人生活上又太不會「獨立」，常常

㉜ 丁玲：〈一個眞實人的一生〉，《胡也頻選集》，福建人民出版社一九八一年版。

㉝ 沈從文：〈記胡也頻〉，《沈從文文集》第九卷，花城出版社、三聯書店香港分店一九八四年版。

弄得一塌糊塗。胡適便對沈從文說：「你還是去武漢大學，讓凌叔華管管你的生活。」這年秋天沈從文離開上海，去武漢大學擔任現代文學史的教學。在武漢大學期間，凌叔華對他十分關切，家裏凡有好菜都要叫他。陳源還勸他學點英文：「學好了，保證介紹你去英國讀書。」沈從文也作過這種嘗試，其結果，卻連二十六個英文字母也念不準，只好作罷。

其時，武漢正不時有戰爭發生。沈從文外出時，總要碰上一隊隊士兵，有時還遇見殺人。每當這時，他就像一個無業游民，傍到街牆腳下去，或被捲入人羣，看那不可避免的一幕發生。——時間彷彿將他拉回到十多年前的歲月裏去。看到那顆被砍下的血淋淋人頭，和殺人士兵脖子上的骯髒人頭，他感到一種靈魂的顫慄和至深的痛苦。十多年來，自己從湘西跑到都市，卻依舊無從掙脫過去的現實，還始終得生活在這種可怕的人生景象中。

他感到極度憤懣，覺得自己也要殺人，殺那些濫用權力無端殺人的人。在偶爾寫給胡也頻的信中，他毫不隱諱地說出自己的感想。胡也頻卻在給他的回信中說：

休，你說的全是空話，同你做的文章差不多！你受的苦永遠是你自己想像的苦，這種苦卻毫無可疑，同時在你生活方面，却是不能離開的一種東西。你想到的比別人都多，比別人都危險而且野蠻，同時也比別人更顯得少不更事。你想的都不是你要做到的或你能做到的，幹嗎你不想一點比文章還切實一點的事情[34]？

---

[34] 沈從文：〈記胡也頻〉，《沈從文文集》第九卷，花城出版社、三聯書店香港分店一九八一年版。

一九三一年一月，在學校放寒假期間，沈從文回到上海，住在北京路清華同學會的宿舍裏。這時，胡也頻已經加入中國共產黨，並被推選爲全國蘇維埃區域代表會議的代表。丁玲生下他們的兒子也有了兩個月，胡也頻更見忙碌了。由於種種原因，胡也頻和丁玲正醞釀再次搬家的事。

一月七日中午，胡也頻來到沈從文住處，說他正想搬家，卻到處借不到一個錢。而房東的小兒子又死了，總得送一點禮。他想送一副輓聯，要沈從文替他想好輓聯的措辭，下午到他那裏去寫。然後又和沈從文談及有人建議成立作家協會的事。胡也頻希望能有這樣一個機構的產生，形成一支與商人對抗的力量，以爭取作家的權益，並指導和監督向國際文化發展的工作。

沈從文擔心作家中龍蛇不一，人心難齊，所寄的希望又是那麼大，末了又要落空。

胡也頻說：「幹嗎你知道做不好？希望大一點不妨礙事業的完成。做不到的我們總要去做，沒做過的我們去試做做看，這是應當的。用較生疏的較艱難的事，來訓練我們的組織協作能力，即或失敗，也比因爲畏難苟安的保持現狀好些。何況我們又明明白白知道保守現狀太吃虧了一點，希望政府同希望商人同樣是不可能的事，那麼，我們的事，我們自己不來辦，誰還來辦？中國現代文學的局面，既然是幾十個人撐持到它，因爲本身的艱難，不由我們自己來解決，還等到另一個時代的人來爲我們呼冤，這種做人的態度，也是不合理的。我們不是爲我們自己打算，需要一種使個人權利保障穩固一點的組織，我們爲時代稍後力量較弱的人，也應當打算一下，做一點對他們有益的事情。」

我望到那張瘦臉，什麼話也不能說，因爲他的話說得極對，而我對一切不抱希望的心情，似乎同我生活十分習慣。我心裏想說：你也許比我「作得認真」，我也許比你「想得透徹」。但我當時什麼也不說㉟。

因一個同事約沈從文去四馬路吃飯，十二點二十分，兩人便一道出去。因天氣寒冷，見胡也頻身上單薄，沈從文便把自己剛做好的一件海虎絨棉袍讓他穿上。兩人走到惠羅公司前面，胡也頻說他要先去先施公司買作輓聯的白布，於是就分手了。

下午，沈從文去萬宜坊寫對聯，胡也頻還沒回家；晚上再去，胡也頻仍然沒有回來。

原來，胡也頻與沈從文分手後，便先買了白布，然後去參加中共江蘇省委負責人何夢熊主持召開的會議。這時，正值中共六屆四中全會召開之際。在這次中央全會上，共產國際的代表米夫，不顧代表的異議，強行將王明選入中央委員會。羅章龍、何夢熊等人不服，聯合成立非常委員會，並於一月十七日這天，分別召開全國總工會和江蘇省委會議。不料被國民黨軍警覺察，江蘇省委全體成員以及包括胡也頻在內的中國現代文學史上著名的「左聯五烈士」全部被捕。

沈從文從胡也頻住處看對聯回來，已是深夜。剛回到住處，就急匆匆走來一個穿着破爛的老

㉟ 沈從文：〈記胡也頻〉，《沈從文文集》第九卷，花城出版社、三聯書店香港分店一九八四年版。

頭，說自己是管監的，受胡也頻之托，來送信的，並隨手遞過一張胡也頻親筆寫的便條：

我因事到××飯店，被誤會，請趕快與胡先生㊱商量，保我出來。

第二天，沈從文趕緊找到胡適。胡適說：「那不行，我們想辦法。」晚上，沈從文將消息告訴了丁玲，並找到李達及夫人王會悟、施存統、朱謙之，大家一起在西門里李達家裏商量營救辦法。最後議定請胡適、徐志摩寫信給蔡元培，設法放人。先是沈從文一人到了南京，其時正是蔡元培在國民黨內無從說話的時候。又找到邵力子，邵力子說這事無從措力，卻同意寫信給上海市長張羣。事情未得結果，返回上海。第二次再同丁玲一起來到南京，住在左恭家裏（左恭這時正擔任國民黨中央宣傳部文藝處長，與中共地下組織有聯繫）。大家要沈從文去找陳立夫，以作家身份要國民黨當局放人。

通過熟人從中斡旋，沈從文終於見到了陳立夫，並向他說明來意。陳立夫說：「這事不歸我管，我可以調查一下。」

雖然在實際上，逮捕胡也頻等人，是由國民黨軍統特務一手經辦的，但沈從文看出陳立夫同他也不過是虛與委蛇。不想陳立夫反過來勸他到國民黨中央宣傳部來做事。沈從文也照樣虛與委蛇，故意含糊其辭，引開話題，和陳立夫談了三個小時的「唯生論」。

㊱ 胡先生，即胡適。

此路不通，沈從文和丁玲返回上海。丁玲反復說：「我老早就知道，沒有希望，白跑了一趟。」於是，大家又商量請律師，並找到張仲石。律師說：「這官司不好打」，婉言謝絕了。

天陰沉沉的，空中飛飛揚揚地飄着雪花，門外人行道上一片泥濘，天氣極冷，這是指定探監的日子。沈從文陪着丁玲，一大早就趕到了龍華監獄。丁玲帶了一包預備送胡也頻的食物和衣服，穿一件灰布棉衣，如同一個在紗廠作工的鄉村女子。

他倆同幾百名探監者一道，佇立在凜冽的寒風裏，焦急地等候着登記。兩人相對默然無語，各人心裏凄慘慘的。

等了半天，送上條子，卻不准進去，幸虧人越來越多，到後兩人隨了人流，一湧就進去了。好容易通過了一道道警戒森嚴的關卡和崗哨，進到裏面排隊等候。看守收下送給胡也頻的東西，打了收條，卻仍不准見面。看守說，唯一可辦到的，是讓他送一點錢給胡也頻，這樣可以從遠處看到胡也頻走過。兩人只得照辦了。

終於，沈從文聽到房子另一頭小鐵門內，響起了鐵鐐的聲音，趕緊循聲看去，胡也頻果然在小鐵門口出現了，於是便大聲喊了起來。丁玲也跟着呼叫着：「也頻，也頻，我在這裏！」

聽到兩人的喊聲，胡也頻在門口停住了腳步，轉過身來，舉起戴着手銬的雙手，似乎很有力地揚了一下，隨即被管監的一推，便在鐵門背後消失了。

這一次見面，不料就是沈從文、丁玲與胡也頻的永訣。二月七日，胡也頻終於被當局秘密槍殺於龍華。

幾天後，沈從文找到邵洵美，打聽胡也頻的消息時，得到了胡也頻的死訊。並通過邵的關係找到上海警備處，看到了胡也頻被害時的照片。

胡也頻被捕後，李達和王會悟將丁玲接到自己家裏住了一段時間，後來，丁玲又搬到沈從文兄妹的住處。

這時，丁玲在上海的處境已很危險，帶着孩子在身邊十分不便，便決定將孩子送回湖南，交給母親撫養。

四月初，沈從文帶回鄭振鐸借給丁玲的二百塊稿費，沈從文自己另從徐志摩那裏借了一筆錢作路費，隨後陪同丁玲乘車返回湖南。那時，國民黨軍隊正對江西紅軍根據地實行軍事「圍剿」，路上風聲極緊，車到長沙時，因長沙軍政當局對外地旅客盤查極嚴，要有保人方能在長沙留宿。沈從文和丁玲不敢出站，只好在候車室等車。直等了大半夜，方才上了去武漢的火車。到武漢後，兩人再轉乘小火輪，由長江入洞庭，轉沅水，抵達常德。

船過洞庭時，因天寒水枯，輪船曾一度擱淺。船上派人去拉時，沈從文忽聽得外面有人大聲罵娘，一口湘西話，聲音似乎有點耳熟。走下去看時，見一黑大漢子，正指手劃腳咒人罵天。近前問時，黑大漢子說：「老子身圓姓方」。——沈從文笑了起來，原來是十多年前在芷江認識的凰鳳人方季庵。那時，芷江有座建於明萬曆年間大佛寺，寺內一尊大佛，耳朵可容八人盤旋而上，佛頂能擺下四桌酒席。一九二〇年，本地「維新派」紳士召集各界代表議決打倒大佛，當時任警察所長的方季庵，率先用鍬頭去掀佛頭。本想從佛肚裏掏出金銀發筆横財，不料將大佛砸倒後，佛頭、佛肚裏藏的卻是一批手寫經卷、絹畫、及幾百斤茶葉，一怒之下，對這些東西同大殿裏的五百多卷手抄經卷、大批五彩壁畫版子和若干漆胎佛像，一把火燒了個精光。事後，還覺得了不起，碰到熟人就說：

「今天眞作了一件平生頂痛快的事，打倒了一尊五百年的偶像。佛胎裏的東西，狗肏的，一把火燒完了，痛快！」

沈從文沒想到今天竟與這位「好漢」在這種情形下見面。這也算是這次行程中一段小小插曲。

到達常德後，下船時又被檢查了七次，才終於被放行，回到丁玲家中。

在常德住了幾天後，沈從文陪同丁玲，又一起回到了上海。

因營救胡也頻及幫助丁玲料理後事，沈從文延誤了返校日期。雖然，他曾寫信去武漢大學，續假一個月，待到從湖南返回上海時，學校開學已頗有時日，已不便再去。沈從文只好留在上海，繼續自己的寫作。

八九月間，沈從文懷着對死難朋友的沉痛哀思，寫下了長篇回憶散文〈記胡也頻〉。在文章的結尾，沈從文寫道：

一個活人，倘若他願意活下去，他應當想到，是這個人怎樣盡力來活，又爲了些什麼而死去。他想到那些爲理想而活，爲理想而死去的事，他一定明白「鎖定」是我們目下還活着的人一種能力。這能力若缺少時，却必須學習得到的。一個人他生來若就並不覺得他是爲一己而存在，他認眞的活過來，他的死也只是他本身的結束，一個理想的損失，那方面失去了，還適宜在另一方面重新生長，兒女的感情不應當存在於朋友之間，因爲紀念死者並不是一點眼淚。

我覺得，這個人假若死了，他的精神雄強處，比目下許多據說活着的人，還更像一個活人。我們活在這個世界上，使我們像一個活人，是些什麼事，這是我們應當了解的㊲。

文章寫成後，沈從文拿給丁玲看，並對她說：「有什麼不妥處，你就改吧。」開始，丁玲覺得沈從文「太主觀」，及至付印時，丁玲仍保留了文稿原貌，並未修改。

一九三一年秋，沈從文應楊振聲之邀，去山東青島大學重執教鞭。其時，丁玲正主編左翼文學刊物《北斗》，她寫信給沈從文，約他給《北斗》寫稿。沈從文寫了〈黔小景〉寄去，發表在該刊一卷三期上。

一九三二年夏，沈從文去蘇州看望張兆和時，曾順便去上海看望丁玲。這時，丁玲已和曾擔

㊲〈記胡也頻〉，《沈從文文集》第九卷，花城出版社、三聯書店香港分店一九八四年版。

任過史沫特萊秘書的馮達同居。在沈從文最初印象裏，馮達只是個「小白臉」，覺得他的氣質與丁玲不相配，並猜想丁玲與他並不一定有眞正的愛情。臨別，他曾單獨向丁玲問及此事，並說了自己的意見。丁玲向他作了解釋，大意是：自己已是過來人，已將此事看淡，只好如此，云云。

面對眼前的現實，沈從文想起人生的偶然與必然、人的主觀願望與現實可能的種種關係，一絲憂鬱浮上心頭。他想：

> 愛的，誰不懷了一種期待？憎的，誰不極力迴避，但所要的何嘗是可以自然而然得到的，近在身邊的又何嘗不恰恰是這討厭的㊳？

自此以後，直到丁玲被捕，再於一九三四年在報刊上復出後，沈從文去南京探望她爲止，兩人不僅沒有再見面，同時也斷絕了通訊聯繫。

五、海邊的孤獨

政治鬪爭奪去了胡也頻的生命，丁玲繼續胡也頻的道路，全身心投入左翼文學運動。自胡也頻、丁玲從山東回上海後，沈從文曾一度萌發的恢復《紅黑》的希望，至此完全落了空。「生離」與「死別」結束了這三個朋友間長達七年的密切交往與合作的歷史。一九三一年秋，沈從文

㊳《記丁玲》，上海良友圖書印刷公司一九三四年版。

獨自來到青島。

然而，一九三一這一年，彷彿註定沈從文必須經受接二連三的親友死亡的打擊。就在他在青島大學任教兩個月後，又一個摯友死亡的現實，降臨到他的面前。

十一月二十一日，沈從文正同幾位同事，在校長楊振聲家裏聚會，一面喝茶、一面聊天的時候，有人從濟南給楊振聲打來了長途電話。接過電話，楊振聲轉身回來，以低沉的語調告訴大家：徐志摩因飛機失事，已於兩天前不幸遇難。

「志摩死了！」當沈從文意識到這消息的含義時，心弦好像立時被一股巨力綳緊，又旋卽被颶風猛然摧折。經過這瞬間極度的張弛之後，他覺得渾身沒有了一絲兒力氣。看看在座的諸人，全被這突乎其來的消息驚愕得說不出話來。

他終於對大家說：「我想搭夜車去濟南看看。……」

二十二日一早，車抵濟南。沈從文按約定地點，趕到齊魯大學，與各地趕來的徐志摩的親友會齊。這時，張奚若、金岳霖、梁思成等人剛從北京趕到。過不久，張嘉鑄陪着穿了一身孝服的徐志摩的長子；郭有守、張慰慈等人也分別從上海、南京趕到。

吃過早飯，一行人冒雨去徐志摩停靈處——福緣庵瞻看死者的遺容。福緣庵是一座小廟，坐落在濟南城一條偏僻小街上，現已成爲堆放供出售日用陶器的貨棧。廟前空地上已是泥水斑駁，院坪兩邊和廟內，全堆滿了大小水缸、沙鍋、土碗及各類罈罈罐罐。在入門左側貼牆臨時騰出的一點空間裏，停放着徐志摩的棺木，棺木四周只容得下三五人周旋。

棺蓋上安放着一個用鐵樹葉編成、類古希臘雕刻圖案的花圈，——顯然出自梁思成、林徽音夫婦之手。徐志摩戴了頂瓜皮小帽，淺藍色綢袍上，罩一件黑紗馬褂，腳上穿一雙粉底黑色雲頭如意壽字鞋，安靜地躺在棺木裏，消失了生前生命的奔放與騷動，臉上沒有絲毫不安，不留一點痛苦痕跡。

望着徐志摩穿了這麼一身與他平時性情愛好全然不相稱的衣服，沈從文心裏反倒泛起一抹苦味。這時，外面的雨逐漸大起來了，檐前淅淅瀝瀝的雨聲，使眼前景象更顯得淒清寂寞。從小就過多地經受了親友突然死亡打擊的沈從文，照例在沉默中接受眼前的現實，一句話也沒說。然而，這位才華橫溢的詩人生前種種和他對自己的關切，正慢慢爬上沈從文心頭。當初自己投稿無門時，恰恰是徐志摩，對一個尚不相識的初學寫作者的作品，寫下了難得的「志摩的欣賞」，堅定自己走上文學道路的信心；在後來自己爲應付生活而艱難掙扎時，每逢緊要關頭，總能得到他熱情關切和幫助。假若沒有他和其他朋友的幫助，自己也許早已成了北京某人家屋檐下的餓殍。雖然這一切在徐志摩自己，由於生命的脆弱倏忽，如今都化爲南柯一夢，然而，詩人生命的熱力，已轉接到活着的摯友身上，在未來的日子裏繼續燃燒。

但志摩到底走了，想起人生路上結識的摯友一個接一個死去，自己將不免在孤獨寂寞中繼續前行，熱淚禁不住模糊了沈從文的視線。

青島大學的生活，同北方冬日一樣寂寞。上課寫作之餘，沈從文常常獨自坐在房間裏出神。轉眼又是年末。在這一年的前後十個月裏，沈從文就有四個最熟悉的朋友遇難的事實，沉重地壓在他的心頭。他的眼前不時地浮現出他們死難的情景；胡也頻在龍華被人秘密地用排槍攢射，張采眞在武漢一座歡迎「偉人」的牌樓下被斬首示衆，滿振先在桃源被捷克式機槍掃倒在地，徐志摩在濟南上空的雲霧裏燒毀。……人為什麼死去？這突如其來的死亡，偏偏降落到他們頭上，又是為什麼？雖說「天有不測風雲，人有旦夕禍福」，這份命運攤派到他們頭上，實在太不公平！何況他們的死，雖有天災，却更多人禍！雖然他們生前所走人生道路並不盡相同，其毀其譽，也各有所屬，却一例守住各自的理想，多力，强健，勇猛精進，活得虎虎有生氣，到頭來生命竟結束到不易想像的情景中。而社會上那些閹鷄、懦夫、狡猾的狐鬼，却在白日下吃喝、聽戲、開會、說謊、著書。一個個活得有滋有味！在自己近十年的都市經歷中，這種人幾乎遍地皆是。……一個浮着虛假笑容的書商走了過來，又打着哈哈離去；幾個風度翩翩的大學教授聯袂而至，他們中，正有人標榜「清心寡欲」，卻離不開「保腎丸」、「魚肝油」，有人一面大談「道德名分」，一面目不轉睛地盯着眼前裸體塑像胴體凸起凹下部分；又來了一個世家名媛，氣度不凡，衣著入時，志趣似乎也十分高雅，一來便傍一個教授身邊觀看一册人物手卷，津津有味地數起畫面上人物的數目來；北京某議員居住的深院大宅裏，三姨太正與少爺偸情，報上同時登着這位少爺與另一位名門閨秀訂婚的消息。而那位議員此刻正在議會大廳裏，因與同僚爭持不下，正抄起手中的墨盒，朝對方頭上飛去；未莊的阿Q，西門慶門下的清客應伯爵，大觀園裏佩花荷包的傻大姐。……民族的怯懦、虛僞、自私、愚蠢的病症，正假都市文明之風，在這些人中蔓衍。而他們都是「衣冠中人」，正被社會目為「棟樑」。在他們的生活中，有笑也有淚，有憂患也有忙碌，交織成都市上流社會五光十色的人生。

人與人關係變得複雜到不可思議，然而又異常單純的一律受「鈔票」所控制。到處有人在得失上愛憎，在得失上笑罵，在得失上作種種表示。……一切人事在我眼前都變成了漫畫，既虛僞、又俗氣，而且反復的繼續下去，不知到何時爲止。但覺人生百年長勤，所得於物雖不少，所得於己實不多㊴。

這些人，生命已經只剩下一個空殼。那些最初使自己感到卑微、慚惶不安的紳士淑女，原來只是空有一副皮囊。而這幾年來，自己的靈魂同樣被都市生活揪住，無從掙扎。那個來自山野的沈從文，不知何時已經失落。……虛空中，漸漸凸浮出湘西的山水。荒蠻的邊陲之地飛揚起雄健的生命的旋律，一個聲音在高喊：「魂兮歸來！」……

血管裏流着你們民族血液的我，二十七年的生命，有一半爲都市所吞噬。……所有值得稱

㊴〈水雲〉，《沈從文散文選》，人民文學出版社一九八二年版。

爲高貴的性格，如像那熱情，與勇敢，與誠實，早已完全消失殆盡㊵。

我願意返回到〈說故事人的故事〉那種生活上去，我總是夢到坐一隻小船打點小牌，罵罵野話，過着兵士的日子。我歡喜同〈會明〉那種人抬一籮米到溪裏去淘，我極其高興地把一支筆畫出那鄉村典型的臉同心，如同〈道師和道場〉那種據說猥褻缺少端倪的故事，我的朋友上司就是〈參軍〉一流人物，我的故事就是〈龍朱〉同〈菜園〉，在那上面我解釋到我的生活和愛憎。我的世界完全不是文學的世界，我太與那些愚暗、粗野，新犂過的土地同冰冷的槍接近熟習，我所懂的太與都會離遠了。

我愛憎的一切還是存在，它們使我靈魂安寧。我的身體卻爲都市揪着，不能掙扎。兩面的認識給我大量的苦惱，這衝突，這不調和的生命，使我永遠同幸福分手了。……坐在房間裏，我的耳朶裏永遠響的是拉船人聲音，狗叫聲，牛角聲音㊶。

沈從文悚然而驚。自己的愛憎感情與「城裏人」——那些都市上流社會的男女竟是如此不同，原來自己靈魂深處依舊潛藏着一個山野的精靈。這精靈，正在戰勝一個進入都會的「鄉下人」無從規避的人生卑微感，它哈哈大笑着，將都市上流社會的道德標準和人生價值準則，踩在

㊵《寫在〈龍朱〉一文之前》，載《紅黑》第一期（一九二九年）。

㊶〈生命的沫·題記〉，載《現代文學》創刊號（一九三〇年）。

脚下，支配着自己固執地走一條孤獨的人生之路。幾年來，別人在「生活」裏存在，自己却在「想像」裏「生活」。自己在都市「生活」方面的敗北，似乎正是一種命定的結局。然而，這是無法遁避，也無需後悔的。

青島的五月，天氣漸漸暖和，自然界也熱鬧起來。青島大學周圍的林子裏，已有了啄木鳥活動的踪跡，清脆的黃鶯的啼音到處可聞。各處公園裏，梅、桃、蘭、李、棠、櫻，彷彿約定了日子，擠在北方短暫的春日裏一齊開放。與往日一樣，沈從文又一次走出校門，獨自沿着海岸，朝東走過浴場、炮臺、海灣石灘上當年屬俄國某公爵的大房子，來到太平角海邊的礁石羣上。

選定一塊礁石，沈從文面朝大海坐了下來。眼前，大海一抹蔚藍，灰色的水靈山島的圓影在遠處波光裏浮動。紫色的天際，剛過身的船隻留下一縷淡烟。身後是一片馬尾松林，宛如一把把綠色掃帚，掃拂天雲。樹下的野花，連綴成淡藍、黃、白各色間雜的圖案。

沈從文在礁石上仰面平躺下去。距腳跟八尺以外，一壁懸崖筆直地插入海裏。海面有時平靜不波，如一面巨大藍色光滑玻璃；有時又湧起兩三丈大浪，直向崖下撞擊，濺起帶鹹味的雨霧。沈從文凝望着空中飄浮的白雲，在靜默與孤獨裏，一面從海邊陽光裏獲取熱能，一面與自然對面，在抽象裏默會生命的力量。彷彿已經沒有了悲傷，對生命的自信正在一份寂寞裏迅速增長。

「名譽、金錢或愛情，什麼都沒有，這不算什麼。我有一顆為一切現世光影而跳躍的心，就很夠了。這顆心不僅能夠夢想一切，而且可以完全實現它。一切花草既能從陽光下得到生機，各於陽春煙景中芳菲一時，我的生命上的花朵，也待發展，待開放，必有驚人的美麗與芳香。」

然而，當他從礁石上坐起時，在自己心靈深處響起另一種聲音。那聲音含着一點世故，一點冷嘲，帶着被社會人事踩躪過的印記：

「一個人心情驕傲，性格孤僻，未必就能夠作戰士！應當時時刻刻記住，得謹愼小心。你到的原是個深海邊。身子縱不至於掉到海裏去，一顆心若掉到夢想的幻異境界去，也相當危險，掙扎出來時並不容易！」

沈從文重新躺了下去。那個對生命充滿信心的自我回答說：

「爲什麼掙扎？倘若那正是我要到的去處，用不着使力掙扎的。我一定放棄任何抵抗願望，一直向下沉。不管它是帶鹹味的海水，還是帶苦味的人生，我要沉到底爲止。這才像是生活，是生命。我需要的就是絕對的皈依，從皈依中見到神。我是個鄉下人，走到任何一處照例都帶了一把尺，一杆秤，和普通社會總是不合。一切來到我生命中的事事物物，我有我的尺寸與分量，來證實生命的價値和意義。我用不着你們名叫『社會』制定的那個東西，我討厭一般標準，尤其是什麼思想家爲扭曲人性而定下的鄉愿蠢事。」

「好，你不妨試試看，能不能使用你自己那個尺和秤，去量量你和人的關係。」

「你難道不相信嗎？」

「你應當自己有自信，不用擔心別人不相信。一個人常常因爲對自己缺少自信，才要從別人相信中得到證明。政治上糾糾紛紛，以及在這種糾紛中的犧牲，使百萬人在面前流血，流血的意義就爲的是可增加某種人自己那點自信，在普通人事關係上，且有人自信不過，又無從用犧牲他人得到證明，所以一失戀就自殺的。這種人做了一件其蠢無以復加的事，還以爲是追求生命最高的意義，而且得到了它。」

「我只爲的是如你所謂靈魂上的驕傲，也要始終保留着那點自信。」

「那自然極好。不過你得注意，風不常向一定的方向吹。我們生活中到處是『偶然』，生命中還有比理性更具勢力的情感。一個人的一生可說卽由偶然和情感乘除而來。你雖不迷信命運，新的偶然和情感，可將形成你明天的命運，決定你後天的命運。」

「我自信我能得到我所要的，也能拒絕我不要的。」

「這只限於選購牙刷一類小事情。另外一件小事情，就會發現勢不可能。至於在人事上，你不能有意得到偶然湊巧的，也無從拒絕那個附在情感上的弱點。」

沈從文再次坐了起來，眺望面前的大海。他知道，在眼目所及的前面，一定有可供候鳥遷移時棲息的海島，再一直向前，最終可以到達一個緲蕪無垠的海岸。但若缺少航海經驗，是無從用想像去證實的。這也正與一個人的生命相似。這地方雲彩的奇異變化，在這種變化中顯現的海市蜃樓，就曾喚起過秦皇漢武長生不死青春長駐的夢想，到頭來終不過是水中撈月。可是，一個人如果有了航海經驗，沿着某個既定的方向一直向前，是一定能夠到達彼岸的。固然，人生中偶然與情感的乘除，會使一切改觀。可是，人生除了偶然和情感，還應當有點別的什麼。

「難道我和人對於自己，都不能照一種預定計畫去作一點……」

「唉，得了。什麼計畫？你意思是不是說那個理性可以爲你決定一件事情，而這事情又恰恰是上帝從不曾交給任何一個人的？你試想想看，能不能決定三點鐘以後，從海邊回到你那個住處去，半路上會有些什麼事情等待你？這些事影響到一年兩年後的生活，可能有多大？若這一點你失敗了，那其它的事情，顯然就超過你智力和能力以外更遠了。這種測驗對於你也不是件壞事情，因爲可讓你明白偶然和感情將來在你生命中的種種，說不定還可以增加你一點憂患來臨的容忍力——也就是新的道家思想，在某一點某一事上，你得有點信天委命的達觀，你才能泰然坦然繼續活下去。」

晚上，想起「偶然」和「情感」，一個對生命有計畫對理性有信心的沈從文，好像被另一個宿命論不可知論的沈從文戰敗了。可是，前者雖然戰敗卻不服輸。十年來，自己從湘西走入都市，在一種不易設想的艱難中，終於按照自己預定的理想走過來了。而且，終能運用手中一支筆，寫自己要寫的故事，來證實生命所能達到的傳奇。

夏天，暑氣將人們趕到海邊去了，沈從文卻留在山上，獨自在一列梧桐樹下散步。太陽光從樹葉間隙濾過，印在地面。望着縱橫交錯的光影，他儼然有所憬悟，覺得自己又分裂成兩個對立的人格。

「什麼是偶然和情感？我要做的事，就可以做。世界上不可能用任何人力材料建築的宮殿和城堡，原可以用文字作成功的。有人用文字寫人類行爲的歷史，我要寫我自己的心和夢的歷史。我試驗過了，還要從另一方面作試驗。」

依舊是一個冷冷的回音：「這不是最好的例，若用寫作作例，倒恰好證明前次說的偶然和情感決定你作品的形式和內容。你偶然遇見幾件瑣碎事情，在情感興奮中粘合貫串了這些事情，末了就寫成了那麼一個故事。你再寫寫看，就知道你單是『要寫』，並不成功了。文字雖能建築宮殿和城堡，可是那個圖樣卻是另外一時的偶然和情感決定的。」

「這是一種詭辯。時間將爲證明，我要做什麼，必能做什麼。」

「別說你『能』作什麼，你不知道，就是你『要』作什麼，難道還不是由偶然和情感乘除來決定？人應當有自信，但不許超越那個限度。」

「情感難道不屬於我？不由我控制？」

「它屬於你，可並不如由知識堆積而來的理性，能供你使喚。只能說它屬於你，它又屬於生活上的『性』，性又屬於人事機緣上的那個偶然。它能使你生命如有光輝，恰恰如一個星體爲陽光照及。你能不能知道陽光在地面上產生了多少生命，具有多少不同形式？你能不能知道有多少生命名字叫作女人，在什麼情形下就使你生命放光，情感發炎？你能不能估計有什麼在陽光下生

長的生命，到某一時原來恰恰就在支配你，成就你？這一切你全不知道！」㊷

……

沈從文陷入了人生的必然與偶然、理性與情感、可知與不可知的二律背反。他感到這種辯難實在太虛泛了一點，彷彿在漫無邊際的抽象領域裏游泳，游來游去，卻不能與任何具體的人生理想或事實接頭，一切都超越於具體感覺之上。——不能讓自己沉溺於自己的抽象思辯之域！無論如何，人生應當由理性來駕馭，偶然與情感固然具有影響人生的力量，在可能的範圍內，人終能憑意志和理性去實踐自己選擇的道路，到達理想的彼岸。

人生爲追求抽象原則，應超越功利得失和貧富等級，去處理生命和生活。我認爲人生至少容許將來重新安排一次㊸。

在一種舊觀念下我還可斷定我是一個壞人，這壞處是在不承認一切富人專有的「道德仁義」。在新的觀念下看我，我也不會是好人，因爲我對於一切太冷靜，不能隨別人發狂。……我除了存心走一條從幻想中達到人與美與愛的接觸的路，能使我到這世界上有氣力寂寞的活下來，眞沒有別的什麼了。已覺得實在生活中間感到人與人精神相通的無望，又不

㊷、㊸ 以上屬沈從文內心論辯文字，均參照〈水雲〉，見《沈從文散文選》，人民文學出版社一九八二年版。

能決絕的死，只從自己頭腦中建築一種世界，委托文字來保留，期待那另一時代心與心的溝通㊹。

㊹〈阿麗思中國遊記・後序〉，《沈從文文集》第一卷，花城出版社、三聯書店香港分店一九八二年版。

第七章 南風北雨

一、「丁玲事件」前後

一九三二年底，沈從文收到張允和、張兆和姐妹倆發來的有關婚事已獲應允的電報。長達四年之久的耐心與期待終於有了預期的回響，沈從文心裏蓄滿了莫可名狀的喜悅。一俟學期結束，他便立即動身趕往蘇州。

第二次來蘇州，是同年寒假，穿件藍布面的破狐皮袍。我們同他熟了些，便一刻不離地想聽故事。晚飯後，大家圍在火盆旁，他不慌不忙，隨編隨講。講怎樣獵野猪，講怎樣在激流中下灘。形容曠野，形容樹林。談到鳥，便學各種不同的啼喚，學狼嚎，似乎更拿手。有時站起來轉個圈子，手舞足蹈，像戲迷票友在臺上不肯下臺。可我們這羣中小學生習慣是早睡覺的。我迷迷糊糊中忽然聽一個男人叫「四妹，四妹！」因爲我同胞中從沒有一個哥哥，驚醒了一看，原來是第二次來訪的客人，心裏老大不高興。「你膽敢叫我四妹！還早呢！」這時三姐早已困極了，弟弟們亦都勉強打起精神，撐着眼聽，不好意思走開。眞有「我醉欲眠君且去」的境界。

那時我爸爸同繼母仍在上海。沈二哥同三姐去上海看他們。會見後，爸爸同他很談得來。這次的相會，的確有相親的意思❶。

這次見面，決定了沈從文與張兆和婚約的成立。隨後，張兆和便伴隨沈從文一同來到青島，在青島大學圖書館內編英文書目，和她在一起編中文書目的，還有一位後來改名江青的年輕女性。其時，江青一邊在學校做點事，一邊讀點書，沈從文所教的寫作課是她選修的科目。後來，江青對外國記者說，那時，沈從文每每要她一周寫一篇文章。她年輕時最喜歡的教授就是沈從文。不料三十多年後，這個女人在中國政治舞臺上，扮演了一個不可一世的角色，並直接導演了中華民族的空前大悲劇，而她與沈從文這一人生的「偶然」，還播下了沈從文人生道路上後來一段傳奇的因子。

自沈從文給張兆和寫了第一封情書以來，兩人到這時才眞正進入相互戀愛的階段。這時，「鄉下人」有了進一步期待，萌生了結婚的念頭。兩人在一起時，沈從文試探着對張兆和說：那些信已快寫完了，所以天就讓她和他來一處作事。倘若她不十分討厭他，似乎應當想一想，用什麼方法使他那點痴處保留下來，成爲她生命中一種裝飾。

❶ 張充和：〈三姐夫沈二哥〉，《海內外》一九八〇年第二十八期。

張兆和笑着對他說：「我實在不大懂這個問題，因爲問題太艱深。倘若當眞把信寫完了，那麼就不必再寫，豈不省事？」

沈從文感到自己的心被刺了一下，神氣間有點不高興。這神氣被張兆和感覺到了，她隨即問他：

「爲什麼有好多很好看的女人你不麻煩，卻老是纏着我？我又不是什麼美人，爲人老實不中用，實在很平凡。」

沈從文說：「美是不固定無界限的，凡事凡物對一個人能夠激起情緒，引起驚訝，感到舒服就是美。我認識許多女子，但能征服我，統一我，只有你有這種魔力和能力。」

這一類相互間的辯難與究詰，原是一對戀人常有的節目。偶爾無意間作成的對方自尊心的受損，似乎反倒是增加愛情甜蜜的一種佐料。無涯的大海和海邊的陽光放大了沈從文的人格，增加了生命的熱能；張兆和來到青島減輕了沈從文的孤獨與寂寞，愛情的泉流滋潤着乾渴與受到傷損的靈魂，沈從文正把一顆心停泊到一個幸福與寧靜的港灣。

一九三三年五月十四日，與丁玲同居的馮達被國民黨特務逮捕後，旋即供出了丁玲的地址。同日，丁玲在上海寓所和潘梓年一道被秘密逮捕，不久，同馮達一起被轉移到南京囚禁。

丁玲失踪的消息，很快被上海、北平、天津的報刊披露了出來。沈從文從報上看到的這一消息，又被上海方面的朋友來信證實後，他被驚呆了。

又一個作家朋友落入了政治陷阱！在虛空中，沈從文彷彿望見了三年前胡也頻的身影，想起胡也頻過去的種種，心裏有了一點隱痛，隱隱約約地感到丁玲與胡也頻二人共同的命運！……當年北京農業大學的六個朋友，張采眞、胡也頻等人的行列裏，似乎又加入一個丁玲，他們的命運結成一個必然的環鏈，各人接受着黑暗社會裏一份無法規避的命運。

一股憤火從丹田升起，他要向社會控訴這種不經法律手續秘密逮捕作家的非法行徑。五月二十五日，即在丁玲失踪十一天後，沈從文奮筆疾書，寫下了〈丁玲女士被捕〉一文，並在六月四日出版的《獨立評論》上公開發表了出來：

丁玲女士只是一個作家，只爲了是一個有左傾思想的作家，如今居然被人用綁票方法捕去，毫無下落。政府捕人的方法既如此，此後審判能不能按照法律手續，也就不問可知了。國民黨近年對於文藝政策是未嘗疏忽的，從這種黨治摧殘藝術的政策看來，實在不敢苟同。像這種方法行爲，不過給國際間有識之士一個齒冷的機會，給國內青年人一個極壞印象，此外就是爲那政策散播一片愚蠢與不高尙的種子在一切人記憶中而已。

如今丁玲女士究竟押在何處，所犯何罪，也不明白。且據傳說，則其人又有業已爲某方害死的消息。這傳說我希望它不是事實，但政府也應當用別的方法證明，這是個不實謠言，且應當即刻公開審訊。人若當眞已死去，活埋也好，縊殺也好，仿照別一處處治盜匪方法套石灰袋也好，政府既只知道提倡對於本國有知識青年的殘殺，所用方法即如何新奇，我也絕不至於因其十分新奇，另外提出抗議，因爲每個國家使用對知識階級的虐殺手段時，行爲的背後，就包含得全個的愚蠢，這種愚蠢只是自促滅亡，毫無其它結果。

在極愚蠢的政策下，死者死矣。然若果稍能自強不息，知對現狀有所不滿，敢爲未來有所憧憬的作家，皆如此一去無踪，生存的，則只剩下一羣庸鄙自熹之徒，當全個民族非振作無以自存的時節，還各裝模作樣，以高雅自居，或寫點都市文明浮面的光影，或塡小詞造謠言以寄托其下流感情，佯充清流，以文學作消遣，於政府各官辦刊物中，各看手腕之修短，從所謂黨的文藝政策下，會計手中攫取稿費若干，無事便聚處一堂，高談希臘、羅馬以送長日。即由此上海小有產者與小遊民興味與觀念，支配國內年輕人興味與觀念。政府於積極方面既殺盡有希望作家，於消極方面，則由政府支出一部分金錢，培養這種閑漢遊民，國家前途有何可言❷！

自丁玲被捕以後，上海文化界知名人士聯合發起了營救丁玲、潘梓年的活動。在這些活動中，沈從文皆列名其中。六月，營救丁玲最得力者楊杏佛，遭到國民黨特務暗殺。同時，報紙和社會上盛傳丁玲已被殺害。這並非事實的誤傳，由於相信者衆，沈從文從各方面熟人朋友處打聽，皆以其事爲眞，也不由沈從文不信。

---

❷〈丁玲女士被捕〉，載《獨立評論》第五十二、五十三合刊（一九三三年）。

在確信這一傳言的前提下，沈從文於同月創作了小說《三個女性》，以寄托對死難朋友的哀思。

這是一篇以丁玲死難消息爲背景的紀實小說。主人公實際上是那個沒有直接出場的「孟軻」。作品通過另外三個女性——黑鳳、儀青、蒲靜的議論，從側面讚揚了孟軻的「不俗氣」，「革命、吃苦」，「切實工作」，「樸素」而「不把那點經驗炫人」、「不矜持」，「有些地方男子還不如她」的優良氣質和品格。當黑鳳收到未婚夫「璇若」拍回的孟軻已經被害的電報後，小說這樣描述黑鳳的反應：

她努力想把自己弄得強硬結實一點，不許自己悲哀。她想：「一切都是平常，一切都是很當然的，有些人爲每個目前的日子而活，又有些人爲一種理想日子而生活。爲了一個遠遠的理想，去在各種折磨裏打發他的日子，爲理想而死，這不是很自然的麼？倒下的，死了，僵了，腐爛了，便在那條路上，塡補一些新來的更年輕更結實的家伙，便這樣下去，世界上的地圖不是終究就會變換了顏色麼？她現在好像完了，全部的事並不完結。她自己不能活時，便應當活在一切人的記憶中。她不死的。」

她自己的確並不哭泣。她知道一到了明天早上，儀青會先告訴她夢裏駕馭小船的經驗，以及那點任意所之的快樂，但她卻將告給儀青這個電報的內容，給儀青早上一份重重的悲戚！她記起儀青那個花圈了，趕忙到食堂裏把它找到，掛到書房中孟軻送她的一張半身像上去❸。

六七月間，圍繞丁玲失踪事件，社會上謠傳紛紜。說丁玲已被殺害者有之，說丁玲向當局自首者亦有之，事實眞相被掩蓋了，使人感到撲朔迷離。有關方面懾於國內外輿論壓力，拒不承認逮捕了丁玲。一方面，文化界民主、進步人士堅持向國民黨政府要人，並澄淸事實眞相；另一方面，一些別有用心者則利用報刊編織、散佈謠言，對丁玲實行人身誣陷。其時，一個名叫張鐵生的燕京大學學生，在報上著文，渲染丁玲正和一個姓馬的特務在莫干山同居。沈從文痛恨這些沒人心者的造謠，並堅信丁玲已被當局逮捕。六月四日，他再次執筆，寫下〈丁玲女士失踪〉，於六月十二日發表在《大公報》上。文章援引了丁玲托人帶出的口信「我已被誘捕，不自由」和上海公安局否認捕人的消息，堅持認爲「事實上則人業已被捕，且非法律手續捕去」，末了，沈從文寫道：

> 爲這件事抗議的作家，人已不少，其他暫時沉默的，也正在等侯政府一個合理的處置。這個人不能用「失踪」作爲結論，她若因此失踪，我的預言是，將來還會有若干作者，相信除了年輕人「自衛」且指示自衛方法外，別無再好的話可說。

---

❸　孟軻是丁玲小說《孟軻》的主人公。璇若，爲沈從文用過的筆名。丁玲在一九八〇年第四期《詩刊》上發表〈也頻與革命〉一文，很傷沈從文的心，遂在這以後出版的文集和選集上，一律改用「××」取代小說中的「孟軻」與「璇若」。此處引文見《加蕤集》，上海生活書店一九三四年五月版。

沈從文的辯護招來了張鐵生的攻擊和漫罵，並極爲下流地編造有關沈從文和丁玲的謠言在《庸報》上發表，文章充滿了不堪入目的汚穢語言。張鐵生的卑劣行徑激起了沈從文周圍人們的憤怒。《大公報》裏的中共地下黨員鼓勵沈從文向法院起訴，同張鐵生打官司。王芸生也對沈從文說：我們出錢，你去法院告他。《庸報》得知這一消息，趕緊派人向沈從文道歉，事情才算作罷。

七月，沈從文寫下長篇回憶文字〈記丁玲女士〉，在《國聞周報》上連載。在〈記丁玲女士·跋〉裏，沈從文這樣寫道：

他們的努力，只是爲了「這個民族不甘滅亡」的努力，他們的希望，也只是「使你們不作奴隸」的希望，他們死的陸續在沉默中死掉了，不死的還仍然準備繼續死去。他們應死的皆很勇敢的就死。不死的却並不氣餒畏縮。只是我想問問：你們年輕人，對於這件事情，有過些什麼感想？當不良風氣黑暗勢力已到一個國內外知名的文學家可以憑空失踪，且這一作家可以永遠失踪，從各方面我們皆尋不着一個能爲人權與法律的負責者，也尋不着一個爲呼籲人權尊嚴與法律尊嚴的負責者時，你們是不是也感到些責任？

一個前進作家他活下來時，假若他對於人生還有一點較遙遠的理想，爲了接近那個理想，向理想努力，於生活中擔受任何不幸，他是不至於退縮的。他看準了他應取的方向，他對於他的犧牲便認爲極其自然。他相信光明與正義所在，必不至於因爲前面觸目驚心的犧牲了，就阻止了後面赴湯蹈火的繼續。他明白一頁較新的歷史，必須要若干年輕人的血寫成的。同這個社會中種種惡劣習氣作戰，同不良制度作戰，同愚蠢作戰，他就不能吝惜精力與熱血，他們力盡氣竭後，倒下去，僵了，腐爛了，好像完事了。在一般人記憶中，初初留下一個鮮明活躍的影子，一堆日子也慢慢地把這些印象弄模糊了，拭盡了。可是，他們都相信，他們強悍的生，悲慘的死，是永遠不會為你們年輕人忘掉的❹！

一九三四年，〈記丁玲女士〉結集為《記丁玲》，交上海良友圖書印刷公司出版時，卻遭到國民黨中央宣傳部圖書審查委員會的嚴重刪削。書末的〈編者話〉說：

> 沈從文先生所著《記丁玲》一稿，原文較本書所發表多三萬餘字，敍至一九三二年為止，因特種原因，目前未克全部發表，特志數語，以告讀者。

《記丁玲》出版的當天，魯迅在致趙家璧的信中，這樣寫道：

> 《記丁玲》中，中間既有刪節，後面又截去許多，原作簡直是遭毀了，以後的新書，有幾部恐怕也不免如此罷❺。

自然，丁玲事實上沒有被殺害，而是被秘密囚禁於南京。一九三三年十月至年底，曾轉移至

---

❹ 載一九三三年九月二十三日天津《大公報・文藝》。

❺ 《魯迅書信集》上卷六二二頁，人民文學出版社一九七六年版。

莫干山，隨後復被軟禁於南京。因丁玲寫了「回家養母，不參加社會活動，未經過什麼審訊」的字條，監禁較前略見鬆寬。一九三六年一月，丁玲開始在《大公報》、《文季月刊》上發表文章，冀望透過作品，向外界發出信號。於是，丁玲的住址立即爲沈從文所知（《大公報·文藝》這時雖然已由蕭乾署名主編，沈從文仍是實際上的「顧問」）。不久，沈從文便去南京苜蓿園探望丁玲。

可是，丁玲心裏，對沈從文卻有了芥蒂。

沈從文也來這裏看我了，但我們兩人的心裏，都隱隱有一點芥蒂。原來在一九三三年我被秘密綁架後，社會上傳說紛紜，國民黨却拒不承認。左聯同志不能出面，爲營救我，想方法托王會悟和他商量，擬用他的名義，把我母親從湖南接到上海來，出面同國民黨打官司，向國民黨要人；因爲他同我母親也熟。一九二九年我們兩家曾經同住上海薩坡賽路二〇四號，他同他的母親、妹妹住三層樓，我和我母親住二層樓。一九三一年也頻犧牲後，我送孩子回湖南，他會陪同我去，住在我家中，這次我被綁架後的第十一天，即五月二十五日，沈從文還寫了一篇短文，題爲《丁玲女士被捕》，抗議政府當局的非法，爲我鳴不平。文章發表在六月四日出版的《獨立評論》第五十二號、五十三號合刊上。但發表時，刊物編者胡適寫了一則附記，說是沈文「排成後，已校對上版了，今日得着上海市長吳鐵城先生來電，說『報載丁玲女士被捕，並無其事。此間凡關於一切反動案件，不解中央，即送地方法院，萬目睽睽，決不敢使人權受非法摧殘。』此電很使我們放心。因版已排成，無法抽出此文，故附記此最近消息於此，以代更正（胡適，六月一日）。」可能就是因為有了這一大有來頭的更正，沈先生這時回信給王會悟說，丁玲並未被捕，而且她同我早已沒有來往了。此後一九三四年他返湘西，路過常德，住在第二師範學校，有師生建議他應該去看一看我母親，但他不去；第二師範的同學們就自行去我家看望我母親，並在我母親前面說了一些不平的話。原來那時沈從文正以摯友的身份在報紙上發表《記丁玲》的長文。我母親是飽經人情冷暖、世態炎涼的過來人，對此倒沒有什麼很多的感慨，只覺得這是一件很平常的事，值不得大驚小怪；她曾經把這些事當成別人的事那樣講給我聽。而我心裏却有點難受。我對這個人的爲人是知道得很清楚的，在那種風風雨雨的浪濤裏，他向來胆小，怕受牽連，自是不必責怪的。我理解他並且原諒他。只是再次見面時，總有一絲不自然。他呢，可能也有點不自然，他現在來看我總算很好，也是同情嘛，我是應該感謝他的，只是我們都沒有敞開心懷，談的很少❻。

關於借用沈從文的名義接丁玲母親到上海一事，丁玲顯然把後來的印象提前了。沈從文去南京看望丁玲，是一九三六年初的事。在同一篇回憶錄裏，丁玲敍述她得知此事是在一九三六年五

---

❻ 丁玲：〈魍魎世界・春暖待花開〉，《新文學史料》一九八七年第一期。

月去北京見到王會悟以後。

我很奇怪爲什麼她（指王會悟——筆者註）對沈先生有那麼深的意見。後來才知道，就因爲一九三三年我被綁架後，王會悟仍在上海，她寫了好多封信到湖南安慰我母親，說我平安無事，說有許多人在營救我。她怕我母親不相信而難過，便今天寫信用這個人的名字，明天又用那個人的名字，還用了沈從文的名字。那裏料到，後來沈從文却不願借用他的名義接我母親到上海向國民黨要還女兒❼。

丁玲提及的兩件事，究竟是否屬實，已無從確證，因爲這兩件事都是由第三者轉敍的。沈從文是否輕信了吳鐵城的電報？就在《獨立評論》刊登胡適「附記」的當天，沈從文寫了〈丁玲女士失踪〉，駁斥國民黨上海公安局否認逮捕丁玲。如果說，沈從文不願以自己的名義寫信要丁玲母親來上海，是出於沈從文的「膽小，怕受牽連」，又何來〈丁玲女士被捕〉等文章？又何至於在營救丁玲活動中署名？難道後者的風險比前者要小？至於路過常德不去看望丁母事，丁玲是聽母親轉述的，丁母又是聽第二師範學生轉敍的。若確有其事，沈從文的原話如何？在紀實性散文《湘行散記》裏，沈從文敍述他那次路過常德時，是住在那個戴水獺皮帽子的朋友曾芹軒的旅館裏的。而這次返鄉的原因，是沈從文母親病危。到鳳凰後，沈從文在家裏只住了三天，便匆匆返

❼〈魍魎世界·探索〉，《新文學史料》一九八七年第一期。

回北平。過了不久，沈母即病逝。即便有第二師範學生要沈從文去看丁母事，沈從文因急於返鄉探望病危的母親，而未能去看望丁母，從人情上也說不上有「人情冷暖，世態炎涼」之嫌。既然不怕牽連來看望仍被軟禁的丁玲本人，難道還怕因看望丁母受牽連？至於說沈從文對丁玲心存芥蒂，不大自然，似乎也出於丁玲的主觀感覺。既然心存芥蒂，又何必老遠跑來自討沒趣？——人世極為複雜，這些自然都是些難以索解之謎，只能交付後來者根據各自的人生經驗去判斷了。

然而，終因丁玲心存的「芥蒂」——無論起自何時，基本上埋葬了她與沈從文的友誼。沈從文與胡也頻、丁玲的友誼，實在是中國現代文學史上動人的一頁。我們惋惜這一友誼的終結。可是，一種友誼的維持與了結，原是當事雙方的權利，是不能勉強，也無可奈何之事。歷史以它自身的固有邏輯，將這友誼最終撕毀給人看，本不足奇。然而，若從深處咀嚼這種變化，卻不免勾起人們淡淡的悵惘和無言的嘆息。

二、叩開幸運之門

丁玲事件捲起的熱浪，隨着秋天的到來，已開始降溫，並逐漸沉寂下來。但是，較之丁玲事件遠為重大、關係到中華民族命運的濃重陰雲已經彌漫在華北上空。自一九三一年「九・一八」事變，東北三省淪陷於日軍之手以後，日本侵略者進一步染指華北，發動侵佔熱河之役，打開了通向華北的門戶。嚴峻的形勢擺在每個中國人面前：日軍侵佔華北只是早晚間事。凡愛國者都已意識到，在年輕一代身上注入愛國的民族感情與做人勇氣，增強兒童與少壯抵抗憂患的能力，已成爲民族文化工作的當務之急。

一九三二年夏，楊振聲接受了爲華北學生編寫中小學教材和基本讀物的使命，甘願辭去青島大學校長職務，來到北平，着手組織編撰教科書的班子。

應楊振聲之邀，沈從文也在學期結束之後，辭去青島大學教職，與張兆和、九妹沈岳萌一起到了北平，和朱自清等人一道參與其事。此後數年間（直到蘆溝橋事變爲止）他們通力合作，從小學教材起始，循序漸進，並親自把編成的教材陸續帶到師大附小去作實驗。在沉默中，他們擔負起中華民族兒女應盡的責任。

自然界的果實有收穫的季節，這時，沈從文與張兆和的愛情也到了成熟的時候。在去北平之前，沈從文與張兆和已商定了結婚的時間，並徵得了張兆和父親的同意。到北平後，他們就着手籌辦婚事，可是沈從文身上不名一文。本來，在青島大學任教期間，沈從文月薪一百元。按說，這筆錢供他和九妹二人花費已經足夠。但沈從文不會安排生活，錢一到手，兄妹二人就上劇院看電影，下館子吃西餐，很快就花得精光，常常弄得半個月沒有飯錢。九妹岳萌成天無所事事，也不上學，說是沒錢交學費。張兆和到青島後，見此情形，帶着哭笑不得的神情，搖了搖頭，趕緊安排九妹上學讀書。想起沈從文到上海去見父親時，身上穿一件藍布面的舊狐皮袍，衣襟上滿是油漬的情形，張兆和心裏起了憐惜之意。這個「鄉下人」，實在太不知道如何管顧自己，身邊正需要一個人替他照料一切。她本想去北平後再讀幾年書，而後考慮結婚的事，看來也只好放棄了。

到北平後，張兆和將自己一隻紀念性的戒指，拿給沈從文當掉。這時，他們正暫時寄居在楊振聲家裏。一次，楊家大司務拿沈從文換下的褲子去洗，發現口袋裏的那張當票，立即交給了楊振聲。於是，楊振聲給沈從文預支了五十塊錢的薪金作應急消費。後來，楊振聲對張兆和的四妹張充和說：「人家訂婚，都送給小姐戒指，哪有還沒有結婚，就當小姐戒指之理！」

本來，張兆和是可以結婚爲由，向家裏要錢的。她的二姐結婚時，父親就曾給了二千塊錢。但沈從文卻不願這樣做。他寫信給張兆和父親，表示結婚不要家裏給錢。張武齡見信後十分高興，向家裏人誇獎了這個未婚女婿。當初，張兆和讀書成績好，父親十分歡喜，送了她一本王羲之的〈宋拓集王聖教序〉作爲獎勵。最後，這本字帖成了張兆和唯一的一份嫁妝。

一九三三年九月九日，沈從文與張兆和在北平中央公園水榭宣佈結婚。婚事辦得極爲簡單。沒有儀式，也沒有主婚人、證婚人。沈從文穿一件藍毛葛夾袍，張兆和穿一件淺豆色綢旗袍——還是張兆和的大姐在上海給他們趕製的。趕來祝賀的，大多是沈從文在北方幾所大學和文學界的朋友。雙方家裏，張家有大姐元和、四妹充和、大弟宗和及三叔晴江一家；沈家則由沈從文表弟黃村生、九妹岳萌作代表。

新居在西城達子營。這是一個小院落，正房三間外帶一個小廂房，院子裏有一棵棗樹，一棵槐樹，沈從文稱它爲「一棗一槐廬」。新房內沒有什麼陳設，四壁空空，婚後才由沈從文選購的書籍和收羅的陶瓷漆器逐漸塡滿。兩張床上，各罩一幅錦緞百子圖罩單，是梁思成、林徽音夫婦送的，才微顯喜慶氣氛。

還是婚前剛把幾件必需物件搬入新居的一個晚上，張充和發現一個小偸正在院子裏解網籃，便大聲呼喊：「沈二哥，起來，有賊！」沈從文聞言亦大叫：「大司務，有賊！」大司務也應聲吆喝。呼叫聲裏，一陣腳步響，小偸早已爬樹上房一溜煙走了。一陣虛張聲勢過後，大家才發現沈從文手裏緊緊抓着一件武器：牙刷。

對沈從文而言，這一婚姻是圓滿的。他得到的，不僅是生活上的忠實伴侶，而且還是一個事業上的得力助手。

孔子曰：三十而立。這時沈從文正步入「而立」之年。命運彷彿有意證明這一「聖人」之言似的，沈從文不僅家立，而且業立。就在他結婚的同一個月裏，沈從文應《大公報》之聘，從當年「學衡派」吳宓等人手裏，接編了該報的文藝副刊。這不啻爲沈從文從事的文學事業插上了另一隻翅膀。在此後數年間，沈從文以一人之力，主持《大公報．文藝》。當時，《大公報．文藝》的稿件由沈從文在北平編成，而後寄天津報社發排。在這過程中，看稿、改稿，都少不了張兆和。這自然得力於她的文學修養，——她自己也能寫小說。有一個不爲人知的事實：沈從文小說中的《玲玲》，就出自張兆和的手筆。後來談到這件事時，張兆和笑着說：「他有點無賴，不知怎麼就把我的小說收到他的集子裏。」王西彥回憶自己當年剛剛走上文學道路的情景時說：

……後來我從佘家胡同的「學會」搬到西單闢才胡同的南半壁街去住，沈從文先生的的家也搬到附近的北半壁街(?)，彼此的距離更近了。有時，連《文藝》周刊的稿費也由兆和先生給我送來❽。

對自己的婚姻，沈從文是十分滿意的。他不無得意地說：

關於這件事，我却認爲是意志和理性作成的。恰如我一切用筆寫成的故事，內容雖近於傳奇，由我個人看來，却產生於一種計劃中❾。

在人類的愛情、婚姻生活中，當一個生命眞正讓另一個生命浸入時，常常會出現不可思議的奇蹟。這時，沈從文的生活與生命都進入了穩定時期，又人當盛年，他的創造力獲得了充分的發揮。在編撰教科書，編輯《大公報．文藝》的同時，沈從文仍沒有放棄作品創作。僅一九三一至一九三七年，他就有二十多本小說、散文、文論集出版。

進入三十年代以後，沈從文在中國文壇上的地位迅速上升。他的文學創作，不僅走過了早期的不成熟階段，也走完了一九二八至一九三〇年的過渡階段，進入成熟時期，成爲中國文壇上引

❽王西彥：〈夢想與現實——「鄉土．歲月．追尋」之五〉，載《新文學史料》一九八四年第四期。

❾〈水雲〉，《沈從文散文選》，人民文學出版社一九八二年版。

人矚目的重要作家。一九三四年《人間世》向國內知名作家徵詢「一九三四年我愛讀的書籍」的意見，老舍和周作人不約而同地以《從文自傳》作答⑩。由中國人民的朋友埃德加．斯諾編譯的第一次向西方讀者介紹中國新文學成就的作品集《活的中國》裏，收入了沈從文的〈柏子〉。在該書的〈編者序言〉裏，斯諾說：

後來我又去物色並得到幾位中國主要作家的合作，他們協助我挑選同時代人有代表性的作品。……通過蕭乾，還得到沈從文和巴金的協助，這兩位對現代中國文學的發展都有過巨大貢獻。

我還發現中國有些「傑作」篇幅太長，無法收入到這樣一個集子裏去。許多作品應列入長篇，至少也屬於中篇，然而它們的素材、主題、動作及情節的範圍，整個發展規模，本質上只是短篇小說。魯迅的《阿Q正傳》就屬於這一類。還有茅盾的《春蠶》和沈從文那部風靡一時的《邊城》⑪。

魯迅在與斯諾談及中國新文學代表作家時也說：

自從新文學運動以來，茅盾、丁玲女士、張天翼、郁達夫、沈從文和田軍是所出現的最好

---

⑩《人世間》第十九期（一九三五年一月）。

⑪《新文學史料》，一九七八年第一期。

的作家⑫。

沈從文在文壇上的地位上升，不僅主要取決於他在文學創作中取得的成就，也得力於他所主編的《大公報》文藝副刊。朱光潛後來回憶說：

> 他編《大公報．文藝》，我編商務印書館的《文學雜誌》，把北京的一些文人糾集在一起，占據了兩個文藝陣地，因此博得了所謂「京派文人」的稱呼⑬。

姚雪垠也在他的〈學習追求五十年〉裏追憶說：

> 在北京的年輕一代的「京派」代表是沈從文同志，他在當時地位之高，今日的讀者知道的很少。他爲人樸實，創作上有特色，作品多產，主編刊物，奬掖後進，後來又是《大公報》文藝獎金的主持人，所以他能夠成爲當時北平文壇的重鎮⑭。

朱光潛和姚雪垠回憶所提及的「京派文人」和「京派作家」，是三十年代中國文壇出現的一個特有的文學史現象。自一九三〇年中國左翼作家聯盟成立以後，國民黨政府卵翼下的一批文人，曾一度發起「民族主義文學運動」與之抗衡。前者以上海爲中心，後者以南京爲據點。而在

---

⑫ 尼姆．威爾士：〈現代中國文學運動〉，《新文學史料》一九七八年第一期。據新近發現的斯諾與魯迅談話的記錄稿，這次談話的時間爲一九三六年五月。

⑬ 朱光潛：〈從沈從文的人格看沈從文的文藝風格〉，《花城》一九八〇年第五期。

⑭ 載《新文學史料》一九八〇年第三期。

北平，卻聚居着當時游離於二者之外的一大批民主主義作家。他們既厭憎國民黨的專制獨裁政治，又對中國共產黨領導的革命抱有程度不一的隔膜與懷疑。這批作家當時被稱爲「京派作家」。實際上，「京派作家」沒有固定的組織，只是一個自由主義的鬆散的作家羣體。《大公報·文藝》和後出的《文學季刊》（鄭振鐸、靳以主編，一九三四年創刊），《文學月刊》（巴金、靳以主編，一九三六年創刊），《文學雜誌》（朱光潛主編，一九三七年創刊），成爲這個作家羣發表作品的共同陣地。《大公報·文藝》是其中起步最早、時間最長而又最具連續性的一面旗幟。

《大公報·文藝》第一期於一九三三年九月二十三日問世，每周出兩期，由沈從文一人主編。從一九三五年八月起，由沈從文和蕭乾署名合編，每周出四期，星期一、三、五三期，每期半個版面，由蕭乾負責，改刊名爲《文藝》；星期日一期，一個版面，由沈從文主持。一九三六年四月起，全部改由蕭乾署名，但沈從文仍參與編輯與組稿，是蕭乾事實上的「顧問」。

《大公報》文藝副刊擁有實力雄厚的作家陣容。經常在該刊上發表作品的，不僅有「五四」時期即已著名的如朱自清、冰心、蹇先艾、廢名、許欽文、王魯彥、楊振聲、周作人、馮至、凌叔華、俞平伯等人，有和沈從文差不多同時出現的巴金、張天翼、朱光潛、李健吾、陳夢家、老舍、林徽音、林庚、靳以等，還有三十年代嶄露頭角的新進青年作家如何其芳、李廣田、卞之琳、麗尼、陸蠡、沙汀、艾蕪、蕭乾、荒煤、嚴文井、田濤、王西彥、蘆焚、方敬、陳敬容、辛笛、孫毓棠、高植等。

《大公報》文藝副刊以注重文學自身的特性爲辦刊宗旨，提倡作品的藝術性和創作的嚴肅性，既反對遊戲、消遣的「白相文學」，又反對空有血淚叫喊的純粹宣傳作品。在側重創作的同時，評論、翻譯與外國文學的評論同時並舉。該刊尤其重視對青年作者的培養。上述大部分新進作家的初期之作，就有相當一部分是在這個刊物上發表的。這些作家中的大部分，都成爲此後中國文學運動的中堅。

自然，沈從文在北平的寓所，就成了作家往來聚會的重要場所。一九三三年秋，巴金剛來北平時，就在沈從文家裏住了半年。那時，沈從文每天在院子裏的老槐樹下寫作《邊城》。巴金則在客室裏着手中篇小說《雪》的創作。直到沈從文大姐一家來京，家裏無法住下，巴金才遷居北海三座門。朱光潛、靳以、李健吾、卞之琳、蕭乾等，更是沈從文家的常客。來得更多的，還是給《大公報》文藝副刊投稿的文學青年。

在這期間，沈從文將很大一部分精力用於扶植青年作者。看稿、改稿，與作者座談，成了他生活中常見的節目。

一九三五年秋的一天，北平東城一家茶館的餐桌上，沈從文、蕭乾正與一些青年作者交談。

> 我和這位小說家見了面。當時剛從燕京大學新聞系畢業出來的蕭乾同志正在編《大公報》的副刊，這次是他以主人身份招待一部分在北平的投稿人，被邀參加的有蘆焚、劉祖春、嚴文井、田濤等七八位，連同主人剛好坐滿一圓桌。記得沈從文先生的一個描寫湘西部隊

生活的短篇小說〈顧問官〉，正在上海《文學》月刊上發表，當我們稱贊蕭乾的副刊編得不錯時，他拍拍坐在身邊的沈從文先生的肩膀，笑笑說：「喏，有這位顧問官！顧問官！」我所以事隔半世紀之後還能記起這個小小情節，是因爲當時刹那間浮現在從文先生臉上那副顯得異常親切的笑容。……只是在散席時才走到他面前，小聲問了他的住址，說明改日要去登門拜訪。他拉着我的手點頭微笑：「好的，歡迎你來，晚上我總在家！」

……他和夫人張兆和先生待人都和和氣氣，不會給人一種壓迫感。那時他的年紀也只有三十來歲，說話的聲音雖輕，却有激情，只是土腔很重，三句裏我大概只能聽懂一兩句。擔心打擾他，我去拜訪的次數不多，每次坐談的時間也不長。往往是給他送稿子去，聽他對稿子的意見，他也總是微笑着說：「好嘛，好好寫。」他收下稿子，有的轉給《小公園》和《國聞周報》，有的放進自己編的《文藝》周刊。有時稿子被發出來了，才發現原來已經由他動筆作了些刪改，主要是爲了能稍稍精練些。和我同時向《大公報》文藝副刊投稿的年輕人中間，和我比較接近的，有一位是河北的田濤，還有一位是雲南的李寒谷，後者是我的同班同學，寫了一些邊疆家鄉的風土，筆名「寒穀」還是從文先生給取的⑮。

沈從文特別留心那些出身寒微、眼下正在困境中掙扎的青年作者的稿件。這類稿件常附有作

---

⑮ 王西彥：〈夢想與現實——「鄉土・歲月・追尋」之五〉，《新文學史料》一九八四年第四期。

者來信，向編者訴說自己的艱辛。這些來信勾起沈從文對往事的回憶。十年前，自己的處境正與他們相同。可是，有的編輯卻當衆譏諷着將自己的稿件揉成一團丟到紙簍裏去！他忘不了聽到這消息時心靈受到的嚴重損傷和切骨之痛！現在，因緣時會，自己成了文學刊物的主持人，當年的歷史不能在自己手裏重演！他也想起那些關心愛護過自己的師友，正是他們給自己以溫暖。在這世界上，再沒有什麼比人與人之間的同情、理解與信任更爲可貴的了！

沈從文不敢苟且。眼前的這些青年作者的來稿，有出手不凡的，有略帶疵瑕的，有質量稍差的，也有不適宜發表的。對那些略帶疵瑕的，他便親自動筆刪削、潤色；質量稍差尚不宜在《文藝》周刊上刊發的，便想方設法介紹給其它刊物；實在不得已需要退稿的，也盡可能給作者回信，情辭懇切地指陳作品的缺陷和改進的方法。

同想起來，他對我送去的稿子，總是用極寬容的態度對待，盡可能使它們得到發表的機會，好像從來沒有給我打過退票。……我的第一個短篇小說集《夜宿集》，也是從文先生給取的的書名並推荐給商務印書館出版的。就在那集子裏，收容了我初期那些幼稚習作中的一部分，直到現在，雖然迭經變亂，我竟奇跡似的保留下一份經過從文先生簽字的出版契約，成爲自己漫長寫作歷史上一個値得同憶的紀念⑯。

---

⑯ 王西彥：〈夢想與現實——「鄉土・歲月・追尋」之五〉，《新文學史料》一九八四年第四期。

有一天，我去看望他。談話的內容照例是一些關於寫作方面的事情。他忽然微笑着問道：

「我看你發表的作品不算少了，編得成一本書了吧？怎麼樣，編它一本好不好？」

能夠把寫下來的習作編成書出版，對我當然是一個望外的喜訊，剎那間自然也顧不得習作的幼稚粗陋，忘記了對自己的嚴格要求，不僅立刻表示了同意，而且一回住處就滿懷興奮地做起編選工作。當時還有種種依賴思想，覺得反正還有一位前輩在那裏把關，自己只要收集一下就行。

過了幾天，我就把一大包發表過的稿子送到從文先生家裏去，請他再給我看一看，選一選。幾天以後，我又性急地跑去找他，他依然微笑着告訴我道：

「書已經給你編起來了，取了其中一篇的題目做書名，就叫《夜宿集》，好不好？」

不待說，我也馬上表示了熱切的贊同。

「那麼」，他接着說，「我把它推荐給上海的商務印書館，他們正委托我編一套創作叢書，你這個集子就算作中間的一本，好不好？」

商務印書館是一家全國最大的書店，如果不是有人推荐，一般很少接受像我這樣初學寫作者的稿子，可以想見我對他的感激⑰。

⑰、⑱ 王西彥：〈閃爍的燈光——「鄉土·歲月·追尋」〉，《新文學史料》一九八五年第一期。

這佔去了沈從文的許多時間。他本擬繼《邊城》之後，進而完成描寫湘西小城人生的系列小說《十城記》——分別以王村、沅陵、保靖、洪江、辰溪、芷江等地爲背景，終因扶植青年作者而付之闕如。

> ……本擬寫十個，用沅水作背景，名《十城記》。時華北鬧「獨立」，時局日益緊張，編《大公報·文藝》，大部分時間都爲年輕作者改稿件費去了，來不及，只好放棄⑱。

沈從文還常常慷慨解囊，幫助那些生活上處於困境的文學青年。卞之琳自費出版第一個詩集時，沈從文就曾提供過資助。編《大公報》文藝副刊，他每月可從報社獲取一百元的報酬，這些錢卻大部分被用於請作者吃飯，給青年作者預支稿酬上了。——他經歷過無望無助的人生痛苦，能更切身地體會到一個窮困的文學青年，在中國現實環境裏所必然遭遇的人生悲哀。

> 沈二哥極愛朋友，在那小小的樸素的家中，友朋往來不斷，有年長的，更多的是青年人。新舊朋友，無不熱情接待。時常有窮困學生和文學青年來借貸，尤其到逢年過節，即便家中所剩無多餘，也盡其所有去幫助人家。沒想到我爸爸自命名「吉友」，這女婿倒能接此家風。一次，宗和大弟進城邀我同靳以去看戲，約在達子營集中，正好有人告急，沈二哥便對我們說：「四妹，大弟，戲莫看了，把錢借給我。等我得了稿費還你們。」我們面軟，便把口袋所有的錢都掏給他。以後靳以來了，他還對靳以說：「他們是學生，應要多用功讀書，你年長一些，怎麼帶他們去看戲。」靳以被他說得眼睛一眨一眨的，不好說什

麼。以後我們看戲，就不再經過他家了⑲。

三、故鄉行(一)

一九三四年一月，沈從文回到了闊別十餘年的故鄉。

月初，他收到家裏的來信，說是母親病重，看情形似將不起，很難熬過今冬。母親很想再見上他一面，倘若這次不能回去，只怕再無見面機會；若能脫身時，望盡快作出安排。

將身邊的事略作交待，沈從文便匆匆啓程。冒着隆冬的嚴寒，在路上走了將近二十天，舊曆臘月十九日黃昏，他終於踏上了讓他心跳眼熱的鳳凰東門橋頭。

到家只有三天，沈從文便心如火焚。眼下的處境使他進退失據。——母親已經病入膏肓，形銷骨立，完全改變了舊時模樣，成天大口大口咯血，生命已如一線游絲，朝不保夕。他願意滿足老輩人的願望，守在母親身邊，爲母親送終，以盡人子之道；可是，在鄰省江西，紅軍因第五次反「圍剿」失敗，根據地日漸縮小，已有了戰略轉移的意圖。相鄰幾省風聲極嚴，這次返鄉，一路上對外來行人盤查已經極嚴。而家鄉的熟人，又都疑心沈從文是「共產黨」。這不奇怪，他與胡也頻、丁玲的關係，通過報紙作媒介，已盡人皆知，不少人還看過他抨擊時政的文章。更嚴重

---

⑲ 張充和：〈三姐夫沈二哥〉，載《海內外》一九八〇年第廿八期。

的是，他從親友的口中，得知陳渠珍對弟弟沈岳荃正心存猜忌——沈岳荃此時已是陳渠珍手下一名團長，陳渠珍害怕他效法自己當年，從自己手裏奪權。沈從文這時返鄉，難免不犯陳渠珍大忌。一旦事出偶然，便會禍起蕭牆。

想起這些，返鄉後的幾件小事，驀地闖入心頭。

四天前，沈從文到了離家還有一天路程的搽伏，投宿到一家橋頭小客店裏。黃昏時節，他正在洗腳，忽聽橋東人聲嘈雜。一隊槍兵過後，在另一家客店門口，停下一乘京式三頂拐轎子。沈從文正想叫從沅陵伴送自己返鄉的趙祖送去問問來人是誰，不料乘轎人一下轎便徑直朝自己走來，跟在他身邊的一個挎槍護兵指着沈從文說：「你姓沈嗎？局長來了！」

來人是高瘦個子，戴一副玳瑁邊近視眼鏡，一身邪精力，走到沈從文跟前就嚷：

「大爺，你不認識我，你一定不認識我，你看這個！」他指着自己的鼻子大笑起來。

沈從文猛地醒悟過來，這不是當年在保靖說自己鼻子是一條龍、將牛糞當球踢的印鑒遠是誰！沈從文早從一些朋友口裏，知道了眼前這位朋友十年來的經歷。一九二六年北伐戰爭時，印鑒遠進長沙黨務學校受訓，隨後捲入革命洪流，意得志滿，日子過得狂熱而興奮。還曾寫信給困居北京的沈從文說：「現在一切不同了，我可以踢許多東西了。」後來，「清黨」事起，沈從文許多參加革命的朋友遭到殺害。就在鳳凰城裏，兩個當小學教員的朋友，一個姓韓，一個姓楊，就在這次事變中被請到縣裏殺了頭。這位印瞎子一時間倒失去了音訊。想不到今天在這裏見到了他，而且，他居然還成了烏宿地方百貨捐局長！

晚飯後，沈從文和他談起過去的種種。印鑒遠派護兵取來一套精緻的鴉片煙具。沈從文吃了一驚，問他為什麼會玩這個。他說，北伐以後，他對自己鼻子的信仰已經失去了，只有學會吸鴉片，才不會被人疑心為「那個」，胡亂捉住「咔嚓」的。自己不是阿Q，不歡喜那種「熱鬧」。

兩人天南地北地談了一夜。第二天大家一同動身時，沈從文約他到城裏後，邀幾個朋友一道去姓楊姓韓的朋友墳上看看。

他彷彿吃了一驚，趕忙退後一步，「大爺，你以為我戒烟了嗎？家中老婆不許我戒烟。你眞是……從京來的人，簡直是京派，甚麼都不明白。入境隨俗，你眞是……」我明白他的意思。估計到城裏後，也不敢獨自來找我。我住在故鄉三天，這位很可愛的朋友，果然不再同我見面㉔。

到家後第二天一早，沈從文走到東門橋上，看望幼時拜寄的乾爹乾媽。——沈從文小時候害痄疾，得滕回生堂草藥醫生建議，拜一個吃四方飯的人作乾兒子，並按他開的藥方吃習皮草蒸雞肝，包好。沈從文父親爽快，當即與他打了乾親家，沈從文被取名為「茂林」。——橋上各處搜

---

⑳〈湘行散記·一個愛惜鼻子的朋友〉，《沈從文散文選》，人民文學出版社一九八二年版。

尋，都不見「回生堂」牌號。到後沈從文終於從一家小鋪子裏，認出了乾哥哥松林。當他告訴松林自己是誰時，松林將一雙小眼睛瞅了沈從文許久，確信無疑後，便慌得只是搓手，趕緊讓坐：

「是你！是茂林……」

問起離別十多年來的情形，沈從文方知乾爹已經去世，二哥保林在王村當了禁煙局長。

他一邊茫然地這樣那樣數着老話，一面還盡瞅着我。忽然發問：

「你從北京來南京來？」

「我在北平做事！」

「作什麼事？在中央？在宣統皇帝手下？」

我就告訴他既不在中央，也不在宣統皇帝手下。他只作成相信不過的神氣，點着頭，且極力退避到屋角隅去，儼然為了安全非如此不成。他心裏一定有一個新名詞作祟，「你可是共產黨？」他想問却不敢開口。他怕事。他只輕輕的自言自語說：「城裏前年殺了兩個，一刀一個。那個韓安世是韓老丙的兒子。」㉑

幾天來，家裏人也感到了一種無形的壓力，都要沈從文趕快返歸北平。母親也說：「守着我

㉑〈湘行散記·滕回生堂的今昔〉，《沈從文文集》第九卷，花城出版社、三聯書店香港分店一九八四年版。

不是辦法，我又不知哪天死。你已成了家，一切有媳婦照顧，我也就放心了。能見上一面，是我的福氣。……」

終於商定了返程的日期。想到明天就要動身，沈從文記起離開北平時，自己與張兆和的約言：每天給她寫一封信，記下沿途的見聞，回北平後再拿給她看㉒。翻檢身邊記錄一路見聞所得，已有了厚厚一疊。望着手頭的信稿，沈從文突然感到悲涼，心裏沉甸甸的，一份濃重的鄉土悲憫感浸透了全身。

這全不是十年來自己想像和回憶中的湘西！回憶裏的湘西是經過自己情感蒸濾過的土地。十年來都市「文明」造成的精神重壓，使原先的痛楚也帶着一絲甜蜜，染上一種生機活潑的野趣。這次返鄉，一入沅水，眼前的景象立即將自己從想像同回憶中拉回現實。一方面，政治高壓籠罩着整個沅水流域，眼下時局的變化正攪得人心惶惶。另一方面，社會的黑暗腐敗情況隨處可見。繁雜的捐稅正以各種名目推行，殘害人民靈魂肉體的鴉片明禁暗縱，一些人可以因此砍頭，一些人又可以因此發財；國民黨政府既制定法律禁止，又設局收稅。沿海督辦、上海聞人也插手到湘西的鴉片生意中。這兩面的情形，正腐蝕着鄉村的靈魂。

沉思中，沈從文腦海裏浮現出那位近視眼朋友印鑒遠的身影。

㉒《湘行散記》一書，就是沈從文回到北京後，根據這些信稿綜合整理而成。

這個印瞎子，正是政治高壓催生的變色龍！而目下，故鄉正有許多青年人，被南京那個提倡「打拳讀經」的「殺人屠戶」的政策所迷惑；有的正感到極度苦悶。未來的時局變動，或者會使他們在生存與滅亡之間作出正確的選擇，或者會用頹廢的身心狂嫖濫賭而自殺！

印鑒遠的身影裏，一瘸一拐地走來沈從文投宿廂子岩時遇見的那位跛腳什長。那人原是一個打魚人的兒子，三年前被招募當了兵。三個月後隨隊伍開到江西同共產黨打仗，升作什長，不久又在打仗時受了傷。傷癒後領了傷兵證明，跛着腿回到家鄉，一邊以什長名義受同鄉「恭維」，一邊又以傷兵名義暗中作鴉片生意。走私賺了錢，再各處跑去玩女人。

同印鑒遠一樣，又一個潰爛鄉村靈魂的人物！他們正從不同方面，寄生到黑暗腐敗的社會軀體上。莫非是天假斯人，在這社會的硬性癰疽上，敷上一星一點毒藥，到潰爛淨盡時，用藥物使新的肌肉生長？

想到這裏，沈從文不由露出一絲苦笑。

這也就是自己去鄉十餘年來，歷史變遷留下的印痕。當這份新的變化侵入每個凡夫俗子的生活時，那是怎樣的一種情景！

他想起那些一路上見到的河船上的水手同吊腳樓上的妓女。那些吃水上飯的人，在惡浪咆哮、灘險流急的長河上，不分寒暑，辛苦勞作，成天吃酸菜同臭牛肉下飯，一個年富力強，多行船經驗的舵手和攔頭，每天工資八分到一角錢；一個小水手，除吃白飯外，一天只有兩分錢收入！因預先立有字據，水手上船後，生死家長不能過問，如果上灘時稍不留神，被手中竹篙彈入亂石激流中，淹死了，船主燒幾百紙錢，手續便清楚了。在一條延長千里的沅水上，這樣的水手至少有十萬！沿河吊脚樓的妓女，年紀從十三四歲到五十以上，都被迫投入這種求生存的鬪爭。她們陪客人燒煙、過夜、唱黨歌和流行歌曲。有病不算稀奇，實在病重了，或去西藥房打幾針，或是請郎中配藥，朱砂茯苓亂吃一陣。直到毫無希望可言了，就用一副門板抬到空船上孤身過日子的老婦人身邊，盡她咽下最後一口氣。至於兩岸鄉村，在各種名目捐稅的搜刮下，更是日漸蕭條。連浦市地方的屠戶，也是那樣瘦小，這是誰的責任！沅水上游二十多個縣份，在古木掩蔽、岩石林立的幽谷深山裏，一羣善良純樸的山民，一個根源古老的殘餘民族，在兩百年來的社會變遷裏，正被歷史帶向令人不寒而慄的方向……。

……那是一月十八日，寒流鎖住江面。離沅陵還有約三十里，小船到了著名的長灘。灘分九段，段段相連。小船上第二段時，沈從文擔心船隻安全，提出由自己出錢，增加一個臨時縴手。掌舵水手同意後，一個牙齒已脫，滿腮白鬚的老縴夫，便光着雙腳蹲在河邊大青石上，同掌舵水手講起生意來。雙方大聲嚷着罵着討價還價。一個要一千，一個只肯出九百，互不相讓。船上三個水手見話不投機，一面與老頭對罵，一面將船向激流中撐去。見船開出，那老頭卻急忙從大青石上一躍而下，自動將背上縴板上的短繩，縛定小船上的縴纜，躬身向前走去。上完灘，老頭趕到船邊取錢，又是一陣互相辱罵。接過錢，老縴夫就坐在水邊大石頭上，一五一十數了起來。問他年紀，說是七十七！

他們那麼忠實莊嚴的生活，擔負了自己那份命運，爲自己，爲兒女，繼續在這個世界上活下去。不問所過的是如何貧賤艱難的日子，却從不逃避爲了求生而應有的一切努力。在他們生活、愛憎、得失裏，也依然攤派了哭、笑、吃喝，對於寒暑的來臨，他們更比其他世界上人更感到四時交替的嚴肅㉓。

……船到沅陵的第二天淸晨，沈從文在河灘上，認識了一個名叫牛保的水手。其時，那水手正從河邊吊腳樓上相好妓女那裏跑下來，手裏提了一袋那婦人送他的核桃。

他剛走到他自己那隻小船邊，就快樂的唱起來了。忽然稅關復查處比鄰吊脚人家的窗口，露出一個年輕婦人鬢髮散亂的頭顱，向河下銳聲叫嚷起來：

「牛保，牛保，我同你說的話，你記着嗎？」

年輕水手向吊脚樓一方把手揮動着。

「唉，唉，我記得到！……冷！你怎麼的啊，快上床去！」大約他知道婦人起身到窗邊時，是還不穿衣服的。

婦人似乎因爲一番好意不能使水手領會，有點不高興的神氣。

㉓〈湘行散記・一九三四年一月十八〉，《沈從文散文選》，人民文學出版社一九八二年版。

「我等你十天，你有良心，你就來……」說着，砰的一聲把格子窗放下，那時節眼睛一定紅了㉔。

這也就是人生。這些吊脚樓上的妓女，養身雖靠商人，恩情所結却在水手。他們只是「露水夫妻」，其生活方式同一般社會是那麼疏遠，但是眼淚和歡樂，在一種愛憎得失間，揉進了這些人生命裏時，也便同另外一片土地另外一些年輕生命相似，全個身心為那點愛情所浸透，見寒作熱，忘了一切。……

……當天晚上，小船停泊到一個名叫楊家嘴的小地方。沈從文同一個鄆船水手，一同坐在一個人家正屋裏烤火。主人正向那水手詢問下河的油價、米價、木價、鹽價漲跌情形，門開處進來一個年輕貌美小婦人，頭上包一塊大格子花手巾，身穿葱綠土布襖，腰上繫一幅藍色圍裙，胸前綉一朶小小白花。主人要她坐下，她不肯，卻把一雙放光的眼睛盡瞅着沈從文。當沈從文抬眼去看她時，那眼睛又趕快躲開了。從主人的稱呼裏，沈從文知道了她叫夭夭。主人同鄆船水手談起牛保的種種行狀，衆人皆大笑不已，夭夭卻長長吁了一口氣。

忽然聽河街上有個老年人嘶聲的喊人：

「夭夭小婊子，小婊子婆，賣×的，你是怎麽的，夾着那兩張小×，一眨眼又跑到那裏去

㉔〈湘行散記·一個多情水手與一個多情婦人〉，《沈從文散文選》，人民文學出版社一九八二年版。

了！你來——」

小婦人聽到門外街口有人叫她，把小嘴收斂做出一個愛嬌的姿勢，帶着不高興的神氣自言自語說：「叫騾子又叫了。你就叫罷，夭夭小婊子偷人去了，投河吊頸去了！」咬着下唇很有情致地盯了我一眼，拉開門，放進一陣寒風，人却衝出去，消失到黑暗中不見了㉕。

屋主人告訴沈從文，這小婦人只有十九歲，卻被一個五十歲的老兵所占有。那老兵是個老煙鬼，雖然占有了夭夭，誰有土有財就讓床讓位。夭夭年輕，錢對她毫無用處，卻好像常常想得很遠很遠。……沈從文明白了夭夭剛才來這裏的用意。她雖不能生在愛好的環境裏，却天生有種愛好的性格。老煙鬼用名分捆住了她的手脚，那顆心却無拘無束，為一切偶然來到這裏、又似乎合於自己想望的人而跳躍！……

……

記憶如同連軸册頁，一幅幅從沈從文頭腦裏翻過。在這變易不定人世中，依舊留下許多不變的人生圖景，復寫着這片土地上千載不易百年如一的歷史。它們與社會的劇烈變動構成人生「常」與「變」的交織。想起這些，沈從文彷彿觸到了生命的脈動。這些平凡人生裏倔拗的生的執着，恒常的人性需求，不安於命運安排的憧憬，全出自生命的潛能。生命深處閃射的火花，是那樣令

㉕〈湘行散記・一個多情水手與一個多情婦人〉，《沈從文散文選》，人民文學出版社一九八二年版。

人眩目，雖經巨壓，仍然沒有熄滅。

一抹雲霧遮住了沈從文的眼簾，從這酸澀的人生裏，他聽到了生命的呼喊。可是，這生命又被置於怎樣卑屈而痛苦的環境裏！一點可憐的希望與憧憬，全是那樣無望無助。他們中的大多數，正默默接受着那份攤派到自己頭上的命運，安於現狀。對自己的處境，旣無力改變，也從不想到改變；他們不需要別人憐憫，也不知道可憐自己……

……十七年前，沈從文和一個名叫趙開明的同伴，隨軍隊移防路過瀘溪時，兩人一同去縣城街上轉了三次。一個絨線鋪裏，有一個和他們年紀相差不多的女孩子，長得十分秀氣，趙開明一眼看中了她，便借買草鞋帶子去了那絨線鋪三次，並賭咒將來要討這個叫「小翠」的女孩子做媳婦。三年後，他們所屬部隊在鄂西全數覆滅，留守處遣散後，沈從文和趙開明便各自東西，斷了音訊。這次返鄉，沈從文又一次踏上瀘溪城裏的道路，走到那個絨線鋪前了。走進鋪子大門，眼前的情景使沈從文吃了一驚：「小翠」正站在鋪子裏，同十七年前一個樣子，那熟悉的眼睛、鼻子和薄薄的小嘴；辮子上纏一綹白絨繩，依然是那樣年輕！——時間彷彿變着魔法，將沈從文拉回到了「過去」。

當沈從文佯稱要買鞋帶和白糖時，鋪子小槅扇門後邊響起一個低啞的聲音：

「小翠，小翠，水開了，你怎麼的？」隨着話音，門後邊走出了一個男子。

「趙開明！」暈黃燈光下，沈從文依然立即認出這男子就是自己當年那位同伴。可是，這個年紀剛過三十的漢子，卻顯得那樣孱弱衰老！顯然，時間與鴉片煙已經毀了他。這時，沈從文猛然省悟到趙開明同這一家人的關係，明白眼前的這個「小翠」是誰的女兒了。他感到「時間」猛然地摑了自己一巴掌，一句話也說不出來。見趙開明父女給自己度量帶子，點數自己給他們的錢，並熱心地替自己從另一鋪子將白糖買來，是那樣安於現狀，沈從文默默退了出來，走上十七年前踏過的河堤。

> 爲了這再來的春天，我有點憂鬱，有點寂寞。黑暗河面起了縹緲快樂的櫓歌。河中心一隻商船正想靠碼頭停泊。歌聲在黑暗中流動。從歌聲裏我儼然徹悟了什麼，我明白「我不應當翻閱歷史，温習歷史。」在歷史面前，誰人不感惆悵㉖？

……砰砰鼓聲響起來了，鞭炮「辟辟叭叭」在半空中炸裂。鼓聲起處，平時藏在浦市上游廟子岩洞窟裏的三隻美麗龍船，在人們的吶喊聲裏，如一支支沒羽箭，在平靜的長潭上如飛射去。就在這苗蠻雜處的邊鎮上，清王朝向士民施行過最後一次大規模的殺戮！這次返鄉路過這裏時，因時節不到，雖不見龍舟競渡盛況，卻看見幾隻嶄新龍船擱在岩壁洞口的石梁上。

> 這些不幸負自然的人，與自然妥協，對歷史毫無負擔，活在這無人知道的地方。另外尚有一批人，與自然毫不妥協，想出種種方法來支配自然，違反自然習慣，同樣也那麼寒暑交

㉖〈湘行散記·老伴〉，《沈從文散文選》，人民文學出版社一九八二年版。

替，看日月升降。然而後者卻在慢慢改變歷史，創造歷史。一份新的日月，行將消滅舊的一切。我們用什麼方法，就可以使這些人心中感覺到對「明天」的「惶恐」，且放棄過去對自然和平的態度，重新來一股勁兒，用划龍船的精神活下去？這些人在娛樂上的狂熱，就證明這種狂熱能換個方向，就可使他們還配在世界上占據一片土地，活得更愉快更長久一些。不過有什麼方法，可以改造這些人的狂熱到一件新的競爭方面去，可是個費思索的問題㉗。

思索着植根於這片土地，自己所屬民族的命運，沈從文感到刻骨的痛楚，同時也感到了身上的責任。別的自己已無從措力，卻能運用手中一支筆，繼續寫這片土地上的人生傳奇，以喚起這個民族雄强做人的意識。想起剛剛起首的《邊城》，主人公翠翠似乎已和瀘溪城絨線鋪裏新一代的「小翠」融成一體。——這次返鄉所獲得的種種人生感慨，對生命的感悟，必將流注於自己的筆端，喊出這個民族長期受壓抑的痛苦，並寄期待於未來。

四、京、滬之爭

同追求生命的獨立、擺脫人身依附一樣，沈從文也要求文學自身的獨立性。因為在他看來，

㉗〈湘行散記·廂子岩〉，《沈從文散文選》，人民文學出版社一九八二年版。

文學在表現各種人生形式的同時，也燃燒起作家個人的生命之火。因此，文學對一切外部力量的依附，一切脫離文學本身特點的功利追求，沈從文都不能忍受。他將損害文學獨立性的現象歸結爲兩個基本傾向：文學與政治結緣，文學與商業結緣。沈從文認爲，這兩種傾向，必然產生兩種結果：文學的「清客化」與文學的「商品化」，從而使文學陷入純粹的政治功利與商業功利的泥淖。前者使文學成爲政治的「副產物」或「點綴品」，喪失文學自身的價值，後者則放棄了作家應有的社會責任，「太近於『白相的』文學態度了。」[28]將這兩個方面聯繫起來的，是沈從文對文學與社會人生既密切又廣泛聯繫的理解。人生既然不可能被政治全部涵蓋，文學表現人生也就不限於政治。自然，政治是人生的一部分，沈從文不反對文學爲「民主」、「社會主義」或任何高尚人生理想作宣傳，並且「相信文學可以修正這個社會制度的錯誤」[29]。但這種宣傳不是在作品中「借一個厨子的口來說明『國際聯盟』」、「想到革命，就寫革命」[30]，而是以作家對現實人生的透徹認識與眞切感受爲前提。爲此，作家必須「貼近血肉人生」[31]，從中發現別人不易發現的東西。

我們實在需要些作家！一個具有獨立思想的作家，能夠追究這個民族一切癥結所在，並弄

---

[28]〈廢郵存底·給一個寫小說的〉，《沈從文選集》第五卷，四川人民出版社一九八三年版。

[29][32]〈廢郵存底·元旦日致「文藝」讀者〉，《沈從文選集》第五卷，四川人民出版社一九八三年版。

[30]《一個母親·序》，上海合成書店一九三三年版。

明白了這個民族人生觀上的虛浮、懦弱、迷信、懶惰，由於歷史所發生的壞影響，我們已經受了什麼報應，若此再糊塗愚昧下去，又必然還有什麼悲慘場面；他又能理解在文學方面，爲這個民族自存努力上，能夠盡些什麼力，且應當如何去盡力㉜。

一切作品都需要個性，都必須浸透作者人格和感情，想達到這個目的，寫作時要獨斷，要徹底的獨斷㉝！

在沈從文看來，文學的「獨立」與「偉大」，就在於能夠因此「於政治、宗教之外」所具有的「一種進步意義和永久性」㉞。一部好的文學作品，「應當具有教育第一流政治家的能力」，而文學與政治結緣的結果，卻使得一部分作家「只打量從第三流政客下討生活」㉟。因此，一部文學作品無論是「和現實政治作緊密的結合」，還是在更寬泛的意義上表現人生，判斷它的標準不只是看它表現了什麼，而是那個作品本身！這個認死理的「鄉下人」，認定一切理論的辯難都不能解決問題，最根本的是要拿出作品說話！

在三十年代特定的中國環境中，沈從文的這種文學觀，不能不使他置身於左、右兩種文學勢

㉛〈論穆時英〉，《沈從文文集》第十一卷，花城出版社、三聯書店香港分店一九八四年版。

㉝〈從文小說習作選集·代序〉，《沈從文文集》第十一卷，花城出版社、三聯書店香港分店一九八四年版。

㉞〈一個傳奇的本事〉，《沈從文散文選》，人民文學出版社一九八二年版。

㉟〈雲南看雲集·給一個軍人〉，《沈從文選集》第五卷，四川人民出版社一九八三年版。

力的夾擊之中，他對文學獨立性的要求，在他與胡也頻、丁玲辦《紅黑》時就已經有了的，只是由於他在文壇上的地位，尚不足以引起人們的嚴重注意。到一九三三年，隨着他在文壇上地位的上升，並被視爲北方作家的代表人物，沈從文便被捲入一系列的論爭之中。

一九三三年十月，沈從文在《大公報・文藝》上發表了〈文學者的態度〉一文，指陳文壇上的一種不良風氣：一些從事文學者以「玩票」、「白相」的態度從事寫作，其意卻不在文學。一方面，他們對寫作缺少嚴肅認眞態度，一方面，對自己的作品又作文自吹或相互捧場，「力圖出名」、「登龍有術」。這類人「在上海寄生於書店、報館、官辦雜誌，在北平則寄生於大學、中學以及種種敎育機關中。這類人雖附庸風雅，實際卻只與平庸爲緣。」由於這類人「實佔作家中大多數」，敗壞着文壇風氣，以至想望中國產生偉大作品，實近於幻想。眞正有志於文學事業的年輕人，應從這種態度中擺脫出來，在「厚重，誠實，帶點兒頑固，而且帶點兒呆氣的性格上，作出紀念碑似的驚人成績。」

此文發表後，立卽引起身居上海的杜衡的不滿，並在《現代》上發表了〈文人在上海〉一文，聯繫沈從文曾一再提過的「京派」與「海派」之說㊱，爲「海派」辯護。他援引魯迅的話

㊱ 在〈文學者的態度〉一文中，並未出現「京派」、「海派」字樣，但沈從文在一九三一年《文藝月刊》二卷八期上發表的〈窄而霉齋閑話〉，已提出「京樣文學」與「海派文學」，在一九三三年發表的〈記丁玲女士〉中，也曾指名批評過「海派」。

「彷彿記得魯迅先生說過，連個人的極偶然的，而且往往不由自主的姓名和籍貫，也似乎可以構成罪狀而被人所譏笑、嘲諷」作根據，認爲北方作家「不問一切情由而用『海派文人』，這名詞把所有居留上海的文人一筆抹殺」，有失公道。

針對杜衡的指責，沈從文於一九三四年一月寫了〈論「海派」〉一文，將「海派」定義爲「『名士才情』與『商業競賣』相結合」，並引申爲「投機取巧」、「看風使舵」，如當時的曾今可等人。他舉例說：

如舊禮拜六一位某先生，到近來也談哲學史，也說要左傾，這就是所謂海派。如邀集若干新斯文人，冒充風雅，名士相聚一堂，吟詩論文，或近談文士女人，行爲與扶乩猜謎者相差一間。從官方拿着錢，則吃吃喝喝，辦什麼文藝會，招納弟子，哄騙讀者，思想淺薄可笑，伎倆下流難言，也就是所謂海派。感情主義的左傾，勇如獅子，一看情形不對，即刻自首投降，且指認栽害友人，邀功牟利，也就是所謂海派。因渴慕出名，在作品之外去利用種種方法招搖，或與小刊物互通聲氣，自作有利於己的消息；或借用小報，去製造旁人謠言，傳述攝取不實不信的消息，凡此種種，也就是所謂海派。

文章還進一步明確將「茅盾、葉紹鈞、魯迅，以及大多數正在從事文學創作雜誌編纂人（除吃官飯的作家在外）」，排除在「海派」之外。同時指出，「海派作家與海派作風，並不獨獨在於上海一隅」，在北方也同樣存在。

沈從文與杜衡的爭論，很快引起了京滬文壇的關注，並受到魯迅的注意。二月三日，魯迅在《申報・自由談》上，以欒廷石署名，發表題爲〈「京派」與「海派」〉的文章，一方面，指出杜衡對沈從文本意理解的不確：「京派」與「海派」「並不指作者的本籍而言，所指的乃是一羣人所聚的地域」。——其實，沈從文也並非以居住地域作爲劃分標準，「海派」只是某種文壇風氣的代名詞；另一方面，魯迅將原先的爭論加以引申——

> 北京是明清的帝都，上海乃各國之租界，帝都多官，租界多商，所以文人之在京者近官，沒海者近商，近官者在使官得名，近商者在使商獲利，而自己也賴以餬口。要而言之，不過「京派」是官的幫閑，「海派」則是商的幫忙而已。但從官得食者其情狀隱，對外尚能傲然，從商得食者其情狀顯，到處難於掩飾，於是忘其所以者，遂據以有清濁之分。而官之鄙商，固亦中國舊習，就更使「海派」在「京派」的眼中跌落了[37]。

一月，當〈論「海派」〉發表時，沈從文正在返鄉途中。待他回到北平後，才知道「京派」與「海派」問題的爭論已引起許多人注意，一個月之中已有許多文章在各種刊物上刊登。沈從文從朋友處和圖書館裏，翻閱了這些文章，結果都使他失望。他起初期望通過這問題的討論，「或是從積極方面來消滅這種與惡勢力相呼應的海派風氣」，或是「消極方面能制止這種海派風氣與

---

37 《魯迅全集》第五卷，人民文學出版社一九八一年版。

惡勢力相結合」，不料事與願違。二月十七日，他寫下〈關於海派〉一文，宣布自己放棄這種論爭：

使我極失望的，就是許多文章的寫成，都差不多彷彿正當這些作家苦於無題目可寫，因此從我所拈取的題目上有興有感。就中或有裝成看不明白本文的，故意說些趣話打諢，目的却只是撈點稿費的。或者雖然已看清了本文意思所在，却只挑眼兒摘一句兩句話而有興有感，文章既不過是有興有感，說點趣話打諢，或者照流行習氣作着所謂「只在那麼幽默一下」的表示，對於這類文章，我無什麼其它意見可說㊳。

值得注意的，是在這次論爭中，魯迅和沈從文各自對對方的態度：沈從文存心避嫌，將魯迅等作家、編輯與「海派文人」明確加以區分；魯迅則未始不含將沈從文歸於「官的幫忙」的京派文人之意，這就隱伏下隨後而來的論爭的因子。

一九三四年二月十九日，國民黨上海市黨部奉中央黨部之令，查禁了一百四十九種書籍。其中，大多是左翼作家的著譯。

二月廿八日，沈從文寫了〈禁書問題〉㊴，對當局「對於作家的迫害及文學書籍的檢查與禁

㊳〈關於海派〉，載一九三四年二月二十一日《大公報．文藝》。

㊴〈禁書問題〉，載《國聞周報》十一卷九期（一九三六年三月五日版）。

止」的行爲提出批評。針對當局所謂維護「社會秩序」、爲「民族精神方面的健康」着想的種種借口，文章表示「難於索解」，要求當局作出「比『跡近反動』的措辭更多一些的具體說明」，否則，難免使人將這事「與兩千年前的焚書坑儒並爲一談」。因爲這些作品被禁的作家「與目前這個爲『應付眼前事實喪失人心而存在的政府』當局，意見不可免會有齟齬牴觸，也是十分自然的事情」。他們在貧病交加的處境中，爲民族「輕於物質尋覓而勇於眞理追求」，指斥時弊，提出民族復興的意見，「是民族中一種如何難得的品質」。而政府當局卻「不斷加以壓迫與摧殘，所用的手段，又是那麼苛刻的手段」。

就三、四年來上海方面作家所遭遇的種種說來，在中外有識者印象中，所留下的恐怕只是使人對於這個民族殘忍與愚昧的驚異，其它毫無所得。如目前這個處置，當局諸公中，竟無一人能指出它的錯誤，實在是極可惋惜的事情（我想特別提出的，是那些曾經從轟轟烈烈的五四運動的過來人，當前主持文化教育的當權派）。

當局方面對於青年人左傾思想的發展，不追求它的原因，不把這個問題聯繫到「社會的黑暗與混亂」、「農村經濟的衰落」及其它情形考慮，不對於他們精神方面發展加以注意，不爲他們生存覓一出路，不好好的研究青年問題，就只避重就輕，把問題認爲完全由於左翼文學宣傳的結果，以爲只需要把凡稍有影響的書籍焚盡，勒迫作家餓斃，就可以天下太平。這種打算實在太幼稚，對國事言太近於「大題小做」，對文學言又像太近於「小題大作」了。

文章一出，立卽遭到有關的刊物攻擊。上海《社會新聞》六卷第二十七、二十八期連載的一篇文章說：

我們從沈從文的口吻中，早知道沈從文的立場是什麽立場了，沈從文旣然是站在反革命的立場，那沈從文的主張，究竟是甚麽主張，又何待我們來下斷語呢？

顯然，《社會新聞》對沈從文作出了站在共產黨立場、提倡普羅文學主張的裁決。在當時，這是一款嚴重的「罪狀」。針對《社會新聞》的攻擊，施蟄存在《文藝風景》創刊號上著文，爲沈從文辯護。

沈從文先生正如我一樣地引焚書坑儒爲喻，原意也不過希望政府方面要以史實爲殷鑒，出之審愼。……他並非不了解政府的禁止左傾之不得已，然而他還希望政府能有比這更妥當，更有效的辦法。

施蟄存的辯詞又引發了魯迅的批評。七月五日，上海《新語林》半月刊發表了魯迅以杜得機署名的文章《隔膜》。文章援引古代史實，說明歷代統治者是不准人「越俎代謀」的。而進言者由於不明統治者心理，自以爲「忠而獲咎」，這就是「隔膜」。最後，魯迅畫龍點睛式地點明文章的現實針對性：

施蟄存先生在《文藝風景》創刊號上，很爲「忠而獲咎」者鳴不平，就因爲還不免有些

「隔膜」的緣故。這是《顏氏家訓》或《莊子》、《文選》裏所沒有的㊵。

這「忠而獲咎」者自然是指沈從文，裏面彷彿晃動着「京派」是「官的幫閑」的影子。在《禁書問題》一文中，沈從文只希望將被禁書籍提交一個「有遠識的委員會重新加以審查」，雖然也不免帶幾分天眞，「忠」則未必。

一年後，即一九三五年八月，沈從文發表《談談上海的刊物》，對上海出版的各種刊物進行了綜合評述，對幽默小品的盛行提出了較多的批評，指出《論語》給讀者以幽默，作者隨事打趣，相去一間就是「惡趣」；《人間世》要人迷信「性靈」，尊重「袁中郎」，宣傳小品「比任何東西還重要」，文章便慢慢轉入「遊戲」。沈從文問道：「二十來歲的讀者，活到目前這個國家裏，哪裏還能有這個瀟洒情趣，哪裏還宜於培養這種情趣?」其次，沈從文還批評了一些刊物爲謀求銷路，不惜「針對一個目的」，向「異己者」加以「無憐憫不節制的嘲諷與辱罵」的現象。

說到這種爭鬪，使我們想起《太白》、《文學》、《論語》、《人間世》幾年來的爭鬪成績。這成績就是凡罵人的被罵的一古腦兒變成醜角，等於木偶戲的相互揪打或以頭互碰，除了讀者養成一種「看熱鬧」的情趣以外，別無所有。把讀者養成歡喜看戲不歡喜看書的

㊵《魯迅全集》第六卷，人民文學出版社一九八一年版。

習氣，文壇消息的多少，成爲刊物銷路多少的原因。爭鬥的延長，無結果的延長，實在可說是中國讀者的大不幸。我們是不是還有什麼方法可以使這種「私罵」占篇幅少一些？一個時代的代表作，結起賬來若只是這些精巧的對罵，這文壇，未免太可憐了㊶。

這篇文章貫串了沈從文兩個一貫的主張：其一，作家應有嚴肅的創作態度。一味提倡「性靈」，只能轉入「遊戲」，與時代要求不符；爲幽默而幽默的結果，難免墜入「惡趣」。這是針對周作人、林語堂等人提倡幽默、閑適的小品文現象而發的；其二，作家應注重文學作品本身的創作。充斥刊物的相互嘲諷與「私罵」，不僅培養讀者的不良習氣，而且勢必影響文學創作的實際成績。沈從文的批評對象包括了左翼文學刊物，由於未點明具體所指——這「爭鬥」是爲着何事，在誰與誰之間發生，便難免過於模糊，模糊則易引起誤解；或者其實也不會誤解，因爲對文壇上的論爭，沈從文從來都感到不滿。因爲他希望作家能將精力主要用於作品的創作。他以此律人，也以此自律。

正因爲此，沈從文的文章再次引起魯迅的注意。九月十二日，魯迅寫了〈七論「文人相輕」——兩傷〉，對沈從文的文章提出批評：

縱使名之曰「私罵」，但大約決不會件件都是一面等於二加二，一面等於一加三，在「私

㊶ 載一九三五年八月十八日《大公報・小公園》。

之中，有的較近於「公」，在「罵」之中，有的較合於「理」的，居然來加評論的人，就該放棄了「看熱鬧的情趣」，加以分析，明白的說出你究竟以為那一面較「是」，那一面較「非」來。

至於文人，則不但要以熱烈的憎，向「異己」者進攻，還得以熱烈的憎，向「死的說教者」抗戰。在現在這「可憐」的時代，能殺才能生，能憎才能愛，能生與愛，才能文㊷。

上述三次涉及沈從文和魯迅的論爭，爭論的焦點都不在沈從文批評的對象本身該不該批評上。一些「海派」文人借文學以「登龍」，陷友人以邀功，造謠言以攻訐的惡行；國民黨推行的禁書政策；文壇論爭中往往出現的意氣用事、相互間的辱罵與恐嚇；周作人、林語堂等人對幽默、閑適小品文的提倡等等，魯迅同樣提出過激烈批評。他的〈登龍術拾遺〉、〈中國文壇上的鬼魅〉、〈小品文的危機〉、〈辱罵與恐嚇決不是戰鬥〉等著名雜文就是明證。魯迅和沈從文之間的分歧，顯明地反映出左翼作家與民主主義作家在上述問題上，既有相互一致的方面，又有出發點與對問題的具體理解不同的一面。這種分歧與他們同國民黨右翼文人的鬭爭交織在一起，形成三十年代極其複雜的文壇局面。隨後發生的關於「差不多」的論爭，是這種京滬之爭更為典型的事件。

㊷《魯迅全集》第六卷，人民文學出版社一九八一年版。

一九三六年十月，沈從文發表了〈作家間需要一種新運動〉，指陳文學創作中普遍存在的「差不多」現象及其產生的原因。

近幾年來，如果什麼人還有勇氣和耐心，肯把大多數出版的文學書籍和流行雜誌翻翻看，就必然會得到一個特別印象，覺得大多數青年作家的文章，都「差不多」。文章內容差不多，所表現的觀念差不多。……凡事都缺少系統的中國，到這個非有獨創性不能存在的文學作品上，恰恰見出一個一元現象，實在不可理解。這種現象說得蘊藉一點，是作者們都太關心「時代」已走上一條共通必由的大道。說得誠實一點，就是一般作者都不長進，因為缺少獨立識見，只知追求時髦，結果把自己完全失去了㊸。

文章很快引起了文學界的普遍關注，一九三七年初，《書人月刊》、《月報》轉載了沈從文的文章，《大公報．文藝》也於二月二十一日組織「討論反差不多運動」專刊，沈從文在上面發表了〈一封信〉，重申自己的觀點，並進而闡明自己所持的文藝自由主義立場。

我贊同文藝的自由發展，正因為在目前的中國，它要從政府的裁判和另一種「一尊獨占」的趨勢裏解放出來，它才能向各方面滋長、繁榮，拘束越少，可試驗的路越多㊹。

㊸ 載一九三六年十月二十五日《大公報．文藝》。
㊹ 載一九三七年二月二十一日《大公報．文藝》。

一九三七年春夏，「差不多」問題的討論在北方達到高潮。參加討論的作家幾乎普遍承認文學創作中「差不多」現象的存在，認爲沈從文說的是「老實話」，切中當前文學創作不能深入的時弊，形成差不多一致的看法。在南方，卻引起不盡相同的反響。一九三七年七月，茅盾連續發表〈新文學前途有危機麼？〉、〈關於「差不多」〉，對沈從文的觀點提出批評。文章認爲從新文學二十年發展歷史的「全體而觀」，「矛盾中有發展，時至今日，不曾走過回頭路」。而沈從文「單就現有的作品發議論」，「是把範圍縮小了」。雖然，「所謂『差不多』未嘗不是現文壇現象之一」，但沈從文「無視了『視野擴大』這一進步重點而只抓住了『差不多』來作敵意的挑戰」[45]，「且抹煞了新文藝發展之過程，幸災樂禍似的一口咬住了新文藝發展一步時所不可避免的暫時幼稚病，作爲大多數應社會要求而寫作的作家們的彌天大罪，這種立言的態度根本要不得！」[46]

> 大概在炯之先生看來，作家們之所以羣起而寫農村工廠等等，是由於趨時，由於投機，或者竟由於什麼政黨的文藝政策的發動；要是炯之先生果眞如此想，則他的短視猶可恕，而他的厚誣了作家們之力求服務於人羣社會的用心，則不可恕[47]。

---

[45] 〈新文學前途有危機麼〉，《文學》九卷一期。

[46] 〈關於「差不多」〉，《中流》二卷八期。

[47] 〈關於「差不多」〉，《中流》二卷八期，炯之卽沈從文。

為了進一步澄清在文學與思想、與時代關係問題上產生的誤解，一九三七年八月，沈從文又發表了〈再談差不多〉一文。

近年來中國新文學作品，似乎由於風氣的控制，常在一個公式中進行，容易差不多。文章差不多不是一個好現象。我們愛說思想，似乎就得思得想，眞思過想過，寫出來的文學作品不會差不多。由於自己不肯思想，不願思想，只是天眞糊塗去擁護某種固定思想，或追隨風氣，結果於是差不多。要從一堆內容外形都差不多的作品達到成功，恐怕達不到。

他以對魯迅的評價為例說：

最好的回答倒是魯迅先生，被許多人稱為「中國最偉大的人物」。偉大何在？都說他性格、思想、文章比一切作家都深刻。——倘若話是可靠的，那魯迅先生是個從各方面表現度越流俗最切實的一位。倘若話是不可靠的，那一切紀念文章都說錯了，把魯迅先生的偉大估錯了㊽。

顯然，沈從文並非反對文學表現「思想」、「時代」，而是要求作家有眞思想，對人生有深入獨到的認識和體驗，而不是滿足於從某種現成觀念出發進行創作。否則，就難免公式化傾向的出現。

㊽ 載《文學雜態》一卷四期。

這次討論前後持續了一年多時間，「『差不多』這三個字在文藝界已經形成了一個流行的名詞」㊾。到一九三八年，餘波猶存。其後，隨着中日戰爭的全面展開，「差不多」問題的討論便被新的文學形勢下出現的新問題所代替。

五、「生命」的第一樂章

> 我要的，已經得到了。名譽或認可，友誼和愛情，全部到了我身邊。我從社會和別人證實了存在的意義。可是不成，我似乎還有另外一種幻想，即從個人的工作上證實個人希望所能達到的傳奇。我準備創造一點純粹的詩，與生活不相粘附的詩。情感上積壓下來的一點東西，家庭生活並不能完全中和它消耗它，我需要一點傳奇，一種出於不巧的痛苦經驗，一份從我「過去」負責所必然發生的悲劇。換言之，即完美愛情生活並不能調整我的生命，還要用一種溫柔的筆調來寫愛情，寫那種和我目前生活完全相反，而與我過去情感又十分相近的牧歌，方可望使生命得到平衡㊿。

從故鄉返回北平後，每天一早，沈從文就在達子營二十八號寓所院子裏的老榆樹下，擺一張

㊾ 李南桌，〈論「差不多」和「差得多」〉，《文藝陣地》一卷上期。

㊿ 〈水雲〉，《沈從文散文選》，人民文學出版社一九八二年版。

八腿紅木小方桌，放下一疊白紙，繼續寫返鄉前即已起首的《邊城》。殘冬的陽光透過榆樹的枝葉，細碎地撒在桌面上，空氣疏朗而澄澈。沈從文的心也如一泓秋水，少渣滓，無凝滯。虛靜中，隱隱約約起了哀傷而悠遠的樂音。

檢視離京前筆下所得，已完成故事背景和主要人物的構置。那是二十世紀的初葉，這苗蠻雜處的邊城，尚未捲入近代中國社會的變亂，到處是一片寧靜與和平。它是湘西的昨天，也是整個中國更為遙遠的過去的象徵。在這鄉村凡夫俗子的人生裏，還厚積着屬於那片土地的古老風俗——一個根源古老民族原始而純樸的人性凝結。同這世界上其它地方一樣，因陳新代謝，老一輩正臨近人生的終點——碧溪嘴白塔下擺渡的老船夫已年過七十，而生命的新枝正在萌發。如新竹豁裂了外籜，老船夫撫養的女兒的遺孤翠翠，轉眼間有了十五歲。城裏管碼頭的順順，兒子天保和儺送也已長成。這地方的陽光與空氣，決定了新的一代與他們祖輩根連枝接。屬於這地方男子的勇敢、豪爽、誠實、熱情，在天保和儺送身上皆不缺少，他們是「自然」的兒子。

翠翠在風日裏長養着，把皮膚變得黑黑的，觸目爲青山綠水，一對眸子清明如水晶，自然長養她且教育她。爲人天眞活潑，處處儼然如一隻小獸物。人又那麼乖，如山頭黃麂一樣，從不想到殘忍事情，從不發愁，從不動氣。平時在那渡船上遇到陌生人對她有所注意時，便把光光的眼睛瞅着那陌生人，作成隨時都可舉步逃入深山的神氣，但明白了面前的人無機心後，就又從從容容的在水邊玩耍了。

然而，自清雍正年間在這裏實施「改土歸流」以來，伴隨對苗民反抗的武力剿滅，一種無形的東西正慢慢滲透到這片準乎自然的人生天地裏。當年翠翠的母親——老船夫的獨生女，同一個清綠營屯防士兵「唱歌相熟」，肚子裏有了孩子，卻「結婚不成」。——黃羅寨那片林子裏，立着那可憐的嫡親祖母，一個苗族婦女的假墳，一抔黃土埋藏着一個民族的悲劇故事。——屯防士兵顧及軍人名譽，首先服了毒，老船夫女兒待孩子生下後，到溪邊故意吃了許多冷水，也死去了。老船夫無從理解這悲劇的前因後果。

這些事從老船夫說來誰也無罪過，只應由天去負責。翠翠的祖父口中不怨天，不尤人，心中不能同意這種不幸的安排。到底還像年輕人，說是放下了，也還是不能放下的莫可奈何容忍到的一件事情。攤派到本身的一份說來實在太不公平！

翠翠已經長大了。這一代人面臨的，又將是怎樣一種命運？——瀘溪城絨線鋪裏的「小翠」、楊家嘴那個愛好、懷着某種期待的夭夭、沅水流域吊脚樓上的牛保和妓女……，正各自接受着攤派到他們頭上的一份命運。

正因爲翠翠長大了，證明自己已眞正老了。可是無論如何，得讓翠翠有個着落。翠翠既是她那可憐的母親交把他的，翠翠長大了，他也得把翠翠交給一個可靠的人，手續清楚，他的事才算完結！

然而，人的良好願望卻不免與事實衝突。邊城已不是「改土歸流」前的邊城，那時，這裏的婚嫁，還保留着充分的自由形式。愛情需要的，不是門第，不是金錢，而是從心裏流出的熱情的歌。而眼下，固有的風俗雖沒有完全消失，一種新的變異已經楔入（這種變異在都市現代「文明」的畸形發展裏，已佔據了主導地位，人已經淪為金錢的奴隸），「常」與「變」在這片土地上，交織成一種複雜的人生形態。老船夫不曾料到，早在兩年前的端午節，翠翠與儺送二老在河邊第一次相遇，儺送已愛上翠翠，翠翠下意識裏已朦朧生出對儺送的愛戀。不巧的是儺送的哥哥天保大老也愛上了翠翠。更嚴重的，是一座新碾坊又加入了這場競爭——團總將它作女兒的陪嫁，正托人向順順放口風，要儺送作女婿！

……

另有一個女人便插嘴說：「事弄成了，好得很呢。人家在大河邊有一座嶄新碾坊陪嫁，比雇十個長年還得力些。」

有人問：「二老怎麼樣，可樂意？」

又有人輕輕的可極肯定的說：「二老已說過了——這不必看，第一件事我就不想作那個碾坊的主人！」

「你聽岳雲二老親口說的嗎？」

「我聽別人說的，還說二老歡喜一個撑渡船的。」

「他又不是傻小二，不要碾坊，要渡船嗎？」

「那誰知道。橫豎人是『牛肉炒韮菜，各人心裏愛』，只看各人心裏愛什麽就吃什麽，渡船不會不如碾坊！」

在這同時，天保想到翠翠，托楊馬兵向老船夫探口風。老船夫回答說：

等他來時你說，老家伙聽了笑話後，自己也說了個笑話：「下棋有下棋規矩，車是車路，馬是馬路，各有走法。大老若走的是車路，應由大老爹爹作主，請了媒人來正正經經同我說。若走的是馬路，應當自己作主，站到渡口對溪高崖上，爲翠翠唱三年六個月的歌。一切由翠翠自己作主！」

——走「車路」與走「馬路」（托媒說親與唱歌求愛），要碾坊和要渡船（追求金錢和忠於愛情），兩種不同的民族文化形態發生着强烈的碰撞。具像為婚姻的不同生命形式、不同的義利取捨，金錢變異人性與人與自然的契合（封建買賣婚姻與原始自由婚姻）在發生着衝突。人類文明的進步，似乎正與道德的退化作代價！這不僅是湘西，而且是整個中國乃至全人類深感痛苦又無法規避的歷史進程。——大保當眞請了媒人，走車路向老船夫提親。老船夫要讓翠翠滿意，問翠翠對這事的意見。翠翠卻不做聲。

翠翠弄明白了，人來做媒的是大老！不會把頭擡起，心怦怦地跳着，臉燒得厲害，仍然剝她的豌豆，且隨手把空豆莢抛到水中去，望着它們在流水中從從容容的流去，自己也儼然從容了許多。

老船夫思前想後，明白了翠翠的心事：

隱隱約約體會到一件事——翠翠愛二老不愛大老。想到這裏時，他笑了，為了害怕而勉強笑了。其實他有點憂愁，因為他忽然覺得翠翠一切全像那個母親，而且隱隱約約便感到這母女二人共同的命運。

事實證明了老船夫的擔憂：端午節龍舟競渡，團總女兒隨母親來看熱鬧。「其實是看人，同時也讓人看」。而且，這母女二人被安排在順順家吊腳樓上「兩個最好的窗口」——老船夫自然明白一座碾坊對翠翠的威脅：

「十六歲姑娘多能幹，將來誰得她誰福氣！」

「有什麼福氣？又無碾坊作陪嫁，一個光人！」

為了翠翠的幸福，老船夫願意讓翠翠自己作主，因此沒有直接答應天保的提親。待天保明白儺送也愛翠翠，同意儺送提出的公平解決辦法：兄弟倆輪流對翠翠唱歌，誰唱動了翠翠的心，翠翠便歸誰。結果，天保自知不敵儺送，賭氣乘船下行，不料不小心被竹篙彈入激流淹死了。順順家以為這事與老船夫有關，儺送也以為他做事「彎彎曲曲」，不爽快，面子上對他冷淡了許多。為了求得人對自己命運的自主，老船夫陷入了不為人理解的孤獨。——提及這點時，一顆受傷的心彷彿被狠狠刺了一下，重復起了隱痛。十多年前，自己的生命處於沉睡狀態，一任它在人生浪濤裏沉浮，不曾想到自主，也無從自主，任何一種偶然的事變都會將自己帶向不可知的方向。為擺脱人身的依附，求得自己支配自己的權利，才走出湘西，進入都市。然而，這「鄉下人」的一點願望，却不為人理解。當自己從深處思索這一生命獨立的意義時，終不免與習慣相衝突。自己所屬的民族命運，正與自己的相同。千百年來，為爭得民族自主的權利，血染紅了湘西的每一條官路和每一座碉堡。可是，卽使甘願成為附庸，却不免被視同「化外」。

老船夫說着，二老不置可否，不動感情聽下去。船攏了岸，那年輕小伙子同家中長年話也不說，挑擔子翻山走了。那點淡淡印象聚在老船夫心上，老船夫於是在兩人身後，捏緊拳頭威嚇了三下，輕輕的吼着，把船拉回去了。

儺送父子的冷淡，中寨人關於儺送決定要碾坊的談話，翠翠外柔內剛的脾性，當年女兒悲慘的死，全都綜合在一起，「命運」彷彿給了老船夫當胸一拳，他終於無力再抵抗，在一個雷雨交加的晚上，伴隨白塔的坍塌而死去了。——「偶然」協同「必然」在興風作浪，它不僅阻礙着人與人心的溝通，而且還隱蔽了事變的內在邏輯。一切都是命，半點不由人！「天命」思想障蔽了一個民族理性的進一步覺醒，耗損盡人們抵抗憂患的能力。——老船夫終於再無力繼續出航，靜靜地躺倒在與他一生休戚相關的古老土地上。

——難道翠翠與儺送這一代人，不可避免地重演父輩的命運，任憑必然與偶然帶向一個不可知的方向？不！他們應當有主心骨，在關係到自己命運的選擇上，自主地把握生命的航線。決定一個民族明天的，與其說是「命運」，不如說是「意志」。——

中寨人有人來探口風，把話問及順順，想明白二老的心中是不是還有意接受那座新碾坊。

順順就轉問二老自己意見怎樣。

二老說：「爸爸」，你以爲這事爲你，家中多座碾坊多個人，你可以快活，你就答應了。若果爲的是我，我要好好想一想，過些日子再說吧。我尙不知道我應當得座碾坊，還是應當得一隻渡船；因爲我命裏或只許我撑個渡船！

兩人每個黃昏必談祖父，以及這一家有關係的問題。後來便說到了老船夫死前的一切，翠翠因此明白了祖父活時所不提及的許多事。二老的唱歌，順順大兒子的死，順順父子對於祖父的冷淡，中寨人用碾坊作陪嫁妝奩，誘惑儺送二老，二老旣記憶着哥哥的死亡，且因得不到翠翠的理會，又被逼着接受那座碾坊，意思還在渡船，因此賭氣下行。祖父的死因，又如何和翠翠有關……凡是翠翠不明白的事情，如今可全明白了。翠翠把事情弄明白後，哭了一個晚上。

翠翠終於獨自守在渡口，等待儺送的歸來。然而，這最終的結局將會怎樣？這個民族的未來將會如何？時代變動的巨力沉重地壓在心頭，想將它挪移開去，却終於無從移開。我想呼喊，却不知向誰呼喊！……當年，為尋求獨立，自己獨自來到北平，在不堪想像的困境裏掙扎。信守着自己的選擇，在任何情況下都不氣餒，依靠一點今天沒有希望、明天還可望解決的信念，讓時間來證實生命的意義，終於走完了十餘年掙扎的歷程，擺脫了人身依附，贏得了生命的自由，在與命運的較量中，自己終於贏了。喚醒一個民族重新做人的意識，實現人與人、民族與民族間關係的重造，不僅是必須的，而且應當是可能的。在時間的作用下，生命必然循着向上的路程，迎來新的發展機運。——

到了冬天，那個圮坍了的白塔，又重新修起來了。那個在月下唱歌，使翠翠在睡夢裏爲歌聲把靈魂輕輕浮起來的年輕人，還不曾回到茶峒來。

這個人也許永遠不回來了，也許明天回來！

寫完最後一筆，沈從文長長地吁了一口氣。——我的過去痛苦的掙扎，受壓抑無可安排的鄉下人對愛情的憧憬，在這個不幸的故事上，方得到排泄和彌補。

「你這是在逃避一種命定。其實一切努力全是枉然。你的一支筆雖能把你帶回『過去』，不過是用故事抒情作詩罷了。眞正等待你的卻是未來。」

「是的，你害怕明天的事實。或者說你厭惡一切事實，因之極力想法貼近過去，有時並且不能不貼近那個抽象的過去，使它成爲穩定生命的碇石。」

「你打算用這些容易破碎的東西穩定平衡你奔放的生命，到頭來還是毫無結果。這消磨不了你三十年積壓的幻想。」

「這是一個膽小而知足且善於逃避現實者最大的成就。將熱情注入故事中，使他人得到滿足，而自己得到安全，並從一種友誼的回聲中證實生命的意義。可是生命眞正的意義是什麼？是一個故事還是一種事實?」

……

一連串責備的聲音在耳邊響起，沈從文悚然而驚。待他張惶四顧，一切又化爲無聲。

「我要表現的本是一種「人生的形式」，一種「優美、健康、自然，而又不悖乎人性的人生形式」。我主意不在領導讀者去桃源旅行，却想借重桃源上行七百里路，酉水流域一個小城小市中幾個凡夫俗子，被一件普通人事牽連在一處時，各人應有的一份哀樂，爲人類「愛」字作一度恰如其份的說明……這作品或者只給他們一點懷古的幽情，或者只能給他們一次苦笑，或者又將給他們一個噩夢，但同時說不定，也許尙能給他們一種勇氣和信心[51]!

你們多知道要作品有「思想」，有「血」，有「淚」；且要求一個作品具體表現這些東西到故事發展上，人物語言上，甚至一本書的封面上、目錄上，你們要的事多容易辦！可是我不能給你們這個！你們所要的思想，我本人就完全不懂你說的是什麼意義。

提到這點，我感覺異常孤獨，鄉下人實在太少了[52]!

《邊城》的問世，意味着沈從文建造的文學世界整體構架的基本完成。

---

[51]、[52] 〈沈從文小說習作選・代序〉，《國聞周報》十三卷一期。

這是一曲以鄉村人生形式的探索爲主旋律的生命之歌。沈從文三十年代以鄉土爲題材的全部創作，展示了一個延伸得很遠的人生視野。他從二十世紀初葉到抗戰時期湘西社會的歷史演變裏，提取了原始自由、自在蒙昧、自主自爲這三種基本的生命形態。《邊城》和後來創作的《長河》是生命自爲的理想之歌。翠翠、儺送等人物身上，凝聚着這一生命形式的特定內涵：保守着人的勤勞、樸素、善良、熱情，在愛情關係上，表現爲自然與純眞；但它又是自主自爲的，抗拒着封建文明的潛在影響。在關係到人生命運的重大問題上，它有主心骨，信守自己的選擇，堅定地把握住人生的航線。然而，《邊城》到底只是沈從文筆下鄉村世界的一部分，蘊含其中的沈從文的鄉土悲憫感和全部人生感慨，只有將它放在沈從文創作的整體構架裏，才能充分而明晰地顯現出來。

〈龍朱〉、〈神巫之愛〉、〈月下小景〉、〈阿黑小史〉等，作爲一個系列，大多是以苗族和其它南方少數民族的生活習俗爲根據加以想像的產物，通過這些故事完成着對生命原生態的考察。這種生命形式，是通過愛情、婚姻、兩性關係的具體表現形態而獲得它的定性的。這是一種人的自然交往，愛情、婚姻及兩性關係具有較充分的自由，作品裏的青年男女愛得眞摯、熱烈、活潑，躍動着原始的生命活力，洋溢着自然之趣。但是，這種自由，並非毫無選擇的自由，也並非純生理上的互相吸引，而是在所有場合，愛必須以愛爲前提。「抓住自己的心，放在愛人面前，方法不是錢，不是貌，不是門閥，也不是假裝的一切，只有熱情眞實的歌。」雖然這種愛情並非全是喜劇，也同樣受人心隔膜與社會習俗的制約。然而這種限制，也帶着原始色彩，不具有封建社會與資本主義時代的特徵。——沈從文特別強調了這種生命形式賴以存在的社會環境的原始封閉性。在這裏，沒有資本主義「現代文明」的影響，甚至封建宗法關係也還沒有生根。沈從文從湘西少數民族的特殊歷史發展裏，獲取他的藝術感興。

然而，隨着「改土歸流」的完成，封建宗法關係開始向湘西滲透；到二十世紀初葉，中國社會的劇烈變動，尤其是三十年代都市「現代文明」的侵入，推動着湘西社會朝現代演變。這一歷史過程所取的濃縮形式，使湘西社會成爲各種文化繩索絞結的產物；因社會變化造成的湘西與外部世界的交流，又造成不同文化的相互撞擊。沈從文始終注目着歷史的這一變化。〈柏子〉、〈蕭蕭〉、〈貴生〉、〈會明〉、〈虎雛〉、〈夫婦〉等在沈從文創作中佔有極大比重的作品，眞實地表現了在這一歷史過程中，鄉村生命形式的演變，塑造出「鄉下人」的形象系列，完成着他對自在生命形態的考察。

這種「鄉下人」，從他們身上表現出來的道德形態和人格氣質看，依然保留着與原始生命形式的歷史連結。分別表現出南方少數民族特有的勇敢、雄強、熱情、善良、純樸、忠厚的品格和氣質。然而，他們所處的環境，已經發生着重大的變化。在其內部，是封建文化與原始文化二者的交織，「鄉下人」已經置身於逐漸建立並鞏固起來的封建宗法關係——一種人身依附關係之中。童養媳制度、雇工制、賣淫制，如同〈柏子〉、〈蕭蕭〉、〈貴生〉、〈丈夫〉所展示的，他們被剝奪了人身自由，不得不接受一份悲慘的人生命運，而伴隨他們的雄強、熱情、善良和純樸共生的，是他們主體精神的蒙昧。他們「不曾預備要人憐憫，也不知道可憐自己。」對命運缺乏具理性的自主自爲的把握。在表現「鄉下人」理性蒙昧方面，最典型的莫過於〈蕭蕭〉。蕭蕭這個純樸、天眞的鄉村小女子，十二歲便出嫁作了童養媳，丈夫只有三歲。待她長大成人，被雇工花狗大用山歌唱開了心竅，成了一個婦人，並懷了孕。事情被婆家發覺後，照規矩要被沉潭或發賣。只是由於伯父說情，娘家婆家沒有讀「子曰」的人物，才被議決發賣；又因一時找不到合適的買主，事情被延擱下來；十月期滿，蕭蕭生下一個兒了，「團頭大眼，聲音宏壯」，蕭蕭不嫁到別處了。十年後，蕭蕭與小丈夫圓了房，又生下第二個兒子時，全家又忙着給蕭蕭的大兒子迎娶媳婦了。當接親嗩吶吹到門前時，蕭蕭抱着新生的毛毛，在屋前看熱鬧，「同十年前一個樣子」。──在全部事變過程中，蕭蕭的生命在一種無法預料其結果的人生浪濤裏浮沉，任何一種偶然因素都可能使他的命運改觀。可是，在蕭蕭自己，精神世界還是一片荒原，生命處於被人支配的自在狀態。除一度曾朦朦朧朧感到要逃走外，沒有任何影響自己命運安排的主觀努力，生死禍福全憑別人安排。而且，在嗩吶聲中，又一代蕭蕭進了門──她們一代又一代地繼續着悲涼的人生。

「鄉下人」這種精神狀態，使他們與變化了的外部世界環境極端的不協調。一方面，他們人格本身的優秀部分，使他們在某些特定場合──國內革命戰爭和民族解放戰爭中，放射出奪目的光輝，如同〈黑夜〉、〈過嶺者〉、〈早上——一堆土一個兵〉等作品所表現的那樣。另一方面，主體精神的蒙昧又使他們無法加入外部世界的競爭，他們的誠實、純樸反現出「呆」相。〈會明〉中的老兵會明，十年前是一個伙伕，十年後依然是一個伙伕，盡管和他同時入伍的一些「聰明人」——馬弁或流氓，都爬了上去，他始終信守着十年前跟隨蔡鍔起義獲得的戰士的責任感和戰爭的神聖感，隨時準備將旗幟插到敵人堡上去。可是，十年後的戰爭，表面形式依舊，仍然是「打倒軍閥」，骨子裏卻已變了質——會明頂頭上司的上司，本身就是一個軍閥。而會明對此無從理解。每次戰事一起，他當眞隨着許多樣子很聰明的軍官「衝上去了」。可是，他對戰爭的忠誠——始終保留着一面蔡鍔反袁戰爭時期的三角旗，反而成了別人的笑料。只有當他與鄉下農民對面，望到對方是誠實人的眼睛時，才從腰間取下那面旗幟：「看，我這個傢伙！」看到對方眼裏露出吃驚神氣，「他得意了」——一方面沈從文感嘆着「鄉下人」樸素的義利觀不爲外部世界所理解，另一方面，又爲「鄉下人」主體精神的蒙昧而憂慮。

在「鄉下人」自在生命形式的探索上，凝聚了沈從文對自己所屬民族長處與弱點的反省。他渴望着他們理性精神的蘇醒，在保留自身長處的同時，以新的姿態投入新的人生競爭。〈邊城〉與〈長河〉，正是沈從文從深處對民族現狀進行反省以後，唱出的生命理想之歌。

然而，沈從文以鄉土爲題材的全部作品，都是都市裏的田園之歌。他對鄉村生命形式的探索，是以都市人生作爲參照的。他對鄉村世界的敍寫，全部都是都市人生思考的反撥。這不僅表現爲在他的全部以鄉土爲題材的作品中，幾乎都穿插着對都市文明的批判，而且，他筆下的都市人生，在整體上也與他筆下的鄉村世界對立。

這是一個人性失落的天地，是都市上流社會沉淪的人生圖景。在〈八駿圖〉、〈紳士的太太〉、〈自殺〉、〈來客〉、〈煙斗〉、〈大小阮〉等一系列作品中，沈從文以諷刺的筆觸，抓住都市上流社會的言與行、表與裏的分裂，從不同側面揭露都市「現代文明」培育的虛僞、自私、怯懦、自大、庸俗。人的本質的失落，人性違反自然，是貫穿這些作品始終如一的線索。〈紳士的太太〉裏那些「紳士淑女」們玩着「愛」的遊戲，在相互欺騙中進行「沒有愛的接吻」，還居然混和了笑與淚；〈八駿圖〉裏的大學教授們，外表上的「老成」、「莊嚴」，滿口的「道德名分」，卻「與人性有點衝突，不大自然」；〈大小阮〉中大阮一類人物，「自己活得很幸福」，「百事遂心，還是社會中堅」，也正是他們，泯滅了天良，喪失了做人的起碼道德。……在所有這些場合，人變成非人。沈從文對都市上流社會的價值估量，除了帶有三十年代民主主義作家的共同傾向，卽從人性角度暴露了都市社會的黑暗，還反映出沈從文獨有的特點：以「鄉下人」的眼光去看待都市人生的荒謬。

沈從文也寫出了這個沉淪的人生天地裏，企圖擺脫泥淖的掙扎。〈都市一婦人〉、〈如蕤〉、〈一個女劇員的生活〉，集中提出了沈從文的反庸俗要求，表現了都市男女擺脫庸俗人生的努力。然而，她們的掙扎和結局全都是「未了路」。「新的有什麼可以把我從泥淖中脫出？」

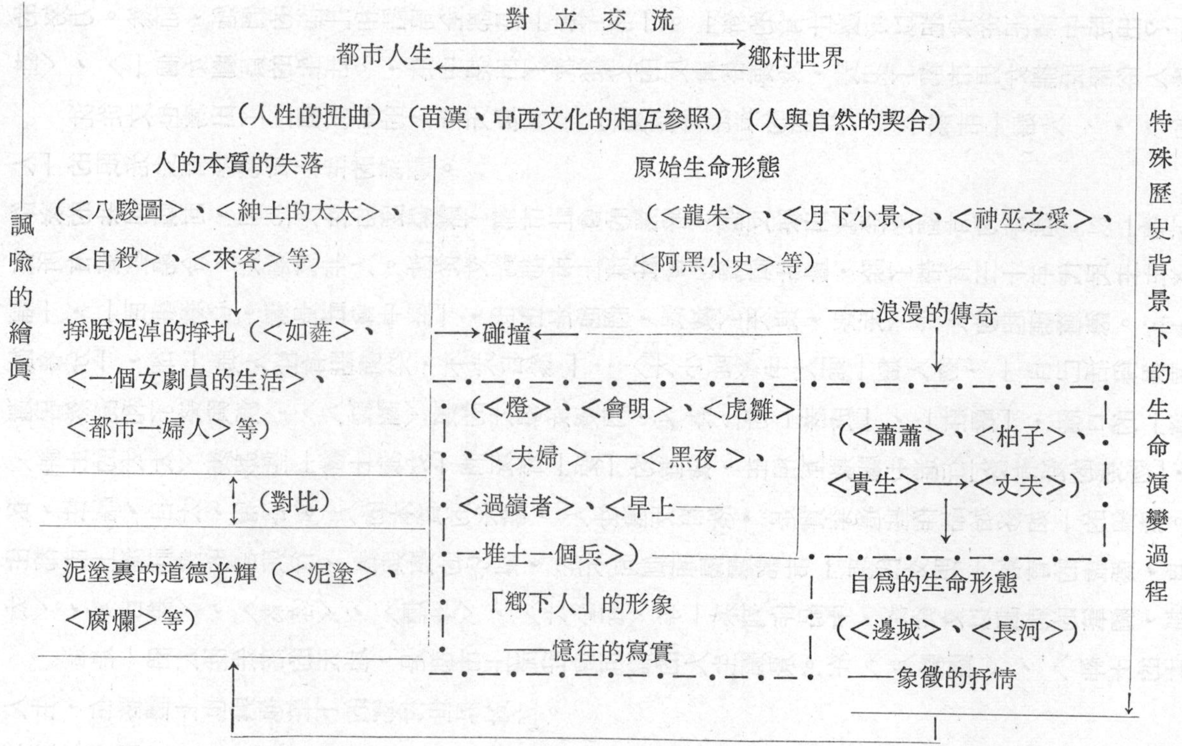
對立交流
都市人生
鄉村世界
(人性的扭曲)(苗漢、中西文化的相互參照)(人與自然的契合)
特殊歷史背景下的生命演變過程
人的本質的失落
(<八駿圖>、<紳士的太太>、
<自殺>、<來客>等)
諷喻的繪眞
掙脫泥淖的掙扎(<如蕤>、
<一個女劇員的生活>、
<都市一婦人>等)
(對比)
泥塗裏的道德光輝(<泥塗>、
<腐爛>等)
原始生命形態
(<龍朱>、<月下小景>、<神巫之愛>、
<阿黑小史>等)
——浪漫的傳奇
碰撞
(<燈>、<會明>、<虎雛>
、<夫婦>——<黑夜>、
<過嶺者>、<早上——
一堆土一個兵>)
「鄉下人」的形象
——憶往的寫實
(<蕭蕭>、<柏子>、
<貴生>——<丈夫>)
自爲的生命形態
(<邊城>、<長河>)
——象徵的抒情

正是這些人物共同面臨的人生苦悶。

將沈從文成熟期的全部創作作爲一個整體，便不難看出沈從文筆下人生世界的基本結構（見前頁）：

在這個人生結構中，積澱了沈從文的哲學思辨。這種鄉村與都市的對立，從文化的構成看，是都市「現代文明」（卽二十世紀中國社會的封建文化與資本主義文化的混合體）與原始民性（原始文化的遺存）的對立；從哲學角度看，則是「人性的扭曲」和「人與自然的契合」的對立——從時空角度看，它又表現爲現在與過去、未來的對立。這裏的現實，是人性扭曲的都市人生圖景與湘西鄉村社會在時代巨壓下的人性變異；這裏的過去，是人與自然契合的原始人性；這裏的未來，是人性向自然的復舊（旣保留人性的本來，又具有理性精神的覺醒，加入新的世界競爭）。這種思辨的思想來源，是「五四」以後開始的人的獨立與精神解放的思潮（西方文化的積極部分對中國封建專制文化的反駁，是中西文化撞擊的產物）與中國傳統哲學（主要是老莊崇尚自然的人生哲學——它更多地置根於南方文化傳統，而這一傳統又恰恰在沈從文所屬的南方少數民族文化中得到更多的保留——對儒家文化的惰性部分的反撥，是苗漢文化撞擊的產物）相互滲透與融滙的結果。

——沈從文對人類進程提出的哲學解釋，觸及到歷史行進中倫理主義和歷史主義的二律背反。卽人類社會的歷史進步是以倫理的相對退步爲代價的，而人類的理性精神又恰恰要求在新的歷史發展階梯上的倫理主義復舊。「五四」時期，當人們痛感中國面臨的生存危機，不能不張揚歷史主義，宣告與傳統文化的斷裂。在這一過程中，魯迅成為文化思想領域內的偉大旗手。然而，魯迅很快感到了這種徹底斷裂的困難和巨大的精神痛苦，又開始表現出對傳統文化積極部分的認同。沈從文的思辨恰恰表現為與魯迅相反的程序。他的創作更多地從倫理主義角度，強調了都市「現代文明」畸形發展帶來的人的本質的失落和倫理淪喪。但他也同時意識到了傳統的倫理與民族的封閉性、保守性不可分。在他對「鄉下人」——一個原始民族弱點的反省中，提出了如何組織他們到一種新的競爭中去的問題。無論是從歷史主義角度，還是從倫理主義角度感到的精神困擾，都是從不同側面碰到的貫串了整個二十世紀的「中國問題」。

第八章　無形的防線

一、逃離北平

微雨淅瀝，天空一片灰暗。沈從文站在寓所庭院裏，仰面凝視天空。頭上，日本侵華軍隊的機羣，撕裂着清晨的寧靜，穿過北平市區的上空，向南撲去。不一會，南苑方向傳來一聲聲沉悶的爆炸。——日軍出動二十多架飛機對北平進行的第一次轟炸。想像着炸彈落地時騰起的黑煙，沈從文心裏罩上了一片烏雲。

一個月來的局勢發展，正把中華民族拖向戰爭的深淵。在這血與火的衝突中，北平首當其衝。一九三七年七月七日，蘆溝橋事變的發生揭開了中日戰爭的序幕。

連日來，沈從文和北平的一些同事、朋友，忙着進行撤離北平的準備。他和楊振聲、朱自清等人一起，在編寫教科書所在大院的一個火爐邊，各各默默無言，將幾年來積果的文字資料和成果，——投入火爐。火光搖曳中，跳動着一個簡單而又明晰的字句：戰爭來了！歷經明清兩朝六百年的古都卽將淪入日本人之手，一切書呆子的理想，年輕人對生活、事業的溫馨之夢，連同高官巨商聚斂的財富，頃刻間都將失去原有的依據。這個民族在倏然降臨的災禍中，開始接受一份新的命運。自己一家人的前途，在戰爭氣浪的沖擊下，也將被拔離原先的根基，拋向顛簸不定的人生浪濤之中。

——此時，沈從文正集國憂家愁於一身。一九三四年底，長子龍朱出生；一九三七年五月，第二個兒子虎雛又來到人世。眼下，龍朱不滿三歲，虎雛出生僅僅兩個月。北平已不可留，攜家出走又困難重重，因爲這是逃難。張兆和覺得，與其一家人相互拖累陷入絕境，不如暫時分開。兩人終於商定，沈從文先期離開北平，張兆和隨後再帶孩子南下，到上海聚會。

八月十二日清晨，沈從文和楊振聲、朱光潛、錢端升、梁宗岱、趙太侔夫婦、謝文炳夫婦等一批清華、北大兩校的熟人、朋友，乘坐第一次平津通車向天津出發。行前，以防不測，各人編造了一個假身份：楊振聲是賣花邊的，朱光潛爲香港洋行打字員，沈從文則是洋行的文書。其時，正是暑熱時節，出發時，朱光潛隨身帶了一把折扇，扇面有沈從文的題字和署名。錢端升一見就說：

「唉呀，什麼時候，還帶這個；你老兄不要帶走，這可危險！」

車到天津，車站氣氛十分緊張。沈從文等人下車後，只見車站裏到處都是荷槍實彈的日本兵。天橋上架着機關槍，幾個矮壯日本兵正守在橋頭，嚴厲盤查過往旅客。沈從文一行通過時，日本兵強令他們舉起雙手，依次逐個進行檢查。

一出車站，他們便直奔法租界。到租界口，卻不准通行。梁宗岱去辦交涉，才知法國人乘機要錢。磨蹭到晚上，仍無結果。無奈，只好住進一家大旅館。待安排好房間住下後，大家才覺出這旅館的氣氛似乎有點不對頭。留神一看時，衆人緊張得一夜未能安睡，原來日軍警備司令部就設在這家旅館裏！第二天一早，大家便趕緊離開了這家旅館，設法進入法租界。沈從文和金岳霖、張奚若等人住到了一起。

按原定計劃，沈從文一行取道天津，到南京集中，然後再去上海。誰知打開八月十四日報紙一看，日軍昨日進攻上海，中國軍民奮起抵抗的消息已赫然在目，於是進退失據。上海去路已斷，天津不能久待，大家急得如熱鍋上的螞蟻，只好成天懸着一顆心坐等機會。在天津呆了將近十天，機會終於來了，一艘英國商船正準備從天津開往煙台。眼下，離開天津爲第一要着，至於到煙台後怎麼辦，只能走一步瞧一步了。於是，大家不計後果，匆匆忙忙上了船。這時，日軍大白天也隨意開炮，在炮聲中，船駛離了天津碼頭。

船到煙台時，只見海上潛水艇正浮出水面，炮口指向煙台市區。此時，中日雙方軍隊正在煙台對峙，戰鬪一觸卽發。下船後，沈從文一行住進兩軍對峙中間地帶一家旅館裏。由於這太危險，楊振聲趕緊去找熟人，弄來一人一小兩輛汽車，載着衆人離開煙台。一路上，因受戰爭影響，膠東半島已是滿目荒涼。到了濰坊，正好趕上當天從青島開往濟南的最後一次火車。上車後，沈從文去餐車吃飯回來時，一個年輕女人在車廂過道上攔住了他：

「沈先生，你可認識我？」

沈從文擡頭看時，原來是黎錦暉的女兒黎憲初。她的男朋友是詩人方瑋德。兩人過去往來的情書，曾交給沈從文保管整理，不想在這裏與她見面。——這輛車上，此時正聚集了許多向南方轉移的北方文化界、教育界人士，其中，大多是沈從文的熟人，一路雖極狼狽卻不寂寞。

火車沿膠濟線行駛，不時有日機從列車上空掠過。每當飛機出現時，列車便趕緊停下來，並立時發出警報，車上男男女女便急慌慌跑下車去，在鐵路兩旁的田頭地角隱蔽。望着敵機從頭上掠過，遠去，在雲影間消失，又立即跑回。如此反復多次，車到濟南時，已是半夜時分。因爲人多，旅館多已客滿，各處尋找住處皆無着落。其時，正值月明時節。一輪圓月懸在空中，照得各處朗若白晝。沈從文和幾個朋友，在月光下沿街逛去，想碰碰運氣，看能不能找到旅館。有人很急，沈從文卻不急。——早年在行伍中，一時找不到宿處，幾乎算不得一回事。擡頭望望空中——月亮好大！

幾個人正漫無目的走着，有人跑來告訴他們：山東教育廳長何思源，得知他們到了濟南，已代他們聯繫了濟南一家最好的旅館。

在濟南等了兩天，沈從文一行又上了開往南京的火車。半路上，朱自清的兒子告別衆人，和幾個青年一道，下車投奔共產黨領導的抗日游擊隊去了。沒有悲壯的告別，沒有虛飾的豪言，望着這些年輕人遠去的背影，沈從文感到一陣激動。他們勇赴國難的行動，連同他們對民族翻身所抱的堅固的信念，一齊深印在沈從文的腦海裏。

到了南京，因戰局緊張，南京城正準備疏散，各處找不到一個熟人，大家只好住進滄州飯店。當天半夜，日軍出動一百架飛機，輪番轟炸南京北極閣。沈從文隨大家一起爬上飯店屋頂，只見北極閣方向一片熊熊大火，耳邊不斷傳來猛烈的爆炸聲。面對眼前的戰爭景觀，沈從文心裏反倒是一片稀有的平靜——沒有驚慌，沒有害怕，甚至無所思無所想。後來他才得知，胡適、傅斯年和何應欽等人，當時正在英、法駐南京大使館商談援華軍火物資有關事宜，差點被日軍炮彈炸死。

過了兩天，各大學來南京的教育界人士開會，並作出決定，轉移湖南衡陽組辦臨時大學。同來的朋友勸沈從文一起同去武漢。

到南京後的第三天，沈從文和一些熟人、朋友來到碼頭，準備乘一艘英國商船去武漢。

碼頭上，人們正紛紛搶着上船，矚目處一片混亂。沈從文既買不到船票，又無力參加爭搶，正束手無策，不知怎麼辦才好時，虧得在南開大學任教的林同濟，奮力將沈從文推上跳板。上船後，林同濟拉着沈從文，找到船長説：

「他就是沈從文，中國最偉大的作家。沒買到船票，請多包涵！」

這船長平時讀了點文學作品，對沈從文的名字並不陌生。聽了林同濟的介紹，非但沒有對沈從文無票上船提出責問，反讓他免票乘船，還在特等艙給他安排了一個鋪位。

四天後，船到武漢。沈從文與準備繼續南下的北大、清華、南開等校的熟人朋友分手告別，暫留武漢，借武漢大學圖書館工作。

又有二十多架日機轟炸漢陽。炸彈不斷爆裂的巨響，隔江一片大火……

不久，蕭乾、楊振聲相繼趕到武漢，以三十塊錢一月的租金，住進東湖邊大革命期間軍長耿丹住過的那棟房子。繼續《大公報·文藝》副刊的編輯工作。

轉眼又到年底。這時，南京已經淪陷，國民黨的軍隊主力從南京退向武漢。戰火正沿長江向上延燒，武漢的爭奪戰已成必然之勢。戰局的發展使沈從文等人不得不考慮下一步的去向。這期間，沈從文得熟人相告，延安共產黨方面，擬邀請十位作家去延安，願意提供寫作的方便。沈從文被列入邀請者之列。另外還有茅盾、巴金、老舍、曹禺、蕭乾等人，沈從文很想去長沙八路軍辦事處了解一下有關具體情況。加上這時梁思成夫婦、金岳霖正住在長沙聖經學院，沈從文早就想去探望他們。兩件事湊在一起，促成了沈從文的長沙之行。

這天，長沙下起了鵝毛大雪。沈從文和曹禺、蕭乾、孫伏園幾人一道，從聖經學院去八路軍駐長沙辦事處拜訪徐特立。

在八路軍辦事處的一個小閣樓裏，徐特立這位誠樸、寬厚的長者和老資格的革命家，熱情地接待了沈從文一行。沈從文等人說明來意，以及去延安所面臨的種種困難。徐特立向他們介紹了延安方面的大略情形後說：

「歡迎大家去延安，那裏可以自由寫作。如果有固定工作或別的原因，去不了的，就留在後方作團結工作，這也很重要。因爲戰爭不像三兩年就能結束，後方團結合作，還值得大大努力。後方得到安定，才能持久抗戰。」

正談着，從外面走進一個人來，一臉嚴肅地對沈從文等人說：

「現在是什麼時候？——全民族生死存亡關頭！你們這些人，卻還在顧慮這顧慮那，只想在後方苟且偷安，醉生夢死！」

從八路軍辦事處出來，蕭乾告訴沈從文，這人就是兩年前以《大公報》記者身份，沿紅軍長征路線進行旅行考察，後來在《大公報》上連載發表《中國的西北角》一書中考察報告的范長江。

這次與徐特立的會面，給沈從文留下了極深的印象。踏雪歸來，沈從文深感做爲中華民族一份子，自己身上責任的重大。安定後方，團結合作，這是民族抗戰的又一條防線！自己雖然已無法重返行伍，在前線與敵人作戰，卻應該也能運用手中一支筆，爲民族的翻身效力！

這次長沙之行，沈從文還見到了臨時大學的一批熟人、朋友，他們正準備向西南轉移。與大家商量的結果，沈從文作出了去昆明的決定。在返回武漢，對遺留工作略作交待處理後，沈從文等人再次來到長沙。

戰局越來越嚴重，通向各處的水陸線路瀕臨斷絕。各地向大後方轉移的學校、機關滙聚到了長沙，滿街都是難民。盡管長沙已經人滿爲患，市面上東西卻是爛賤。這次回到長沙，沈從文得知在軍隊中作團長的弟弟沈岳荃，因同日軍作戰負傷，已和一批戰場上受傷的官兵，從杭州轉移到長沙傷兵醫院治療。這天，沈從文去原屬陳渠珍統率的那支湘西軍隊駐長沙的師部留守處打聽有關情況，不期遇到表哥黃玉書。其時，黃玉書正倚在留守處門前看街景。這個一直厭惡當兵愛好藝術的人，此時卻穿了一身灰布舊軍裝，面色憔悴蠟黃。沈從文一走到留守處門前，就立即被他認了出來。黃玉書十分親熱地將沈從文帶進辦公室。——一九二二年沈從文離開湘西到北京後不久，就已得知這位曾要自己代寫情書的表哥，已和那位楊光蕙小姐結了婚，雙雙回到鳳凰縣立第一小學教書。這樁婚姻，卻不爲楊家父母滿意。因爲黃玉書所學，在湘西人眼裏，同飄鄉手藝人差不多，收入既極微薄，又沒有什麼發展前途，與軍隊裏營、連長或參謀副官相比，已經大大不如。婚後孩子一個接一個出生，情況更形狼狽。……卻不曾想到，表哥竟然已經改行入伍。問及時，才知道黃玉書因爲與學校年輕同事合不來，被排擠出校門，失了業。爲應付生活，不得已，才在師部作了一名中尉辦事員，負責散兵和傷兵的收容聯絡事務。表嫂還在沅陵烏宿附近一個村子裏教小學，大兒子黃永玉被送到福建集美一個堂叔那裏讀書，初中不到兩年，便獨自不聲不響從堂叔家裏出走，突然失踪了；老二十三歲時便從軍入伍；老四、老五、老六還留在母親身邊混日子。

事業並不如意，人又上了年紀，常害點胃病，性情自然越來越拘迂，過去豪爽洒脫處早已完全失去，只是濃眉下那雙大而黑亮有神的眼睛，還依然如舊。也仍然歡喜唱歌。邀他去長沙著名的李合盛吃了一頓生炒牛肚子，才知道已不喝酒。問他吸不吸烟，就說「不戒自戒，早已不再用它」——發現手指黃黃的，知道有烟還是隨時可以開戒。他原歡喜吸烟，且很懂烟品好壞。第二次再去看他，帶了別的同鄉送我的兩大盒呂宋雪茄烟去送他，他見到時，憔悴焦黃的臉上露出了少有的歡喜和驚訝，只是搖頭，口中低低的連說：「老弟，老弟，太破費了你，不久前，我看見有人送老師長這麼兩盒，美國軍官也吃不起！」❶

沈從文心裏一陣酸楚。為了讓表哥開心，有意提起點舊事和他打趣：

「……我倒正想問問，在常德時，我代勞寫的那些信件，表嫂是不是還保留着？若改成個故事，送過上海去換二十盒大呂宋煙，還不困難！」

提及十多年前的往事，一切如在日前，又恍同隔世。兩人相對沉默了一會，又復大笑一陣。隨後兩人一起去傷兵醫院看望受傷同鄉官兵。到醫院時，傷已痊癒出院的沈岳荃，正在醫院前小花園裏，召集二十幾個即將出院的下級軍官訓話：不久將回沅陵接收新兵，作為「榮譽師」重上前線。見沈從文到來，便問他臨時大學那邊有多少熟人，表示願意以沈從文名義，請大家吃一頓飯，以盡地主之誼，順便與大家談談前方情形。

過了兩天，沈從文邀請了張奚若、金岳霖、楊振聲、梅貽琦、聞一多、朱自清、黃子堅、李

❶〈一個傳奇的本事〉，《沈從文散文選》，人民文學出版社一九八二年版。

宗侗、葉企孫、梁思成、林徽音、蕭乾等共兩桌客人。席間，沈岳荃介紹了八·一三上海戰役的種種情形，大家非常滿意。在這之前，沈從文邀請黃玉書作陪，他卻不好意思，堅決拒絕參加，沈從文只好另約了個日子，陪他一起去城南天心閣坐了兩個小時。兩人一邊喝茶談天，一邊看湘江風景。

望着遠處北流的湘江，想起十多年來家鄉的人事變遷，從弟弟沈岳荃和身邊表哥的不同經歷上，他從深處看到了二者之間的聯繫。彷彿有了一種有關家鄉未來命運的預感，沈從文的心裏，起了一絲隱憂，一份傷感。

二、故鄉行（二）

沅陵城中一個微微凸出的山角上，坐落着兩棟一字排列的小小樓房。屋前依地勢圈出一個三角形狹長院落，用矮矮的黃土牆圍定。院角落裏種有紫竹和無花果樹，一排綠色花架上，陶盆中盛開的山茶花，如一球球火焰。樓房式樣半西半中，與青島某類房屋建築相彷彿。

這是沈從文大哥沈岳霖在沅陵修建的新居。這個耳朵有點背晦、眼睛嚴重近視的大先生，雖然年齡已過四十，卻童心未泯，爲人天眞爛漫。常常滿城亂竄，一遇人事衝突，總要揷一槓子，居間主持公道，爲人排解糾紛。有時，又突然在沅陵失了踪，連家裏妻子也不知其下落。幾天後，他卻突然出現在北平沈從文寓所門前舉手叩門。看着弟弟和弟媳開門見面時臉上的驚訝和歡喜，他得意了。

「你們算不着我來看你們，是不是，我就是這種脾氣，說走就走，家裏人也不會想到我要作五千里旅行，什麼人都不知道，我自己也不知道！」

「住多久呢？住兩個月……」

以爲沈從文預備扣留自己，他吃了一駭，趕緊說：

「什麼？兩個月！玩三天我就得回去！家裏還有好些事辦不清楚，待我回去料理！」

果然三天後他又起身走路，沅陵新居的房屋式樣，就是六年前他以同樣古怪方式，到青島、上海瞎跑一氣，從一大堆記憶中掏摸出一個樓房印象，自己設計的。修房的本意原是體念母親一生艱辛，晚年還沒有一個屬於自己的落腳處。不料房子剛剛落成，母親就在鳳凰病故了。中日戰爭爆發，見局勢越來越緊張，他便將家眷送回鳳凰老家，獨自留守沅陵，坐等兩個在外的弟弟消息。如此一來，這寓所就更顯空落冷清了。

可是，到一九三七年底，這裏又突然熱鬧起來。

兩輛汽車沿長、常公路，將沈從文一行送到了沅陵。接着，向昆明轉移的臨時大學的師生也步行到了沅陵。聞一多、蕭乾、許維遹、浦江清、李宗侗等人，都住進了沈從文家裏。

這期間，沅陵河對岸汽車站停放的車輛種類和數量日漸增多。臨時大學、政治學校、商學院、藝專、湖南大學、國民黨中央軍校，三十餘所公私中學及無數國家機關單位正陸續經沅陵向上疏散，城區長街上整日走着各種裝束的過路人，滿街是當地黨部、行政官署、商會及社會團體貼的紅綠標語，每天都有青年學生和受訓民衆結隊遊行，有爲傷兵醫院募捐的活動和慰勞傷兵舉辦的遊藝會，居然也捕獲到漢奸間諜，並押到河邊槍決示衆。……

一切與戰爭有關的社會人事活動，都在這邊遠的山城陸續出現。但這裏既處戰區炮火兩千里之外，地理位置偏僻，透過表面社會人事的變動，仍保留了山城那份特有的寧靜。加上連日來，沅陵又下起了連綿大雪，河邊渡口一帶已被積雪淹沒。此時，沈從文正忙着盡地主之誼，或者陪客人站在樓上長廊上，眺望沅水上下清寂景象，或者與衆人圍爐而坐，一面大吃狗肉，一面談天。聽沈從文談及湘西歷史和眼前人事變遷、邊地的民情風俗，聞一多等人都感到新奇有趣。

三天後，聞一多等人告辭，繼續步行上昆明去了。

送別聞一多等人之後，傷癒出院的沈岳荃，也從長沙回到了沅陵家裏。

這是多年來，兄弟三人第一次取齊聚會，各人心裏自然生出許多感慨。一時間，家事、國事、地方事全進入兄弟三人談話的範圍。從哥哥與弟弟的談話中，沈從文對近幾年來湘西的社會變遷和目前情形有了明晰而透徹的了解。

自沈從文第一次返湘後的數年間，湘西連續發生水澇旱災，生活在屯田制下的苗區民衆要求湘西「自治政府」減租。陳渠珍不允。一九三六年初，龍雲飛、石維珍、龍雲超等人發動苗民起義，組成湘西民族抗日救國軍。起義軍提出「革屯抗日」、「廢屯歸民」口號，相繼圍攻永綏、鳳凰、保靖等縣。政府從江西急調一個軍的兵力，開進湘西，對付苗民起義，並對陳渠珍所部地方勢力施加壓力。對外孤立自守的陳渠珍受內外夾攻，被迫下台。一九三六年八月九日，苗族起義軍攻陷乾城，同年十一月，何鍵湖南省政府主席職務被撤消，湘西被宣布為「匪區」，一時陷入極端混亂狀態。

陳渠珍下野後，保顧家齊繼任師長，自己去長沙擔任四路軍總參議兼省政府委員閑職。所部官兵被改編為一二八師，調離湘西，去蔣介石老家奉化駐防，受四路軍劉建緒調度指揮。身為一二八師所部團長的沈岳荃，也隨軍離開故土。上海「八一三」事變發生，一二八師奉命守衞嘉善防線。一師人連夜被運送到了前線，在一個縣城小站下車時，既無參謀人員指導，又無嚮導帶路，全城人都已走光，留下的一名縣長將手中一串編號國防工事地堡鑰匙交付清楚就走了。全師官兵不得不在迷蒙霧氣中分頭搜尋國防工事所在位置。天剛亮，日軍大隊飛機即來轟炸，地面上日軍先頭部隊也同一二八師接了火。在槍林彈雨中，沈岳荃終於在一條小河邊發現了工事位置，便一面遣一營兵力向前突擊進攻，一面提了那串鑰匙，順小河搜索，把已經銹迹斑駁的地堡鐵門逐一打開，準備死守。一連五天，大部分官兵犧牲，連排長幾乎全部戰死，正副團營長半死半傷。沈岳荃指揮的一千五百名官兵只剩下一百二十餘人，直到掩護友軍撤退後，才突圍而出，自己腰腿也負了重傷。突圍後，沈岳荃曾在杭州醫院治療，隨後才轉到長沙。這次獲准回到沅陵休假兩個月，一面休養，一面招募補充新兵，準備以「榮譽團」名義重返抗日前線。

從湘西地方的變化中，沈從文看到了民族抗戰的內在隱患，他感到深深不安。五個月來，自己由北而南，一路實際所見所聞，已經明白了全國性戰爭的意義。戰爭正在向中國腹地蔓延，湘西已成爲通向大後方的戰略要地。湘西地方因歷史原因，具有一個傳統孤立根子。在近兩年的變動中，湘西有數千名下級軍官和數萬名兵士賦閑在家，上萬槍枝散布民間。湘西能不能安定、團結抗戰，全在交織於湘西的地方與省裏、中央與地方、本省與外省錯綜複雜的矛盾如何發展，以及這些滯留鄉土的血性子弟的思想行爲走向。目前最要緊的，是湘西地方應從全民族利益出發，以抗戰大局爲重；當權者也必須放棄將湘西地方民族當成征服對象的錯誤觀念，改變政策，才能從根本上清除危及抗戰的隱患。在做地方工作方面，自己或可盡一份力量，至於另一方面的問題，想想卻不免使人痛苦……

這時，已出任湖南省政府主席的張治中，爲適應抗戰形勢的發展，正實施某些行政改革。一九三八年初，開始在湘西地方設沅陵行署，由省政府委員輪流主持，陳渠珍被委任爲第一屆行署主任。就在沈從文回到沅陵兩個月後，陳渠珍也來到沅陵走馬上任。由於近兩年湘西民衆所感到的壓迫，對陳渠珍重新主持湘西局面抱有某種期待，因此，在陳渠珍抵達沅陵那天，沅陵竟出動了一萬多人，在沅水兩岸歡呼，迎接陳渠珍的歸來。與此同時，國民黨軍隊放棄武力解決湘西問題的策略，希望苗族起義軍接受改編。於是，龍雲飛等人也來到了沅陵。

沈從文這次返鄉，與上一次返鄉已經大不相同。在陳渠珍、龍雲飛這些能左右湘西地方局勢的各方頭腦裏，沈從文這時已經頗有分量。這不僅是由於他已是全國知名、在湘西更是所有讀書人無有不知的著名作家，而且足跑過大碼頭、見過大世面，對目前國事深有了解的人物。過去，沈從文就已和陳渠珍、龍雲飛相熟，其他高級募僚與沈從文也非親卽友。因此，一時間，沈從文成了大受歡迎的遠方來客，時局的變化使他說話也沒有了忌諱。

這天，沈岳霖以沈從文的名義，將陳渠珍、龍雲飛一批同鄉文武大老，請到了沅陵家中，沈從文向他們介紹了北平、南京、武漢、長沙見到和聽到的有關時局發展的消息，說明戰火已沿長江向內地延燒，洞庭湖澤地帶，必將成爲下一階段的主要戰場。到那時，湘西將在後方戰略物質供應和兵源補充方面，佔據特別重要地位，這也爲湘西人報效祖國、爲民族盡力提供了一個最好機會。他援引一九三一年在上海見到蔣百里先生時聽來的一段故實：一個德國文化學者，曾將日本人加以分析，認爲強韌堅實足以和中國湖南人相比，熱忱明朗卻還不如。日本想侵略中國，必須特別小心。近於天然的心理防線，頭一道是山東、河南的忠厚樸質，不易克服，次一道是湖南、廣東的熱情僵持，更難對付。日本人反駁那學者，何以見而云然？那德國學者只引了兩句歷史上的成語作答：「楚雖三戶，亡秦必楚。」……他希望在座故舊親友、珍惜這一個千載難逢的機會，爲民族爭生存，爲家鄉爭榮譽。可是，由於歷史的偏見和長久積習，湘西地方在外面一般人頭腦中所得，卻是「匪區」印象，湘西人也被誣爲「土匪」。自己這次回到長沙時，有熟人請去吃飯，席間就有人稱自己是「湘西土匪」，話屬玩笑性質，雖然無從辯也不足辯，終不免令人痛苦。做爲湘西人，應盡力顧全大局，安定後方，以湘西健兒勇於對外流血犧牲，來洗刷盡千百年來強加於湘西地方民族的恥辱。

談了約兩個小時，結論就是「家鄉人責任重大艱巨，務必要識大體，顧大局，盡全力支持這個有關國家存亡的戰爭，內部絕對不宜再亂。還得盡可能想方設法使得這個大後方及早安定下來，把外來公私機關，工廠和流離失所的難民，分別安排到各縣合適的地方去，所有較好較大建築如成千上萬廟宇和祠堂，都應當爲他們開放，借此方可望把外來人心目中『匪區』印象除去。還能團結湘西十三縣的社會賢達和知識分子，共同努力把地方搞好❷。

這次談話對湘西局勢的後來發展，產生了重要影響。不久，龍雲飛等人領導的苗族起義軍從抗日大局出發，接受了國民黨政府的改編，八千苗族起義男兒，被編爲新六軍暫五師和暫六師，開赴抗日前線，在湘北一帶與日軍浴血作戰，取得著名的「湘北大捷」。然而，沈從文的內心隱憂也變成了現實。對那支外出抗日的苗族武裝，在貴州境內實行堵截，打算只要他們的器械與士兵，不要苗族自己的幹部。因此又把他們逼回苗區❸。

---

❷ 〈散文選擇序〉，《沈從文文集》第十一卷，花城出版社、三聯書店香港分店一九八四年版。
❸ 呂振羽，《中國民族簡史》，三聯書店一九五一年版。

沈從文逗留沅陵期間，沈岳荃已收到了長沙師部拍來的急電，限這位上校團長五天內率領在沅陵的兩連傷癒士兵，向常德集中，並接收常澧管區四營兵丁，作爲本團補充，再開往南昌與日軍作戰。次日又來了第二次急電，將五日期限改爲三天，算來明天就得出發。

第二天下午，天色陰沉沉的。沈從文來到河灘上，爲弟弟送行。

臨時雇定的十幾隻大小空油船，一字排在河邊碼頭邊。一些軍用品堆放在河灘上，正有人在向船上搬運。一些隨沈岳荃同行的下級軍官，也陸續上了船。那兩連傷癒的家鄉子弟兵，都穿着嶄新棉襖，早排隊到了河邊，待裝船物資上齊，也分別上了船。幾個從河邊過路的學生代表，見此情形，知道事出倉卒，來不及組織歡送，立即跑到城門邊雜貨舖，買了兩封千子頭鞭炮，帶到了河邊。

眼見弟弟離開自己，走上一隻大船，沈從文沉默無語，一種悲壯和肅穆情緒揉和在心裏。鞭炮響起來了，大船已經調轉船頭，十幾隻船相繼緩緩向下游滑去，沈岳荃和一羣下級軍官站在船頭，默默地向沈從文揮手。

沈從文眼裏充滿熱淚，不由自主地沿河灘跑了起來，心裏有一個聲音在喊：「這不成！這不成！」同時又有一個聲音在回答：「這是戰爭，這是戰爭，這是戰——爭！」

船隊的影子在下游河岸轉彎處消失了。河面上慢慢升起的濕霧，逐漸聚攏，並向上升騰，越來越濃。黃昏正在降臨，沅陵碼頭遠近房屋和聲音，同往日一樣，不久就變得一片混沌，包裹在沉沉黑霧裏了。

想起在長沙與徐特立的談話，沈從文感到，要使地方安定下來，一致對外，遠不是一次談話就能奏效；而要消除外來人認湘西爲「匪區」的錯誤看法，還得向人們介紹湘西的實在情形。因此，在送別弟弟以後，沈從文便着手寫作以兩年來湘西事變爲背景的長篇小說《長河》。

小說選取沅水上游水碼頭呂家坪爲故事發生的地點。開篇〈人與地〉集中展示民國以來二十餘年間湘西社會變遷的大略情形。時間的長河已從《邊城》茶峒流到了呂家坪。由於點綴都市文明的奢侈品大量輸入，唯實唯利庸俗人生觀無形中正洗刷着鄉村正直樸素人性美的最後一點殘餘。與此同時，自外而來的壓力正醞釀着湘西新的社會變亂。伴隨那位「家邊人」（卽陳渠珍）下野、所部軍隊調離湘西、鄰縣正「調兵遣將」而來的，是「新生活」和「中央軍」的向上調動。一時間，湘西被籠罩在極度驚惶與恐懼之中。

> 婦人把話問夠後，簡單的心斷定「新生活」當眞要上來了，不免惶恐之至。她想起家中床下磚地中埋藏的那二十四塊現洋錢，異常不安。認爲情形實在不妥，還得趁早想辦法，於是背起猪籠，忙匆匆的趕路走了。兩隻小猪大約也間或受了點「新生活」的驚恐，一路尖起聲音叫下坳去。

「新生活」自然是一種象徵。它在骨子裏是湘西地方動亂的根源。「怎麼省裏又要調兵上來？又要大殺苗人了嗎？苗人不造反，也殺夠了！」「掌櫃的，眞是這樣子，我們這地方會要遭殃，不久又要亂起來。又有槍，又有人，後面又有撐腰的，怎麼不亂？」

——《長河》敲響了歷史上屢見不鮮的五溪會獵的開場鑼鼓。沈從文從深處觸到那個「苗民問題」，他感到一種徹骨之痛。為了衝淡現實帶來的內心痛苦，小說有意作成一種牧歌式的諧趣，塗染變動來臨前的鄉村寧靜，描繪鄉村美麗、質樸、天眞，善良的靈魂，以及「鄉下人」面對人生憂患的鎮定從容。

他心裏想：「慢慢的來吧，慢慢的看吧，舅子。『豆子豆子，和尙是我舅子；棗子棗子，我是和尙老子。』你們等着吧，有一天你看老子的厲害！」

夭夭不作聲時，老水手於是又想起「新生活」，他抱了一點杞憂，以為「新生活」一來，這地方原來的一切，都必然會要有些變化，夭夭姊妹生活也一定要變化。可是其時看看兩個女的，却正在船邊伸手玩水，用手撈取水面漂浮的瓜藤菜葉，自在從容之至。

小說的主幹故事就在這一時代大背景下發生。呂家坪那位依權仗勢、橫行鄉里的保安隊長（邪惡勢力的化身）與葡萄溪滕長順一家的矛盾，圍繞着敲榨桔子與調戲夭夭事件展開並逐漸激化。面對外來邪惡勢力的欺壓，「鄉下人」生命內部已經生長出抵抗憂患的力量。

夭夭呢，只覺得面前的一個唱的說的都不太高明，有點傻相，所以也從旁笑着。意思恰恰像事不干己，樂得看水鴨了打架。本鄉人都怕這個保民官，她却不大怕他，人縱威風，老百姓不犯王法，管不着，沒理由懼怕。

「沙腦殼，沙腦殼，我總有一天要用斧頭砍一兩個！」

然而，這矛盾發生於中日矛盾激化、戰爭迫在眉睫之際，——「聽人說兵向上面調，打什麼鬼子？鬼子難道在我們湘西？」一方面，「鄉下人」對此感到無從解釋的困惑，一方面，一份愛國熱情正在身上燃燒。

「……船上有個美國福音堂洋人對我說，……日本會派兵來，你們中國明年一定和他們打仗。……要打鬼子大家去！」

「……我明天當兵去打仗，一定擡機關槍，對準鬼子光頭，打個落花流水！」

《長河》揭示出湘西地方民族對外的愛國熱情與他們自內遭遇壓迫、欺侮的矛盾，後者又與湘西特殊的民族問題相聯繫。這一矛盾不僅影響到湘西地方的安定，也對中國抗戰的命運構成威脅。它的發展走向，既關係到湘西地方民族的未來命運，也關係到中國抗戰的前途。

在第二次國共合作已經實現，全民族抗日統一戰線已經形成的一九三八年，不少文學創作沉醉於盲目樂觀氛圍的時候，沈從文以他對中國社會實際的深切了解，發現着那個「無可克服的根本弱點」，顯示出一種特有的清醒。

《長河》繼續着《邊城》對自爲生命形式的探索。在老水手、夭夭、三黑子等人物身上，不僅依舊保留了翠翠、二佬、老船夫的善良、純樸與天眞，而且開始有了染指權力的慾望：「我當了主席，一定要槍斃好多好多人，做官的不好，也要槍斃！」以及對實現社會平等的渴求：「不許倚勢壓人，欺老百姓，要現錢買現貨，「公平交易」，他們已經擺脫對「天命」的依賴，生命主體生長出在社會變動中把握世界的信心。雖然《長河》仍不免對現實的沉痛感慨，卻一掃《邊城》裏的傷感。——這一方面，是沈從文受到了湘西苗族迫使何鍵下臺事件的鼓舞，一方面，又來自沈從文對戰爭或者會「完全淨化了中國」的渴望。

《長河》只完成了第一卷。按預定計畫，《長河》全篇共四卷規模，打算寫到苗族起義軍接受改編，並開赴抗日前線，其後又被逼迫返回苗區爲止，完成大時代變動中苗民族和湘西地方悲劇命運的描寫。可是第一卷完成後，在香港發表，即被刪去一部分；一九四一年重寫分章發表，又有都分章節不准刊載。全書預備在桂林付印時，又被檢查機關認爲「思想不妥」，被全部扣壓。托朋友輾轉交涉，再送重慶複審，被重加刪節，過了一年才發還付印。到全書由開明書店出版時，已經是一九四八年了。

《長河》終於以一部未完成的長篇，留在了中國現代文學史上。

三、寂寞之路

一九三八年三、四月，沈從文搭乘汽車離開沅陵，西行經晃縣出湘境，取道貴州玉屏、貴陽，再入滇去昆明。

到達晃縣轉車時，人多車少，車票十分緊張，沈從文又是一籌莫展。虧得一位中學畢業的售票員，弄清楚他的身份後，熱情地對他說「你就是沈從文？我知道你。別急，我給你弄一個好位子。」其時，由於正處戰爭時期，汽油匱乏，車輛都自帶木炭應急，路況又極惡劣，路上常有翻車事故發生，沈從文乘坐的汽車卻一路平安。

經過二十多天的長途跋涉，終於到達了昆明。先期到達的汪和宗到車站將沈從文接到城裏。臨時落腳處，是蔡鍔發動反袁戰爭時在雲南的舊居。這是一棟極平凡的小房子，斑駁陸離的瓷磚上，有「宣統二年造」字樣。老式的一樓一梯，樓梯已霉朽不堪，走動時便軋軋作響，磚砌拱曲尺形長廊，因風雨剝蝕，早已傾斜。只有院子裏兩株合抱大的尤加利樹枝勁葉茂，勃然有生氣。對面是當年五省聯帥唐賡蓂公館。那是一座美輪美奐的建築，以其花木亭園名貴一時。中日戰爭爆發不久，便成了美國駐昆明的領事館。兩座建築隔路相對，形成奇異鮮明的對比。站在院子裏的尤加利樹下，沈從文不由想起歷史上默不言功的將軍馮異。不求生前的虛榮，不計身後的寂寞，一切有益於民族、人類的事功，皆成於一種沉默的努力中。……

自沈從文逃離北平後，夫人張兆和攜帶兩個孩子，留在淪陷的北平，直到一九三八年初，母子三人同九妹岳萌，才途經香港，取道越南河內，沿滇緬線到達昆明。一家人長達一年多的離散奔波，相互間說不盡的思念、擔心、痛苦，至此方告結束。

張兆和到達昆明後，沈從文隨家眷住青雲街六號，不久遷北門街蔡鍔舊居，連同九妹岳萌、四妹張充和，與楊振聲及其女兒楊蔚、兒子楊起，劉康甫父女、以及汪和宗，組成一個臨時大家庭，外加金岳霖寄養的一隻大公鷄。

楊振聲儼然家長，吃飯時一大桌，楊面南而坐。劉左沈右，無人指定，却自然有序。我坐最下首，三姐在我左手邊，汪和宗總管伙食飯賬❹。

這時，沈從文已在西南聯大師範學院任副教授，第二年轉北京大學（當時，西南聯大所屬各校上課不分開，編制分開）任教授，擔任現代文學、習作課程。除教學和寫作外，沈從文和楊振聲一起，重新開始戰前即已起首的教科書的編撰工作。這工作由楊振聲領銜主管，卻不常來；朱自清一周來一兩次；沈從文、汪和宗、張充和則經常在青雲街六號小樓上。沈從文任總編輯，分工選小說，朱自清選散文，張充和選、點散曲，兼作注解，汪和宗負責抄寫。

不久，昆明就有日機空襲轟炸。每當空襲警報一響，大家攜家帶口，忙匆匆外出躲避空襲。人們都往城外跑，金岳霖卻總要跑進城裏，去抱他那隻大公鷄。後來，由於日機轟炸頻繁、躲不勝躲，沈從文一家搬到了昆明附近呈貢縣的龍街，距城十餘里的鄉下。留住城裏的九妹岳萌，在一次轟炸中城裏起火時，忙着幫助別人救火搶東西，不料自己的全部值錢物品卻被歹徒乘亂劫走。因受刺激太深，承受不住，神經有了毛病。不得已，由沈從文托人送往湘西沅陵，嫁給了鳥宿地方一個鄉下木匠。二十年後，在三年自然災害時期，因缺糧斷炊而餓死。

❹張充和：〈三姐夫沈二哥〉。

在西南聯大任教期間，沈從文和許多熱情愛國的學者、教授，成爲大受學生歡迎的人物。同戰前在北平一樣，沈從文一邊默默筆耕，一邊熱情關心、接近那些愛好文學的青年學生，冀望着爲文學運動造就一批生力。後來，在文學上取得了出色成績的汪曾祺、林蒲（美籍華人作家）等人，都是他在西南聯大的學生。

記得由西南聯大及其他大學愛好文藝的學生所組成的「高原文藝社」，有一次開會，請沈先生演講。有人曾提到，英國人說，英國能不能保留印度，是次要的問題，但英國絕不能沒有莎士比亞。而中國呢？日本占領了中國大片土地，日本人錯了，我們中國大後方，甚至淪陷區，始終有如沈從文先生一類明智人士，繼續給我們指導。失土的收復，是遲早的事！話說得對，說出了人人心上的話了。在漫長的抗日時期，誰不願拿着自己的血和肉，造成新的長城！主要是建立正確的路向。那時候，沈先生等接近年輕人，處處抗敵禦侮，注射了新鮮的血液，教學之餘，創辦雜誌刊物，評論時政得失。……結果，沈先生便受到了左的或右的打擊。沈從文的路子是寂寞的！他是默默地固執地走着他的寂寞的路子。至於接近年輕人，鼓勵年輕人，除了爲年輕人向國家社會討同「公平」而不隨意折磨之外，就以我個人爲例吧，只要你願意學習寫作，無時無刻不可以和沈先生接近。我當時在國內發表的文章十之八九，都經沈先生潤色過的，全篇發同來重寫也是常有的事❺。

❺ 林蒲：《沈從文先生散記》。

在沈從文離開沅陵去昆明時，中華全國文藝界抗敵協會在武漢成立。老舍被推選爲總務部主任，主持「文協」日常工作。沈從文到達昆明後不久，收到了老舍的一封來信，請他出任雲南「文協」第一任主席。這時，沈從文正痛感文壇龍蛇不一，一些本身沒有任何作品，卻別有所圖的人擠進「文協」來湊熱鬧，這個認死理的「鄉下人」，眼前的現象與他要求於文學運動的「清潔」標準不符，現實總讓他失望。世界上任一社會運動都不可能以純粹的形式進行，合目的性與反目的性總是同並時存。因此，他在給老舍的回信中問道：

究竟是有了作品才是作家，還是進了「文協」就是作家？

對這樣的問題，老舍自然無從作答，沈從文出任雲南文協主席一事只好作罷。

然而，沈從文並沒有置身於抗戰文學運動之外，他始終關心着文壇的風雲變化，並捲入了抗戰時期兩次影響極大的文學運動的論爭。

一九三九年一月，沈從文發表了題爲〈一般或特殊〉的文章，針對一部分作家放棄文學創作的特殊性，將其等同於一般的抗日宣傳工作的現象提出批評。文章從社會技術進步導致社會分工的出現，知識學問趨向「專門化」、「特殊化」的歷史規律入手，指出文學創作原是一門複雜的勞動，充滿了試驗，掌握文學性能很艱難，而現在不少人將文學看作一般的政治宣傳品，這就導致人們常說的「抗戰八股」的產生。因此，文學創作質量的提高，還得在一般的宣傳小册子以外想辦法。

這些人好像很沉默，很冷靜，遠離了「宣傳」空氣，遠離了「文化人」的身份，同時也遠離了那種戰爭的浪漫情緒，或用一個平常人資格，從炮火下去實實在在討生活，或作社會服務性質，到戰區前方後方，學習人生。或更擔負一種雄心與大願，向歷史和科學追究分析這個民族的過去當前種種因果。這種人的行爲，從表面上看來，却缺少對于戰爭的裝點性，缺少英雄性，然而他們的工作却相同，眞正貼近着戰爭。目的只有一個，對於中華民族的優劣，作更深的檢討，更親切的體認，便於另一時用文學來說明它，保存它。他們不在當前的成功，因緣時會一變而爲統治者或指導者，部長或參政員，只重在盡職，盡一個中國國民身當國家存亡憂患之際所能盡的職務。

在說及特殊與一般的關係時，文章指出：

根據我個人看法，對於「文化人」知識一般化的種種努力，和戰爭的通俗宣傳，覺得固然值得重視，不過社會眞正的進步，也許還是一些在工作上具特殊性的專家，在態度上是無言者的作家，各盡所能來完成的。中華民族想要抬頭做人，似乎先還得一些人肯埋頭做事，這種沉默苦幹的態度，在如今可說還是特殊的，希望它在未來是一般的❻。

一九四二年，沈從文再寫〈文學運動的重造〉❼，進一步發揮了他的批評。文章回顧了戰前

❻ 載《今日評論》一卷四期（一九三九年一月二十二日）。
❼ 載《文藝先鋒》一卷二期（一九四二年十月二十五日）。

出現的文學與商業和政治兩方面結緣，結果隨社會流行趣味盈虛消長的現象，指出這種現象在抗戰爆發後有了進一步發展。一些「照例是無作品」和才具平庸、鑽營有術的作家，到處附庸風雅，作一切熱鬧場面上的應酬點綴，導致「作品過度商品化」和「作家純粹清客化」，文學與這些人的活動糾纏在一起，失去了原有的莊嚴性，與擺脫「流行趣味」，在創作中沉默努力的作家，如魯迅、茅盾、丁玲、巴金、徐志摩、朱自清、丁西林、廢名、李健吾、曹禺、施蟄存、蘆焚、艾蕪等人，形成鮮明對照。文章希望通過作家的共同努力，將文學從商界和官場解放出來，使文學作品的價值，從「普通宣傳品」變成「民族百年立國的經典」。

沈從文在文章中，集中提出的是這樣兩個問題：一、抗戰時期的文學創作，是滿足於一般的抗戰通俗宣傳，還是深入把握抗戰時期的民族精神現實，使其成爲「民族百年立國的經典」？二、作家是滿足於際會風雲，以「文化人」身份獵取一官半職，還是甘耐寂寞，在沉默努力中爲民族抗戰切切實實盡自己義務？在這兩個問題上，沈從文的取捨是明確的。

這兩篇文章發表後，相繼遭到來自左翼文學陣營的激烈批判。他的觀點被概括爲「反對作家從政論」，並與朱光潛、梁實秋等人的言論聯繫起來，視爲反對作家抗戰的反動文學思潮。

一九三九年四月，巴金在〈展開文藝領域中反個人主義鬬爭〉一文中，有關沈從文的部分裏說：

在沈從文先生的論點裏，是更着重於「專門研究」，那是誰也看得出來。同時他把一般的工作和特殊的工作，截然分爲兩截，那在他的題目上，也很分明地揭示了。他不說「一般」與「特殊」，而說「一般」或「特殊」。然而，他却把這「特殊的工作」和抗戰牽上了一根線，讓做特殊工作者有名義特殊下去，這一毒計，是超過梁實秋之上了。再沒有比沈從文先生的意見更明白的了。

中華民族要擡頭做人，首先得專門家、作家——多好聽的名詞啊——埋頭苦幹，一切一般化的努力，不是中華民族抬頭之道。你聽：「似乎還先得——」這有力的聲音，是表示什麼？停止抗戰吧，得過五十年的埋頭苦幹以後再說！胡適主義的最好注脚，莫過於這一篇高妙的文章了，如果眞的照沈從文先生的辦法，那麼抗戰完結，在敵人的鼻息下，「建國開始」，千秋萬歲，沈從文也就「懿歟盛哉」了❽。

一九四三年，《新華日報》連續發表文章，對沈從文的「反對作家從政論」提出批評。文章指出沈從文缺乏區別，將「外在的政治力量限制作家寫作和作家自發地在作品中表現政治意識這完全不同的兩回事混爲一談」；「將那犧牲了自由和生命亦在所不惜的正直的作家們，和那般『朝秦暮楚』，『名利雙收』的羣醜們混爲一談。」

我們認爲：以政治的權力從外面去限制作家寫作固然得不到好結果；而作家在自己底作品

❽《文藝陣地》三卷一期（一九三九年四月十六日）。

之中表現政治見解（使自己底政治觀念成爲作品的骨幹，作品底的血肉，不是附加上去的尾巴），却是當然也是必然的❾。

「作家從政」，我們也可能反對，但要看是怎樣在「從」，而所「從」的又是怎樣的「政」。假使是在軍閥統治時代，一個作家要以蠅營狗苟的態度，運動作官，運動當議員，那當然是值得反對的事。舊時代的「八不主義」裏面，早有「不做官」一條，那倒不失爲清高。然而在抗戰時期作家以他的文筆活動來動員大衆，努力實際工作，而竟目之爲「從政」，不惜鳴鼓而攻，這倒不僅是一種曲解，簡直是一種誣蔑❿！

沈從文的觀點，同他一貫堅持的文學獨立原則相關。一份「鄉下人」的倔拗，雖然常常使他陷於偏執，卻也保護着他的生命人格的獨立，盡管生命人格的獨立並不以偏執爲前提。這份性格無可避免地造成了他在特定的中國現代文學環境裏的孤立。

一九四〇至一九四二年間，西南聯大的教授中間，出現了一個新的文藝派別，即由陳詮、林同濟、雷海宗等人組成的「戰國策」派。他們先於一九四〇年在昆明、上海編輯出版《戰國策》雜誌，一九四一年在重慶《大公報》上開闢〈戰國〉副刊，並在上述刊物上發表文章，宣傳以

❾ 楊華：〈文學底商業性和政治性〉，載一九四二年二月十七日《新華日報》。

❿ 郭沫若：〈新文藝的使命〉，載一九四三年三月二十七日《新華日報》。

「『大政治』為『力母題』」的理論主張。他們以「歷史形態學」為根據，將抗戰時期的國際形勢看作「戰國時代的重複」，沒有正義人道可言，是「爭於力」的時代；從叔本華、尼采的「權力意志」、「超人哲學」出發，提出「英雄宇宙中心論」，主張「英雄崇拜」，反對「民治主義」，認為「實際上社會的進步，是靠少數超羣絕類的天才，不是靠千萬庸碌的羣衆。」而與「超人哲學」對立的「民治主義」，「就是提高羣衆的力量，壓迫天才領導的行為」[11]。在上述理論基礎上，提出文學創作的「三道母題」：「恐怖」——「人們最深入，最基層的感覺」；「狂歡」——「時空的恐怖中奮勇奪得來的自由力創造」，它「生於恐怖」，「也必歸於恐怖去」；「虔恪」——對自我外「可以控制時空，也可以包羅自我」的存在，即「絕對之體」的發現，從而導致的「在神聖絕對體面前嚴肅屏息崇拜」[12]。

一九四〇年五月，陳詮在《戰國策》第四期上，發表了〈論英雄崇拜〉一文。文章援引叔本華、尼采的「超人哲學」為自己的英雄觀張本，認為歐戰中英法的敗北，是由於歐洲英美的民主傳統，而德國的取勝，則是信仰英雄崇拜的結果。中國自「五四」以來，卻效法英美傳統，提倡民治主義，以至個性主義抬頭，使中國讀書人太不崇拜英雄。因此，中國要抗戰救國，保持自己

[11] 陳詮：〈德國民族的性格和思想〉，《戰國策》第六期（一九四〇年六月二十五日）。

[12] 林同濟：〈寄語中國藝術人〉，一九四二年一月二十一日《大公報》。

的生命自由。主要條件便是「英雄崇拜」，否則，是決沒有僥幸的。

陳詮的文章一發表，沈從文立即就寫了〈讀英雄崇拜〉，對陳詮的觀點進行了反駁。沈從文從「英雄」的實際含義，即「眞的領袖」的分析入手，指出所謂領袖人物，並非由於「頭腦萬能」，不過是「有權居勢」，居「提綱挈領的地位」。他的「偉大」，並不靠羣衆單純崇拜，反倒靠各方面的熱忱合作。陳詮的「英雄」觀出於尼采的「超人」哲學，這種英雄，「配上拿破侖性格風度倒剛好合適」。「可惜時代已經過去了」，二十世紀「神的解體是一件自然不過的事情」。如果說「神之再造」還有必要，也絕不是那種超人英雄，而是對羣衆中「思想觀念手足勞動有特殊成就的人，賦予了一種由尊敬而產生的神性」。文章以國際國內著名領袖人物羅斯福、斯大林、孫中山的思想行爲爲例，闡述了領袖和羣衆的關係。

英國封一個戲子作爵士，瑞典給一個電影女演員頒發勳章，這是國家有意從羣衆中產生英雄的例子。羅斯福有時會爲足球比賽發發球，斯大林大排場款待從北極探險回來的水手，這又是現代偉大意義不同的例子。這事値得注意處，便是眞的領袖都有意將英雄崇拜情緒轉移到娛樂或致用分子方面去，個人却承受了「民治主義」一個對於「人」的原則：「領袖也是一個人，不是神」，他要人相近，不要人離遠，要羣衆信托愛敬，不要羣衆迷信崇拜⑬。

---

⑬《戰國策》第五期（一九四〇年六月）。

文章還指出了陳詮對「五四」以來中國思想文化傳統的曲解，明顯地帶着「清末民初遺老口吻」。「五四」以來國家的種種流弊的產生，決非提倡民主和科學之過，恰恰在於「統治方式只注重集權」，救治之道，不在「英雄崇拜」，而在「民治主義和科學精神」。〈讀英雄崇拜〉是抗戰時期最早出現的反對「戰國策派」的論文，他的反英雄崇拜，提倡民治主義，將領袖看作一個人，而不是神的觀點，是他一貫反對強權政治、主張政治民主的思想結晶。

可是，由於沈從文與陳詮、林同濟同在西南聯大任教，彼此又是熟人，在《戰國策》雜誌創辦之際，沈從文在該刊上發表過文章，便有人散佈沈從文也是「戰國策派」的謠言，沈從文自己也收到過詢問這事的來信。一九四三年，他在〈給一個軍人〉的回信中，這樣回答說：

你看過《戰國策》，怎麼會把我和陳詮先生的主張並提？怎麼會以爲我是和他同在贊美超人英雄？我只記得陳詮先生寫了篇〈英雄崇拜〉，我寫了篇文章駁他，把我和他並提，是一些莫名其妙的人在小刊物上寫雜感的技法，與事實完全不相符的⑭。

四、昆明冬景

⑭〈雲南看雲集·給一個軍人〉，《沈從文選集》第五卷，四川人民出版社一九八三年版。

沈從文又一次開始了每星期往返一次的「週而復始」運動。——自全家遷居昆明呈貢縣龍街以後，沈從文每週三天住城裏，上課，編教科書，指導青年學生；三天住鄉下，寫作兼作一點家務。眼下，抗戰已到了最困難時期，同昆明大多數教授一樣，沈從文一家陷入嚴重的生活困頓之中，以至常常無錢回家。每到這時，他便先去開明書店借一塊大洋做路費，然後坐火車到呈貢，雇一匹老馬，走十里路程，回轉鄉下家中。

此時，沈從文正騎在馬上，晃晃悠悠穿越那個必經的寬約七里的大田坪。沿路一條引水渠道，長年鮮活流水中，無數小蟲小魚，正臨流追逐，各盡生命之理；渠道臨流處，簇簇野生慈姑，開着的小小白花有如水仙，黃蕊白瓣，成串從中心挺起，勃然有生氣；路旁刺薊科野草叢裏，翠藍色小花清雅脫俗，不遠處的蠶豆、小麥田裏，到處點綴着淺紫色的櫻草，花朵細碎而嫵媚。不時有羽毛黑白分明的成對鶺鴒，見人來時始驚飛起；浸水田裏，常常立着兩三隻白鷺鷥，清癯而寂寞，似乎有所等待，有所尋覓，……沿路不時有馱麵粉和燒酒的小馬馳過，趕馬人在後面遠遠地吆喝着「讓馬！」行人必照規矩下到田塍讓路；忽然有兩匹馬從沈從文身後超出，隨即又慢了下來。馬上兩個二十歲左右的女大學生，一面咬嚼酸梨，一面談笑。前面一個突然回頭，將一個濕淋淋梨核向同伴拋去；同伴笑着一閃，那梨核不偏不斜打在沈從文身上。見沈從文吃了一驚，兩個女學生卻嘻嘻哈哈放馬向前跑去了。

這點小小的人事景象，似乎反倒增加了野外的寧靜。沈從文再次獲得了與自然對面時的單獨。

然而，沈從文的心裏卻不平靜。

長住鄉下，在與社會場面、家中親友隔絕的狀態下，已經過了五個年頭。一家人在極其簡樸生活中，送走連續而來的每一個日子。但仍從各種來信中，看到了當前社會的一個斷面，明白這個民族在痛苦中如何接受時代所加在他們身上的嚴酷實驗。來信中提到的，有初入社會年輕人與現實生活對面時所感到的灰心失望，有中年人在誠實工作中接受一份寂寞報酬所感到的鬱鬱不平，也有戰爭帶來的親友死亡的消息。二十六歲的小表弟黃育照，一個通信連連長，在同日軍作戰中，爲掩護部屬搶渡，在華容陣亡；爲寫文章討經驗，隨部隊轉戰各地六年的表弟聶清，也在洞庭湖邊犧牲了……。

既然是戰爭，就不免有死亡！死去的萬千年輕人，誰不對國家前途或個人事業，有種光明的希望和美麗的夢？可是在接受份定上，希望和夢總不可能不在同樣情形中破滅。或死於敵人無情炮火，或死於國家組織上的脆弱，合二而一，同樣完事。這個國家，因爲前一輩的不振作，自私而貪得，愚昧而殘忍，使我們這一代爲歷史擔負那麼一個沉重的擔子，活時如此卑屈而痛苦，死時如此糊塗而悲慘[15]。

[15] 〈白魘〉，《沈從文散文選》，人民文學出版社一九八三年版。

眼下，在這大後方，物價在飛漲。本地小學教員正照米價算工薪，一個大學校長的收入在四千法幣左右，大學教授的收入在三千法幣上盤旋，竟不如一個堂倌或理髮師，一個優秀的圖書館員的薪給不及「資源委員會」的門房。一切近於玩戲法，恰如要一條蛇從一根繩子上爬過，成天為吃飯發愁！為應付生存，聞一多靠出售圖章、李晨嵐靠賣畫、董作賓靠賣字來貼補家用，自己手邊還有一批他們托付的圖章、字畫，正急需代為尋找主顧！……自己家裏，日子過得也極窘迫。住處在離滇池五里遠近的一個小小村落裏，房屋簡陋，用作廚房的一間，斜樑接榫處已經開裂，卻無錢修理，每逢大雨傾盆時，雨水照例從裂縫處向屋外灌注，即使半夜，也得從床上爬起來，動用盆、桶各種家什，與張兆和輪流接、倒，稍一疏忽，廚房即成一汪水池。不漏雨的兩間，因檐口淺，門前水溝常溢水為患，室內常濕漉漉的。最嚴重的是七八月雨季，每夜都可聽見村中遠近土牆悶鈍的傾圮聲。一家人聽着這聲音傳來的方向和次數，坐待天明。因為這種坍塌在自己身邊也隨時可能發生。家裏早已用不起保姆，一切家中大小雜務，都得自己動手。磨刀扛物是自己二十年前老本行；張兆和則負責燒飯洗衣、照看孩子，同時還要去中學教英語；挑水撿樹葉，則全家出動，九歲的龍朱，六歲的虎雛，一律參加。吃飯時，粗的細的，乾的濕的，家裏有什麼吃什麼，包谷紅薯作主糧也是常事。數量不夠時，先盡兩個孩子吃飽，大人半飢半飽了事。

儘管日子過得極為狼狽，全家人精神卻極好。「這是戰爭！」一個樸素而簡單的信念支撐全家人渡過眼前的困難。……

想起幾年來掛在自己和家人口頭上的這句老話，馬上的沈從文有了一種從容和鎮定。他深明大義，國家在艱難中，前方在流血，流血的並不少自己的親友，個人生活艱難是預料中事。可是，一想到昆明城裏的種種人事，沈從文的心裏又不免痛苦起來。

黨政機關的一些大小官吏仗勢枉法，顢頇貪得；文化檢查機關壓制民主、控制輿論，一個月來，自己的文章就有三次遭到扣壓，這些自不必去想它，雖令人氣憤卻不奇怪。可怕的是一座小小山城，到處是鈔票在膨脹，在活動，影響到多數人的做人興趣。一種可怕的庸俗實際主義，彷佛一場無形的瘟疫，在社會各組織各階層中蔓延流行。每天能看到的，除了報紙上空洞的論文、不通的演講，似乎就只有「法幣」。商人和銀行辦事員直接爲法幣而奔忙，自不足奇；最可悲的現象，是大學裏的商學院，每到註册上課時，照例人數特別多。這些人學經濟，習會計，目的只在畢業後能進銀行做事。一些社會研究所的專家，學圖書館的，弄考古的，學外國文學的，只要有親戚、朋友、同鄉牽線，機會一來，就紛紛擠進銀行或相近金融機關當辦事員。許多優秀腦子，都給有形的法幣和抽象的法幣弄得昏昏的，失去了應有的靈敏和彈性，以及對「生命」較高的認識。

「我的法幣下落了！」

「我的汽油上漲了！」

「我的事業這一年發了五十萬財！」

「我從公家賺了八萬三！」

…………

無論走到何處，所遇面孔無論生熟，幾乎都可以聽到類似的聲音。談話裏交織着得意與失望，憂心與亢奮，痛苦與歡樂。人類的全部基本情緒只在「法幣」的得失上漲落。

這種只注重目前一己得失的情緒，正在人羣中蔓延，障蔽了人們的眼睛，忘卻了一個中國人身當民族存亡關頭做人的責任。

我們眼光注意到「出路」、「賺錢」以外，若還能估量到現在滇越鐵路的另一端，正有多少鬼蜮成性陰謀狡詐的木屐兒，圓睜兩隻鼠眼，安排種種巧計陰謀，在武力與武器無作用的地點，預備把劣貨傾銷到昆明來，且把推銷劣貨的責任，委派給昆明市的大小商家時，就知道學習注意遠處，實在是目前一件如何重要的事情[16]！

更有甚者，一些人追逐金錢的結果，做人的良心標尺，已被壓扁扭曲，失去了應有的完整。

沈從文的眼前浮現出不久前，張兆和一位堂姐來鄉下看他們時的情景。

…………

「啊呀呀，三妹，你怎麼窮到這樣子？還教什麼書，寫什麼文章，跟我出去做生意，包你們

---

[16] 〈雲南看雲集〉，一九四〇年四月十二日《大公報》。

發財！」

這位堂姐一進門，一面用眼睛四處打量，一面直嚷。望着這位堂姐身上入時的衣飾和保養得極好的又白又胖的圓臉，沈從文只覺得眼前的來客氣概異常大，靈魂卻異常小，他無言以對，心裏卻起了一絲憐憫。這位堂姐嫁了一位鐵路上的工程師，在這國家困難的年頭，卻利用職務上的方便，大做投機生意，一時發了大財。這位太太每天要燙兩次頭，家裏小孩一天看三場電影……。生活雖過得有滋有味，生命卻無熱無光，金錢扭曲了人性，已失去做人的起碼良心。家裏有一位因戰亂逃亡來投靠的寡嫂，卻被視同路人。那位已經死去的堂兄叫張鼎和，後改名張璋，共產黨員，是一個帶傳奇色彩的角色。一九二七年時，在廣州被逮捕，關在戲樓上，半夜從監獄屋頂上越獄逃走。三十年代初，入北平輔仁大學化學系，一邊讀書，一邊從事地下活動，爲籌建北平「左聯」而奔走，並被當選爲北平「左聯」的執委。後離開北平返老家合肥鄉下從事革命活動，曾奪取槍枝武裝農民，與一位地主紳士的叔叔在一棟房子裏隔牆互作武裝戒備，以至被「張家老圍」視作洪水猛獸。後遭軍警追捕，逃亡到了日本，又被引渡回來，關押在合肥監獄裏，終於被槍決。一九三五年四月，沈從文創作的小說《大小阮》中的小阮，就是以張璋的事跡作爲原型的。

張璋死後，留下一個寡妻和三個兒女。堂嫂是童養媳出身，婚前雖曾隨大姑二姑同去張兆和父親創辦的樂益女中讀書，不到一年就被家裏叫回合肥。抗戰爆發後，一個女兒被迫送給了別人。之後，獨自帶了三個孩子流落到湘西所裏（今吉首），靠賣花生、瓜子一類小東西度日糊口，後來又轉輾逃難到昆明，寄居在大姑——那位堂姐家裏，實際上被當作傭人老媽子使喚。而一切用於嫂子身上的開銷，全由公費支出。

……………

這種種的黑暗腐敗情形，使得許多讀書人精神委靡不振。有些教授之流，終日在牌桌上度過。生命儼然無別的用處，只能用花骨頭與花葉子去耗費，在牌桌上爭勝負。一時輸了，臉上下不來，還要自我解嘲似的自言自語：「我輸牌不輸理！」

想起自己有時也曾勸過一些熟人，不要成天泡在牌桌上，應從大處遠處着眼，卻常常話不接頭，似乎自己反無是處，沈從文不覺皺了皺眉頭。

「國家到這樣子，全是過去政治不良，不關我的事！我難受，我能幹什麼！我不玩牌更難受！」——有的照例裝灑脫，帶着一副聰明又痛苦不過的神情。

「你以爲你一個人對國家特別熱忱？你去『愛國家』，好！我玩牌不犯法，比貪官汚吏好得多！」——又有人惱羞成怒，反唇相譏。

十年前，沈從文在船上遇到一個大學生，談到個人對國家民族應盡的責任、對人類未來應有的理想時，那位大學生說：「這世上一切都是假的，相信不得，尤其是關於人類向上的書呆子的理想。我只見到這種理想和那份理想衝突時的糾紛混亂！我在大學讀過四年書，所得的結論，就是絕對不做書呆子！」

望着眼前的虛空，沈從文從這十年前後的聯結裏，看到了民族中因循墮落的因子，及其傳染浸潤的連環。將眼前河山的豐腴與美好，與人事上無章次兩相對照，從這個無剪裁的人生中，他似乎觸到了「墮落」二字的眞正意義。

戰爭已經進行了幾年，前方戰事雖屢屢失利，整個民族卻不氣餒。雖然已有萬千人民死亡，無數財富被毀，仍然堅持抗戰，就因爲這背後還有一個莊嚴偉大理想，使我們對於憂患之來，在任何情況下都能忍受。可是，如果一部分讀書人所夢想，所希望的，只是餬口混日子，缺少追求一個偉大道德原則的勇氣，並相互浸潤傳染，戰場上尚未完全敗北，精神即見出敗北趨勢，我們這個民族明天怎麼辦？

這不成！這不成！人雖是個動物，希望活得幸福，但是人究竟和別的動物不同，還需要活得尊貴！……如果眞正多數的幸福，實決定於一個民族勞動與知識的結合，就應當從極合理方式中將它的成果重作分配。當前實在需要一場「清潔運動」，將現代政治的特殊包庇性，現代文化的市儈氣，以及三五無出息知識分子提倡的變相鬼神迷信，在年輕生命中形成的勢力、依賴、狡猾、自私諸傾向，完全洗刷乾淨，恢復頭腦應有的純正與清朗，認識這個世界，並在人類駕馭鋼鐵征服自然的才智競爭中，接受這個民族一種新的命運。

這也就是一場戰爭，一道需要在精神上修復建築的無形防線。……

離家已經不遠了，楊家大院的房舍的輪廓已清晰可見。沈從文知道，家裏此時正有來自各處的信件，等着自己拆看。幾年來，他的相當一部分精力與時間，就花在給各種生熟朋友的回信上。這些回信傳遞出沈從文對抗戰必勝的堅定信念，既鼓勵那些在各方面服務的生熟朋友，其中，有下級軍官、士兵、大學生、銀行職員、小學教師、文學青年……，在艱苦努力中爲民族抗戰效力，同時也是一種自勉。信中，有對抗戰形勢和前途的分析，有對身當民族危急時期基本的做人態度的闡述，有對文學運動在抗戰中的意義的估價，以及一個文學工作者必經途徑的建議：……。其中的一部分，已結集爲《雲南看雲集》出版。此時，這些信件中的字句又斷斷續續爬上沈從文的大腦皮層。

……惡鄰加於我們這個民族的憂患，分量雖然不輕，然而近二十年來（也可以說是白話文運動以來），所產生的民族氣概，一點自尊心和自信心，卻一定擔當得起這種憂患。所以「不久勝利」雖近於一個空話，「招架得住」業已表現於各種事實。既招架得住，爭取時間便成爲我們勝負的關鍵。以目前情勢說來，樂觀是有理由的。一個朋友對於日本人的失敗，說得很有意思。朋友以爲日本人的支那通，只懂中國唐宋時代的文學，民初軍閥時代的政治。中國方面較深一點的文學作品，所表現這個民族的偉大感情偉大思想，照例看不懂。較淺一點的，如近二十年來的白話文所煽起的民族的熱情，表現這個民族進步的情形，也照例不明白。……只學會用他本國流氓勾搭中國失意軍閥和油滑政客，以爲可以得到成功，不能不大大摔一個跟頭。支那通把近代中國由於文學革命以後，將文學當工具，從各方面運用，給國民的教育，保有多少潛力這一件事根本疏忽了⑰。

你不要因爲職務卑微就感到自卑，不要因事情平凡就感到自輕。國家正在苦難中掙扎，凡有做一個中國國民良心和氣概的人，總都明白要國家從困難中翻身，得忍受個人那一份不可免的犧牲，雖事事受挫折，却不喪氣，不灰心，更不取巧爲個人出路擔心或分心。一定明白個人出路問題小，民族興衰國家存亡的問題大。……你活下一天，就得好好的盡職。不幸倒下去，就騰出空地，讓更年輕勇敢的小朋友塡補上去。個人可死去，必死去，國家民族却決不能滅亡，更不應該把四千年來祖先刈草焚林開闢出來的一片土地，聽它斷送到少數民族敗類和少數頑固、糊塗、自私、懦弱讀書人的消極頹廢行爲中⑱！

要緊處或許還是把生命看得莊嚴一點，思索向深處走，多讀些書，多明白些事情，了解人之所以爲人，從生物學上說來，不過是一個比較複雜的動物，雖複雜依然脫不了受自然限制。……然而從人類發展史上看來，這生物也就相當古怪。近百年來知識的堆積，工具的運用，已產生不少奇迹，能明白人之所以爲人獸性與神性的兩方面，就一定會好好的活個

⑰ 〈給一個廣東朋友〉，《雲南看雲集》，重慶國民圖書出版社一九四三年版。

⑱ 〈給一個在芒市服務的小學教員〉，《雲南看雲集》，重慶國民圖書出版社一九四三年版。

幾十年，不至於同蟲蟻一樣了⑲。

如果文學運動的意義，是要用作品燃燒起這個民族更年輕一輩的情感，增加他在憂患中的抵抗力，增加一點活力，據我私意，若照當前一些文學掮客搶羣衆的方法，是不會有眞正成就的。他得有好作品，方可望辦到！要有好作品就要作家耐得住寂寞，用一個比較誠實素樸的態度來從事工作。五十年還只是個假定，事實上是應當終生努力，到死爲止的。好的文學作品應當有教育第一流政治家的能力，可是如今一部分作家，却只打量從第三流政客下討生活。我的意見受許多人批評，以爲不切實際，也是極自然了⑳！

……

終於到了屋邊那條溪流的長堤上。平時，沈從文一家就是從這條溪流中取水，以供家用的。此時，七歲的虎雛正站在溪邊，將竹葉折紮成的小船，放入溪流取樂。這是一位生活孤獨性情純厚的詩人朋友，來鄉下沈從文處作客時，帶孩子散步所作的遊戲的繼續。那時，他們常在小船上裝飾一點紅白野花，一點瑪瑙石子，以及詩人朋友心之一隅單純憂鬱的希望，孩子一點天眞的痴願和幻想，望着小船乘流而去。小船去不多遠，就一定會被洑流和河岸轉彎處的漩渦攪翻。然

⑲〈給一個廣東朋友〉，《雲南看雲集》，重慶國民圖書出版社一九四三年版。

⑳〈給一個軍人〉，同上。

而，在詩人的想像裏和孩子的心中，小船在星光虹影裏，正揚帆遠去，並終有一天會到達彼岸。

看着眼前孩子遊戲的情景，以及滇池上空如焚如燒的晚霞，鑲嵌在明淨天空中一彎淡淡的新月，沈從文不由得輕輕嘆了一口氣。

五、燭照抽象人生之域

沈從文居住的村落，距雲南著名的滇池只五里遠近。由長住鄉下與外部隔離所產生的孤寂，混和了一份現實引起的痛苦，沈從文常常在寫作與家務勞作之餘，獨自來到村外的小山崗上，看滇池上空的雲起雲飛。

雲南因雲而得名，特點之一，就是天上的雲變化出奇。——西藏高原的冰雪融化蒸騰，南海常年吹來的熱風，在滇池上空經造化神奇之手製作的產品，色調異常單純，單純中反見出偉大。晴日黃昏時節，天上一角有時黑得如一片漆，顏色雖黑得異常，在人的感覺中卻十分輕靈，有趙雪松所作〈秋江疊峰〉畫卷神氣。在別一地方，「烏雲蔽天」照例是「大雨滂沱」徵兆，雲南傍晚的雲越黑，越表示明天晴光滿天。它不像河南的雲一片黃，似乎抓下一把來就可作窩窩頭；不像湖南的雲一片灰，長年掛在天空；也不像青島海面的雲，五色相渲，千變萬化，引人起輕快感、溫柔感，煽起人無涯際的幻想。

各地雲的樣式和色彩，也影響到人的性情，人與雲似乎有一種稀奇的契合。北方的雲厚重，人也同樣厚重；河南的雲粗中有細，人亦粗中有細；湖南的雲雖無性格可言，桔子辣椒卻在這種雲氣下成熟，增加了湖南人生命的潑厎性和進取精神；雲南的雲素樸，人也摯厚而單純。

因雲及人，沈從文不覺游目四矚，環顧周圍日光雲影下的各種生命。

四周是草木蒙茸枝葉交錯的綠陰，十丈外的溪流長堤上，松柏作成的一朶朶墨綠色長行排列；稍近處，柿子樹疏朗的枝杈間，果實明黃照眼。左側遠處公路上，尤加利樹搖搖向上直矗，葉片柳條魚似的在微風中閃着銀光，近處園地土坎邊，仙人科植物一直向前延伸，肥大的葉片綠得啞靜。身後高地上一片高粱。枝葉已由青泛黃，各頂着簇簇紫色顆粒，見出人力與自然結合的莊嚴。從前邊松柏樹間隙處望去，是一片遠近淺淡的綠原。

沈從文覺得自己被綠色所包圍，所征服。綠色在流動，像一部偉大的樂章，在時間的交替中鳴奏。雖然眼前一切，因綠色分配比例的不同，產生着各種差異，它們卻綜合成一種比樂律更精微的境界。在這境界中，沈從文覺得沒有了對生命的痛苦與愉悅，也消失了對人生的絕望與希望，人彷彿與自然融爲一體，諧和中還突出了一份自然的明悟，文字無法表現它，音樂也無從爲力。

眼前的景象似乎正與人生契合，綠色是生命的象徵，因爲生命綠色所占比例分量不同，人生被分割成各種不同等級的樣式。——脫去自然與人生的具體形色，沈從文正步入一個抽象的人生之域。

人是特殊的動物，卽眼前所謂生物的一種，也吸收陽光雨露，需要吃、喝與種族的繁殖延續，努力在各種環境中適應生存。這是人與其它生物所共有，人終不能完全擺脫謀求「生活」的獸性。人之所以為人，從生物學上說來，不過是一個比較複雜的動物，雖複雜依然擺脫不了受自然的限制。因新陳代謝，只有一個短短的時期得生存到陽光下㉑。然而，人又終究不同於一般的動物。除了衣、食、住、行和生兒育女，卽「生活」，人之為人，應當還有超越單純「生活」的神性，一種屬於人生高尚理想與情操的精神活動，這才是區別於動物的人的「生命」。金錢對「生活」好像是必需的，對「生命似不必需」㉒。

人不能沒有「生活」，否則「生命」便無所附麗。然而，僅僅有「生活」而無「生命」，人就與動物無別，是一種生物學上的退化現象㉓。

極少人能避免自然派定的義務：「愛」與「死」。人旣必死，就應當在生存的時候知所以生，故孔子說：「未知生，焉知死？」多數人以爲能好好吃喝，生兒育女，卽可謂知生㉔。事實上我們如今還儼然生存在蘿蔔田中，附近到處是「生命」，是另一種也貼近泥土，也吸收陽光雨露，可不大會思索的「生命」㉕。

㉑〈給一個軍人〉，《雲南看雲集》，重慶國民圖書出版社一九四三年版。

㉒〈潛淵〉，見《燭虛》，上海文化生活出版社一九四〇年版。

㉓、㉔、㉕《燭虛》，同上。

還有更甚者。當前少數人「生活」的幸福，原來完全基於一種不義的習慣。人生受物欲控制，喪失了起碼的做人良心，人性因之喪失淨盡，「巢許讓天下，商賈爭一錢」；在爭讓中就可見出所謂人生的兩極。這兩極分野，並不以教育身份為標準。換言之，就是不以識字多少或社會地位大小為標準。許多不識字身份低的人，抗戰幾年來為民族做出的種種犧牲，已盡人皆知。即如一般手足貼地的農民，擔負了自己那份命運，為自己，為兒女，從不逃避為了求生而應有的一切努力，努力中也感到了四時交替的嚴肅和生存的莊嚴。而許多所謂場面上人，事實上說來，不過如花園中的盆景，被人事強制拗曲成各種小巧而醜惡的形式罷了。一切所為，所成就，無一不表示對「自然」之違反，見出社會的抽象和人的愚心㉖。

由此看來，「生活」與「生命」，是構成人生的既相聯繫又相矛盾的兩個基本成份。人生若從深處看，一切衝突皆由「生活」與「生命」的矛盾而生。

> 生命具神性，生活在人間，兩相對峙，糾紛隨來㉗。

人類的歷史，若從抽象的角度看，似乎貫穿着「生活」與「生命」的基本衝突。「生命」在它的歷史行程中，呈現出不同的演變形態，而「變」中又有「常」。在湘西少數民族原始遺留

㉖〈長庚〉，見《燭虛》，上海文化生活出版社一九四〇年版。

㉗〈潛淵〉，見《燭虛》，上海文化生活出版社一九四〇年版。

裏，晃動着「生命」的原始影像。這是生命的原生態。它表現為「人與自然的契合」，是非愛憎不為金錢所左右，切近生命的本來。然而，這到底只是一種歷史的殘餘。一方面，它只能與過去的環境相連結；一方面，它雖近「生命」本來，卻又「其生若浮，其死則休」，單調又終若不可忍受，缺乏進一步發展的知識與理性。兩百年來湘西的歷史演變，更見出這種生命形態與變化了的環境的不相協調，是怎樣從原始自由陷入蒙昧自在。原始的信天守命觀念，限制着人的理性精神的蘇醒，無法主宰自己的命運，已陷入怎樣一種悲慘的人生境地。如不思改造，就無法在現代世界競爭生存。然而，生命者，只前進，不後退，能邁進，難靜止㉘。它應當而且能夠掙脫現實的繭縛，從自在走向自為，自外獲取知識，激發理性，擴大人格，信守生命本來，掌握住自己的命運，並恢復獨立與自由。按照預定的計畫，走向理性指引的目的。「生命」的發展還不即此爲止。個體生命的自由與獨立不是「生命」的發展的終點。「生命」的明悟，使一個人從肉體理解人的神性與魔性如何相互為緣，並明白人生各種型式，擴大到個人生活經驗之外㉙，時時刻刻都能把自己一點力量，粘附到整個民族向上努力中㉚，對人類的遠景凝眸。生命之最高意義，即此種「神在生命本體中」的認識㉛。

㉘、㉚〈潛淵〉，見《燭虛》，上海文化生活出版社一九四〇年版。

㉙〈長庚〉，見《燭虛》，上海文化生活出版社一九四〇年版。

㉛〈美與愛〉，《雲南看雲集》，重慶國民圖書出版社一九四三年版。

然而，歷史的實際發展似乎正與這種「生命」行程取不同的方向。人類知識的堆積，工具的進步，已能駕馭鋼鐵，征服自然。可是，人類間大規模的相互殘殺，一切基於不義習慣的掠取，似乎與人類理性相背離，與愚蠢在情緒上好像又有種稀奇的結合。這大約是「工具」與「思想」發展不能同時並進的結果㉜。現代文明與「生命」的發展異途，人性被金錢扭曲，正形成一種無章次的人生。

「蝗蟲集團從海外飛來，還是蝗蟲」。如果是虎豹呢，即或只剩一牙一爪，也可見出這種山中猛獸的特有精力和雄強氣魄！不幸的是現代文化培養了許多蝗蟲。在都市高級知識分子中，特別容易發現蝗蟲，貪得而自私，有個華麗外表，比蝗蟲更多一種自足的高貴㉝。

而且，現代社會的一切有形秩序與無形觀念，幾乎全都出於對這種現實的適應與認同。所有各種人生學說，無一不起源於承認這種種，重新給以說明與界限。更表示對「自然」傾心的本性，有所趨避，感到惶恐，這就是人生㉞。

……日月運行，毫無休息，生命流轉，似異實同。唯人生有其莊嚴處，即因賢愚不等，取捨異趣，入淵升天，半由習染，半出偶然；所以蘭桂未必齊芳，蕭艾轉易敷榮，人生因此轉趨複

㉜〈燭虛〉，見《燭虛》，上海文化生活出版社一九四〇年版。

㉝〈黑魘〉，見《沈從文散文選》，人民文學出版社一九八二年版。

㉞〈燭虛〉，見《燭虛》，上海文化生活出版社一九四〇年版。

雜。

凡此一切，智者得之，則生知識，仁者得之，則生悲憫，愚而好自用者得之，必又另有所成就。不信宿命的，固可從生命變易可驚處，增加一份得失哀樂，正若對於明日猶可憑知識或理性，將這個世界近於傳奇部分去掉，人生便日趨於合理。信仰宿命的，又一反此種人能勝天的見解，正若認為「思索」非人性本來，倦人而且惱人，明日事不若付之偶然，生命亦比較從容自在。不信一切惟將生命貼近土地，與自然相鄰，亦如自然一部分的，生命單純莊嚴處，有時竟不可彷佛。至於相信一切的，到末了却將儼若得到一切，惟必然失去了用為認識一切的那個自己㉟。

面對這種現實人生，我們該怎麼辦？……

一隻細腰大頭黑螞蟻，此時爬上了沈從文的手背，彷佛有所搜尋。它偏着頭，緩慢地舞動兩支細長觸鬚，似乎帶點懷疑神氣，向沈從文發問：「這是什麼東西，它對你有什麼用處？」我這個手爪，這時節有什麼用處？將來還能做些什麼？是順水浮船，放乎江潭？是哺糟啜醨，拖拖混混？是打拱作揖，找尋出路？是卜課占卦，遣有涯生㊱？

㉟ 〈綠魘〉，《沈從文散文選》，人民文學出版社一九八二年版。

㊱ 〈綠魘〉，《沈從文散文選》，人民文學出版社一九八二年版。

這不成！這不成！難道「生命」的進程與歷史的行程異途，是人類不可避免的一種宿命？

沈從文擡眼望去。遠處，新收割不久的田地上，一些綠色點子在白色殘餘禾株間勃起——莊稼收割後種下的蠶豆新芽，已普遍突破堅殼，解放了生命，已變成一片綠蕪。近處，一些草木的銀白色茸毛種子，在微風中飛揚旅行，一些成熟的豆莢，發出爆裂時輕輕的聲響。自然界生命的進化，正在長期的選擇與試驗中進行，象徵着生命所表現的種種意志。

支配人類命運的，是理性還是情感？是意志還是偶然？「生命」的發展，無從離開理性或意志，可是人生中却充滿了與之對立的「情感」與「偶然」。非理性的情感與非必然的偶然，是「生命」有計畫按理性支配人生的巨大魔障。從消極的角度看，一個人的一生可說卽由偶然和情感乘除而來[37]。人生中到處是偶然與情感設下的陷阱，稍一不慎，便不能自拔。而且，如果能依靠理性和意志改變命定，那麼，又有什麼可供我攀援？

沈從文凝視着眼前的虛空，這個民族歷史上留下的儒、釋、老種種人生學說，一一從腦海裏掠過。頃刻間，沈從文儼若沉溺到一個無邊無際的海洋裏，把方向完全迷失了。只看見用各式材料作成的裝載理想的船舶，已被風浪摧毀，剩下些破帆碎槳在海面漂浮，試伸手有所攀援時，方明白那些破碎板片，正如同經典中的抽象原則，已腐朽到全不適用[38]。「我想呼喊，可不知向誰

---

[37] 〈水雲〉，《沈從文散文選》，人民文學出版社一九八二年版。

[38] 〈水雲〉，《沈從文散文選》，人民文學出版社一九八二年版。

呼喊！」❸❾

沈從文彷彿感到了與中外歷史上一些著名文學家心靈的溝通，觸到了他們一生追求之後，爲何最終自殺的秘密：任何時代，一個人腦子若從人事上作較深思索，理想同事實對面，神經張力逾限，穩定不住自己，當然會發瘋，會自殺❹⓿！……百年之後，假若有好事者將我這個已用文字作成的記載加以檢查，一定會說：「這個人在若干年前已充分表示厭世精神」。

事實上我並不厭世，人生實在是一本大書，內容複雜，分量沉重，値得翻到個人所能翻看到的最後一頁。而且必需慢慢的翻。我只是翻得太快，看了些不許看的事迹❹❶。

……

長時間在抽象人生之域探尋，在一大堆抽象法則上，沈從文感到十分疲勞，有點茫然自失，不知如何是好。他不由長長吁了一口氣。他站起身來，想向原野盡頭的村落，伸出手去——「給我一點點好的音樂，蕭邦或莫札特，只要給我一點點，就已夠了，我要休息在這個樂曲作成的情境中……」

於是，他耳邊彷彿眞起了一種樂音，使他獲得了心靈的平衡。這樂音漸漸淡去，使他重又恢

❸❾ 〈黑魘〉，同上。

❹⓿ 〈長庚〉，《燭虛》，上海文化生活出版社一九四〇年版。

❹❶ 〈燭虛〉，見《燭虛》，上海文化生活出版社一九四〇年版。

復了與自然對面時獲得的靜穆。……可是，不多久，那樂音重又響起，他覺得心裏重又起了一絲躁動。想起受制於「偶然」、「情感」的人類命運，沈從文的心裏又有了不平。

一切奇蹟都出於神，這由於我們過去的無知。新的奇蹟出於人，國家重造、社會重造全在乎意志㊷。

種族延續、國家存亡在乎「意志」，並非東方式傳統信仰的「命運」㊸。

屈原的憤世，莊周的玩世，現在是不成了。理性在活生生的人事中培養了兩千年，應當有了些進步㊹。

「意志」的培養從何着手？中華民族既然是個受文字拘束了的民族，進步的希望就依然還建立在文字上。歷史遺留下的各種經典既然已全不適用，就應當重造經典。用新的抽象原則，重建民族的自尊心與自信心。由於因緣時會，自己湊巧得到名為「作家」的職業。雖是「職業」，却無從依靠它「生活」。但它束縛住了自己的「生命」，將終其一生，無從改轍，自己不能休息，也無權休息，再過一會兒，就要重新回到「人間」去，到都市或村落，鑽入官吏顢頇貪得的靈魂裏，中年知識階級倦於思索，怯於懷疑的靈魂裏，年輕男女青春熱情被腐敗勢力虛偽觀念所閹割

㊷　〈給一個軍人〉，《雲南看雲集》，重慶國民圖書出版社一九四三年版。

㊸、㊹　〈長庚〉，《燭虛》，上海文化生活出版社一九四〇年版。

後的靈魂裏，來尋覓，來探索，超越通常個人愛憎，去明白「人」，理解「事」，分析人事中那個常與變，偶然與湊巧，相左或相仇，……種種情形所產生的哀樂得失樣式。從中剪取可望重新生長的好種芽，即或它是有毒的，如果能加速舊有組織的糜爛，我也要得到它，設法好好使用它[45]。

你這個對政治無信仰對生命極關心的鄉下人，來到城市中用人教育我，所得的經驗已經差不多了。你比十年前穩定得多，也進步得多了。正好準備你的事業，即用一支筆來好好的保留最後一個浪漫派在二十世紀生命取予形式，也結束了這個時代這種情感發炎的症候。你知道你的長處，即如何好好善用長處。成功或勝利在等待你，嘲笑和失敗也在等待你。

……

成功與幸福，不是仙人的目的，就是俗人的期望，這與我全不相干。眞正等待我的只有死亡。在死亡來臨以前，我也許還可以作點小事，即保留這些「偶然」浸入一個鄉下人生命中所具有的感情冲淡與和諧程序。我還得在「神」之解體的時代，重新給神作一種贊頌，在充滿古典莊嚴與雅致的詩歌失去光輝和意義時，來謹謹愼愼寫最後一首抒情詩[46]。

---

[45] 〈綠魘〉、〈黑魘〉，《沈從文散文選》，人民文學出版社一九八二年版。

[46] 〈水雲〉，《沈從文散文選》，人民文學出版社一九八二年版。

可是，這一份痴心幻念，却與目前現實牴觸。追究「生命」意義時，即不可免與一切習慣秩序衝突㊼。也許，這是自己的長處，同時也正是自己的弱點。或者，終其一生，也無法改變。

我正感覺楚人血液給我一種命定的悲劇性。生命中儲下的決堤潰防潛力太大太猛，對一切當前存在的「事實」、「綱要」、「設計」、「理想」，都找尋不出一點證據，可證明它是出於這個民族最優秀頭腦與眞實情感的產物。只看到它完全建築在少數人的霸道無知和多數人的遷就虛僞上面。政治、哲學、文學、美術，背後都給一個「市儈」人生觀在推行㊽。

然而，也用不着絕望。從幾年來民族抗戰中無數下層官兵的實際表現中，從那些手足貼地與自然為鄰的鄉村靈魂裏，我攀住了一樣東西——這個民族在憂患中受試驗時一切活人素樸的心，沉默中所保有的民族善良品性㊾，雖經時代巨壓，受盡挫折、摧殘，終於沒有死滅，並將重新發芽生根。「生命」的內在潛能，必將引導民族與人類向高處走。眼前的許多事實，雖不免令人失望，民族及人類未來的遠景却不會讓人灰心，「時間」將會對此作出證明。

唯一的醫藥還是「時間」。時間使一個時代的人類汚點也可以去盡㊿。

㊼〈生命〉，《燭虛》，上海文化生活出版社一九四〇年版。

㊽〈長庚〉，《燭虛》，上海文化生活出版社一九四〇年版。

㊾〈黑魘〉，《沈從文散文選》，人民文學出版社一九八二年版。

㊿《廢郵存底・一周間給五個人的信摘抄》，上海文化生活出版社一九三七年版。

第九章 飄風孤舟

一、重返北平前後

東方的天邊已經泛亮，又一個黎明降臨了。

沈從文擱下手中的筆，從書桌前站起，輕輕地開了門，來到屋外，然後徑直朝滇池方向走去。

清晨冰凉的空氣，直透入沈從文大腦神經中樞，不僅驅除了一夜伏案寫作的疲乏，而且頭腦反具少有的澄澈清明。一會兒，太陽出來了。野外各種生物一一從睡夢中醒來。到處是朝露。一些知名不知名的野花，在露水朝陽中，顯現出一種近乎純粹的神性、自然的巧慧與生命的莊嚴。

戰爭終於結束了。八月十五日，天皇裕仁正式宣布日本無條件投降。那天夜裏，在沈從文居住的這個小村子裏，最先得知消息的彼得，一個六十歲的加拿大老人，提了一個搪瓷面盆，一面發瘋似的狂敲，一面滿村子裏亂轉，各處跑來跑去報信。那情形給沈從文的印象十分鮮明，正如同日軍飛機第一次轟炸南苑，微雨中從北平上空掠過時所得印象相彷彿。這是位於一場大規模人類戰爭起點與終點線上，兩個並不壯觀的微小景象。然而，在這條線起訖點之間，却是長達八年的「時間」。填補這段空隙的，是萬千人民的死亡流離，無數名城大都的毀滅，萬千人民理想與夢的被蹂躪摧殘，萬千種哀樂得失悲歡的交替……。熱淚濕了沈從文的眼睛，心裏反有了過去八年戰爭進行中少有的悲壯沉重。

今天已是九月九日，沈從文與張兆和的結婚紀念日。事有湊巧，報紙上載明的消息中，沈從文得知中國戰區的日本投降儀式也將於今天在南京舉行。幾天前，沈從文已邀約了幾個在昆明的朋友，來鄉下相聚，一則酬答夫人十餘年來操持家務的勞累，一則慶賀戰爭的勝利結束。昨天夜裏，他寫成了一篇題爲〈主婦〉的小說，作爲送給張兆和的禮物。九年前，在結婚三周年時候，他也曾以同樣方式，寫過一篇同題小說，送給張兆和作紀念。當時張兆和看過文章後，與沈從文打趣說：「你畫得很像。可是，你爲了詞藻美麗，恰恰把我的素樸忘了！」

……滇池已在沈從文眼前鋪開，水波在陽光中泛亮，一片碧水中，西山羣峰在嵐氣濕霧中如一線黛綠色長眉。大自然的莊嚴神奇，使沈從文心動神搖。滇池彷彿有一股無形的吸力，要牽引他朝湖中心走去。他又一次觸到了「自然」與「生命」。

——「自然的神性在我心中越加強，生命的價值觀越轉近一個瘋子。」

——「你比誰都顯得少不更事，就因爲你缺少人必需的那點『平常』！」

耳邊響起張兆和責備的聲音，沈從文才記起清早出門，已忘了給家裏打招呼。這時，張兆和說不定正爲自己擔心——到了該回去的時候了。想起那個「素樸」，沈從文在路邊採摘了一把帶露的藍色野花，然後急匆匆跑回家去。

果然，張兆和正等在屋門口。她感到有點勞累，有點疲乏。結婚十餘年來，她不僅要養育孩子，操持家務，應付一家人的「生活」，——沈從文是那樣不會「生活」，而且要學習駕馭這個耽於幻想的不馴服的山民藝術家，精確而適時地將他從想像中拉回現實，像一個平常人一樣去適應「生存」。別人用美麗的詞藻去征服讀者，他卻照例用手中的筆征服自己，常常為想像弄得十分軟弱又十分倔強，在人事上比一個孩子還天真幼稚！時常在幻想中從星光取火，得到後又沉溺於另一個想像，無從掙扎，終於死去……，在一種習慣方式中恐嚇自己。對生命的憂患，折磨得他永遠不得安寧，却又無從離開這種想像。正如同一團離奇的星雲，非得用一種極精微數學公式，才能將他捉住，放入正常的運行軌道。

見沈從文回來，張兆和抱怨說：

「你到什麼地方去了？怎麼不說一聲，孩子們都找你去了！」

瞥見沈從文手裏的野花：「爲了這個好看，忘了別人的着急。」

「不，正因爲想照九年前寫篇小說，紀念九月九日。文章還是那個題目，我卻取得了那個『素樸』。你瞧它藍得多好看！」

回到屋內，張兆和一邊將花插入白瓷敞口瓶內，一邊說：「你猜我想說什麼？」

「你在想，『這禮物比什麼都好！你的故事寫完了，好好地睡兩個鐘頭。十點鐘我們再去火車站接客人。你太累了！』我將說，『不』，我不過是這一天有點累，你卻累了十二年！我想起就慚愧難過！」

「喲，我還是第一次聽到你說慚愧！」

從張兆和不甚自然的微笑中，沈從文依稀看見了一點淚光。……

一九四六年夏，沈從文一家離開了雲南。因張兆和準備回蘇州住一段時間，沈從文送母子三人到蘇州後，獨自先期回到北平。

當天，沈從文即走到北平大街上散步，尋訪闊別九年的古都。一切都十分熟習，似乎又有點陌生。天安門新油漆的高大門樓前，停放着一堆龐然大物。八個或十個輪子，托着厚厚的鋼鐵軀殼。一根長長的管子斜斜伸出，霸道地指向天空。外面雖用一層油布罩着，沈從文卻明白那是美國坦克。不時有一輛輛六輪大卡車，滿載了新徵發來的壯丁，向城外駛去。沿路可見攔路鐵網，有武裝崗哨守住路口，對往來行人實施搜身盤查。還在昆明時，沈從文就常聽人以新八股腔調議論國事說：「此後南京是政治中心，上海是商業中心，北平是文化中心。」可眼前的現實卻儼然最不留情面的諷刺，政治中心照例擁有權勢，商業中心照例擁有財富。目前南京雖有權勢，上海也有財富，却一律打上了「美國」標記，兩個中心原來與老美不可分！而北平這個「文化中心」，也正在用美國的軍事裝備來點綴！抬眼望望北平的秋空，有成羣白鴿正振翅飛過，與目前現實極不協調。北平淪陷了八年，再加上種種新的政治忌諱，居然還有這種帶象徵性的生物，敢於在空中自由飛翔。攔路鐵絲網前，此時正有兩個衣冠齊整的紳士，下車等候檢查，樣子謙和而恭順。這兩位衣冠人物近十年一定不曾離開北平，在日本人統治下困辱了十年，已成了習慣，對眼前的新現實反倒更容易適應！

街上依然到處都是人。可是許多人一眼看上去，神氣間卻有相通處。——睡眠不足，營養不足，從臺面上的偉人，到羊肉館掌櫃，都顯出一種疲倦或退化跡象。還有市儈官僚、下流偵探、改裝漢奸混雜其間，正暗中策劃從日本人手裏搶收某項產業，或以過去一時與日本人打交道的方式，重新加入某種文化活動……。

然而從深處看，這種人卻又一律有種做人的是非與義利衝突，羞恥與無所謂衝突而遮掩不住的凄苦表情。……我們是不是還有辦法，可以使這些人恢復正常人的反應，多一點生存興趣，能夠正常的哭起來笑起來？我們是不是還可望另一種人在北平不再露面，爲的是他明白羞恥二字的含義，自己再不好意思露面？我們是不是對於那個更年輕的一輩，從孩子時代起始，在教育中應增加一點什麼成份，如營養中的維他命，使他們生長中的生命，待發展的情緒，得到保護，方可望能抵抗某種抽象性疾病的傳染，方可望於成年時能對於腐爛人類靈魂的事事物物，能有一點抵抗力❶？

---

❶〈北平的印象和感想〉，《沈從文文集》第十卷，花城出版社、三聯書店香港分店一九八四年版。

再看看大街兩旁，沈從文始發現滿街人家屋檐下，都掛了一面青天白日旗。今天是個什麼節日？問問旁邊舖子裏的人，原來今天是孔子生日，全國教師節，北平正準備舉行八年來第一次祭孔大典，全國各地也將於同一天舉行典禮。這次蘇州之行在平江府見到的那個文廟的影像，此時浮凸於沈從文的腦際。那文廟已是一片荒凉，兩廊已變成馬厩，幾十匹軍馬，正由一排老兵看守豢養。兩相對照，沈從文有了一種滑稽的感覺。這些軍馬今天要不要牽出，好讓一些老教師進廟行禮？軍馬可以暫時牽出，正殿上那些無法計數的蝙蝠，又如何處理？師道在儀式上被尊重，可是在許多地方，教師却仍在軍馬與「蝙蝠」中討生活。現實到處都是喜劇，然而從深處看，却不免令人起悲憫感、痛苦感。

就在沈從文重返北平的同一個月，在美國政府的援助下，國民黨政府集結五十萬大軍，在安徽來安至江蘇南通的八百里戰線上，向共產黨蘇皖解放區大舉進攻。抗日戰爭結束不到一年，戰爭的陰雲又一次籠罩在中國的上空。

全國內戰的爆發，擊碎了多數中國知識分子和平民主建國的夢想。社會的動亂，因物價飛漲導致的生活困頓，改變着許多人的人生態度。有的拍案而起，投入反內戰、爭民主的羣衆運動；有的失去了精神平衡，陷入對現實的絕望。重返北平的沈從文，住在中老胡同北京大學宿舍。同時住在這裏的，還有廢名、朱光潛、馮至等一大批學者、教授。這時，內心的極端孤寂，已使廢名的精神瀕臨崩潰，試圖從宗教中尋求心靈的解脫。每天早晚，他都要打坐參禪，並常常「走火入魔」，在一種近乎迷狂狀態中，情不自禁地手舞足蹈，情形十分淒涼。沈從文理解他的心境，並能體驗廢名心靈深處的創痛，經常去廢名處，陪他說說話。這時，沈從文也正閱讀佛經典籍如《雲笈》之類。廢名一見沈從文，就說：「從文，你不要學什麼道，要學就跟我學。『道』就在我這裏！」

然而此時，沈從文並不想悟「道」出世，一回北平，他就成了個大忙人。由於是在抗戰勝利後復員歸來，加上抗戰前在北平所具有的廣泛影響和基礎，沈從文同許多著名作家、教授一樣，正受到青年學生和社會各方面的歡迎。除了繼續留在北京大學任教，沈從文還同時擔任了四個大報文學副刊的編輯。天津《益世報》的《文學周刊》由沈從文署名主編，北平的《經世報》（由楊振聲署名主編），《平明日報》文學副刊的實際編務由沈從文擔任，《大公報》文藝副刊因戰前的舊關係，也邀請沈從文參與編輯。於是，教學、寫作、編輯文學副刊、指導學生組織的文學團體，接待不斷來訪的客人，填滿了沈從文的生活日程。

> 北大好些教授住在中老胡同北大宿舍，我常常到中老胡同沈家小小的院宅中去。到沈家談天、吃茶、吃飯的客人很多，有教授，有作家，更多的是年輕人、學生和一些別的人。雖然沈從文是個大忙人，寫小說，在北大教課，款待來客，我去時他總找時間同我談天。雖然他一口湘西土音我只能聽懂一部分，我卻很喜歡聽他談話❷。

❷〔美〕傅漢思：〈我和沈從文初次相識〉，《海內外》第二十八期（一九八一年）。

這一切，在沈從文的主觀世界裏，都是圍繞着一個宏心大願進行的。即爲着復興文學運動，「重造經典」，以改造民族的精神。爲着這個目的，他將文學的社會功用放到極重要的地位，將其視爲社會前進的槓桿，「文字猶如武器，必好好用它，方能見出它的力量。誠如康拉德所說，『給我相當的字，正確的音，我可以移動世界。』「凡希望重造一種新的經典，煽起人類對於進步的憧憬，增加求進步的勇氣和熱情，一定得承認這種經典的理想，是要用確當文字方能奏效的。」❸——在他的全部活動中，都寄托了這一份書呆子的理想。

然而，沈從文的努力仍然結出了果實。他所主編的文學副刊，在平、津一帶，產生了較爲廣泛的影響。一如當年主編《大公報》文藝副刊，沈從文十分注重青年作家的培養。單是詩歌創作方面，經常在這些文學副刊上發表作品的，就有穆旦、鄭敏、陳敬容、袁可嘉、杜運燮、李瑛、柯原等人。在四十年代中國文壇上，穆旦、鄭敏、陳敬容、袁可嘉、杜運燮等人形成的象徵詩派，占有重要的地位；而李瑛、柯原等，成爲一九四九年以後大陸的詩壇中堅。對這些文壇生力軍的出現與成長，沈從文感到由衷的喜悅。一九四七年，他著文評論說：

本刊由我發稿五十期中，載了不少新詩，各方面的作品都有，得到不少讀者來信鼓勵，也有一二讀者來信責備我不懂詩，所以，淨登載些和編者一樣宜於入博物院的老腐敗詩作！

---

❸ 〈談進步〉，《文藝季刊》一卷三期。

這些善意讀者可想不到在刊物上露面的作者，最年輕的還只有十六、七歲！即對讀者保有一嶄新印象的兩位作家，一個穆旦，年紀也還只二十五歲，一個鄭敏女士還不到二十五。作新詩論特有見地的袁可嘉，年紀且更輕。寫穆旦及鄭敏詩評文章極好的李瑛，還在大二讀書，寫書評文筆精美見解透闢的少若，現在大三讀書。更有部分作者，年紀都在二十以內，作品和讀者對面，並且是第一回！所以讀者這種錯誤責備，對編者言反覺光榮。……這小刊物的明日理想，一定將依然是活潑青春的心和手，寫出老腔老氣的文章❹。

可是，這時的中國，一個青年作家的出現與成長，是背負了怎樣一種社會重壓！政治無民主，生活無出路，許多人都是在艱難的環境裏掙扎。對他們遭遇的種種困難與不幸，沈從文都能感同身受，並盡自己所能來幫助他們渡過難關。一九四七年九月，沈從文收到一位從未識面的青年詩人的來信，信中敍說了自己家中遭到的不幸。沈從文立即在報上登出一則「啓事」：

有個未識面的青年作家，家中因喪事情形困難，我想作個「乞醯」之舉，凡樂意從友誼上給這個有希望的青年作家解除一點困難，又有餘力作這件事的，我可以爲這位作家賣二十張條幅字，作爲對於這種善意的答謝。這種字暫定最少爲十萬元一張，我的辦法凡是要我字的，可以來信告我，我寄字時再告訴他如何直接寄款給那個窮作家。這個社會太不合理

❹〈新廢郵存底〉，《沈從文文集》第十二卷，花城出版社、三聯書店香港分店一九八四年版。

了，讓我們各盡所能，打破慣例作點小事，盡盡人的義務，爲國家留點生機吧。

你們若覺得我這個辦法還合理，有人贊助，此後我還想爲幾個死去了的作家家屬賣半年字。這些人的作品，可能是你們在作學生時代常常接觸，影響到你們很大，他們的工作意義極有助於文學進步和社會重造，却死於工作辛勤或時代變亂中。我們値得從這個方式上表示對於人類的愛和文化知識的尊重。擴大我們的愛憎和尊重，注入於我們工作中，生活中，信仰中，社會明天就不同得多！

沈從文啓一九四七年九月

這位未識面的青年作家，就是詩人柯原，時年十六，就讀於河北高等工業學校，參加進步文學團體，經常在沈從文主編的《益世報》、《平明日報》的文學副刊上發表詩作。三十多年後，柯原回憶這段往事說：

一九四七年秋，我的長期當小職員的父親，因年老被裁失業，患了急性肺炎。當時醫療費十分昂貴，如今很普通的一小瓶盤尼西林（青霉素），當時就要十幾萬法幣。我家中只靠姐姐當小學教師的微薄工資，以及親友的接濟度日。父親的治病及去世後辦理喪事，使家中負了一筆債，母親和姐姐都十分愁苦。這時，我抱着試一試的心情，給沈老師寫了一封信，打算預支些稿費，以償還部分債務。沈老師對此十分關心，馬上寫了信來，提出爲我義務賣字。接着，就在《益世報》文學周刊上登了啓事，大意是：爲一家庭遇到困難的青年作者義務賣字，願購者可將要求寫的規格、內容等，寄到沈從文處，由沈按要求書寫後，通知購買者將價款寄到該青年家中。沈老師是著名的作家，他的書法又是很受人喜愛的。在啓事刊出後，就有不少人寫信購買。當然，這些人大抵也不是什麽闊佬，而是憑着同情心來援助一個青年詩人的。記得當時我收到的寄款就有二十多份，每收到一筆錢心中都是熱乎乎的，有的還寫來了親切的問候。這是在當時情況下，沈從文老師對一個無名詩人所能盡的最大限度的捐助了。由於這筆款，終於將家中的債務還清了。母親得知此事後，一直在叨念和祝福這位沒見過面的好心腸的教授❺。

即便是困居雲南期間，他也從未爲自己賣過一張字幅。這大約也是在欲助乏術情形下，不得已打破慣例的。在沈從文的生活道路上，盡其所能慷慨助人，並始終信守着這一可貴的爲人之道。爲柯原賣字，只不過是許多同類事跡中的一例。這既與他的經歷有關，也得之於他所具有的善良熱情、慷慨好義的苗族血緣，同時又出自他對人與人之間相互理解與同情的渴求。

然而，這一件本身並無奇光異彩的普通人事，卻作成了此後三十餘年的一段人生傳奇。一九四八年，柯原進入共產黨領導下的解放區，入華北大學學習。一九四九年又隨軍南下，遂失去了與沈從文的通訊聯繫。在此後長達三十餘年的漫長歲月裏，因不間斷的政治運動，一種無形的障

❺ 柯原：〈湘西，清清的溪水〉、〈我所認識的沈從文》，岳麓書社一九八六年版。

碍梗阻在這新老兩代作家之間。由於與沈從文曾有過的這段因緣，柯原還受到過政治上的牽連。直到一九八〇年，柯原去北京出席「自衞還擊作戰徵文」授獎大會時，才第一次與沈從文見面。從四十年代末到七十年代末，長長的三十年啊，在同一塊土地上，却形成了長長的生活的、感情的斷層。直到八十年代，終於走到了斷層的盡頭……❻。

二、徘徊於戰爭抽象與具象之間

一九四六年，隨着內戰的全面爆發，戰爭的颶風愈演愈烈。七月至八月，蘇中戰場上，連續發生了七次大規模戰役；八月，美國特使馬歇爾和駐華大使司徒雷登發表聯合聲明，宣布「調處」失敗。十月，國民黨軍隊占領張家口。

在這種現實面前，沈從文感到十分痛苦。大規模的內戰可能造成的空前民族災難，增強着他的內心杞憂，一種強烈的反戰情緒在他心裏迅速生長。十一月，他在《大公報》上發表的長文〈從現實學習〉❼，就是這種情緒的集中流露。

---

❻ 柯原：〈湘西，清清的溪水〉，《我所認識的沈從文》，岳麓書社一九八六年版。

❼ 載一九四六年十一月三日、十日《大公報》。

這是一份沈從文從湘西進入都市二十餘年來的自傳綱要。在正文前面的小序裏，沈從文寫道：

> ——近年來有人說我不懂「現實」，不懂現實，追求「抽象」，勇氣雖然熱烈，實無邊際。在楊墨並進時代，不免近於無所歸依，因此「落伍」。這個結論不錯，平常而自然。極不幸即我所明白的「現實」，和從温室中培養長大的知識分子所明白的全不一樣，和另一種出身小城市自以爲是屬於工農分子明白的也不一樣，所以不免和其他方面脫節了。

在談到抗戰勝利後，國家陷入內戰的形勢時，他說：

> 國家既若正被一羣富有童心的偉大玩火情形中，大燒小燒都在人意料中。歷史上玩火者的結果，雖常常是燒死他人時也同時焚毀了自己，可是目前，凡有武力武器的恐都不會那麼用古鑒今。可是燒到後來，很可能什麼都會變成一堆灰，剩下些寡婦孤兒，以及……但到那時，年輕的一代，要生存，要發展，總還會有一天覺得要另外尋出一條路的！這條路就必然是從「爭奪」以外接受一種教育，用愛與合作來重新解釋「政治」的含義。

文章認爲，這種「爭奪」與二十年前軍閥政客間的「爭奪」既相異又相同。與當前相比，軍閥間的混戰已爲陳跡，近於一種「離奇神話」，但「歷史上影響到人類那個貪得而無知的弱點」，「三十年來的現代政治，八年來的奴役統治」所培養的一切弱點，「卻又像終無從消失」。

> 國家所遭遇的困難雖有多端，而追求現實、迷信現實、依賴現實所作的政治空氣和傾向，卻應該負較多責任，當前國家不祥的局勢，亦即由此而形成，而延長，而擴大。誰都明白

如此下去無以善後，却依然毫無眞正轉機可望，坐使國力作廣泛消耗，作成民族自殺的悲劇。

因此，沈從文寄望於「學術自由」，使青年一代能在「清新活潑自由獨立空氣中」去掉「依賴」的習慣，檢討現實，敢於懷疑與否定。「且批評凡用武力支持推銷的一切抽象」。用「愛與合作」、「理性」和「知識」，「粘合」民族新的生機，「重造」民族未來的希望。

沈從文以悲憫的眼光，審視着這場戰爭。他超越這次戰爭的具體形骸，試圖從民族、人類精神的發展上，提出對這場戰爭的價值估量。在這種抽象的層次上，這場戰爭在沈從文眼裏，消失了是與非、正義與非正義的界限，而裸現出民族與人類自身的悲劇性質。——戰爭是人類非理性的產物。在思考現代戰爭產生的根源時，他曾說：

> 好鬪與求生有密切關係。但好鬪與愚蠢在情緒上好像又有種稀奇結合，換言之，就是古代鬪的方式用於現代，常常不可免成爲愚行，因此人固然產生了近代文明，然而近代文明也就大規模毀滅人的生命（戰勝者同樣毀滅），這成毀互見，可說是自然惡作劇事例之一。好鬪本能與愚行容易相混，大約是「工具」與「思想」發展不能同時並進⑧。

他希望人類最終能以「理性」戰勝「愚蠢」，使自身擺脫「自相殘殺」的戰爭陰影。

---

⑧〈燭虛〉，見《燭虛》，上海文化生活出版社一九四〇年版。

你即或相信法國革命大流血，那種熱鬧的歷史場面還會搬到中國來重演一次，也一定同時還明白排演這歷史以前的醞釀，排演之時的環境了。使中國進步，使人類進步，必需這樣排演嗎？能夠這樣排演嗎？你提歷史，歷史上一切民族的進步，皆得取大流血方式排演嗎？陽燧取火自然是一件事實，然而人類到今日，取火的簡便方法多得很了。人類光明從另外一個方式就得不到嗎？人類光明不是從理性更容易得到嗎❾？

然而，在具象的層次上，沈從文又看到了依仗強力發動戰爭一方與不能不承擔重負一方的是非區別。在長達八年的中日戰爭中，他充分意識到中華民族抗擊日本侵略戰爭的正義性和神聖性。無論戰事如何酷烈，犧牲怎樣慘重，都無從顧惜。因爲這是爭民族生存必須付出的代價。

不要因爲一些在你眼前的人小小犧牲，就把胆氣弄小了。去掉舊的，換上新的，要殺死許多人，餓死許多人，這個數目應當很大很大！綜合成一篇血寫成嚇人的賬目，才會稍有頭緒❿！

在這場內戰中，他也看到了依仗美國援助的事實眞象。但他終於無從擺脫戰爭可能毀滅民族生機這一可怕前景帶來的內心痛苦，不能不陷入無從解釋的精神困擾。

❾《廢郵存底・給一個作家》，上海文化生活出版社一九三七年版。

❿《廢郵存底・一周間給五個人的信摘抄》，上海文化生活出版社一九三七年版。

這種超越戰爭雙方的立場和價值估量，又與他對「現代政治」的不信任緊密相關。他將自辛亥革命以後三十餘年間的政治歸結爲「權力爭奪」，一種「簡化人頭腦的催眠」。源於「權力爭奪」的戰爭正是金錢異化人性，導致理性喪失的必然結果。因爲「武力與武器能統治這個國家，卻也容易墮落腐爛這個國家民族向上的進取心。」⓫因此，他將重造民族生機的責任寄托在非黨派、非集團的學有專長，有「理性」的知識分子身上。這種知識分子應當「遊離」於國內任何政治黨派與集團——包括國民黨、共產黨以及其它政治派別如「第三種」政治勢力之外。

所謂「第三種」政治勢力，是國共兩黨外其它黨派中的一部分人士，超脫於共產黨和國民黨的政治立場之外，企圖走「第三條道路」所形成的一種政治力量。在對國共兩黨政治不信任這一點上，沈從文與「第三種」力量屬同一思潮。但沈從文反對以派別反派別，不願參加任何形式的派別與集團活動。因此，有人稱他爲「第四條道路」的鼓吹者。

抗戰勝利後，原先與沈從文一同在《大公報》編文藝副刊的蕭乾也回到了北平。全面內戰爆發後，蕭乾參加了「第三條道路」的活動，並四處奔走，與錢昌照等人積極籌辦《新路》雜誌。這天，蕭乾來到沈從文住處，邀沈從文參加刊物的籌辦，並在發起人名單上簽名。

看看眼前的名單，沈從文眉間起了一絲陰雲，心裏起了一點憂鬱，幾份懷疑。

⓫〈《文學周刊》編者言〉，一九四六年十月二十日天津《益世報》。

「我不參加。」他輕輕地卻又斷然決然地說。

蕭乾只好作罷，告辭而去。此後在這個問題上發生的分歧與矛盾，終於淡化了兩人之間的交往與友誼。

政治上不與任何人結盟，一種徹底的非派別、非集團主義，支配了沈從文的人生選擇。他對政治派別和集團的「特殊包庇性」懷有根深蒂固的懷疑，掙脫集團拘束和人身依附，爭取「生命」獨立，構成沈從文二十歲後生活道路的主旋律，他的信念來自他特有的人生經驗。

這種信念同時深植於他對鄉土命運的觀照。在這期間，特別影響到他對戰爭和中國命運問題思考的，恰恰是湘西地方命運的歷史演變。

一九四七年二月，沈從文收到親友的來信，從信中得知了那支被迫離開鄉土的「筸軍」(原先由陳渠珍統領的那支軍隊)的最終歸宿：內戰爆發後，這支經整編的「甲種師」部隊，奉命駐防山東膠濟線上，一個星期前，在萊蕪戰役中全數覆滅，師長也隨之陣亡。

沈從文心裏刮起了一場急風驟雨。他想起辛亥革命後三十餘年間，上承清代屯防綠營兵的「筸軍」興衰敗亡的歷史。

緣於咸同年間組辦筸軍的黷武主義傳統，在辛亥革命後中國大小軍閥的戰爭中，湘西的年輕人大都寄身行伍，企圖從軍官上找出路。可是，這支地方軍隊與外界又完全孤立或游離，無所歸宿。雖參加過「靖國」、「護法」戰役，戰事一過卽退回湘西。後來接手這支軍隊指揮權的陳渠珍，受「割據自保」心理的支配，滿足於保地自雄，對內又沿守舊制，不思改革，終於導致苗民起義。在內外壓力下，陳渠珍下野，隊伍不得不交給國民黨中央勢力支配，離開鄉土。抗戰爆發後，先後參加過松滬之戰、南昌保衞戰、反攻宜昌、洞庭西岸荆沙爭奪、南岸據點爭奪、長沙會戰。每次戰役下級軍官幾乎全部陣亡，中級半死半傷。出於國家民族意識和湘西人的面子考慮，受傷的旅團長一出醫院就返回湘西補充兵員。抗戰勝利後，多數官兵以爲和平來臨，盼望不久即能改編退役。那位師長還想退役後去北平讀幾年書，然後與沈從文合作，寫一本關於湘西地方歷史的書，卻不想內戰終於不可避免，這支非蔣介石嫡系，八年抗戰剩下的筸軍殘餘，在一種極曖昧情形下，終於被時代的颶風連根拔去，迎來了自身的悲劇結局。

戰爭的災難不僅降臨到這支身遭覆滅的五千官兵身上，而且在更大範圍內落到了湘西民衆頭上。八年抗戰，湘西民衆承擔了這支軍隊的全部戰爭重負。眼前的一份死亡帶給五千寡婦萬人父母，許多家庭將由孤兒寡婦自作掙扎！

——沈從文悲從中來。他看到的是整個湘西地方的悲劇命運，從歷史中發現了一種無從規避的必然歸宿。就在得知這支筸軍全數覆沒消息的同時，沈從文收到了一個十多年不通音訊的朋友寄來的詩集。詩集中用了一些黑綠二色套印的木刻插圖。經過打聽，才知道這位年齡不到二十歲的木刻作者，湊巧正是表哥黃玉書的長子黃永玉。沈從文爲「命運偶然」吃驚，他由此想起有關黃玉書一生的遭遇，隱隱約約地感到了它與那支外出筸軍命運之間的某種必然聯繫。

三月二十三日，沈從文在《大公報》上發表長篇紀實散文〈一個傳奇的本事〉。文章以湘西歷史變化爲經，黃玉書一家的災難遭遇爲緯交織寫出，從深處對湘西地方的歷史命運作出了思考。

文章以極大的比重，敍述了筸軍的歷史演變過程後，追究了這支軍隊膠東一役全數覆滅的原因——既非戰術上舉措失當，也不是武器裝備低劣，而是出於傳染浸潤在官兵中的厭戰情緒。

從私人消息，方明白實由於早已厭倦這個大規模集團的自殘自瀆，因此厭戰解體。專家們談軍略，談軍勢，若明白這些青年人生命深處的苦悶，還如何正在作普遍廣泛傳染，盡管有各種習慣制度和小集團利害拘束到他們的行爲，而且加上那個美式裝備，但那敵得過出自生命深處的另一種潛力，和某種做人良心覺醒否定戰爭所具有的優勢？

沈從文明確意識到戰爭的勝負，實取決於人心的向背。將其與〈從現實學習〉一文所持觀點相比較，見出二者的差別。正是在抽象的層次上，確立了沈從文籠統的反戰立場；而在具象層次上，沈從文仍有着雖不曾明言，卻不難辨識的是非傾向。因此，他看到這支鄉土軍隊一方面雖厭倦民族內部的自相殘殺，人心解體，另一方面，出於長期的習慣制度的拘束和對小集團利益的依附，一經陷入，終無法自拔。於是，悲劇就在這種情形下被鑄定了。

得到這個消息時，我想起我生長那個小小山城兩世紀以來的種種過去。因武力武器在手如何形成一種自足自恃情緒，情緒擴張，頭腦即如何失去應有作用，因此給人同時也給本身帶來苦難。想起整個國家近三十年來的苦難，也無不由此而起。在社會變遷中，我那家鄉和其他地方青年的生與死，因這生死交替於每一片土地上流的無辜的血，這血淚更如何增加了明日進步舉足的困難。我想起這個社會背景發展中對青年一代所形成的情緒，願望和動力，既缺少眞正偉大思想家的引導和歸納，許多人活力充沛而常常不知如何有效發揮，結果終不免依然一個個消耗於近乎周期性悲劇宿命中。

由此，沈從文聯想到黃玉書一家的苦難遭遇，正是在這一時代大悲劇下發生。由於長期形成的對武力集團的依附情緒，許多家鄉年輕人便從行伍中討出路。由這種觀念形成的地方風氣，一個教師在地方的地位及收入，較之一個連排長就遠遠不如。一些滯留於鄉土的知識分子，由於社會的壓力，到末了也只能厠身行伍。學美術出身、生性厭惡當兵的黃玉書，因生活的壓力和社會的排擠，也不得不到軍隊中厮混。一九四三年，沈從文從去印度受訓路過昆明的沈岳荃口中得知，一九三七年與自己在長沙邂逅不久，黃玉書不願在師部留守處做事，被調到沅水中游的青浪灘，作了一名絞船站站長。表嫂則在烏宿鄉下村子裏教小學。雖然生活還過得去，卻因一生長處無從發揮，始終鬱鬱寡歡，已經在一九四三年的一場小小疾病中含怨去世了。

親人趕來一面拭淚，一面把死者殮入個賒借得來的小小白棺木裏，草草就地埋了。死者既已死去，生者於是依然照舊沉默寂寞生活下去。每月可能還得從正式微薄收入中扣出一點點錢塡還虧空。在一個普通人不易設想的鄉村小學教師職務上，過着平凡而簡單的日子，等待平凡的老去，平凡的死。一切都十分平凡，不過因爲它是千萬鄉村小學教師的共同命運，却不免使人感到一種奇異的莊嚴。

在文章的結尾，沈從文寫道：

這只是一個傳奇的起始，不是結束。然而下一章，將不是我用文字來這麽寫下去，却應當是一羣生氣勃勃具有做眞正主人翁責任感少壯木刻家和其他藝術工作者，對於這個人民苦難的現實，能作各種眞正的反映，而對於造成這種種苦難，最重要的是那些妄圖倚仗外來武力，存心和人民爲敵，使人民流血而發展成大規模無休止的內戰（又終於應合了老子所說的「自恃者威，自勝者絶」的規律），加以「恥辱」與「病態」的標誌，用百集木刻，百集畫册，來結束這個既殘忍又愚蠢的時代，並刻繪出全國人民由於一種新的覺醒，去合力同功向知識進取，各種切實有用的專門知識，都各自得到合理的尊重，各有充分發展的機會，人人以駕馭鋼鐵征服自然爲目標；促進現實一種更新時代的牧歌。「這是可能的嗎？」「不，這是必然的！」

三、靈魂的迷亂

內戰爆發後的兩三年間，歷史向中華民族提出了一個絶大題目：中國向何處去？這是基於無法迴避的現實：兩種力量、兩種前途的生死較量正在全國範圍內展開。隨着戰場形勢的變化，中國正處於時代更替的前夜。

文化思想領域內的暴風驟雨與戰場上的暴風驟雨相呼應，歷史遵循固有的邏輯，無情地爲自己選擇的勝利者開通道路。一九四八年，一場逐漸加強的風暴正降臨到沈從文頭上，他無從規避自己份定的命運。他的「游離」國共兩黨政治之外的「中間路線」、超越具像的戰爭觀照、自由主義的文藝追求，受到左翼文藝陣營的批判與清算，正是勢所必然。而且，這種批判正從具體觀點的駁正演繹成目的性的追究。——沈從文的觀點對外，是「爲了挽救統治階級無法避免的沒落命運」；於己，是「自命清高而不甘寂寞」，冀望專制帝王的「特別垂青」。一幅幅沈從文的肖像畫被描摹出來了：〈鴻鸞禧〉裏的穆季、介于二丑與小丑之間的「三丑」、「清客文丐」……。

沈從文遭到批判的文章，除〈從現實學習〉、〈一種新希望〉、〈《文學周刊》編者言〉，還有〈芷江縣的熊公館〉。

〈芷江縣的熊公館〉是一篇回憶性的文字。一九四七年，是熊希齡病逝十周年。一九四八年一月，《大公報》發表了以「紀念熊希齡逝世十周年」爲專欄標題的一組文字，〈芷江縣的熊公館〉是其中一篇。文章回憶了自己青年時代以親戚身份作客熊公館時的所見所聞所感，詳盡地描述了熊公館的形制、陳設，熊希齡參與維新變法及出任國民政府總理的史跡和人格——「實蘊蓄了儒墨各三分，加上四分民主維新思想，綜合而成」，「見出人格的素樸和單純，悲憫與博大，遠見與深思」；熊希齡母親的爲人——「自奉極薄」，待下「忠厚寬和」，並以當年「極一時人間豪華富貴」映襯眼前的衰敗冷落，從中感悟歷史和人生。

這篇文章被指認爲歌頌老爺太太們的德行，津津樂道地主階級的剝削，「粉飾地主階級惡貫滿盈的血腥統治」，是「典型的地主階級文藝」。而沈從文則是延續「清客文丐的傳統」的「奴才主義者」和「地主階級的弄臣」⑫。

到後，沈從文被界定爲「桃紅色文藝」的作家，他的全部文學活動被作了這樣的描述：

> 特別是沈從文，他一直有意識的作爲反動派而活動着。在抗戰初期全民對日寇爭生死存亡的時候，他高唱着「與抗戰無關」論；在抗戰後期作家們加強團結，爭取民主的時候，他又喊出「反對作家從政」；今天人民正「用革命戰爭反對反革命戰爭」，也正是鳳凰毀滅自己，從火中再生的時候，他又裝起一個悲天憫人的面孔，謚之爲「民族自殺的悲劇」，把我們愛國青年學生斥之爲「比醉人酒徒還難招架的衝撞大群中小猴兒心性的十萬道童」，而企圖在「報紙副刊」上進行其和革命游離的新第三方面，所謂「第四組織」⑬。

在這期間，戰場上的形勢已經發生根本轉折。到一九四九年一月，傅作義部駐防的北平成了一座孤城。

---

⑫ 乃超：《略評沈從文的〈熊公館〉》，《大衆文藝叢刊》第一輯。

⑬ 郭沫若：〈斥反動文藝〉，《大衆文藝叢刊》第一輯。

一時間，亢奮與恐慌，期冀與幻滅，堅定與惶惑，一切人類情緒的兩極，在北平城內作成一種稀有的交織。一方面，傅作義部正與解放軍方面接洽，準備接受和平改編，另一方面，國民黨黨、政、特系統正紛紛撤離北平，並試圖動員一些著名的作家、教授、學者飛往臺灣。於是，在爭取知識界知名人士方面，中共北平地下黨與國民黨北平當局之間的較量，也同時拉開了序幕。

中老胡同北京大學宿舍，表面上一如既往，然而在暗中，以一些著名教授為對象，圍繞着去留問題，兩方面的勸說工作正在積極進行，這些教授的寓所裏，各種客人來往不斷。這種情形也在沈從文家裏發生。先是北京大學當局有關人士登門造訪，勸說沈從文離開北平去臺灣，並送來了直飛臺灣的飛機票。與此同時，北京大學的中共地下黨員樂黛雲、左翼進步學生李瑛、王一平等人也先後來到沈家，希望他不要去臺灣，為新時代的文化教育事業出力。其實，在沈從文自己，早就拿定了主意：不去臺灣！因為他從來就沒有去臺灣的打算。

然而此時，正有出乎他意料的事情發生。就在四九年前後，北京大學一部分進步學生，發起了對沈從文的激烈批判。一幅幅大標語從教學樓上掛了下來，上面赫然觸目地寫着：「打倒新月派、現代評論派、第三條路線的沈從文！」

沈從文心裏起了疑懼，感到一種不平。隨着一九四九年二月底，人民解放軍進入北平和新的政權的建立，這種疑懼與不平逐漸變得強烈起來。

他想起一年來見於報刊的對自己不斷升級的批判。

「清客文丐！」

「地主階級的弄臣！」

「他一直作爲反動派而活動着！」

嚴厲責備的聲音，連續不斷地在沈從文耳邊轟鳴。

他無法接受這些判決。自己不是反動派！反省自己走過的人生道路，似乎找不到支持這些判決的事實根據。沈從文自有他的理由。正是出於對濫用權力、殘害無辜，使人民活得糊塗而悲慘的大小統治者的厭憎，他才走出湘西，尋求生命獨立的意義與價值。爲了改造現實，重造現實，他手中的一支筆，沒有停止過對社會的批判。雖然基於對一切政治的不信任，對共產黨的政治主張有過懷疑，但從來不曾與之爲敵。即便在目前仍未結束的內戰問題上，出於對民族和人類長遠發展的思考，雖在抽象的層次上對這場戰爭作過籠統的否定，卻從未將戰爭的責任僅僅歸於共產黨。他有過對現代政黨或集團政治「特殊包庇性」的認識，也有過對「馬上得天下，馬上治之」的擔心，然而，即便這一切全屬杞人憂天，到底只是一種思想認識。而且，這種擔心恰恰是需要新政權以自身的實踐加以澄清的。這自然需要時間，需要一個過程。何況，這種擔憂決不爲沈從文所獨有，而是當時爲數不少的愛國知識分子的思想現實。

沈從文自信自己從來不曾與人民爲敵。可是，自信無從代替人信。其時，一些與沈從文具有相同思想傾向的人，正以民主黨派人士的身份參與國家大事，而沈從文卻被視爲「反動派」；七月，全國第一次文學藝術工作者代表大會在北京召開，與會的代表名單上，沈從文也榜上無名。

這似乎是一種無法避免的歷史現象。對沈從文這樣一個作家，做出恰如其份的政治判斷，需要多少精微細致的研究分析！然而，社會的變遷，常常以快刀斬亂麻的方式進行，只能是一種粗線條的勾勒。歷史便是在這種情形下，實施它的「四捨五入」法。

沈從文卻解不開這個結，他也缺少解結的必要前提。他並不在意個人的名利得失，但他從中感到一種巨大的政治壓力。追究這是爲什麼時，一個可怕的念頭闖進他的大腦：這些不斷升級的批判和人事處理，是不是出於上面的示意？是不是即將對自己作出極端政治處理的信號？一念及此，沈從文深心裏生長起恐怕的陰影，而且無從驅散。這也難怪。出於對這個新政權早已在另一片土地上鑄形的政治管理形態的隔膜，沈從文自然無法理解與論的批判與實際政治處理之間，既相聯繫又相區別的復雜而微妙的關係。

他憂心忡忡，神色不寧。

這種情態使他在親友間也陷入孤立。他不理解新的政權對他的態度，家人與朋友也不理解他的這種不理解。依照過去的習慣，張兆和知道他又陷入了一種內心裏自我恐嚇之中。但這次的自我恐嚇不像來自抽象的人生思辨。但究竟是爲了什麼？張兆和感到了困惑。對這個共同生活了十五年的「鄉下人」，她第一次覺得有點束手無策了。這顆生命的星體的運行軌道正處於嚴重的無序狀態，她想將他拉入常軌，卻不知從何着手。問他爲什麼老是這種樣子，他不作聲；想方設法讓他高興，也不見效果。張兆和有了一種沉重的負累感。她求助於多年來與沈從文具有摯友兼師長情誼的楊振聲，楊振聲對此也百思不得其解。在幾次勸解仍然無效後，楊振聲也感到力不從心，只得對張兆和說：

「你們別管他，隨他去！」

有些替張兆和着想的朋友，竟這樣勸她：

「看他這樣子，丢開他算了！」

在這種內外交攻之中，沈從文完全退縮到自己的內心，感到刻骨銘心的孤獨，他在一種懸想的情景中起着大恐怖。

二十多年來，自己在旁人不易想像的情形中，追究「文學運動」的意義，學習運用手中一支筆，實證生命的價值，這條路似乎已經走到了盡頭。個體生命的獨立與自由也即將失去意義。原先那個對生命有理性有計劃的自己，正在被那個宿命論的自己戰勝。——沈從文有了從來沒有過的軟弱。

「楚人的血液正給我一種命定的悲劇性」。

「理想與事實對面，神經張力逾限，穩定不住自己，當然會發瘋，會自殺！」

幾年前留在紙上的這些墨跡，此時已變成一種讖語，一個正逼近沈從文眼前的命運的預言。

他開始足不出戶，整天關在房屋裏胡思亂想。偶爾拿起身邊的舊作，重溫自己生命走過的足跡時，故鄉的山水便影影綽綽地撲到他的眼前。他沉緬於那個與自己最初的生命相連結的世界，從中獲取一縷春溫。然而，這種沉緬既不能持久，往事的慰藉轉增痛楚。他拿起筆來，在一些舊作的篇後空白處寫道：

當時我熟悉的本是這些事，一入學校，即失方向，從另一方式發展，越走越離本，終於迷途，陷入泥淖。待返本，只能是彼岸遙遙燈火，船已慢慢下沉了。無所停靠，在行途中逐漸下沉了。

燈熄了，罡風正吹着，出自本身內部的旋風也吹着，於是熄了，一切如自然亦如夙命⓮。

生命內部起了強猛的旋風，出自生命深處的憂患與恐懼正在加重。靈魂陷入茫茫迷霧之中，前不見燈塔，後不見陸岸，理智開始迷亂，神經在高度緊張與自恐自嚇下，承受不了這沒完沒了的強大張力，終於呈現出病態特徵。迷亂中，他彷彿聽見遠處有人在向他呼喊：轉來吧，你這個鄉下人！你逃脫不了命運的安排，湘西才是你最後的歸宿！

「回湘西去，我要回湘西去！」他不斷地念叨着，語調裏透着悲哀。

回答他的，只有張兆和莫可奈何的嘆息。

⓮所引兩段文字，分別題寫於《沈從文子集》中〈建設〉、〈燈〉兩篇小說篇後。此書爲沈從文自存本，「文化大革命」中失落，現藏北京大學圖書館。

他感到極度煩躁。這天，他走進臥室，將門從裏面鎖起，他不願再見任何人。突然，他瞥見窗前有人影晃過：「有人在監視我！」及至趕到窗前看時，卻又人影全無。但他疑心反而加重，彷彿四面暗中都有窺伺的眼睛。全身的血在身體內飛竄奔突，似乎急欲衝破自身的規範。彷彿有一股強力要將他推出生命的軀殼之外，他感到無從自控的難受。

這種痛苦越來越變得不能忍受。他遊目四矚，急欲找到一種解脫病苦的辦法。突然，他看見了放在書桌上的一把小刀，那薄薄的鋒刃正起着一種誘惑，沈從文對它有了一種親近感，起了一種需要。

他情不自禁地拿起了那把小刀……。

這時，在沈家作客的張中和——張兆和的一個堂弟，正從沈從文所在的房間外走過。他聽見房內傳出一陣輕微呻吟的聲音，心裏起了疑問，感到有些緊張，趕緊上前推門。門絲紋不動。張中和急了，返身用力將窗玻璃砸碎，隨後從窗口跳入房間。眼前的情景使張中和吃了一驚。沈從文已用小刀將血管劃破，頭上手上一片鮮血模糊，正處於半昏迷狀態。

張中和失聲叫了起來。

沈從文被迅速送進了醫院……

從昏迷中醒來，沈從文以為自己置身於牢房，一見張兆和到來，他便急忙說：

「我不在這裏，我要回家。——他們要迫害我！」

見此情景，——一縷莫可言喻的悲哀湧上張兆和心頭。她黯然神傷，眼淚禁不住滾落了下來。

四、生命的復甦

沈從文終於度過了這場危機。

藥物的治療，癒合了肉體與神經兩方面的損傷。懸想中降臨到自己頭上的災難，在事實上也沒有發生。隨着神經正常功能的恢復，各種恐怖的陰影和幻象逐漸消失，生命漸次復歸穩定。

病癒出院後，沈從文的工作編制仍留在北京大學，人已被安排到中央革命大學學習。

中央革命大學是北京四九年後建立的一所培訓各級各類幹部的政治文化學校，地址在北京西郊，學員多達七千。沈從文所屬，為中央革命大學研究班，成員多是高級知識分子中的民主人士。創辦研究班的目的，是通過學習，幫助這些從舊社會過來的知識分子，適應社會和時代已經發生的巨大變化，在政治上向新政權認同回歸。

按規定，學員必須在學校住宿。因此，沈從文每周星期一上學，星期六回家，前後凡十個月。

在這期間，聽政治報告，學習各種政治文件，討論，座談，對照自己過去的思想認識，檢查、反省、再認識，是學員們每天的課目。這些學習，將沈從文帶進一個過去因隔膜而陌生的世界。恰如當年從湘西走入都市，兩個世界構成的強烈反差，使精神不易取得平衡。他業已感到，自己過去幾十年形成的對世界和人生的認識，已經爲變化了的社會觀念和社會人事所不需要，而對新的觀念和現實的接受認同，只能是一個長期而艱難的課題。在這種學習競爭中，同那些成份不同、年齡不同的學員相比，落伍似乎是注定了的。

面對新觀念、新人事的茫然若失，大病初癒後人所共有的那種不可解的悲憫心境，加上長期形成的內向性格，綜合成沈從文的憂鬱。學習之餘，學員們由蘇聯人烏蘭諾娃牽頭，經常舉辦舞會，活躍文娛生活，沈從文照例不參加——這個「鄉下人」，進入都市將近三十年，除了對音樂具有一種出於天性的愛好，對一切場面人際間的交際應酬全沒有學會。

於是，便有人說沈從文「不高興」。

「我有什麼不高興？我不是那種嘻嘻哈哈的人。」沈從文在心裏替自己辯解。

他何嘗不知道準乎自然的樂天知命，正是一種難得的品格。自己早年那份任性和不忌生冷的脾性，正與這種品格相近。可是，它與自己已經漸離漸遠，即便回頭尋覓，恰如一點星火，早經風雨反復淋浸，再也不能復燃了。

大約爲青少年時期在社會底層長時期掙扎的經歷所規定，在沈從文的人際交往中，與都市場面上人，照例不大容易接頭，反與普通勞動者容易心靈貼近。在革大期間，他在一位炊事員身上，找到了情感寄托。學習之餘，當別人去參加舞會的時候，沈從文便默默走到厨房裏去，主動做一點力所能及的事。別的事幹不了，就在炊事員的指點下，管管爐灶。出於長期養成的凡事耐煩認眞的習慣，沈從文幫厨時也能克盡職守。

炊事員是一個退伍老兵，長期的生活經驗，使他對研究班這些學者、教授，保有一種情感上的距離。然而，沈從文幫厨時那份兢兢業業的神氣，對普通人所有的平易天眞，誠懇、樸實的態度，卻使他大爲感動。時間一久，他和沈從文便成了好朋友。

一有閒暇，沈從文就與這位老炊事員聊天，常常在晚飯之後，兩人坐在厨房旁邊的院坪裏，交談各自的人生經驗。他們所共有的行伍經歷，成了談話的經常節目。老炊事員曾經參加過蘆溝橋保衞戰。當他敍說這段戰爭經歷時，旣樸素親切，又生動傳神。敍述者在往事追憶中沉醉，沈從文也聽得如痴似迷。從華燈初上直到繁星滿天，兩人往往一談就是許久。踏着星光返回宿舍時，沈從文感到了生命的充實與愉悅。

老炊事員不獨對工作十分認眞，對生活也充滿溫情。身邊的一切彷彿都有知覺，有生命。一個鍋碗瓢勺的損毀會使他痛惜不已，食堂裏餵養的一隻黑白兩色的花猫，宛如他的朋友和兒子……。從這位老炊事員身上，沈從文感到自己正與人類善良、誠實、熱情與愛的本性貼近。老炊事員的精神與風貌刺激起沈從文創作的慾望。他拿起筆來，想寫出老炊事員的行伍經歷，他由鍋碗瓢勺組成的世界，以及身邊那隻通人性、有情感的花猫。可是，寫着寫着，耳邊卻響起一個嚴肅的聲音：你這個不安份的鄉下人，你可知道，你手中一支筆已經過時，你所欲寫的，對目前這個國家、社會，難道不是不僅無益，反而有害？你為何只醉心於與這個偉大時代不相稱的人生瑣屑？

沈從文感到一種惶惑。思前想後的結果，他將寫成的文稿揉成了一團。這篇文章的生命，終於結束在它的搖籃裏。

然而，沈從文並沒有為此感到委屈。他明白，一個民族、國家的重建事大，個人能不能寫小說事小。

這時，沈從文收到了六年前即去了香港的表侄黃永玉的來信，向他詢問國內情況。他立即寫了回信，以長輩身份，情辭懇切地要黃永玉來北京，以自己所學，為民族的文化建設服務。

接到沈從文的信後不久，黃永玉便趕到北京來探望沈從文了。為了堅定他們回來工作的信心，沈從文和張兆和有意掩蓋了不久前發生在沈從文身上的那場危機。

> 我是個從來不會深思的懶漢。因為「革大」在西郊，表叔幾乎是「全托」，周一上學，周末回來，一邊吃飯一邊說笑話，大家有一場歡樂的聚會。……
>
> 在那段日子裏，從文表叔和嬸嬸一點也沒有讓我看出在生活中所發生的重大變化。他們親切地為我介紹當時還健在，寫過《玉君》的楊振聲先生；寫過《莫須有先生坐飛機以後》的廢名先生；至今生氣勃勃，老當益壯的朱光潛先生、馮至先生。記得這些先生當時都住

在一個大院裏⑮。

沈從文自己渴望重新工作。在「革大」時間一久，他便感到學習的安排在時間上不太經濟，有時不免流於形式。沈從文是個不願閒着的人，尤其是在這國家百廢待興的時候。他感到一種難耐的焦渴，身上固有的那份執拗脾性又重新露頭了。

一天，他跑去找負責研究班生活管理的那位軍人班長，愁眉苦臉地說：

「請你去上面問一下，改造改造，要到什麼時候爲止？不要我做事就說明白。」

望着沈從文坦誠的臉，年輕的班長笑了：「我去請示一下。」

幾天後，班長對沈從文說：「問過了。上面要你仍然寫文章。」

…………

研究班終於結了業。結業之前，按學校統一規定，每個學員都必須結合學習體會，對照自己過去的思想寫出一份檢查。這份檢查沈從文寫得很艱苦。別人一個接一個交了卷，他卻感到難以下筆，好容易在離校前夕，他完成了這份自我檢查。按完成的時間先後，沈從文得了個倒數第一。

一九五一年，沈從文發表了他寫於四九年後的第一篇文章〈我的學習〉⑯，其中包括了這份

---

⑮ 黃永玉：〈太陽下的風景——沈從文和我〉，載《花城》第五輯（一九八〇年）

⑯ 載一九五一年十一月十四日《大公報》。以下文字，除直接引用的外，由筆者按原意作了壓縮處理。

檢查的基本內容。

北京城是和平解放的。對歷史對新中國都極重要。我却在自己作成的思想戰爭中病倒下來了。記得二十年前寫過一本小小自傳，提及三十年前初到北京，在旅客簿上寫上了自己名字時，末尾說，從此就來學習一課永遠學不盡的人生了。這句話不意用到二十年後的當前，還十分正確而有意義。我在學習。先學習肯定自己得回自己，再否定自己。

向現實學習，明白現實沉重、錯綜與複雜。也明白一個人肉體和神經極大挫折超過所能擔負重荷後，是種什麼情形。對於一己，則深刻認識只不過是千萬渺小生物之一，渺小之至。過去似乎還有些思想，有些理想，有些對於國家歷史文化和活生生的青春生命深刻的愛，對於一切新事物充滿了天眞的好奇和對人對事無比的熱情。而反映於工作中時，這一切且照例影響到文字，形成一種強烈氣質，也有我也有客觀存在種種聲音顏色與活潑生命，以及對於四時交替節令氣候的感觸。一病回復，對世事如有知實無知。對自己，作較深一點的認識，通常只是充滿一種不可解的悲憫。記得阮籍有兩句詩：「時變感人思，經冬復歷夏。」從住處窗前齊檐的向日葵，扭着個斗大花朵，轉來轉去，已經三次看到生長和枯萎。我想到我實忽忽倏倏過了三年。學習中體力稍回復，認識隨之而變……。

經過學習，我業已認識到，自己過去習作中一部分，見出與社會現實的脫節。由情感幻異的以佛經故事改造的故事，發展成「七色魘」式的病態格局。以及《看虹錄》、《摘星錄》中誇侈荒誕的戀愛小說，再到解放前夕以抽象觀念拼合來說明戰爭——雖出於對和平的渴望，實爲知識分子彷徨無主的心理反應。

究其原因，除了讀書範圍雜，以尼采式的孤立，佛教的虛無主義和文選諸子學，以及弗洛依德、喬依斯造成的思想雜糅混合，全起源於個人與現實政治游離產生的孤立。過去只從歷史認識政治二字的意義，政治與統治在我意識中卽二而一，不過是少數人又少數人，憑着種種關係的權力獨占。專制霸道，殘忍自私是它的特徵。辛亥革命後十餘年的政局變動，更說明這個上層機構，實已腐爛不堪。我二十歲以前所理會的政治，不過是使人恐怖，厭惡，而又對之無可奈何的現實存在。因此，產生了對一切政治的懷疑與不信任。而又以爲文學與文化，宜屬於思想領域而非政治領域。一切社會思想著作之所以引人入勝，使世界千千萬萬讀者，能從作品中得到熱情鼓舞，實由於這類作品，也是科學也是詩。不斷擴大深入到世界上優秀思想家、藝術家、組織家，以及萬萬千千素樸年輕生命中，作成千萬種不同的發展，人類關係才因之完全重造，改變了世界面貌，形成人類進步的奇跡。

這種對思想的倚重，一面是不明白流行在文學運動中「政治高於一切」對人民革命的意義，一面却承認共享共有的進步社會理想是哲學也是詩，一面對舊政治絕望，另一方面對新的現實鬪爭又始終少認識，少聯繫。

這個思想發展，和更長遠一些的生活背景有關聯，我所生長的鳳凰縣，多外來商人、屯丁和苗民混合居住。由於習慣上歧視和輕視，後來被人稱作「鎮筸苗子」。出於民族壓迫，清政府早將土地全部收歸官有。辛亥革命失敗，城區四郊殺人到數千，犧牲的大部是苗人。這以後，軍閥割據火拼，大小軍閥土匪反復砍殺，貪官污吏惡鄉保橫征暴斂，……我從這種可怕環境中長大，按家庭出身宜有向上爬意識，生活教育卻使我向下看。我由於否定這個現實，五四運動微波餘源，把我推送到北京城。北來後軍閥政治的黑暗，加深了我對政治二字的厭惡，卻也妨碍了我對政治深一層的理解。這時，左右思想陣容分化明確。英美系學者正在討論科學玄學，為一堆抽象名詞糾纏得極熱鬧。我得到一種印象，即這些學者名流對明日社會，怕做不了什麼事。因此，生活交往依存於自由主義者羣，思想情感見於作品卻孤立而偏左。另一方面，社會新舊鬪爭一系列發展，我都一一見到，越來越複雜尖銳，我卻儼然游離於糾紛之外。

政治鬪爭時有張弛，而文學鬪爭上隨之時而飆擧雲起，時而灰飛烟滅。兩種鬪爭在曲折發展中又都不免聯合復分化，令人把握不定，浸透一種感傷的心情，把歷史上一些作者比擬太空諸星，以為各自照耀，各有千秋，還依然是一個整體。古今人雖相去千里萬里，恰如萬壑爭流，彼此終必到達人類進步的大海。因此雖活在二十世紀波瀾壯闊的中國社會中，思想意識不免停頓在十九世紀末的文學作家寫作意識領域中。

經過在革命大學十個月的學習，對文學與政治的關係、集體主義和實踐的重要性，有了新的理解。惟就個人的認識，則「實踐論」的偉大意義，却不在乎爲擴大闡釋此文件而作的無數引申，實重在另外萬萬人如何眞正從沉默無言的工作中的實踐，卽由此種工作生活的實踐，檢查錯誤，修正錯誤，一切不離乎實踐。

在新政權建立後的三年中，由於報刊上完全消失了沈從文的踪影——旣無作品發表，也沒有關於他的消息，引起海內外的種種猜測和謠傳。有說沈從文因受折磨死去的，有說他被關進監獄的，有說他被強制勞改的。爲澄清謠言，回答海內外親友的惦念，沈從文寫道：

這個檢討則是這半年學習的一個報告，也卽我從解放以來，第一回對於個人工作思想的初步清算和認識，向一切關心過我的，教育幫助過我的，以及相去遙遠聽了些不可靠不足信的殘匪謠言，而對我有所惦念的親友和讀者的一個報告。

此時，沈從文的工作已經正式轉入歷史博物館。從中央革命大學出來後，沈從文曾隨工作組去四川宜賓，參加過一段時間的農村土地改革工作。

從四川返回北京後不久的一天，突然有小車來接沈從文去北京飯店，說陳賡約他見面，並請他吃飯。

眼前的事實將沈從文猛然拉回到二十年前，耳邊響起胡也頻的聲音：「你的一個老鄉想見你」。不想這個長達二十年的預約，到今天還沒有過時失效。想想二十年的人世變遷，沈從文不免起恍若隔世之感。

一見面，陳賡向沈從文敍述了自己早年的一段遭遇。二十年代，陳賡曾流落到湖南衡陽。正當窮困潦倒、走投無路，不知何以爲計時，一個偶然的機會，認識了一個姓曾的湘西人。其時，此人在衡陽當鐵路局長。見陳賡處境狼狽，旋即慷慨解囊，送給陳賡三十塊錢作路費，介紹他去了廣州黃埔軍官學校。幾十年來，陳賡一直感念着這位湘西人。二十年前約沈從文見面，二十年後仍不忘踐約，沈從文知道，愛屋及烏，這是眼前這位中共將領一份感念之情的替代性的寄托。然而，他仍然感到了人與人之間彌足珍貴的純眞而誠摯的溫情。

隨後，陳賡關心地詢問了沈從文目前的情況。得知沈從文已轉入歷史博物館工作，陳賡說：「你沒有什麼問題，不要有什麼負擔。抗戰時期，你的作品在解放區也很流行。現在在博物館工作，這也很好。」

末了，陳賡拿來一些舊畫和其它文物，請沈從文鑑別。其中，一個出自土司的翡翠，爲無價之寶。

第十章　在歷史的瓦礫堆裏

一、艱難的選擇

當革命大學那位軍人班長請示回來，答覆說：「上面要你仍然寫文章」的時候，沈從文無言以對。

這答覆無意中刺中了沈從文的痛處。——寫文章，寫文章，可是我怎麼寫下去？如果放棄寫作，又能做什麼？

沈從文再次面臨人生的選擇。這選擇，與他二十歲時在保靖的那次抉擇有着許多不同處。當年面對的是獲得權力與尋求知識，人身依附與人生獨立的選擇，雖然也有猶疑，有權衡，然而覺醒的生命帶來的是義無反顧的決斷、放下權力，去尋求知識，割斷與湘西上層社會的聯繫，獨立地走自己的路。現在面臨的自然是不同了——背景不同，選擇的對象也與從前的兩樣，性質雖不如最初的人生選擇那般嚴重，擇取卻遠比那次爲難。——他無法斷然決然割斷與文學創作的牽連，因爲那是注入自己全部生命的事業，早已感到那是「終其一生，無從更改」的。在那上面，有自己二十多年的心血凝注。現在要最終割棄，不能不使他感到痛苦。——雖然這痛苦不是來自外部的壓力，既非有人不准寫作，也沒有人強迫他一定要寫什麼，不寫什麼，而是來自他自己的內心矛盾。惟其來自自身，其痛苦更甚。

他明白，如果繼續從事文學創作，自己已經定型的寫作方式與已經自覺到的社會要求之間，必不可免地存在着衝突。雖然在那份自我檢查裏，提到學習中對「政治高於一切」，「文學從屬於政治」的重新認識，但要在創作中實際體現這一點，並非易事。即便有了朝這方向的明確努力，下意識的長期積習——自己所熟悉的題材範圍、審美趣味、處理材料的方式乃至語言詞彙，終難保不拖住手中的筆。

他不能不面對現實：在承受了新的社會要求的文學領域內，自己的落伍是注定了的。與其於己於人有害無益，不如避賢讓路。既然實證生命價值的途徑不只一條，文學創作已經難以為繼，盡可以另外的方式為社會服務。

可是，眞要改行，對沈從文來說，還不是一般所能想像的那麼容易。改行意味着什麼？原有的半生經營的事業基礎全部報廢。新的選擇無論是什麼，一切都得從零開始，他已經是五十歲的人了。如果新的選擇不只是僅僅獲取一個頤養天年的職業，而是用以繼續實證生命所能達到的傳奇——在沈從文的深心裏，這是一種出自生命潛能的人生必需，那麼，五十歲實在是一個太過嚴峻的年齡。

——沈從文陷入了自己作成的兩難之境。好在最終的決斷還不需要立時作出。離開革命大學後隨工作組下鄉參加土改，延緩了這一選擇過程。

先是抗戰結束後，北京大學以韓壽萱爲首，籌備建立博物館專業。沈從文憑着他原有的文物鑒別知識，到處跑去爲博物館買文物。及至從四川土改回京後，他又被抽調去清理整頓北京的古董店。成天跟隨軍代表，在北京各古董店裏出入。當時北京共有古董店二百個，沈從文親自參與檢查的，就有八十九個，成百萬的古代文化珍品從他手中經過。想起三十年前剛到北京時，自己在這些古董店門前徘徊不敢進門的往事，沈從文心裏不免產生出許多感慨，感慨中也慢慢生出一種憬悟：自己的生命與這些古代文物原不可分。

沈從文對文物的興趣遠不是自這時起。它可以一直追溯到一九二一至一九二二年沈從文在保靖替陳渠珍整理古籍，管理舊畫、陶瓷文物，並爲它們編目的時候。剛到北京時，琉璃廠、天橋、廊房頭、二、三條，各處跑去欣賞古董店和地攤出售的文物，幾乎成了他日常必修的功課。到三十年代，他的生活終於從貧困中解脫後，便不知節制地購買收藏各種文物。在他於結婚三周年紀念日寫給張兆和的小說〈主婦〉裏，依稀可見他當時收羅文物的情形：

……她一面整理衣物，一面默默的注意到那個朋友。朋友正把五斗櫥上一對羊脂玉盒子挪開，把一個青花盤子移到上面去。像是贊美盒子，又像是贊美她：「寶貝，你眞好！你累了嗎？一定累極了。」

她笑着，話在心裏，「你一定比我更累，因爲我看你把那個盤子搬了五次六次。」

「寶貝，今天我們算是結婚了。」

她依然微笑着，意思像在說：「我看你今天簡直是同瓷器結婚，一時叫我寶貝，一時又叫那盤子罐子做寶貝。」

「一個人都得有點嗜好，一有嗜好，就容易積久成癖，欲罷不能。收藏銅玉，我無財力，搜集字畫，我無眼力，只有這些小東小西，不大費錢。也不是很無意思的事情，並且人家不要的，我要，……」

她依然微笑着，意思像在說：「你說什麼？人家不要的你要？……」

停停，他想想，說錯了話，趕忙補充說道：「我說盤子瓶子，是人家不要的我要。至於人呢，恰好是人家想要的而得不到的，我要終於得到。寶貝，你眞想不到幾年來你折磨我成什麼樣子？」

她依然笑着，意思像在說：「我以爲你眞正愛的，能給你幸福，還是那些容易破碎的東西。」❶

沈從文對文物的愛好從廣泛的欣賞逐漸轉向專門的搜集。在北京時專收瓷器，還在外國人之

---

❶《沈從文小說選》，人民文學出版社一九八二年版。

前，他就注意到了青花瓷的價值，在雲南期間，專門收集耿馬漆盒，後來又轉向搜集錦緞絲綢。抗戰勝利返回北平後，他與朱光潛同住一個院子，他對朱光潛說，「趁二位太太沒來，趕快買東西」。及至二位夫人回到北京，兩人仍變着法子買各種便宜的文物。

一九四七年我們又相聚在北平。他們在中老胡同北大宿舍，我住他家裏邊一間屋中，這時他家除漆盒書籍外，充滿青花瓷器。又大量收集宋明舊紙。三姐覺得如此買下去，屋子將要堆滿，又加戰後通貨膨脹，一家四口亦不充裕，勸他少買，可是似乎無法控制，見到歡喜的便不放手……

在那座四合院中，還住着朱光潛先生，他最喜歡同沈二哥出外看古董，也無傷大雅的買點小東西。到了過年，沈二哥去向朱太太說：「快過年了，我想邀孟實陪我去逛逛古董鋪」，意思是說給幾個錢吧。而朱先生亦照樣來向三姐邀從文陪他。這兩位夫人一見面，便什麼都清楚了。我也曾陪他們去過。因爲我一個人，身邊比他們多幾文。沈二哥說，四妹，你應該買這個，應該買那個。我若買去，豈不是仍然塞在他的家中，因爲我住的是他們的屋子❷。

他大半生都在從事搜尋和研究民間手工藝品的工作，先是瓷器和銅器，後轉到民族服裝和

---

❷張充和：〈三姐夫沈二哥〉，《海內外》第二十八期。

裝飾，我自己壯年時代搜集破銅爛鐵、殘碑斷碣的癖好也是從文傳染給我的❸。然而，沈從文搜集文物，其意並不在收藏。買來的文物，常常是隨後送了人；送了，又再買。

從文表叔一家老是游徙不定。在舊社會他寫過許多小說，照一位評論家的話說：「疊起來有兩個等身齊。」那麼，他該有足夠的錢去買一套四合院的住屋了，沒有；他只是把一些錢買古董文物，一下子玉器，一下子宋元舊錦，明式家具……精精光，買成習慣，也送成習慣，全搬到一些博物館和圖書館去。有時連收條也沒打一個。都知道他無所謂，索性連捐贈者的姓名也省却了❹。

一批又一批文物，就這樣從他手中過去，而有關這些文物涉及廣泛的知識——一種眞正財富，卻在他腦子裏留下來了。早在四十年代，他就寫過〈讀展子虔的「游春圖」〉一文，比證相傳爲隋代畫家展子虔所作〈游春圖〉眞僞，洋洋萬餘言，敍隋唐以來中國畫史，如數家珍，並涉及隋唐以下服飾、裝裱、絹素及人物起居方式各代特徵。其獨到的見解，在三十多年後，爲不斷出土的衆多文物提供的資料和後來者的研究所證實；並發表過〈收拾殘破〉等論文，就抗戰勝利

---

❸ 朱光潛：〈從沈從文先生的人格看他的文藝風格〉，《花城》第五輯（一九八〇年）。

❹ 黃永玉：〈太陽下的風景〉，《花城》第五輯（一九八〇年）。

後如何保護文物大聲疾呼過。

然而，這一切，在當時只不過是一時興之所至而已。沈從文生命發展的潛能，是朝着文學的方向獲得升華的。他在文學上所取得的成就，抑制住了生命潛能朝文物研究方面的發展。現在，要重新改由這方面發展，雖是性之所沂，仍然還得從頭作起。盡管如此，後半生工作的方向，在沈從文心裏卻逐漸變得明朗起來。

清查北京古董鋪的工作結束後，工作去向問題立即擺到了沈從文面前。

當時館裏的人不少，其中有十三個教授。大家都不安心，館領導徵詢大家意見：如果不願留下來，可安排到別的單位工作；如果願意留下來，有什麼條件盡可以提出來商量。結果，其餘的教授都離開了歷史博物館，轉到其它單位工作去了。對沈從文，也提出北京師範大學和中國人民大學供他選擇。沈從文終於做出了留下來的決定。他對博物館領導說：

「工資不要超過館長，能給我工作提供方便就行了。」

這一決定終於導致沈從文與文學創作的最終告別。

一九五三年，全國第二次文學藝術工作者代表大會召開，沈從文以美術組的成員與會。會議期間，毛澤東、周恩來等國家領導人在人民大會堂接見了包括沈從文在內的一些文學家、藝術家。見到沈從文時，毛澤東詢問了沈從文的工作和身體情況，而後說：

「你還可以寫點小說嘛。」

沈從文報以微笑，對毛澤東提出的希望卻未能作答。他心裏有着難言之隱。——若作否定性回答，豈不辜負了別人的一片好意；若作肯定的回答，又豈非當面撒謊？因爲就在這之前，沈從文已收到上海開明書店來信。信的大意是說：你的作品已經過時，凡在開明的已印未印各書稿及紙型，已全部代爲焚毀。——沈從文心裏在文學創作方面尚存的一點火星，至此已完全熄滅。

沈從文在歷史博物館的工作，是爲陳列的展品寫標簽。歷史彷彿開着玩笑，將他拉回到當年在湘西軍隊裏當文書的位置上。這使得許多親友大惑不解。從香港回國工作的黃永玉，此時正寄居在北新橋大頭條的沈從文家裏。見沈從文那份在新的工作上安之若素的神氣，心裏有了疑問。「他的工作是爲展品寫標簽，無須乎用太多的腦子。但我爲他那精密之極的腦子擱下來不用而深深惋惜。我多麼地不了解他，問他爲什麼不寫小說；粗魯的逼迫有時使他生氣❺。」

然而，各報刊向他約稿的仍不乏其人，沈從文卻不爲所動，他開始主動割斷與文學創作的聯繫。辦刊物的朋友有時輾轉相托請他寫點短稿，不是「推」就是「拖」，眞如老話說的，好比駱駝穿針眼。總是常用「過時了，過時了」來搪塞。接着他還會說在這方面自己「已下降到接近報廢程度」，所以只有「避賢讓路」之一途。有時信中虛晃一槍：「老朋友來談談

❺ 黃永玉：〈太陽下的風景——沈從文和我〉，《花城》第五輯（一九八〇年）。

天，還像滿有興致，問這問那，也間或煽起一點童心幻念。」但一說到眞格的，請他就湯下面地寫那麼千兒八百字，他就掛出了免戰牌，兩手一拱，「饒了我吧！」❻

然而，沈從文並沒有心如槁灰，以消極退隱的方式以求自保。一個人活着，就有責任待盡。他的生命之火並未熄滅。只是在一種不作廣告，不事聲張，旁人迷惑不解，自身也默默無語狀態中，開始了向另一片天地的艱難跋涉。當終於有一天，人們在那片新的領地裏發現沈從文的身影時，便不能不驚嘆生命所能創造的奇蹟。

二、進取與退避

從此，沈從文一頭扎進博物館，成年在破舊的金、石、陶、瓷、絲綢——一個歷史遺留下來的巨大的瓦礫堆裏轉來轉去，探尋那涌向人類眞實昨天的迷徑。

每天，沈從文都提前趕到博物館門口，等候開門上班。

北京的三九寒天，氣溫極低。太陽還沒有出來，寒氣直浸入人的骨髓裏去。每天清晨，天安門前一個稍能避風的牆角落裏，蜷縮着一個五十出頭的矮個老頭。穿一件灰布棉襖，一面跺腳，一面將一塊剛出爐的烤白薯，在兩手間倒來倒去取暖。天安門前過往的早行人，誰也不會料到他

❻ 蕭離：〈不倒的獨輪車——沈從文側面像〉，《新苑》一九八〇年第四期。

就是沈從文。他正在等候博物館的警衞按規定的上班時間，將門逐一打開。

博物館設在午門前的五鳳樓上。此時，所有文物仍一律按舊規庫存。陳列室與庫房裏，不准生火，也不許裝電燈。室內光線極差，成日裏黑沉沉的。西邊拐彎處，有一間小小的展覽室，裏面陳列着明清兩代用以將人犯凌遲處死的各種刑具。剝皮的、抽筋的、剜眼睛、割舌頭的，奇形怪狀，不一而足。卽便是大白天從那兒經過，也不免感到陰氣逼人。

沈從文自然並不顧忌這些。成千上萬的文物在他眼前展開了一個新奇的世界，猶如阿里巴巴偷得了打開山洞的秘訣，使他有幸置身於令人眼目迷亂的稀世珍寶之間。雖然，過去從他眼中手裏經過的文物已經不少，但與眼前見及的相比，不過是滄海一粟。沈從文興奮不已。一股巨大的貪欲從他心裏升起——他不是垂涎於這些文物的金錢價值，而是為深藏在那一履一帶、一環一佩、一點一線、一罐一罈之間的巨大的知識財富，以及燃燒其間的永世不滅的生命之火所迷醉。

館裏給他的工作是給文物分類寫標簽。工作雖然只是成天在牆上寫字，可是這於沈從文，卻並非一種機械式的勞作。他比別人多了一層心機，他抄寫着，同時也對每一件文物加以仔細觀察與分析，其中的人物服飾、家具器皿、風俗習尚、花紋設色、筆調風格，全都被他充滿興趣地加以注意。他且看且寫且想，人轉，手轉，腦子轉，種種形像連同涉及的各樣或是或否的文物研究問題，一齊刻入他的大腦深處，他素能強聞博記，對形像的感受力極敏銳細膩，又擅長系列化排比，加上那份樂此不疲的心性，他正在向文物研究的高峰攀登。

他是那樣珍惜時間，在他的感覺裏，時間就是生命。自己從事的是一項嶄新的事業，一切都得從頭學起，已經沒有多少時間可供浪費了。爲此，他簡化了自己的生活。怕上上下下出出進進耽誤時間，他中午從不回家，經常拿一塊手絹包兩個燒餅，就在館裏塡飽肚子。不止一次，中午的下班鈴響了，他仍然聚精會神地記錄材料。因太過神情專注，他竟沒有聽見鈴響，結果被管理員反鎖在庫房裏。午後上班打開庫房時，值班員才發現沈從文還在裏面伏案疾書。管理員過意不去，走到面前向他道歉，沈從文反覺驚愕，竟不解管理員何以云然。

這可正中了家裏保姆的下懷，沈從文簡化生活的習慣竟經常得到她的口頭誇獎。

保姆石媽媽的心靈的確像塊石頭。她老是強調從文表叔愛吃熟猪頭肉夾冷饅頭。實際上這是一種利用老人某種虛榮心的鼓勵，而省了她自己做飯做菜的麻煩。從文表叔從來是一位精通可口飯菜的行家，但他總是以省事爲宜，過分的吃食是浪費時間。每次回家小手絹裏的確經常鼓鼓地包着不少猪頭肉❼。

依舊是日月升降，寒暑交替。幾年過去了，沈從文以他驚人的毅力，默默地在他新的領地裏開墾的結果，使他成爲文物史方面幾乎「富甲天下」的專家。在沈從文身上，命運彷彿有意在做出一種持平的安排，即讓他以知識上富有去彌補他生活上的敗北。在知識的追求進取上，沈從文

❼黃永玉：〈太陽下的風景——沈從文和我〉，《花城》第五輯（一九八〇年）。

是一個幸運者，在他走上文學道路之前，命運就安排他去經受種種磨難，去看那些別人無法見到的人生現象；而當他終於改行轉入文物研究時，又讓他直接觸摸別人輕易見不到的奇異珍寶。

然而，沈從文對文物知識的貪婪進取，並不企求以此獵取個人名利。他只想以自己的所學，爲各方面打打雜，盡一個合格公民應盡的人生義務。在這期間，文化部撥給沈從文數萬元經費，讓他給上海師範學院、吉林人民大學裝備文物。他便全國各地跑去，充當文物採購員，他既懂行，東西買得既便宜，價值又極高。在吉林大學工作的成仿吾，後來對他說：買的東西眞是好極了。敦煌壁畫在歷史博物館展出，他又被抽調去工作了半年，展出後，東歐各國都有人來參觀，又由沈從文擔任陪同、講解。一陪就是二十天；又應邀去中央美術學院講古代絲綢錦緞課。除隨身帶些珍貴文物和古絲綢錦緞原件，幾乎是空手而至，卻將近百年的分期和斷代信口講出來；又應邀爲《紅樓夢》重新校訂註釋。依據文物研究心得，將原註改寫了數百條。如「賈寶玉品茶攏翠庵」一節說到的那種「點犀𥁞」茶具，以前的註近似猜謎，而沈從文親眼見到的類似的犀牛角茶具卻有數百件；三年自然災害期間，受何其芳之托，又爲《不怕鬼的故事》作註。

……

這些，自然不爲一般人所知。更多地還是在博物館內，於抄寫標簽之餘，隨時充當講解員。

一九五三年春天，中國人民志願軍回國訪問團參觀了歷史博物館。一個二十剛剛出頭名叫王序的青年戰士，隨隊走進正在舉辦的敦煌文物展覽大廳。中華民族古老燦爛的文化使他目眩色迷。他既覺新奇，又感迷茫——他對文物所知實在很少。正當他手足無措時，一個五十多歲的工作人員微笑着朝他走來。此人舉止斯文儒雅，雖然鄉音極重，卻十分細心耐煩地給他講解，一如舊友重逢。而且，他對展品是那樣熟悉，所知是那樣精深廣博，舉重若輕地引導這位年輕人穿越一條曲折而漫長的歷史迷宮。

在他的陪同下，這位志願軍戰士聽得入了迷，在展覽廳裏呆了整整半天。他心裏想：祖國人民對我們志願軍眞是太好了！

閉館時間到了，鈴聲響了起來。兩個握手告別。出於禮貌，這位志願軍戰士詢問了一聲對方的姓名。

「沈從文。」回答的聲音極輕，卻還清晰。

「沈從文！」年輕的志願軍戰士愣住了。他有點不相信自己的耳朵，然而這是事實。——這不是三十年代即蜚聲文壇的老作家嗎？他怎麼當起講解員來了？

這次偶然相逢，引起了這位年輕戰士對古代文物的強烈興趣，同時也決定了他後來的人生道路。回到朝鮮後，他開始給沈從文寫信。一九五八年王序復員回國，請沈從文幫助他挑選工作單位。在沈從文的參謀下，他終於選擇了中國科學院考古研究所。

在這片新的事業領域內，沈從文默默無言地耕耘着。一篇篇文物研究的學術論文發表了，一部部專著——《唐宋銅鏡》、《戰國漆器》、《中國絲綢圖案》、《龍鳳藝術》相繼出版了，他的生命之火再次發出耀眼的光輝。

當我在《新建設》雜誌上看到他那篇簡直等於「天書」的《明織金錦問題》時，幾乎嚇了一跳，繼而又見到他的《龍鳳藝術》、《唐宋銅鏡》、《戰國漆器》等專著時，我似懂非懂地理解了點他是在進行又一種創造性的勞動❽。

沈從文對工作所具有的那份高度責任心感動了博物館的領導。在沈從文留館工作兩年後，黨委書記找沈從文談話，要他寫申請加入共產黨。沈從文回答說：認眞做事是我的本份。入黨我沒有資格，還差得遠。一九五二年，中共中央統戰部長李維漢請客，邀沈從文、老舍、周培源、馮至等人參加。席間，李維漢誠懇地對大家說：黨的事業需要知識份子，希望你們能加入中國共產黨。如果不願意，也可以加入九三學社。

大家回答說：入黨還不夠條件，只希望能多看點文件，想多知道點國家大事。

李維漢回答也很乾脆：這不難，我們盡可能滿足大家。

一九五三年，沈從文被安排參加了中國人民政治協商會議。一些相熟親友向沈從文賀喜，沈從文反倒不解：這喜自何來？——他對這一類的得失照例看得極淡，而在別人看來，卻反倒有點難以理解的「反常」。

❽ 蕭離：〈不倒的獨輪車〉，《新苑》一九八〇年第四期。

然而，沈從文在博物館的工作，還不是一帆風順的。在那由千千萬萬文物築成的歷史迷宮裏，他的心靈無拘無束，游刃有餘，可是，發生在他身邊的人事的風風雨雨，卻常常弄得他一籌莫展。

沈從文一作起事來，爲了使用方便，大批有關圖書圖片資料，或是牆上訂着，或是桌上放着，地板上堆着，淩亂中卻自有邏輯。爲了節省時間，這些資料照例依原樣放着，不再加以收拾。可是，卻有人替他操心，這些圖書資料常常被人收起。

辦公室主任說：「書只能放在書架上，不能放在書桌上，這樣才整齊乾淨。」

沈從文哭笑不得。但他照例不再抗辯，心裏卻說：「我不但要放在書桌上，還要放在床上呢！」

「三反五反」運動期間，全國博物館會議在北京召開。爲了配合政治形勢，歷史博物館舉辦了一個「浪費展覽會」。一批由沈從文經手購買的文物，被當作浪費的典型例證，拿到展覽會上陳列。沈從文本人也被通知去參觀，接受教育。

一部《望雲筆談》，中國古代極珍貴的兵書，漢代人著作，明抄本，由沈從文從蘇州花三十塊錢買來，很少人知道這本書實際價值；

整匹的漢代綾子，有「河間府織造」字樣，沈從文買它時，只花了四塊錢；一大堆戰國時期的青銅車軸，購買時，沈從文從古董鋪行家處得知，這些花紋相同的戰國銅器，是分別從不同的地方出土的。於是由此推斷，這一定是當時能大量生產了。它對當時鑄造工藝水平的判定，提供了實物依據。而現在，卻說是相同的買得太多了；

又有一本《御物染織裂》，研究唐代綢緞的，爲日本現代人有名著作，沈從文花一千塊錢將它買來。——說是買得太貴了；

還有大批紙、漆、瓷器……。

這些文物，此時正作爲沈從文錯誤的證據被陳列，他卻反爲能買到這些珍貴文物而得意。但他依然不做聲，眼前的景象只使他感到一點滑稽。

歷史博物館新館落成，日本一個代表團趕來祝賀。這些人都是中國文物研究專家，其中，水野清一是《雲崗》一書的作者。得知他來，沈從文和館裏其他人一道，有意找了些他不知道的文物，如戰國、南北朝時期的銅器和手抄經卷給他們看，日本人感到十分驚訝。

可是，輪到要座談了，卻由館裏的一位對文物並不在行的行政領導代表中國。談了半天，卻言不及義，答非所問，連翻譯也被弄得莫名其妙。

對方問：「你是作什麼的？」

回答說：「我們是同行，我們是同行！」

對方似乎是若有所悟，便一笑了之。

一天，北京市副市長兼學術委員吳晗應邀來歷史博物館參觀，沈從文被指定爲陪同講解。

吳晗一行來到館裏，沈從文正待上前，見吳晗與幾位館裏領導在陳列的文物面前議論風生，談興正濃——他知道，吳晗雖是一位歷史學家，對文物並不十分在行。不願意掃他們的興，沈從文悄悄地轉身走了。

事後，館裏立即召開批評會，指陳沈從文的失職和無組織無紀律。沈從文不作聲。

有人指名問他，說：「你爲何中途來了，又跑了！」

無奈，沈從文只好說：「你們見他鞠躬如也，他見了我也是鞠躬如也。」

人們才知道，吳晗過去曾是沈從文的學生。

沈從文遭遇的這類事還多着！但他深知人情世態大率如此，許多事是無需辯，也無從辯的。事情雖不免有點煩人，卻並非什麼了不得的大事，自己只有退避一途，值不得將精力耗費在這類人事羈絆上。

但人也就是一種奇怪的動物。這種由意志支配的豁達並不能完全抑制下意識裏的軟弱。長年埋頭於罈罈罐罐之間的那份寂寞，培養着沈從文一份孤獨感。一次，鄭振鐸來博物館看望沈從文。一見到這位三十年代起即相熟的文壇舊友，一絲傷感浸透全身，沈從文立時覺得心裏發軟，彷彿有許多話要對這位舊友敍說，卻又不知從何說起。握住鄭振鐸的手，他只叫了聲「西諦……」，眼圈兒便已經紅了。

但在另一時，他卻又反過來安慰別人。有一段時間，沈從文咳嗽得厲害，卻仍然抱病給來博物館參觀的人做說明。恰逢蹇先艾、李喬來看望他。見沈從文滿面憔悴，咳嗽吃力的情景，兩人心裏酸酸的，臉上浮出一絲凄涼的神情。沈從文見狀，立即邀兩人到公園裏去吃茶，有意談些軼聞逸事，說些笑話趣話相互開心。

然而，沈從文卻不後悔自己的選擇，而是表現出驚人的堅韌。他容不得無端耗費生命的行爲。

> 那時侯，《新觀察》雜誌辦得正起勁，編輯部的朋友約我爲一篇文章趕着刻一幅木刻插圖。那時侯年輕，一晚上就交了卷。發表了，自己也感覺弄得太倉促，不好看。爲了這幅插圖，表叔又特意來家裏找我，狠狠地批評了我一頓：
>
> 「你看看，這像什麼？怎麼能這樣浪費生命？你已經三十歲了，沒有技巧，看不到工作的莊嚴！準備就這樣下去？……好，我走了……」⑨

有一年，黃永玉去一個林區考察寫生，他將在森林裏的生活和見聞寫信告訴沈從文。收到來信，沈從文寫了一封長信作復。在信中，沈從文談了三點自己的經驗：

> 一、充滿愛去對待人民和土地；二、摔倒了，趕快爬起來往前走，莫欣賞摔倒的地方耽誤事，莫停下來哀嘆；三、永遠地、永遠地擁抱着自己的工作不放⑩。

---

⑨、⑩ 黃永玉：〈太陽下的風景——沈從文和我〉，《花城》第五輯（一九八〇年）。

三、斬不斷的情絲

雖然在外部行爲上，沈從文緊緊擁抱着自己所選擇的新的工作不放，割斷了與自己曾爲之獻身的文學創作的聯繫，一如當年選擇文學創作，於沉默努力中求得進展。然而在他的心之一隅，仍保留着被主體抑制卻並未斷情的對文學創作的眷念。那是他的初戀，是他的結髮之妻。它曾伴隨他走過幾十年艱難而漫長的人生之路，一旦割捨，說是放下了，倒恰恰像是不能放下的一種證言。當巴金、鄭振鐸、蹇先艾、端木蕻良、張天翼、李喬、何家槐等仍堅守文學本業的朋友、熟人相繼來看望他時，心裏無從抑制的那份傷感，也許正是這種眷念之情的下意識的流露？

這期間，在國務院工作的一位熟人曾寫信給他，表示願意爲沈從文重返文壇做一些必要工作。

我從旁邊觀察，他爲這封回信幾乎考慮了三四年，事後恐怕始終沒有寫成。凡事他總是想得太過樸素，以致許多年的話不知從何說起⑪。

一九五七年二月，毛澤東在最高國務院會議第十次擴大會議上，發表了〈關於正確處理人民內部矛盾〉的講話，正式提出了「百花齊放，百家爭鳴」的繁榮和發展文學藝術的方針。一時

⑪黃永玉：〈太陽下的風景——沈從文和我〉，《花城》第五輯（一九八〇年）。

間，文藝界開始活躍起來，出版界也出現了重新出版「五四」以來有代表性的作家作品的熱潮。一本由人民文學出版社組織選編的計二十九萬餘字的《沈從文小說選集》的書稿，送到了沈從文手中。面對這部書稿，想起幾年前開明書店的來信中所說作品已過時，代爲焚毀的話，沈從文百感交集。

在爲這本選集所寫的〈題記〉中，沈從文回顧了自己文學創作的行程之後，不無傷感地寫道：

當更大的社會變動來臨，全國人民解放時，我這個和現社會要求脫節了的工作，自然難以爲繼，於是終於停頓下來了。一擱就是八年。由於工作崗位的改變，終日長年在萬千種絲綢、陶瓷、漆、玉、工藝美術圖案中轉，新的業務學習，居多屬於物質文化史問題，和對人民生產服務的需要，越深入越感覺知識不足。在這種情形下，我過去寫的東西，在讀者友好間還未忘記以前，我自己却幾乎快要完全忘掉了。

……記得二十四年前，上海良友公司印行我習作選集時，在那本書題記中，曾向讀者深致歉意，覺得費去萬千讀者的寶貴時間，心中極不安。希望在另外一時，還能夠寫出點較新較好的東西。現在過去了二十多年，我和我的讀者，都共同將近老去了……⑫。

---

⑫、⑬《沈從文小說選集・題記》，人民文學出版社一九五七年。

然而，一種重新提筆創作的激情，同時在沈從文胸中滾動。「百花齊放，百家爭鳴」方針的提出，已顯示出對文學藝術不同風格和形式的社會需求的確認。自己也許還沒有完全過時？沈從文有點動了心。

希望過些日子，還能夠重新拿起手中的筆，和大家一道來謳歌人民在覺醒中，在勝利中，爲建設祖國、建設家鄉、保衛世界和平所貢獻的努力，和表現的堅固信心及充沛熱情。我的生命和我手中的筆，也必然會因此重新回復活潑而年輕⑬！

可是，接踵而來的發動黨內外羣衆幫助共產黨整風、大鳴大放、反擊右派進攻……，一場極不尋常的政治風雨，送過了一九五七年的春夏秋冬，同時也熄滅了沈從文重新執筆創作的熱情。——他那本中共政權建立後直到七十年代末所出版的唯一的一本選集，如果再遲一、兩個月，便不能出版。

對此，沈從文心裏已經沒有了什麼不平。失之東隅，收之桑榆。自己所從事的文物研究工作，正急待深入開展。中國歷史上從未有過的社會安定，正爲此提供必不可少的條件。他從工作中，獲得了心靈的穩定與平衡。

一九五七年夏天，當社會上大鳴大放正進行得十分熱烈的時候，沈從文家裏來了一位不速之客。

來人是專程從上海來京的一位青年學生。見面後，他對沈從文說，上海《文滙報》正等着要消息。你是著名的老作家，解放後對你的待遇太不公平，你對共產黨有什麼意見，盡管說！我一定代你寫出，在報上爲你鳴不平。

沈從文心想：我有什麼不平？不再從事文學創作，那是我自己的決定，不是誰不准我寫，也不是誰規定我只能寫什麼，而是自己心裏有個限制。

來人拿出一張介紹信，遞給沈從文。沈從文接過一看，見介紹信上寫着張恨水、小翠花和自己三個人的名字。

沈從文起了點機心——他對來人說：「你們恐怕弄錯了人。」

「不錯，不錯。」

「我和介紹信上另外兩位都不相熟。」

「那是隨便塡上去的。」

沈從文默默無語。過了一會，他對來人說：

「近年來我正在做絲綢研究工作，只擔心工作進度慢，怕配不上社會的要求。如果有什麼不平要寫文章，我自己會寫，也有刊物刊載，不必別人代勞，請不要記什麼吧。」

來人隨身帶了照相機，原準備給沈從文拍照的。見沈從文如此一說，照相機也不便再打開。坐了一會，便告辭而去。

望着來人離去的背影，沈從文心想：這個青年人太過熱情，以爲我多年不弄創作，就一定受了委屈，一定有許多意見憋在肚子裏待放，……他因失望而去，說不定還會說我「膽小不中用」！——沈從文不免露出一絲苦笑。

一九五八年，文藝界慶祝反右鬥爭勝利，中央宣傳部副部長周揚在西長安街郵局對面的一個飯館裏，設宴招待文藝界人士。全國文聯、中共中央宣傳部、中國作家協會、文化部共三十餘人參加，沈從文也在被邀請者之列。席間，周揚當衆宣布：老舍同志工作很忙，準備請他多管一點全國文聯的工作，北京文聯主席的工作，我們想請沈從文同志擔任。

沈從文一聽急了。他立即站起來說：「這不行。我還是做我的文物研究工作。我是個上不得臺面的人……。」

此事便就此擱淺。

倏忽間到了一九六一年。「浮誇風」和左傾教條主義，接連而來的嚴重自然災害，中蘇關係的惡化……天災與人禍的交相襲擊，使國民經濟瀕臨崩潰的邊緣，「左」因其自身的罪孽遭到報應。爲了團結全國人民共同度過這一困難時期，「百花齊放，百家爭鳴」的方針在文化學術界又被舊事重提。沈從文重新拿筆創作的熱情又一次被點燃了。

一九六一年年底，在王震的安排下，沈從文一行九人從北京出發，去江西井岡山地區參觀訪問，一邊體驗生活，一邊進行寫作。與沈從文同行的，有東北的蔡天心，北京的阮章競，四川的戈壁舟、安琪，廣東的周綱鳴和新華社的華山等。

十二月十五日，汽車沿盤山公路飛旋而上，過毛坪，過當年毛澤東、朱德率領紅軍抗擊國民黨軍隊「圍剿」的黃洋界，抵達高達八百餘米的茨坪。

其時，恰逢知識青年上山下鄉參加山區建設四周年紀念日。沈從文等人的到來，受到了熱烈歡迎，並立卽被邀請出席二十七日召開的紀念大會。出席大會的有全國各地來井岡山落戶的知識青年代表五百餘人，在這高遠偏僻山區，自然是一次盛大的集會。在大會上，出於對年長者的尊重，沈從文被與會代表一致推選爲大會主席，這對沈從文，眞是有生以來破題兒第一遭。人們的熱情很使沈從文感動，除了給大會致辭，他還卽席朗誦了一首詩歌。

大會結束後，沈從文由井岡山歌舞團一羣青年陪同，返回招待所。

天空飛起了鵝毛大雪，茨坪四周遠近已經一片白茫茫。這個當年不到二十戶人家的山村，如今已有三十多座樓房在羣山中落成。新建的七層大厦，依山據勝，從遠處望去，在雲霧中靑碧明滅，變幻不測，近接羣峰，如相互揖讓。

沈從文懷了一絲希冀。他願意了解眼前這個變化的事實，並在這新舊交替中追覓舊跡……。

沈從文一行七人被安排住在一間寬約二十八步的大房間裏。茨坪處高寒山區，又値冬天，便在房子中央放置了一個火盆。由於正處於經濟困難時期，山上生活十分艱苦，當時有所謂羅馬尼亞「長生不老藥」維生素H^3，還要專程從山下用奶瓶裝好送上山來。

本來，上山時各人都有自己的寫作計劃，現實的生活條件和環境，使得大家鼓不起創作的勁頭。似乎各自心照不宣，無人開口提及創作一類的話題。於是，除井岡山管理局安排組織的參觀外，成天只有打撲克、跳舞一類事可作。沈從文既不會跳舞，又不會打牌，並且還無書可看。他只能在一旁看熱鬧。

見沈從文無事可作，華山便對他說：

「沈先生，你既不跳舞，又不打牌，那就寫詩吧。」

「好。」

「那就一言爲定。」華山伸出手來。

沈從文也伸出手來，於是擊掌爲定。

終於找來一支毛筆，房內沒有墨硯。沈從文找來一只破碗底，將其倒覆在桌上，將墨水傾入碗底，開始以五言古體作詩。——一九一九年，在芷江時，他曾用剛學會的舊詩體爲那個白臉女孩子寫情詩。一九二二年到北京後，便沒有再寫舊體詩，從那時至今，已有了四十年。

從這天起，在參觀訪問期間，每到一個地方，沈從文便踐約作詩一首。

但這並非沈從文這次井岡山之行的預定目的。他是帶着自己的創作計劃而來的。按預定計劃，他將要完成一部長篇小說的創作，其內容是一個共產黨人在二三十年代的人生傳奇。小說準備以張兆和的堂兄張鼎和即張璋及其事跡爲創作原型，表現一個舊家弟子如何背叛家庭，走上反抗黑暗社會的道路，同時記錄二三十年代動亂的中國社會面貌和各種不同人物的人生足跡。爲此，他需要置身於一種相應的生活氛圍，從那些似變而未變的人生形態裏，獲取必要的藝術素材。然而，上山後的十多天裏，一陣熱鬧興奮過後，預期得到的全沒有得到。世變時移，人生的舊跡似乎已難尋覓。茨坪雖然已成井岡山中心，有博物館、招待所、文化禮堂、百貨大樓、醫院、敬老院等生活文化設施和相應機關單位結構而成的文化社區。人員既來自全國各地，居民成分與社會人事已全面刷新，人生已是一種新的合成形態。舊有的鄉村文化與人生形態似乎已蕩然無存。井岡山不再住有能喚起沈從文對已逝歲月回憶同感受的舊軍人、鐵匠及各種行業的平民。井岡山屬羅霄山脈，本爲道家洞天福地之一，傳說中衞叔卿乘白鹿駕雲車事，向本地人問及時，已經茫然無所知。

而且，這種體驗生活的方式也根本不能貼近人生。人們對上面下來的作家，接待雖然充滿尊敬與熱情，卻同時也造成一道壁障，與實在人生相去一間。無論與何人交談，聽到的都是通同共有的語言。究竟是社會人生所有方面都已經同步化，還是人們的心之一隅不願意向陌生人敞開？——在那些普通人眼裏，沈從文已不是當年的躲師爺，一個浪跡各地的士兵，一個無望無助的文學青年，而是一個「上面」下來的人，一個十足的「城裏人」了。

沈從文想起五年前的一件往事。一九五七年春，他隨政協代表團去湘西考察。路過瀘溪縣的張八寨時，他特意從一個小渡口過渡。這是一個老式渡口。一隻老式渡船，一條竹纜橫貫河面上空，由一個梳着雙辮的小姑娘攀援纜繩，來回送人過渡。東邊一列長長青蒼崖壁，西邊一大片石灘，石灘盡頭一簇簇落葉老樹，依然保留着幾十年前舊有的風貌。可是不遠處，新修的大渡口處，卻終日不斷地吼着叫着各式客貨車，等候開上方舟過渡。客車上正坐着來自全國各地的新聞記者、電影攝影師、醫生、美術、音樂、舞蹈、文物調查工作者……，洗盡了過去對湘西「匪區」的印象，充滿了熱情與興趣，正準備向湘西各縣走去。與老式渡口相映照，景物也就既熟悉又陌生。至於湘西本地的鄉村人事，變化就更加不易把握。記得解放前不久，就在這個地方，有一輛中型專用客車等候過渡時，卻突然響起槍聲。車中七個地方高級文武官員同時在亂槍中死去。這類證明社會動亂、人生變易無常的舊事，已經成為歷史陳跡。十年過去，這地方隨同日月交替，社會人事已起了根本變化。即如渡船上這位小姑娘，所處地理環境與自然背景，一如幾十年前自己筆下的翠翠，然而一份對生命充滿自信的從容與快樂，卻又與翠翠全然兩樣。記憶習慣中的文字已經陳舊，觸目景物人事卻十分新鮮。在這種變化面前，自己幾乎成了一個不諳世事的傻角兒，一個凡事陌生的外來客。自己上船時因船身晃動時那份慌張，對新的人事變化的茫然無知，使自己意識到，自己雖然常常自以為是個「鄉下人」，性格習慣屬於內地鄉村型，不易改變。其實，自己所熟悉的人生，多是百八十年前的老樣式，而對已經變化的鄉村人事，以及這種變化的來龍去脈，似乎已經無從着手把握。在家鄉年輕一代眼中，自己已純乎是一個「吃白米飯長大的城裏人」。

自內所生的限制，使沈從文感到一種不安，剛剛萌生的一點信心正漸次失去。

終因山上生活太過清苦和寂寞，比沈從文還年輕的同行者，先於沈從文下了山。沈從文原先預定在山上住兩年的念頭，由於內外條件不如所期，終於在十二月二十五日，與周綱鳴、蔡天心、江帆等人結件，離開了井山岡。

四、為而不有

促使沈從文終於提前下山的，還有一個重要原因：他無從擱下那一個個正在進行的文物研究專題。——當他緊緊擁抱着文物研究工作不放時，他無法割斷與文學創作的一縷情絲；而當真要從文物研究中脫身而出時，他才強烈地感到文物研究對自己所擁有的獨占力量。

自從進入文物研究領域以後，沈從文有了一種越來越強烈的緊迫感。

沈從文長年累月與之對面的，是份無法計量的巨大歷史文化財富。那一罈一罐、一絲一縷，處處顯示出中華民族先民在物質文化方面的偉大創造和智慧凝聚。可是，對物質文化史的研究，卻處於落後狀態，與祖先的光輝創造相比，實在太不相稱。卽以大同雲崗石窟爲例，早在四十年代，日本人水野清一就寫出了三十多本一套大部頭的研究報告，而在中國本土，卻連一套像樣一點的介紹圖書都找不到。敦煌在中國西北，而「敦煌學」又是日本人居領先地位！……每思及此，沈從文都有一種芒刺在背之感。物質文化史的研究必須有一個與中華民族相稱的地位和格局。如不思振作，迎頭趕上，便難免對上愧對祖先在天之靈，對下無法向子孫後代交待。爲此，從一九五三至一九六三年，沈從文在全國政協會議期間，先後就文物研究工作有關問題，提出過二十多次建議。

要使物質文化史的研究取得預期的進展，除了國家主管部門應作出給予文物研究相應地位的安排，要有人耐得住寂寞，不計個人得失，紮紮實實地做打基礎的工作，還需要各方面的通力合作，才能見出效果。可是在文物考古領域，到處都是條塊分割，各各將國家文物資料當作「專利」，個人與個人、單位與單位之間，相互保密、封鎖的情形十分嚴重。其結果，既有害於人，又無利於己，更有損於整體研究格局的形成。對此，沈從文簡直無法理解。

對上級主管部門的決策，沈從文無從過問；對別人思考問題的價值觀和行爲方式，沈從文也無權干涉，他只能在自己力所能及的範圍內盡責。一方面，他同時展開對幾十個專題的研究，另一方面，將自己的工作看成是「爲各方面打打雜」，充滿眞誠地爲國內各單位與個人的研究需要提供幫助。

於是，一如三十年代在北京辦《大公報》文藝副刊時期，沈從文小小寓所，又成了人來人往的熱鬧場所。不同的是登門入室的，已換成了古文物研究有關的人員。

業務和服務範圍日益擴大，除自己在「物質文化史」方面二三十年來鍥而不舍地狠下功夫之外，經常還把自己的專長「送貨上門」，或者接受外單位的「加工訂貨」，甚至應承

「代購」、「配貨」的委託。他那間本來就不大的「窄而霉齋」，有時簡直成了個不掛牌匾的作坊或者無以名之的文物、雜項薈集之所。每當客人進屋來，主人常常得這麽介紹已經在座的：

「這位是景德鎭來的××師傅……」

「這兩位是專門搞舞蹈服裝設計的……」

「快來看這幾塊新疆新出土的錦緞吧，不僅重要，還眞是米（美）極了！」⓮

在這方面，沈從文是一個令人嘆佩的古道熱腸式的人物。凡有所求，他總是盡量滿足別人的需求。每當別人上門求教，遇一時不能說清的問題，他總要於事後憑記憶寫成數十張卡片，有時甚至一部一部地評述有關典籍的得失，而後將這些卡片，分裝在大大小小的紙袋裏，外面註明「內××材料」——「××有用」、「供×××參考」……。熟悉情況的人，一看名字，就知道這是爲常來求教的年輕人準備的有關資料。南京大學的青年教師羅尗子，編寫了一部《中國工藝美術史稿》，寄給沈從文徵求意見。沈從文爲有這樣一位青年同道而高興，他幾乎是逐字逐句地爲這本書提意見，作修改，反反覆覆凡四遍，竟使原先薄薄的一本小册子增加到二十餘萬言。

從事考古學研究的青年高華，曾這樣回憶他請沈從文審閱一篇考古學論文的經過：

⓮ 蕭離：〈沈從文先生二三事〉，《文滙月刊》一九八〇年第七期。

……我寫了封長信去請教，並把我論文的初稿也一併寄去。沈先生在百忙中看了我的論文，並就我所提的問題給了許多明確的答覆。他老人家回了我一封四倍於我的長信，蠅頭小楷恭恭正正地寫滿了八頁。他不僅提供了許多參考文獻，而且有的就直接旁徵博引，省得我再去考證了。經他老先生提供的線索，我翻遍了全套《漢書》，終於查出鎏金在漢朝已經廣泛應用到了建築裝飾上的實例。我在論文中曾引用了一段沈從文先生復信中的話，我的指導教師、建築家陳志華先生也是獨具慧眼，他一眼就瞧出這些材料有來頭，他問我資料來源於何處？我於是老老實實說明是沈先生復信中的摘抄。他說應當把材料來源出處說明，於是我加上了「據考古學家沈從文致函介紹」字樣⑮。

沈從文對這種播撒火種工作的重視不亞於自己的研究。他看到了這對於民族文化研究的長遠價值。他從自己的艱辛嚴肅的勞作中，深切體驗到了四時交替對生命的嚴峻意義，時間就是生命。一個人活在世界上的時間有限，應作的事太多，而能作的事實在太少，面對自己歸納排比出來的一大堆研究專題，沈從文有了強烈的焦急感，還有許多責任待盡，自己正一天天老去。他願意年輕一輩能夠分擔這份責任。在他的感覺裏，不是自己幫助年輕人，而是年輕人在幫助自己。每當遇到一個有志於文物研究的年輕人，話一投機，他會立即引為知己，並推心置腹地說：

⑮高華：〈我所認識的沈從文先生〉，《海內外》第二十七期。

「我在有生之年要做的事實在太多了，只怕來不及。我願意把一些專題分給年輕人，把我積累的資料交給他們，完稿後以他們的名義發表。重要的是把事情做出來，而不是計較個人的名利得失。你有沒有興趣承當一份？如願意，可以把有關資料拿去，如有困難，也可由我指導進行研究。」

這種焦灼感使他不願去計較對方的目的與動機，以至充滿興趣地忙活了好些年，一旦那人出露頭角了，回過頭來反把他的眞誠和忘我當作笑談，背地裏對他橫加揶揄。對這類人的以怨報德，他總是一笑置之，依舊照樣帶了一股「傻」勁去幫助別人，從來不曾從中吸取教訓。他何嘗不知道人世複雜，人之賢與不肖，各各有別。他寧可承受個別人的以怨報德，卻不願因可能不得好報——他原本也不求報，而阻塞了更多的有志者的上進之途。——這個「鄉下人」，有如他過去筆下的老兵會明，承受了一份別人所得的「呆子」印象，卻無從抹去保留在深心裏的那份人生責任感。盡管在會明身上，是一種不知而爲，在沈從文則是「明知故犯」的。

文物研究在中國起步晚，底子薄，課題多，是一種篳路藍縷式的開拓。其不能與一個歷史悠久的大國地位相稱，是不言而喻的。這種狀況，已經引起國務院總理周恩來的關注。一九六三年，周恩來召集有關人員在人民大會堂開會。在談到文化建設方面的問題時，周恩來說：我們出國訪問，參觀過人家的蠟像館、服裝博物館。中華民族是一個具有偉大創造力的民族，文化比他們悠久，可是我們卻沒有自己的服裝博物館，沒有相應的《服裝史》，什麼時候，我們才能編一部有自己特色的服裝史？

文化部副部長齊燕銘當即插話說：「這事沈從文可以做。」

周恩來也當機立斷：「好，那就交給他去做。」

齊燕銘對沈從文的研究工作是了解的。一九六一年，在中國人民大學擔任教授的蘇聯專家尼基希洛夫，去歷史博物館參觀時，就曾指名要沈從文陪同。沈從文陪她看了整整四十天。沈從文強聞博記，對中國古代文物的深入和透徹的理解，對問題的舉重若輕，使尼基希洛夫既驚訝，又佩服，對這次參觀極爲滿意。不久寫信給文化部，希望沈從文能編一本書：「就按歷史博物館的陳列和您的講解來寫，這就很是馬列的了。」

不久，就抽調沈從文、王崇吾、金燦然，與尼基希洛夫組成一個班子，着手《中國歷史圖譜》的編寫。全書由沈從文起草，每寫出一章，就提交編寫小組討論通過。

就在此書將付印時，中國科學院方面以書稿內容不夠詳細爲由，要求另組班子，重作修訂。於是，又組成一個包括沈從文在內的十二人委員會，其中有六個專業研究員，重新開始工作。

對此，沈從文大惑不解，心裏有了疑慮。「不詳細」是不是中止此書出版、另起爐灶的真實理由？這原是一部以實物圖像為主的著述，自與那種對實物了解不夠、却以典籍記載加以引申的著作不同。而這十二人委員會中，人多沒有見過多少實物。如果仍以原先的構想為主，那麼重新增補的基礎在哪裏？如果改變原先的構想，使之「詳細」的結果，這本書又會成為什麼樣的型範？假若果真如此，為什麼不乾脆組織人另編一部，讓兩個不同特點的著作並存，而又要在原有的基礎上進行？

是不是還另有原因？原先在這本書稿編寫過程中的一些人事點滴突然闖進沈從文的心裏。——每當他寫出一章交小組討論時，總要爆發一場無謂的爭執。一些無可爭的問題，也要被提出爭論一番。那時，沈從文以為這只是學術問題上的正常現象，雖有點迷惑，卻並不以為意。現在仔細一想，心裏不免起了隱憂，他朦朦朧朧地觸到一個可怕的字眼：成果爭奪。

他被自己這種聯想驚住了。——也許，這只是出於自己的多疑。一種以「小人之心，度君子之腹」的念頭？可是，如果真是這樣，那麼，未來的工作必然是一場沒完沒了的扯皮。預期的結果一定要完結於生命與精力的「內耗」之中。在這種牽連到人事的「爭奪」中，自己從來就是一個低能者，留下的只是一連串的敗北記錄。——但願這是自己的無端猜想。但不論是哪種情況，今後的工作都將與自己所預期的相反。與其將生命耗費於無結果的努力中，不如及早避賢讓路。

於是，沈從文將書稿交由新的班子處理，當真就從十二人委員會中退了出來，返回了歷史博物館。

然而，這本書此後也就泥牛入海無消息。

一九六三年，當齊燕銘向沈從文轉達周恩來的決定時，沈從文欣然應諾。他欽佩周恩來對民族文化研究工作的重視，感念他對自己的信任，他願意做這種開拓式的——用他自己的話說「打前站」、「爲後來者開路」的工作。

沈從文立即着手《中國古代服飾研究》的寫作。按照統一安排，由輕工業出版社的阮波負責這本書的出版，由歷史博物館從美工組抽調陳大章、李之檀、范曾參加，負責圖片製作——由沈從文提供圖像實物資料，加以描摹繪製。

到一九六四年春，一部包括二百幅主圖及部分附圖，二十餘萬研究說明文字的《中國古代服飾研究》初稿即告完成。全書以文物圖像爲綱，以不同方式、不同體例作文字說明。文字說明以實物爲歸依，穿插引申文獻典籍，進行比證、分析與綜合。

書稿完成後，出版社立即出樣書，分送有關部門及專家徵求意見。在聽取了各方面有關意見後，沈從文又重作增補。按預定計劃，此書將在一九六四年冬付印，作爲建國十五周年獻禮。

可是，一九六四年後中國社會出現的變化，註定了這本書的夭折。隨着國內經濟的全面好轉，三年困難時期的結束，階級鬬爭又開始成爲中國社會生活的主旋律，思想文化領域照例首當其衝。文學藝術各部門已經受到了嚴厲的警告：「最近幾年，竟然跌到了修正主義邊緣」，「許多部門還是『死人』統治着」。在這種背景下，社會極左思潮正借機而起，醞釀着中國文化的全面危機。

在此時，即便是遠離現實政治的文物考古部門，也不是寧靜的避風港。早在一九五七年，沈從文發表的一篇題爲〈古代人的鬍子〉文章，就有人在報上著文，指名批評他「不談階級鬥爭，談起古人的鬍子來了」。對此，沈從文簡直啼笑皆非。——鬍子問題，一般人可以不談、不懂，搞歷史文物研究的，卻不能不談，不能不懂！不同樣式的鬍子，是判斷歷史人物所屬時代的重要依據：戰國人的鬍子，像倒過來的菱角，向上微微翹起；西漢人的鬍子，是長長的左右兩撇，顯得威嚴莊重；到了隋代，更是按人的不同身份，編成形狀各別的辮子；而現世京劇裏的人物，鬍子都是明代人樣式。對古人鬍子的鑒別，涉及歷史文物的眞僞。

然而，那種將階級鬥爭和歷史唯物主義庸俗化的思潮，卻正製造着中國文化的「刼數」。沈從文和他的文物研究，在即將來臨的社會風暴中，不可能不在刼難逃。

第十一章　處驚不變

一、那朵小花，真美！

一九六五年十一月，江青等人直接組織的〈評新編歷史劇「海瑞罷官」〉一文，由姚文元署名，在上海《文滙報》發表，從而揭開了「文化大革命」的序幕。一九六六年二月，林彪夥同江青等人拋出〈部隊文藝工作座談會紀要〉；五月六日，以彭眞爲首的中央文化革命五人小組及其〈二月提綱〉被撤銷；八月五日，毛澤東發表題爲〈炮打司令部〉的大字報；八月七日，中共中央通過〈關於無產階級文化大革命的決定〉（即「十六條」），明確規定這場革命的對象是「黨內走資本主義道路的當權派」和「資產階級反動學術權威」。一場「史無前例」的「文化大革命」便在全國範圍內大張旗鼓地展開了。

一切都來得那樣迅猛，那樣耀目，那樣令人猝不及防。大字報鋪天蓋地而來，不需要任何法律依據的打、砸、搶；逼、供、信；剃陰陽頭，戴着高帽子遊行示衆等人類自殘自瀆行爲，以「革命不是請客吃飯」爲口實被塗上神聖靈光。在革命旗幟包裹下的極左思潮，迷亂了人們的理性，懷疑一切，打倒一切成爲人們的行動指南，權威崇拜正以埋葬一切權威形式進行。一方面以家庭出身爲依據，「紅五類」、「黑七類」成爲劃線站隊的根據；另一方面，任一「莫須有」的罪名又可使人立即由「紅」變「黑」。一批又一批的各級幹部和知識分子淪爲「牛鬼蛇神」。許多人還沒弄清楚是怎麼回事，轉眼間便成爲革命的階下囚。

在這場大革文化命的「文化大革命」中，沈從文以反邏輯形式邏輯地被視爲革命對象，運動一開始就被「揪」了出來。罪狀是極容易羅織的，而且還是「五毒俱全」。且不說當年他與胡適等人的交往，抗戰中「反對作家從政」，在第三次國內戰爭中所持反戰立場，莫名其妙地被認定爲國民黨中央委員，——「反共老手」成爲戴在沈從文頭上的第一頂帽子；又有人揭發，沈從文家成天跳黃色舞，聽黃色音樂，是「裴多菲俱樂部」——這也是一種誣告，沈從文從來不會跳舞，也從未在家裏舉行舞會，所謂聽黃色音樂，實爲沈從文長期養成的聽西方古典音樂的習慣；四九年以後，他所從事的文物研究，被認爲是「鼓吹帝王將相，提倡才子佳人」。自然又是「反動學術權威」。

於是沈從文被紅衞兵先後八次抄家。他無法記清被抄走了些什麼東西，唯一留在記憶裏的，是他的六公斤一捆的書信被抄走了。女兒沈朝慧同時被勒令返回湘西。——朝慧是沈從文弟弟沈岳荃的女兒。一九四九年，身爲國民黨軍官的沈岳荃，卻因情況不明，在「鎭反」運動中被誤殺，直至三十年後始得「平反」。一九五八年，沈岳荃的這個遺孤從湘西來到北京，投奔伯父並認沈從文爲父。「文化大革命」一開始，做爲「黑五類」，朝慧不可免在被驅逐之列。於是，以她名義的存款全被抄走，並被吊銷了在北京的戶口，限期離開北京。

《中國古代服飾研究》一書，被作爲「鼓吹帝王將相，提倡才子佳人」的毒草遭到批判。

起始，博物館的一位副館長對批判會的組織者說：「你們別忙着批，應該先學習，學懂了再批。」這自然是對無產階級革命派的褻瀆，得到的回答是「嗤之以鼻」，批判會照樣進行。──人們既然已經習慣在既定結論下作文章，自然不會陷入在具體分析前提下作結論的「純學術討論」的泥坑。沈從文算得運氣好，總算沒有被拳打腳踢，但仍然嘗到了「架飛機」的滋味。──由左右兩人，一面按住肩膀下壓，一面抓住兩手反向上提，被迫彎腰、低頭，整個人體如飛機形狀。

批判並不到沈從文爲止，人們還要順藤摸瓜，追查沈從文的「黑後臺」。其結果，向周恩來建議由沈從文擔任此書寫作的齊燕銘立即成爲批判對象。稍稍熟悉一點中國現代文學史的人，不難從中感受到這一事件所具有的諷刺意味。──早在一九四四年，由楊紹萱、齊燕銘執筆的新編歷史劇《逼上梁山》，便被視作延安「舊劇革命」的先聲。當時，毛澤東就曾在給他們的信中說：「歷史是人民創造的，但在舊戲舞臺上（在一切離開人民的舊文學舊藝術上），人民卻成了渣滓，由老爺太太少爺小姐統治着舞臺，這種歷史的顚倒，現在由你們再顚倒過來，恢復了歷史的面目，從此舊劇開了新生面，所以值得慶賀。」❶而現在，齊燕銘反倒因「鼓吹帝王將相，提

❶〈看了「逼上梁山」以後寫給延安平劇院的信〉，《人民戲劇》創刊號（一九五〇年）。

倡才子佳人」被押上「歷史的審判臺」。然而，批判者並沒意識到其中的諷刺，因爲齊燕銘「背叛」了原先的革命立場。也有人覺出其中的滑稽而不敢作滑稽之想。——人們必須強制自己按「現實」邏輯進行思想。

在批判齊燕銘時，沈從文算是受到「優待」，因心臟有病，特許他在隔壁房間裏聽取大會的批判。

沈從文雖因此事牽連別人而深感不安，但對自己的遭遇，已經看得十分平常，沒有了委屈痛苦之感。他看到了這場革命中匪夷所思的喜劇色彩。既然幾十年前就參加革命的人正被人革命，今天革別人命的，明天又被人革，而許多同自己差不多的熟人朋友，有的已經被關押起來，有的被打成殘廢，有的被迫自殺，或者被折磨致死。自己還算得是不幸中之大幸者。

在狂飈颶風面前，沈從文十分堅強灑脫。一天，軍管會一位軍代表將他叫去，指着他放在工作室裏的圖書資料對他說：

「我幫你消毒，燒掉！你服不服？」

「沒有什麼不服，要燒就燒。」

於是，幾書架的圖書和資料被搬到院子裏，付之一炬。其中，包括了一些珍貴的書籍，如明刊本《古今小說》等。望着它們在熊熊火焰中化爲灰燼，沈從文心裏雖覺可惜，卻無憤懣，他簡直詫異於自己的鎮定和淡漠。但他明白，這是不能辯、也無從辯的時候。一切抗辯非但於事無補，反而於己有害，只能聽其自然。

一部分被認爲沒有問題的圖書資料被留下了，並交還給沈從文。那位年輕的軍代表一面將書交還沈從文，一面說：

「你不要看不起我，以爲我沒文化！」

這些人為什麼那樣自信，又如此自卑？極端的自信與極度的自卑之間，正有着一種奇怪的溝通。過猶不及，兩極間的溝通，似乎正是自然的普遍法則。對此，沈從文沒有作答，也無從作答，唯一可行的辦法就是保持沉默。

他默默地將退還給自己的圖書資料裝進一個大蔴袋，步履艱難地拖着出了歷史博物館，從天安門一直拖到位於外交部後面的東堂子胡同的家裏。

然而，爲強大政治壓力所規範的人的外部行爲和社會輿論的一律，無從完全改變世事的是非曲直。世道人心的差異依然存在。歷史博物館的軍管會一成立，一個姓黎的傜族出身的軍代表，就將沈從文叫去，十分平和、誠摯地對他說：

「你別擔心。你根本無事，沒有政治問題。」

沈從文知道，這是對方對自己的安慰。以一人之力，是無從改變既成事實的。但他仍然從中感到人與人之間理解與同情的溫暖與可貴。

第一道衝擊波過去，沈從文反倒變得安全了。由於他在歷史博物館不是「當權派」，隨着

「文化大革命」的進一步發展，他不久就成了「死老虎」。——「死老虎」打起來無味，也不能顯出打老虎者的英雄本色。於是政治的興奮中心發生了轉移：揪黨內、軍內的「一小撮」，那些還在走的「走資派」。於是，沈從文被「掛」了起來。除裝點性的陪鬥外，便同其他「牛鬼蛇神」一道，每天被集中在博物館的裱畫室裏，學《語錄》，唱「混蛋歌」，參加各種體力勞動。沈從文的任務是負責打掃歷史博物館的女厠所——對一個六十多歲的老翁，似乎沒有人擔心他會有什麼不軌之舉。有時又被安排拔草，要打掃厠所時便打掃厠所，要拔草時便拔草，沈從文照樣做得十分認眞稱職。

有時，他也想利用閑暇時間看點書。可是，除了馬列、毛澤東著作，其它的書不許看。跑到圖書館去借與古代服飾研究有關的全套《三才圖繪》，也遭到拒絕。說是全套不借，要借只能一册一册借。

他只好專心致志於拔草和打掃厠所了。

其時，毗鄰博物館的天安門廣場，經常有數萬、十數萬人的大規模羣衆集會。或是紅衞兵檢閱，或是大型批鬪會，或是歡呼「最新、最高指示」的發表。那是由紅旗、紅袖章、紅寶書滙成的紅色海洋。人潮洶湧不息，口號聲響徹雲天，氣勢無比雄壯。在這種背景下，每天從事周而復始的勞作，沈從文心裏充滿稀有的平靜。

這天，沈從文又一次到博物館的院子裏拔草，院牆外的天安門廣場上，又一次羣衆批判大會正在舉行。「打倒……！」「……萬歲！」「……進行到底！」的口號聲如一陣陣驚雷，在天安門廣場上空炸裂，鼓動的聲浪鋪天蓋地襲來。

突然，沈從文眼睛一亮。他看到院子的一角生長的一株秋葵，正在深秋的寒風裏微微抖動。一朵紅花從植株的中心勃起，花瓣葉片上掛着晶瑩透明的露珠，楚楚可憐，又生機盎然。沈從文忽然心有所感：盡管身處金風肅殺時節，眼前的小小生物却仍在履行自己的責任。他彷彿觸到了生命的律動，感到了生命自身保有的那份鎭定與從容。

那朵小花，眞美！

這一瞬間，院牆外傳來的聲浪彷彿突然減弱、退遠，乃至於消失。沈從文的心靈空間一片謐靜，謐靜中又浸潤了一絲傷感。

——美，總不免有時叫人傷心……。

然而，內心的平靜無從左右外部世界的變動。這種拔草、打掃厠所的日子沒有持續下去，一份新的變動又在改變着沈從文的處境。

先是一九六九年七至九月間，文化部所屬各單位和文聯各協會的全部工作人員，按照統一部署，分別安排去湖北咸寧、天津寧河等地的「五·七」幹校和軍隊農場勞動，一面搞「鬥、批、改」，一面接受「再教育」。九月末，在《人民文學》雜誌社任編輯的張兆和，已隨本單位人員去了湖北咸寧。至此，沈從文一家成員已經是天各一方；次子虎雛早在一九六六年就同妻子去四川參加「三線」建設；女兒朝慧早成了各地飄泊的「黑戶」；長子龍朱雖仍在北京，卻因一九五七年在一張別人寫的向黨委提意見的大字報上簽名，被劃成「右派」，眼下正在北京工業學院附屬工廠裏接受監督改造。因受一項「右派」帽子牽累，三十五歲的人了，仍未能結婚。儘管如此，只要沈從文還留在北京，全家人到底還有一個團聚的中心。

可是，就在張兆和去湖北一個月後，一九六九年十一月的一天，沈從文家裏來了兩個人，通知他五日內作好離開北京的準備。

問：「去哪裏？」

答：「到湖北去。」

幾天後，歷史博物館召開了一個動員會議，與會者共二十七人。其中有五位年過六十的老人，並且都是病號。

會議的宗旨是動員與會人員去「五・七」幹校，並規定每個人都得表明自己的態度。

先是兩位副館長帶頭發言，大意說：知識分子去「五・七」幹校，接受再教育，是毛主席的偉大戰略部署。照主席的話去做沒有錯，違背毛主席的指示就會犯錯誤。

主持會議的軍代表十分高興，連聲誇獎：「還是老同志有覺悟。」

見他們一個個慷慨激昂，信誓旦旦，沈從文信以爲眞，輪到自己表態時，便說：

「既然大家都去，我也去。」

朝慧擔心父親的健康，跑到歷史博物館問領導，「下面情況如何？老人吃不吃得消？」

一位副館長回答：「那裏美得很，他想去哪裏，就去哪裏。」

不久，沈從文卽發現，與會二十七人中，到後下去的只有包括自己在內的三個老弱病殘，遠較他們年輕的反以各種理由留下了。後來又得知，這樣一種搪塞無法向上面交待，一些人仍被逼着要下去，那位說下面「美得很」的副館長無可奈何，幽幽地哭了一場。

先是在動員會上，就有了明確交待：「你們去了，就要下決心在那裏紮根，不要再打算回來。除了煤球，什麼都帶下去。」

沈從文照例信以爲眞。他估摸着：以一老病之身，自己這一去再也回不來了。臨行前，他將在京的幾個至親子侄叫到身邊，把手頭的一點積蓄——「文化大革命」開始後，沈從文每月只能領五十元生活費。這時「落實政策」，按原工資補發所得——分給了他們。龍朱、虎雛、朝慧、黃永玉各得一份。

二、含淚的微笑

「這眞是一個悲壯的驪歌❷。」

---

❷黃永玉：〈太陽下的風景——沈從文和我〉，《花城》第五輯（一九八〇年）。

十二月底，連哄帶騙，沈從文被送到了湖北咸寧。這時他才發現，歷史博物館下來的，只有自己和另外兩位年老高級工匠。

張兆和特意趕到縣城來接，臨時找到一所破舊學校落腳休息。

隨後，他去幹校管理部門報到。一查，沈從文卻榜上無名。

「這裏需要勞動力，你來幹什麼？」

「上面叫來的，不知怎麼安排？」

「這不好辦，最好還是回去。」

「可我怎麼回去？北京連戶口也吊銷了。」

「這樣吧，等我們商量一下，再通知你。」

於是回到那所破舊學校裏坐着。其時正值歲暮嚴冬，沈從文坐在空蕩蕩教室裏，望着鉛灰色的天空出神。

他是中午到達咸寧的。一連等了四個小時，直到黃昏時節，終於得到通知：先住下來，等候下一步安排。

這才搬進屬故宮博物館一間空着的宿舍，房內一盞煤油燈，一攤蛇皮。

住了不到半月，陽曆新年剛過，突然接到通知：「決定安排你去雙溪，下午三點有車去那裏，你準備一下，馬上就走。」

先就不作再回北京的打算，一些必需的家具和日常生活用品都帶了下來。立時要走，又是一陣手忙腳亂的折騰。

終於隨車到了距咸寧五十餘里的雙溪，臨時被安頓在區委一個閣樓上。樓上光線極暗，白天也得點燈，又沒有床，只得在稻草窩裏開鋪，接着安排沈從文住進一臨時打掃出來的舊豬圈裏，沈從文堅決不去，旋即又改爲一小學校的教室，才總算有了一個落腳之地。

小學校坐落在一座高崗上，四周沒有人家，孤零零的。裏面空空蕩蕩，什麼也沒有。沈從文的住房，是在大教室裏用蘆葦隔開的一間，隔壁住着故宮博物館下來的「五七」戰士。這裏距張兆和住地六十餘里。

確如那位副館長所說，雙溪風景極美。這裏原屬古雲夢澤湖澤地帶。眼目所及，爲五萬餘畝水田，田壠縱橫交錯，分割成無數面明鏡，水波天光，上下輝映。遠處一帶山崗環列，早晚間嵐氣蒸騰。從學校小小窗口，早晚可見生產隊牛羣過身。常常是一頭老牛，骨骼龐大，身後跟着三五頭小牛，用極其莊嚴的步伐在公路上走過。公路對過，是一片墳地。長夜清晨，荒草野墳之間，有碗口粗細黃喉蛇「咯咯」叫聲傳出。

這之前，沈從文在一個被稱作「七五二高地」的地方看守菜園子。他十分稱職，風雪雨晴，從不間斷。雖然他將世事看得十分坦然，終不免感到孤獨寂寞。也常有親朋來信，關心到他的處境。爲免除親朋擔心，他不得不在回信中強作歡愉：

節，被放在這多雨泥濘遍地的地方，他寫信給我時，居然：

「……這兒荷花眞好，你若來……」

天曉得！我雖然也在另一個倒霉的地方，倒眞想找個機會到他那兒去看一場荷花……

在這場「文化大革命」中，他的確是受到鍛鍊，性格上撒開了，「七十而從心所欲，不逾矩」。派他看菜園子，「……牛比較老實，一轟就走，豬不行，狡詐之極，外像極笨，走得飛快。貌似走了，却冷不防又從身後包抄轉來，……」還提到史學家唐蘭先生在嘉魚大江邊碼頭守磚，錢鍾書先生榮任管倉庫鑰匙工作，吳世昌先生又如何如何……每封信充滿了歡樂情趣，簡直令人忌妒❸。

實際上，沈從文過得並不這樣富有詩意。生活單調清苦不說，這裏地方偏僻，幾乎與世隔絕。又無書可讀，在精神上，四周彷彿有望不斷的高牆。雨季一來，還幾乎居無寧日。

又是一個大雨滂沱的夜晚，公路上的積水下洩，一股股黃流從房門和牆根縫隙處注入沈從文房中。頭上屋瓦及牆壁裂縫處也是淅淅瀝瀝。不一會，屋子裏已成水池。見情形不妙，沈從文趕緊穿上一雙長統膠鞋，撐一把雨傘，站在房間中央，望着不斷加深的積水發愣，不知何以為計。

幸虧十多個故宮博物館同事，陸續趕來相助。他們盆端桶挑，從房間內挑出四十多擔積水，

❸ 黃永玉：〈太陽下的風景——沈從文和我〉，《花城》第五輯（一九八〇年）。

又從外面挑來十餘擔新土，將地面進水處一一塞死。又找來幾擔幹草，爬樑上房，將屋瓦及牆壁漏雨縫隙一一塞緊。好一陣忙碌過後，儘管頭上仍點點滴滴，總算可以安身度命了。

當大家忙碌時，沈從文唯一能作的，只是撐着那把雨傘，在屋內泥水中走來走去。

就在這樣的處境中，沈從文仍念念不忘那本服飾研究。雖然有關的資料和一切得用工具書早已散失無遺，然而十餘年沉默努力的結果，凡經手過眼的以萬千計的文物，那些絲、漆、銅、玉、竹、木、牙、角，罈罈罐罐和花花朵朵，仍重疊在沈從文大腦襞褶深處。於是，就記憶所及，將《中國古代服飾研究》一書應當增補的圖案一一寫出；又就國內文物研究始終近於空白的二十多個專題，分門別類，將有關材料排除，有關材料的來源、性質、發展中的情形，不同問題間的聯繫及相互制約、促進的原因，凡是能想到的，一一寫出草目，先搭架子，再隨想隨補。積以時日，身邊竟積累了一大堆卡片。

寂寞中又思前想後，一些親友的人生遭遇也一一浮現在眼前。於是，又情不自禁地為黃永玉的家世寫了一篇近兩萬字的「楔子」……

一九七〇年夏秋之交，沈從文終於病倒了。他已經年近古稀，精神的孤寂和環境的惡劣，誘發了原本就有的心血管系統的疾病。

他病得不輕，血壓高得驚人：高壓二五〇，低壓一五〇。他被送進咸寧醫院治療。

躺在病床上，沈從文身心極其衰疲，頭腦卻出奇地清醒冷靜。他分明感到生命被病魔追逼，彷彿正向死亡線靠近。——難道就這樣一病不起？人終難免一死。死並不可怕，活着或許反更艱難。然而，就這樣了結一生，實在於心不甘。手頭還有許多事沒有了結，自己尚有責任待盡。現在自己不宜死，也不會死！

……依靠藥物的治療和意志的堅韌，沈從文奇跡般地戰勝了病魔。在住院治療四十多天後，他的血壓逐漸下降，並終於穩定。

十月，他康復出院，返回雙溪。

久病新癒，沈從文漫步於深秋的微陽下。對眼前的一景一物，都油然而起憐憫心。想起一個月前去世的大哥沈岳霖和姐夫田眞一半個世紀中對自己的支持鼓勵，心境益增悲凉。死者長已矣，生者實宜百年長勤，有以自勉。

朔風摧枯草，歲暮客心生。
老驥伏櫪久，千里思絕塵。
本非馳驅具，難期裝備新。
只因骨格異，俗謂喜離羣。
眞堪托生死，杜詩寄意深。
間作騰驤夢，偶爾一嘶鳴。
萬馬齊喑久，聞聲轉相驚！

楓槭啾啾語，時久將亂霏。
天時忽晴朗，藍穹捲白雲。
佳節逾重陽，高空氣象清。
不懷遲暮嘆，還喜長庚明。
親朋遠分離，天涯共此星；
獨輪車雖小，不倒永向前！❹

一九七一年初夏，剛結婚的龍朱夫婦，來到雙溪探望父母，先到雙溪見過父親，再轉連隊看望母親。其時正值夏收季節，新婚期間，兩人又充滿興趣和熱情參加幹校收割油菜的勞動。為免除孩子們的擔心，兩位老人照例顯得十分快樂。沈從文還向新婚夫婦講述在幹校親身經歷和輾轉聽來的笑話趣事，以及雙溪的醫生如何盡職盡責，辦伙食的大師傅如何特別照顧自己，區公所的秘書如何自作主張，想方設法替自己弄雞蛋、鴨蛋，自己不要，又如何展開一場拉鋸戰……

假期已滿，新婚夫婦終於要離去了。張兆和送兩人上路。自己對回北京已不抱任何希望，兒子這一去，不知何時再能見面。出於天性中的親情，在雙溪那條長堤上，張兆和依依不捨地送了一程又一程。

❹〈喜新晴〉，《沈從文文集》第十卷，花城出版社、三聯書店香港分店一九八四年版。

龍朱夫婦的離去，使沈從文黯然神傷。想起兒子十多年來的坎坷遭遇，如今雖說總算了卻了一樁人生大事，背在身上那份沉重的政治包袱不知何時才能解脫。腳下的路正長，前面等候着他們的，還不知是怎樣一份人生安排！……

日子一天天過去。沈從文房間小小窗口，張有一面蛛網。剛到雙溪時，網上的蜘蛛還只小豆般粗細，不知吃了多少蟲子，如今居然長成拇指大小了。算算日子，到雙溪已經有了一年了。眼下，沈從文寄身的這所學校正籌備開學，房舍需要騰出。經幹校安排，沈從文與張兆和一道，將從雙溪轉移去丹江。

又是一次長距離遷徙。先乘車至武漢，再轉車沿漢水上溯千里，到達丹江，沈從文夫婦被安排在一個偏僻的採石場附近的荒山溝裏住了下來。

住處距丹江口只五里路遠近。每天，一擡頭便可遙遙望見丹江口橫跨江面的那座巍巍攔河大壩的模糊身影。一到夜裏，大壩上燈火燭天，景象壯麗輝煌。面對這種景觀，沈從文每每觸景生情，感慨不已。十年前，自己曾到這裏參觀，親眼見到丹江水壩的合龍。想不到十年後，自己又遷徙到這座大壩附近，尋找自己的歸宿。人生恰如茫茫大海，個人只是漂浮在大海中的一滴油。在狂濤巨瀾中，這滴油不知飄向哪裏，可是飄泊中又像有近於宿命的軌跡。人生命運似乎有着一種無法理喻的離奇安排。人生充滿傳奇，傳奇中也就難免屬於人的悲劇。令人只有依靠一份坦然無爭的胸襟，方能抵抗人生憂患的來臨。然而，這種被動的順應終不免太過消極。但願人類的進步能將人生的傳奇部分去盡，方能恢復生命的尊嚴。半個世紀前，自己就懷了這份預期，半個世紀後，依然還只是這樣的一場預期……

沈從文住處附近，有一座火葬場。高高的烟囪直指雲天。這天，沈從文與一些人結件，去逛丹江大街。去時，見道路縱橫交錯，有人說：

「不好，回來時只怕會迷路。」

沈從文說：「不會迷路，只要看火葬場的烟囪。那是我們每個人的最後歸宿。」

三、大智若愚

丹江口火葬場終於未能成爲沈從文的最後歸宿。一九七一年冬，沈從文因心臟供血不良，病情逐漸加重，身體逐漸浮腫起來，連日常行動都成了問題，終於獲許返回北京。半年後張兆和申請退休得到批准，也結束了幹校生活回到北京。

沈從文經歷的是一場身不由己的旋轉運動。從北京至咸寧的雙溪，再轉丹江，到重返北京，短短兩年間，前後六次搬家，大病三場，輾轉數千里，就像當年置身行伍，生命顛簸於不可知的人生浪濤之中，其命運無從自主處，二者有着驚人的相似。不同的是五十年前對自己的處境因理性蒙昧而不自知，五十年後雖知卻莫可奈何——這又並非出自對現實泯滅是非的主動順應。他心裏自有一桿秤，用以衡量來到自己身邊的事事物物。

當「文化大革命」浪湧飆舉，國家一切上層建築部門發生多米諾骨牌效應的時候，對這種摧毀一切的社會現象，沈從文雖然感到這場革命眞正沒有中心思想，簡直是一曲混亂而失章次的無主題變奏，卻寄望於這一切並非全出自國家最高權力中樞的決策，而只是一場大規模羣衆運動，因魚龍混雜而難免的混亂。因此，當別人信誓旦旦，要以去幹校的實際行動落實「最高指示」的時候，他信以爲眞，雖然毫無慷慨激昂的誓言——「既然大家都去，我也去」，還不免幾分無可奈何，到底還願以老病之身，服從上面的安排。

可是，當他糊糊塗塗到了雙溪，又從最初的糊塗中清醒過來，他的心裏終於起了懷疑。

這懷疑並不源於個人上當受騙的感覺。同其他人相較，自己還算得上幸運。既未如老舍那樣被逼投湖自盡，也未挨打致殘，甚至沒有遭牢獄之災。然而，想起整個國家、民族的命運，眼前的事實引起沈從文嚴重的不安。

——讓全國以千萬計的知識分子和得力可靠幹部，擱下工作不做，下放到農村來，使得國家許多重要部門的工作完全陷入癱瘓狀態，究竟是爲什麼？是不是整個國家機構出了問題，才有人利用機會，弄權術，搞陰謀，在全國範圍內大作壞事蠢事？

這份疑懼在沈從文心裏逐漸加重。思前想後，他從國家權力中樞結構的變化中，依稀瞧見了一個雖不免朦朧，卻並非沒有依據的大體輪廓。而這時，正有一些過去頗有名氣的知識分子，正失去作人良心，有意混淆是非界限，主動迎合那些新發跡的權要，順水推舟，以求自保。對這種人的行徑，沈從文大不以爲然。一九七〇年夏，感慨於「順水船易坐，逆風旗難擎」，他在雙溪寫了一首詩，對這種因「陀螺啓悟心」，以致失去操守，從而「朝爲階下囚，夕作席上賓」的現象進行了諷刺。指出他們的目的是使「四人開心」。

在另一首題爲〈雙溪大雪〉⑤的詩中，他這樣敍述自己的遭遇：

今有鄉曲士，身心俱凡庸。
白髮如絲素，皤然一老翁。
時變啓深思，經春復歷冬。
五色易迷目，五音耳失聰。
三月猶雪雨，彳亍泥途中。
時懷履冰戒，還懼猛將衝。
夜眠易警覺，驚弓類孤鴻。
「何不辭辛苦」「舉世皆尙同！」

他知道自己的遭遇正屬於中國知識分子一種無法規避的命運安排，沉默中承受屬於整個民族的苦難，是自己的份定。他不想逃避，也無從逃避。逃避之路並非沒有，然而，這是不宜爲也不

⑤《沈從文文集》第十卷，花城出版社、三聯書店香港分店一九八四年版。

屑爲的。

亦宜若有人，應世巧爲容。
乘時忽鵲起，終「舉鼎絕踵」。
亦宜若有人，拙誠如老農。
廿載錐處囊，澹然忘窮通。
偶逢機緣巧，附鳳即凌空。
亦宜若有人，材質凡鳥同。
善自飾毛羽，展翅成大鵬。
一舉高衝天，飛飛入雲中。
高高上無極，天路焉可窮？

沈從文一生厭憎爲一己私利而向邪惡屈膝的行爲。還在「文化大革命」初期，沈從文正受到衝擊的時候，有人出於「好意」，向他建議說：

「江青是你在青島教書時的學生，只要寫封信給她，就可以避免受害了。」

「不行。」依舊是慣常的細語輕言，卻內涵着「不必再提」的決斷，臉上消失了慣常的笑容。

沈從文不假外力以求「非份」。既然攤派到身上的一份災難屬於一種近於社會「宿命」的安排，就不能以「非份」之舉尋求逃避。任何「非份」所得，從小處言，終必招致意外災星，從大處言，只能導致人格的喪失和做人起碼的義利取捨的顛倒。

基於這種信念，沈從文獲得了生命的鎮定與從容。

依依宮牆柳，默默識廢興，
不語明得失，搖落感秋深。
日月轉雙丸，倏忽萬千巡，
盈虧尋常事，驚飆徒自驚。❻

沈從文返回北京，是在林彪事件發生之後。由林彪事件引發的「批林整風」，逐漸演變成「批林批孔」——「批儒評法」——「批周公」。「四人幫」已將鬥爭的矛頭指向周恩來。其中所包藏的用心，在沈從文心裏，此時已洞若觀火。

這不獨沈從文為然。「文化大革命」帶來的全民族的浩劫，已引起越來越多的人警覺與反思，全民族正在覺醒中，玩火者止將火引向自身。然而，在表面上，「四人幫」的炎焰正熾。多數羣衆仍然繼續為假象所蒙蔽，也有人煽風加薪，企圖火中取栗。

---

❻〈京門雜咏·七二年冬過北海後門感事〉，《沈從文文集》第十卷，花城出版社、三聯書店香港分店一九八四年版。

沈從文所屬歷史博物館，「批儒評法」正在進行。一如其它部門和單位，有人暗中抵制，有人消極敷衍，有人盲從，有人投機。

這天，歷史博物館的「大批判專欄」裏，出現了一套歌頌「商鞅變法」的組畫。其中，商鞅手按佩劍，旁若無人，氣宇軒昂地大踏步登上金鑾寶殿。見到這套組畫時，沈從文眞正生了氣。沈從文找到組畫的作者，十分誠懇地說：

「這不行，秦制那樣厲害，臣子怎能帶劍上殿？」

那人卻坐在沙滗上，傲然說：「我負責。」

從文沈說：「不是這個問題。這是博物館，你這樣作，別人會說我們無知。」

對方卻帶着不屑與之理論的神氣，指着沈從文說：

「你過時了！我要是照你說的去幹，那就什麼也幹不成了！」

事既至此，沈從文知道再說也無益，便默默地走開了。

然而，這同一個沈從文，有人以爲「過時」，有人又正以爲可以「利用」。那位權傾一時、炎焰燭天的沈從文在青島大學任教時的學生——「文化大革命」初期沈從文曾拒絕給她寫信以求自保的江青，此時卻不知出於何種動機，突然想起沈從文來了。她在與一位西方記者談話——後來被據以寫成的那本《紅都女皇》中，竟不止一次提到沈從文。說她年輕時最喜歡的教授就是沈從文。那時，沈從文每每對她說，應該每周寫一篇文章云云。

從一些相關的人暗示中，沈從文隱隱約約感到江青正試圖借當年的師生關係與自己套近乎——這自然不是江青大發懷舊之情。若從這期間江青正醉心於拉一批著名知識分子爲自己捧場叫好的作法來看，似乎她正試圖將沈從文作爲一個籌碼，納入她精心設計的政治圈套。這在有些人看來，正是求之不得的進身階梯，而在沈從文，卻有了慄慄危懼感。

一份通知送到沈從文家中，要他去人民大會堂出席爲歡迎津巴布韋代表團而舉行的國際詩歌朗誦會。

起始，沈從文將此當作一次尋常的觀看演出活動，便按時來到人民大會堂。

可是，當他剛走進大廳，就迎面來了一位服務員。彷彿等候已久似的，在確知他就是沈從文後，就領着他朝前面走去。

沈從文心裏突然有了某種預感，起了一種警覺。擡頭望望大廳，所有的座位幾乎都已坐滿。只有最前面的兩三排座位空着，沈從文心裏明白，按慣例，這空着的座位是爲何人所留，帶自己到前面去實在事出蹊蹺。

他放慢步伐，眼睛卻左右搜尋。他終於在靠後找到了一個空座，便一聲不響地坐下了。

那位服務員見狀，急忙勸他坐到前面去。

「就這裏好，看戲需要保持一點距離。」

服務員再三勸說無效，只好無可奈何地離去了，果然不久，以江青爲首的一行依秩魚貫而入，各在前面相應的座位上落座了。

——這件略帶戲劇性的事在沈從文身上發生，是不是按江青的指示做的一次有意安排？既要提供她與沈從文接觸的機會，又要讓人將這種接觸看成一次十分自然的重逢？現在自然是無從確證了。

金風殺草木，林間落葉新。
學易知時變，處世忌滿盈。
禍福相依伏，老氏閱歷深。
能進而易退，焉用五湖行？❼

四、居陋行遠

從任何意義上說，沈從文的離開北京，幾乎都是被視作社會垃圾而「掃地出門」的。人一走，原先在北京的一切權益便化爲烏有。在沈從文離開北京不久，他的唯一一間住房（原有住房三間，其餘兩間「文革」初期卽被沒收）就被別人作爲「戰利品」接管過去。在當時，這種「鵲巢鳩佔」現象實在屢見不鮮。沈從文重返北京後，費了不少口舌，才要回了先前剩下的那唯一一

❼〈擬咏懷詩〉，《沈從文文集》第十卷，花城出版社、三聯書店香港分店一九八四年版。「金風殺草木，林間落葉新」指林彪、葉群出逃，機墜身亡事。

間房子。

可是，這小小房間實在無法安身立命。已被佔去的自然無從歸還，沈從文又不願在這種問題上與人爭執，百般無奈之中，沈從文只好寫信給李季，請求爲屬作協系統的張兆和安排住房。李季與嚴文井派人了解情況，並與各方面協商以後，在小羊宜賓胡同給了張兆和兩間房子——一間用作臥室，一間堆放雜物兼作厨房。盡管兩間房子加在一起不過十九平方米，在當時情況下，實在算得是解救燃眉的「及時雨」。

從此，原先在東堂子胡同剩下的一間房子，便成了沈從文的「飛地」。在這塊「飛地」上，他又重新着手進行文物研究。

回到北京不久，歷史博物館一位副館長向他轉達了國家文物局的意見，說「文化大革命」前編寫的那本古代服飾研究專著，已經重新看過，認爲很有見解，值得付印，要他重新校過。於是，沈從文將已經被擱置了八年的書稿取回，對圖像資料重新核對，一個月後交了稿。

然而，這一去又是音訊全無，杳無下落。其原因，自然不難想像。

沈從文只好不問收獲，只管耕耘下去。他考慮得最多的，還是如何使該書更爲完善。他考慮將「文革」以來新出土的有關服飾文物資料增補進去，並全面鋪開在湖北咸寧時擬定的那批專題研究。「文革」前積累的四十多本文物資料已蕩然無存，一切都需從頭作起，單是急需描摹的圖像就是一大堆，幸虧王序和王亞蓉主動跑來相助。——王序即一九五三年參觀歷史博物館時與沈從文相識的那位志願軍戰士，從朝鮮歸國後，讓沈從文幫助挑選工作單位，後來被分配到科學院考古所工作。王亞蓉也是「文革」前與沈從文相識，那時，王亞蓉是一位待業青年。沈從文去圖書館查閱有關服飾資料、圖像，一位姓楊的老共產黨員，見沈從文需要描摹文物圖像的助手，遂向他介紹了王亞蓉。於是，沈從文每月從自己工資中拿出二三十元，作爲王亞蓉幫忙的報酬。

得知沈從文重返北京，王序和王亞蓉立卽跑去看他，想起沈從文在「文化大革命」中的種種遭遇，至今仍不願放下工作，兩人十分感動。沈從文對他們說：「個人受點委屈有什麼要緊，要看到國家在世界上作戰！我們的文物研究工作還趕不上日本朋友，使人心裏難過得很。對我們的文化，最有發言權的，應該是我們自己！」

共同的心願將這兩代人拴在了一起。在全國人文科學研究仍處於全面停頓的背景下，他們組成的這個文物研究班子，在沈從文的那塊「飛地」上，十分認眞地幹了起來。不多久，整個房間的牆壁上、窗櫺上，到處貼滿了經過選擇描摹出來的圖樣，和大大小小寫有說明文字的紙條，床上、桌上、地上，無一處不是書。床上有一大半地方堆放了隨手應用的圖書，晚上，書躺在躺椅上，人便躺在躺椅上的書上。在陌生人眼裏，這裏有着簡直無法容忍的混亂。但在沈從文眼裏，這一切亂中有序，結構成一部物我無間、十分諧和的樂律，任何人都不能隨便移動——在這塊「飛地」上，對那些畫面上的帝王將相、達官貴人，沈從文擁有至高無上的威權。

這裏距小羊宜賓胡同，有兩里路遠近。雖然這裏兼作工作室與臥室，吃飯問題卻無法解決，沈從文只能每天返回小羊宜賓胡同一次。

不管是冬天或夏天的下午五點鐘，認識這位「飛地」總督的人，都有機會見到他提着一個南方的帶蓋竹籃子，興沖沖地到他的另一塊「飛地」去。他必須到嬸嬸那邊去吃晚飯，並把明早和中午的兩餐飯帶回去。

冬天尚可，夏天天氣熱，他屋子特別悶熱，帶回去的兩頓飯很容易變餿的。我們擔心他吃了會害病。他說：

「我有辦法！」

「什麼辦法？」因爲我們家裏也頗想學習保存食物的先進辦法。

「我先吃兩片消炎片。」⑧

一些登門造訪的親戚、朋友、熟人，看到這種情形，都不免搖頭、苦笑、嘆息，帶一份憐憫同情，紛紛勸他該有個節制，不要這麼傻幹。有人還忿然代抱不平：

「這哪裏是在進行什麼工作？你作出來又有什麼用？你充滿熱情爲國家工作，可國家給了你什麼？」

這也難怪。沈從文的這份工作沒有任何預期。重新校訂後上交的那本服飾研究專著，在館長

⑧ 黃永玉：〈太陽下的風景——沈從文和我〉，《花城》第五輯（一九八〇年）。

的辦公桌上壓了三年以後，於一九七四年退還給沈從文，出版已毫無希望。

對親戚、朋友、熟人的好意勸告，沈從文只是報以微笑。人各有志，一個人的選擇就是他的信仰。自己既然選擇了這一行，就沒有理由自行褻瀆。雖說自己一切成就並不預備「藏之名山」，却不能因為沒有出路就中途而廢。沈從文有了越來越強烈的緊迫感。自己已是七十三歲高齡了，攬鏡自照，已是滿頭白髮，精力已大不如前。身體隨時都可能發生故障，報廢只是早晚間。工作條件再差，只要頭腦還得用，就得搶時間把近二十年所學種種分門別類整理出一個頭緒，哪怕所走還只是第一步，至少可給後來者一點方便。想起國家目前的處境和面臨的前途沈從文心裏起了一絲隱痛，卻並不失去對未來的信心。盡管因少數人弄權，肆行無忌，國家前途尚難預料，社會上所出現的情況，是全面破壞與癱瘓。研究工作的不為重視，自己工作條件的惡劣，自是意料中事。但一切阻擋歷史前進的東西。決不會長久存在。民族理性的擡頭，不僅是必需的，而且是必然的。自己只是一個普通公民，國家權力中樞發生的一切關係國家命運的大事，自己既無從弄明白，也就絲毫談不上作出什麼有益於形勢發展之舉，只能在自己的工作範圍內，盡可能堅持下去。這是自己作為一個公民，熱愛祖國、報效民族的唯一途徑。

他對王序、王亞蓉說：

「舊時當官的感到不如意時，可以表示『倦勤』，但作爲一個共和國的公民，卻不能消極。因爲他是國家的主人，不是官。」

不知節制的連續工作，使沈從文再次病倒了。血壓增到二二〇，左眼黃斑出血，寫字已不知下筆輕重，雖然由於長期形成的習慣，字跡尚能成行，寫完後卻看不清是否寫得正確，眼前只是一片圈圈點點，跳動不定，一分「老之已至」的感覺湧上沈從文心頭。他在給友人的信中說：

目下手邊還搞了約五六十個大小不一的有關物質文化史的專題，居多是從實物圖像出發，再來結合文獻，從文圖互證的分析來談問題的。加上服裝材料，有百多萬字都必須由我自己一一過手重抄重改，才得交卷。原先還以爲可爭取二三年時間，趕得出來，可爲後來接手的青壯年人作墊脚石。若照目下情形看來，完成希望已不甚大，眞是糟糕。因爲以後大致已不大可能還有人能綜合實物十萬八萬和一堆雜亂文獻，來完成這種費力不甚討好的基本功。若兩三月還無好轉希望，即不升級惡化，大致近二十五年受上面鼓勵，又得種種方便機會學來的有關文物的一系列常識，又不免和前一段搞習作情形似異而實同，半途報廢。一個人的遭遇如此巧，眞是少見[9]。

一九七六年，國務院總理周恩來病逝了。

一場大雪過後，北京城內外白雪皚皚。天陰沉沉的，沉默無語中似乎深藏着哀痛。沈從文手裏拿着一張特別通知，去北京醫院向周恩來的遺體告別。

---

⑨ 給徐盈信，見荒蕪〈關於沈從文先生——紙壁齋說詩〉，載《文學》一九八五年第一期。

在一個極狹小的房間裏，停放着周恩來的遺體。望着這位總理的安詳遺容，沈從文心裏充滿一生中少有的悲痛。

這並非出自中國知識分子重「知遇之恩」的傳統，而是折服於周恩來生前作爲一個國家領導人，不謀私利，寬厚待人，居提綱挈領地位，與各方面幹部、專家合力同功，爲國家、民族利益鞠躬盡瘁，死而後已的胸襟和人格。如今，國家的這根樑柱摧折了，從大處言，在這國家多事之秋，國家前途又難免多了一重危險；從小處言，總理生前關心到的自己的這份工作，再也無法與他見面了……。沈從文突然感到一陣從來未曾有過的灰心。——這不是逝者生前的希望！對總理的最好紀念，應該是振作精神，爭取時間，將待收尾已進行和待進行的工作，一一加速完成，奉獻給總理的在天之靈！

沈先生向周恩來遺體告別回來，我們滿懷悲傷急忙去看望他。一進屋，我們沒有聽到往日那熟悉的招呼，只聽他低低地問道：「誰來了？」過分的悲痛使他因眼底充血而雙目朦朧。他忘不了周總理對他的一次次親切接見和鼓勵，他爲國家和民族的命運而憂心忡忡，更因未及將《中國古代服飾研究》一書奉獻於總理生前而抱憾；此後，沈從文更加刻苦研究，「一定要盡力搞好，不然對不住周總理。」⑩

⑩王亞蓉：〈沈從文小記〉，《海內外》第二十八期（一九八一年）。

同年十月，隨着「四人幫」的垮臺，中國人民終於走完了十年「文化大革命」的苦難歷程。然而，由於一場浩劫過後，國家面臨的問題成堆，在此後的三四年間，雖有齊燕銘、劉仰嶠多次問及沈從文及其《中國古代服飾研究》的情況，沈從文的生活工作條件仍然沒有多少改變。一九七八年夏，荒蕪有感於沈從文的事跡處境，寫了五首七言絕句送給沈從文看。

邊城山色碧羅裙，小翠歌聲處處聞。
我論文章尊五四，至今心折沈從文。

能從片楮認前朝，一史修成價更高。
文物千秋誰管領，看君指授失蕭曹。

新從圓領證唐裝，老認天門上敦煌。
萬卷書加萬里路，自應遲作採花郎。

對客揮毫小小齋，風流章草出新裁。
可憐一管七分筆，寫出蘭亭醉本來。

漫言七六老衰翁，百事齊頭並進中，
夜坐空庭覘織女，鵲橋何日駕南東？⓫

第一首敍沈從文在文學創作上所取得的成就，第二首指《中國古代服飾研究》一書的寫作，第三首說沈從文在文物研究中的發現和以第三位得票數當選爲出席第四次文代會代表事，第四首贊沈從文的書法，第五首是沈從文與張兆和不得不分住兩處的紀實。

過了幾天，荒蕪收到沈從文一封信，信中情辭懇切叮囑荒蕪不要發表。

三十年來，只近於單門獨戶開小小的服務店，把時間送走。回想一下，既對不起國家的期許，也對不起個人生命。年來在國內外得來的贊許，實已超過應得的甚多。懔於孔子所謂「血氣既衰，戒之在得」的名訓，一切贊許不免轉成一種不祥的負擔。所以如果還來得及，最好不發表，或可免招搖之譏，事實上我覺得從其他工作上所得的好意贊許也早已超過應得的甚多。名不副實，轉增憂懼。世事倏忽多變，持平守常，在人事的風風雨雨中，或可少些麻煩。若能爭取三幾年有限時間，使住處稍稍寬綽一些，能如熟人中某某茅房，可以攤開材料，把待收尾、在進行的十來個範圍較小的文物專題逐一完成，結果能達到新

⓫ 荒蕪：〈關於沈從文先生——紙壁齋說詩〉，載《文學》一九八五年第一期。其中，第三首第二句指沈從文到敦煌參觀壁畫，發現天門九重圖像事。第四首指沈從文擅長書法，其章草聞名於國內書法界，寫字時最喜歡使用七分錢一支的毛筆。

社會「合格公民」資格，得到個「不是吃白飯的工作幹部」鑒定，就夠好了。君尚存任何不現實的奢望，恐隨之而來的將是意外災星，實在招架不住⑫。

一九七八年，爲改善沈從文的工作環境，由胡喬木過問，沈從文從歷史博物館調到中國社會科學院歷史研究所。王序從考古所被借調到歷史所，擔任沈從文助手，王亞蓉的工作得到轉正機會，也成爲沈從文的正式助手，並由三人爲主，組成了一個新的研究室。十月，這個工作班子被安排住進了北京西郊的友誼賓館，進行《中國古代服飾研究》一書的最後校正增補工作。

爲紀念周恩來生前對這本書的關懷，全書仍保留原有的編排體例，並把原來擬定的二百幅圖像作爲主圖，放在前面。新增加的資料，即便十分重要，也一律作爲插圖附在文字說明中。

一九七九年一月，修訂增補工作完成。這部由周恩來生前提議編寫的，包括了二十餘萬說明文字，數百幅實物圖像的中國古代服飾研究巨著，雖然實際着手編寫的時間，前後總共不到一年時間，但從最初動筆到最終完成，卻經歷了整整十六個春秋。它不僅是沈從文，而且是中國知識分子，中國文化事業乃至整個中華民族多磨多難的歷史見證。

⑫沈從文一九七八年九月十七日給荒蕪的信。見荒蕪：〈關於沈從文先生——紙壁齋說詩〉，《文學》一九八五年第一期。

第十二章　桑榆非晚

一、生命的第二樂章

《中國古代服飾研究》一書脫稿後，一些國外出版商，聞訊派人前來洽談。願以最高稿酬和印刷條件出版此書。沈從文寫信給中國社會科學院副院長梅益說：「我不願把我的書交外國人去印。文物是國家的，有損於國格的事，我不能做！」並表示願將書稿交給組織處理。梅益接受了沈從文的意思，決定將書稿交商務印書館香港分館出版。

一九八一年，這部八開本，印刷裝潢精美，分量沉重的中國古代服飾研究巨著終於問世。

胡喬木寫信向沈從文祝賀說：

> 以一人之力，歷時十餘載，幾經艱阻，數易其稿，幸獲此鴻篇巨製，實爲對我國學術界一重大貢獻，極爲可賀。

《中國古代服飾研究》一出版，很快引起國內外學術界的重視。日本方面表示願意購買該書版權和全部已出書籍；歐美學術界派人接洽商量，擬以英、法、德文翻譯出版；臺灣立即出了該書的盜印本。此後，它又作爲國禮，成爲政府首腦出訪時贈送給外國國家元首的禮品。

這部著作對起自殷商、迄於清朝前後三千餘年中國各個朝代的服飾問題進行了抉微鈎沉的研究和探索，掀開了中華民族先民創造的繁富、豐美、燦爛的文化一角帷幕，從一個側面展現出其中神光陸離、氣象萬千的巨麗面影和人類生命所創造的奇蹟。雖然此書正如沈從文自己所說：「內容材料雖有連續性，解釋說明卻缺少統一性。給人印象，總的看來雖具有一個長篇小說的規模，內容卻近似風格不一分章敍事的散文。」❶它「不是一本結構完整的《中國服裝史》，但現在已露出地表的林立的樁腳都是結實的，多數是經得起考驗的，初步顯示出宏偉建築的規模」❷。《中國古代服飾研究》同他四九年後其它文物研究成果一道，結構成沈從文繼文學創作之後的又一曲生命之歌。

這是一部闡釋、比證中國歷代服飾形制演變的著作，然而，特別引人注目的，是隱伏於其中的生命——文化意識，正如他的文學創作，在其所描繪的生動人生表象中，積澱着沈從文所特有的生命——文化哲學。在《中國古代服飾研究・引言》中，沈從文明確指出：「這份工作和個人前半生搞的文學創作方法態度或仍有相通處。」這種相通，應是沈從文觀察現實與歷史現象的生

❶《中國古代服飾研究・引言》，商務印書館香港分館一九八一年版。

❷黃裳：〈沈從文和他的新書〉，《讀書》一九八二年第十一期。

命哲學基礎。一九四七年，在《讀展子虔〈遊春圖〉》一文中，沈從文就這樣說過：

試從歷史作簡單追究，繪畫在建築美術和文學史上實一重要裝飾，生人住處和死者墳墓都少不了它。另有名畫珍圖，卻用絹素或紙張增加擴大文化史的意義。它不僅連結了「生死」，也融洽了「人生」。它是文化史中最不可少的一個部門，一種成份，比文字且更有效保存了過去時代生命形式❸。

在沈從文看來，這些以物質文化形式保留下來的竹、木、金、玉、陶、瓷、絲、牙、角器物，不是一堆無生氣的死物，而是過去一時生命存在的一種方式。生命的形式是一種「文化」的存在，而「文化」不是表現爲某些僵死的理論教條，而是通過實際人生體現出來的活生生的存在。在現實人生中，它是由社會人、事寫成的，在歷史人生中，它是通過物質文化的實際創造顯示的。因此，在前半生的文學創作中，同各種闡釋人生的書本相比，沈從文將自然和社會人事看成一本活的大書。在文物研究中，同各種史籍記載相比，他又將成百萬計的歷史物質文化產品看成是另一本活的大書。這些顯示生命活的存在的各個方面——政治制度、經濟形態、社會階級分野、生活習俗、宗教、文學、繪畫及通過物質文化產品表現出來的工藝美術，又是彼此促進、相互制約的，從而形成沈從文的「凡事不孤立，凡事有聯繫」的有機整體的生命——文化觀。文化

❸《沈從文文集》第十二卷，花城出版社、三聯書店香港分店一九八四年版。

各部門的相互制約與聯繫規定生命的存在方式，不同時代的文化形態的演變又導致生命形式的變化與轉移。他在談及中國古代銅鏡時就曾指出，一面小小銅鏡，從縱的發展上看，從原始社會末期起始，到清朝中葉，就不斷發生着變化。就連裝鏡子的盒子、套子，擱鏡子的臺、架，也不斷地變。人使用鏡子的意義也在變。從橫向聯繫上看，銅鏡上的文字和花紋又與當時的詩歌和宗教信仰有密切聯繫。如一種「西王母」鏡，出土僅限於長江下游和山東南部，時間多在東漢末年，因此，不僅可以看見它與「越巫」或「天師教」有關，還可以據此校訂幾部相傳是漢人所作小說的年代。而一些西漢銅鏡上的七言銘文，則是溝通楚辭、漢賦與曹丕七言詩之間的唯一橋樑，在《中國古代服飾研究》中，他在談及前蜀王建墓的石棺座浮雕時說：

這個石刻，雖完成於五代前蜀的四川成都，但由於唐封建主玄宗和僖宗兩次逃亡四川，中原藝術家先後避難入蜀的極多，蜀中歷來特別富庶，手工業十分發達，並且是生產錦綉地區，受戰事破壞較小，所以畫面反映的和墓中其他出土文物花紋圖案，還多保留唐代中原格局。勞動人民工藝成就，健康飽滿，活潑生動，不像稍後，後蜀文人流行《花間集》體詞中表現的委靡纖細，頹廢病態。

從這種生命——文化既有機統一，又發展變化的觀念出發，沈從文開創了一條獨特的文物研究路子。

……一部中國古代物質文化史，還保存得上好於地下。今後隨同生產建設，更新更多方面的發現，是完全可以肯定的。綜合各部門的發現加以分別研究，所得的知識，也必然將比過去以文獻爲主的史部學研究方法。開拓了無限廣闊的天地。「文物學」必將成爲一種嶄新獨立科學，得到應有的重視。值得投入更多人力物力進行分門別類研究，爲技術發展史、美術史、美學史、文化史提供豐富無可比擬的新原料❹。

沈從文提出了在新的研究方法基礎上，開創「文物學」的宏心大願。這方法就是以實物爲主，「與文獻相互印證，相互補充，相互糾偏，從聯繫比較中鑒別是非，得到新認識」❺。它與文物研究中歷來承襲的以文獻爲主的傳統方法相對立。他以大量的例證，力陳這一「唯物實事求是新路」的優越性。例如他談及《方言》中所說「繞衿謂之裙」的含義時說：

歷來從文字學角度出發，對於「衿」字解釋爲「衣衿」固然不錯，即解釋爲「衣襟」，若不從圖像上明白當時衣襟制度，亦始終難得其解。因爲這種衣物，原來從大襟至脇間即向後旋繞而下。其中一式至背後即直下，另一式則仍同繞向前，和古稱「衣作綉，錦爲緣」有密切聯繫❻。

在論及《紅樓夢》中人物衣着樣式時，沈從文說：

---

❹《中國古代服飾研究·引言》，商務印書館香港分館一九八一年版。

❺、❻《中國古代服飾研究·引言》，商務印書館香港分館一九八一年版。

《紅樓夢》一書中王府大宅布局，雖爲北方所常見，但敍述到婦女衣着如何配套成份，都顯明是江南蘇州揚州習慣。據故宮藏另一雍正十二妃子圖繪衣着，不知這時期宮廷裏嬪妃便裝已完全採用南方樣式。這十二圖像還可作《紅樓夢》一書金陵十二釵角色衣着看待，遠比後來費曉（原作「小」）樓，改琦、王小梅等畫的形象接近眞實。而一切動用器物背景也符合當時情形。

這一見解，就非僅憑文獻作考證者所可道及。

這種方法也被用於書畫鑒定。《中國古代服飾研究》旁及一系列與服飾問題有關的傳世名畫的眞僞，對已成定論的作者和創作時代，提出質疑和有分量的新看法。

傳世閻立本作〈蕭翼蘭亭圖〉人無間言，殊不知圖中燒茶部分，有一荷葉形小小茶葉罐蓋，只宋元銀瓷器上常見，那會出現於唐初？古人說「談言微中，或可排難解紛」。但從畫跡本身和其他材料互證，或許他器物作旁證的研究方法，能得專家通人點頭認可，或當有待於他日⑦。

沈從文的研究，動搖了書畫鑒定中傳統的「帝王收藏，流傳有緒，名家收藏」三原則。黃裳在論及書畫鑒定的歷史時說：

---

⑦《中國古代服飾研究·引言》，商務印書館香港分館一九八一年版。

書畫鑒定，也有悠久的歷史了。人們一直承襲着的是傳統的方法，到了六十年代，張珩、謝稚柳等專家開始總結傳統的經驗，並有意識地擺脫以文獻爲主的偏頗，企圖運用多種手段進行綜合的鑒定。這是一個明顯的進步❽。

其實，這種綜合鑒定的方法，沈從文早在一九四七年就已經提出並實際運用了。在〈讀展子虔〈遊春圖〉〉一文中，他對相傳出自隋代展子虔之手的〈遊春圖〉眞僞提出質疑時，就指出畫中女人衣着格式，似非六朝格式，亦不類隋代與初唐體制。淡紅衫子薄羅裳，又似爲晚唐或孟蜀時婦女愛好，風致恰如《花間集》所咏，畫面空氣見出唐詩韵致。畫中山頭着樹法，枝柔而攲，卻是唐代法，與論展子虔「細飾犀櫛，冰澌斧刃」畫風不相稱。衣著中的幞頭和圓領服，時代要晚些，建築時代也晚。從服飾制度、生活風習、畫風演變，詩歌吟咏等多方面進行綜合比證，從而提出「若說是展子虔眞跡，還得從著錄以外來下點功夫。若老一套以爲乾隆題過詩哪會有錯，據個人經驗，這個皇帝還曾把明人一件灑線綉天鹿補子，題上許多詩以爲是北宋末殘錦！」❾《中國古代服飾研究》就是運用這種研究方法培植而出的豐碩果實。服飾的形制、演變的闡釋，被置於一個時代整體文化的氛圍中，不僅創見迭出，而且左右逢源，給人以生氣淋漓之感。

❽ 黃裳：〈沈從文和他的新書〉，《讀書》一九八二年第十一期。

❾ 《沈從文文集》第十二卷，花城出版社、三聯書店香港分店一九八四年版。

例如在闡釋唐代婦女頭飾時，作者指出，「唐代婦女喜於髮髻上揷上幾把小小梳子，當成裝飾，講究的用金、銀、犀、玉或牙等材料，露出半月形梳背。」

當時於頭髻間使用小梳有用至八件以上的，王建《宮詞》即說過：「玉蟬金雀三層插，翠髻高聳綠鬢虛，舞處春風吹落地，歸來別賜一頭梳。」這種小小梳子是用金、銀、犀、玉、牙等不同材料做成的，陝洛唐墓常有實物出土。溫庭筠詞：「小山重疊金明滅」所形容的，也正是當時婦女頭上金銀牙玉小梳背在頭髮間重疊閃爍情形。

溫庭筠的名句「小山重疊金明滅，鬢雲欲度香腮雪」中的「小山」，歷代註家有指爲「眉山」的，有解作「屏山」的，近於猜謎。沈從文根據唐人詩詞、文獻、〈搗練圖〉、〈宮樂圖〉和出土實物，相互比證，不能不使人嘆服。又如杜牧咏七夕夜園中小景詩「輕羅小扇撲流螢」，其中的「輕羅小扇」歷來被認爲是團扇一類東西，畫家也一直這樣畫。但這不免令人生疑：團扇用以撲蝶尚可，撲螢只怕勞而無功。沈從文指出，在〈宮樂圖〉和〈唐李爽墓壁畫〉中，都有這種小扇，其實是類似蒼蠅拍子的東西。

沈從文的發現並不止於這類局部比證，還表現爲對不同時代服飾特徵及演變的整體把握。例如關於唐代婦女服飾，雖然常見於文獻記載，但究竟是怎麼回事，卻不得其詳。沈從文根據近年來大量出土的文物和唐代作家的詩文形容結合互證，做出了詳盡具體的描述。在唐初至開元年間，由於善於吸收融合西北各民族文化和外來文化，影響到婦女服飾，「戴金錦渾脫帽，著翻領小袖或男子圓領衫子，繫鈿縷絲帶，穿條紋間道錦捲邊小口褲，透空軟錦靴，部分髮髻多上聳如俊鶻展翅。無例外作黃星點額，頰邊作二新月牙樣子（或更在嘴角酒窩間加二小點胭脂）。到元和時，則演變爲「蠻鬟椎髻，烏膏注唇。赭黃塗臉，眉作細細的八字式低顰」的「時世妝」。前者健康活潑，後者則完全近於病態。——時代的變化怎樣導致了審美趣味的變化，外來影響如何結出兩樣不同果實。

這種文獻、詩文與實物互證的結果，文學的描述形容增加了服飾的色彩和生命。反過來，實物的具象性，又彌補了文字藝術的模糊性造成的缺陷，是足以破千古之惑的。

這一研究方法在實際掌握與運用中的難度，是不言而喻的。在研究者方面，必須具備歷史學、哲學、宗教、文學、文獻學、繪畫、雕塑及文物學等極爲寬泛廣博的知識學問基礎，以及這諸多知識學問融滙貫通所培養的文化通感和悟性。歷史彷彿有意成全沈從文。他前半生做爲文學家的經歷和修養，他自青年時代起就開始積累起來的書法、繪畫和文物史知識及鑒賞能力，他的「讀書多而雜」——各種野史、雜說筆記、工藝百家之言的廣泛涉獵，以及四九年以後二十多年間過手百萬計文物所得的實感經驗，爲沈從文開創新的文物學研究方法提供了堅實的基礎。

在研究客體方面，困難也是不小的。正如有人曾指出的那樣：

> 例如陶俑和石刻表現衣服飄帶或馬匹鞍飾；爲了製作和保存的方便，對實物原貌是有所改變的，有時就和繪畫中的描寫有所差異。又如在藝術創作中，是容許也可能有所誇張、刪

略的。怎樣理解、利用他們現實主義的作品的眞實性呢？又如，時代較晚的藝術家在表現早於他們時代很久的現實生活時，忠實性是會有程度的差異的。正如今天的戲曲舞台上的人物衣冠依舊基本是明代的一樣，明代刻書中出現的大量插圖，不論表現的是那個時代，也基本上是作品產生當時的面貌。但這並不排斥有襲用前代畫稿、紋樣的可能。這一類情況是紛紜複雜的，也是必須愼重對待的⑩。

解決這類問題，既需要在廣闊的文化空間尋找事物之間錯綜複雜聯繫的天馬行空般的想像力，又需要細如毫髮的精致感覺。在這方面，《中國古代服飾研究》也提供了一系列堪稱典範的分析。例如在談到成於唐代的〈虢國夫人遊春圖〉時，沈從文對當時的名貴馬具「金銀鬧裝鞍」作了詳盡闡釋，以證明舊傳宋代宮素然作〈明妃出塞圖〉，就因全然不懂「五鞘孔制」，從而造成錯誤。在論及元初一些繪畫時，沈從文說：

> 元初畫馬名家趙子昂父子所畫諸馬，鞍具還採用五鞘孔制。事實上元代早已廢除，畫中反映，恰好證明傳世諸作均臨摹唐人舊稿，而非寫實。

名畫〈韓熙載夜宴圖〉，世傳爲南唐人顧宏中作。沈從文援引見於畫卷的題跋說：

> 顧宏中，南唐人，事後主爲待詔。善畫，獨見於人物。是時中書舍人韓熙載，以貴遊世

---

⑩ 黃裳：〈沈從文和他的新書〉，《讀書》一九八二年第十一期。

> 胄，多好聲妓，專爲夜飲。雖賓客雜揉，讙呼狂逸，不復拘制。李氏惜其才，置而不問。聲傳中外，頗聞其荒縱。然欲見於樽俎間觥籌交錯之態度不可得。乃命宏中夜至其第竊窺之，目識心記，圖繪以上之。此圖乃顧宏中之所作也。

敍述有聲有色，言之鑿鑿，又出自元泰定時趙昇之口，歷來不曾有人提出異議。沈從文卻從畫面兩處細節入手提出質疑。其一是男子服色。畫中除韓熙載二人外，其餘坐立男子皆穿綠衣。據南唐降宋後頒布的法令，降官「例行服綠，不問官品高下」。此法令至淳化元年始廢除。其二是見於畫面的禮儀。凡閑着的人（包括一個和尚在內），均「扠手示敬」。沈從文指出，「扠手示敬」是兩宋制度，在所有宋墓壁畫及遼金壁畫中，均有明確反映。並提出宋元人刻《事林廣記》中《習扠手圖》及文字說明相互比證。此外，指出席面用酒具注子和注碗成套使用，爲典型宋式，影青瓷及家具器皿也均爲宋代北方常見物。又將其與宋人作《便橋會盟圖》、《十八拍圖》、《趙佶文會圖》諸畫比較，指出「所使用桌椅同式」，在上述比證基礎上，沈從文得出結論，「這個畫卷可能完成於宋初北方畫家之手」。因爲如係南唐人畫，不可能把宋代禁令貫徹到圖中，而兩宋時的扠手示敬，也不會見於畫中人物。

中華民族數千年間所創造出來的物質文化成果，僅地下發掘出來的，就比十部《二十五史》所能記載的還要多，這是一個浩瀚的海洋。沈從文雖長期被人誤解，身處逆境，卻不計得失地遊弋其中，潛淵燭虛，上下求索，所取得的令世人矚目的成就，必將產生深遠而廣泛的影響。它不僅可供教學、研究之用，對古代文學作品的註釋，以歷史爲題材的戲劇、電影電視、繪畫創作及工藝美術設計，也具有重要的參考價值，還從一個側面爲美術史、美學史、工藝技術發展史、文化史的研究提供了豐富的材料。由他開創的研究方法，爲文物學奠定了新的基礎。這卽便只是第一步，卻也是開創性的一步。

天道酬勤。這是勤奮的產物，沈從文自己說：「我沒有天才，就是兩個字：『耐煩』。」這個僅有高小畢業學歷的「鄉下人」，以其鍥而不捨的驚人毅力，又一次創造出生命的奇蹟。

二、在大洋的彼岸

就在中外學術界殷切關注着《中國古代服飾研究》一書進展情況的同時，沈從文前半生的文學創作成就也在國外引起廣泛重視，國內也出現了重新評價沈從文文學成就的呼聲。

這不是一種突發現象。早在二十年代，沈從文的作品就被翻譯介紹到了日本。三十年代，斯諾選編的《活的中國》，其中收入了沈從文的短篇小說〈柏子〉。到四十年代，由金隄和英國人白英合譯的沈從文作品集《中國土地》出版，收入〈柏子〉、〈燈〉、〈丈夫〉、〈會明〉、〈三三〉、〈月下小景〉、〈三個男人和一個女人〉、〈龍朱〉、〈夫婦〉、〈十四夜間〉、〈一個大王〉、〈看虹錄〉、〈邊城〉等，該書一九八〇年在美國重印。由松枝茂夫翻譯的《邊城》（日譯）在日本出版。其後，由姚克譯《從文自傳》在《天下》雜誌連載，作爲《熊猫叢書》之一的《散文選譯》（戴乃選譯，收入〈邊城〉、〈貴生〉、〈蕭蕭〉、〈丈夫〉等），在英美受到讀者的歡迎；日本翻譯出版的《中國現代文學》第五卷，收入由松枝茂夫、岡本隆三翻譯的〈邊城〉、〈丈夫〉、〈夫婦〉、〈燈〉、〈會明〉等中短篇小說。在德國，出版了由吳樂素翻譯的〈邊城〉及部分短篇。

法國一位著名的漢學家，在他學生的四本必讀書中，三本是中國古代經典作品，一本是沈從文的小說集，法國人了解沈從文。法國人以其特有的細膩、柔情和浪漫的色彩，與沈從文息息相通。有的大學把沈從文的書列爲必修課，那位漢學家叫 Robert Ruhlman，中文名字叫于儒伯[11]。

隨着夏志清著英文版《中國現代小說史》（將沈從文列專章介紹）和司馬長風的《中國新文學史》（沈從文被置於中國現代文學大家地位），分別於美國和香港出版，進一步點燃了西方和港澳讀者和學術界對沈從文作品的熱情。美國、日本、法國、德國的中國文學研究者，不斷有人專程千里迢迢去湘西訪問，了解那塊曾養育了沈從文的神秘土地，尋覓沈從文的人生足跡。有關沈從文的傳記、評傳和研究專著相繼出版，美國、西德、日本、法國都有人擬定進一步翻譯出版沈從文作品的計劃，西方文學界開始提名沈從文爲諾貝爾文學獎候選人。

---

[11] 雷平：〈鍾開萊教授談沈從文先生〉，《海內外》第二十七期。

就在這種背景下，應美國文學界和學術界之邀，得「美中學術交流委員會」贊助和中國社會科學院支持、批准，沈從文以著名作家和文物研究家雙重身份，赴美訪問並講學。

一九八〇年十月二十七日，沈從文偕夫人張兆和乘坐的飛機在紐約肯尼迪機場降落。沈從文夫婦的來訪，對定居紐黑文的傅漢思(Hans H. Frankol)和張充和夫婦，無異於喜從天降。傅漢思，耶魯大學教授，美國漢學家。一九四八年初在北平由金隄介紹與沈從文相識，此後，他就成爲中老胡同沈家小小宅院裏的常客。他一去，沈從文總是充滿熱情地同他談中國藝術和建築。在沈家，傅漢思認識了張充和，並進而與她相愛。

> 過不久，沈從文以爲我對充和比對他更感興趣。從那以後，我到他家，他就不再多同我談話了，馬上就叫充和，讓我們單獨在一起。
>
> ……
>
> 小虎注意到充和同我很要好了，一看到我們就嚷嚷：「四姨傅伯伯。」他故意把句子斷得讓人弄不清到底是「四姨，傅伯伯」還是「四姨父，伯伯」。

我在信中對父母這樣描寫：

> 北平，一九四八．一一．二一……是的，我們前天結婚了，非常快樂，……儀式雖是基督教的，但沒有問答，採用中國慣例，新郎新娘在結婚證書上蓋章，表示我們堅定的信心。除我倆外，在證書上蓋章的，還有牧師，按照中國習俗，還有兩個介紹人(從文和金隄)

兩個代表雙方家屬的，沈太太和楊振聲教授（他代表我的家屬）。……後來吃蛋糕。小虎最喜歡吃，他說「四姨，我希望你們天天結婚，讓我天天有蛋糕吃。」⑫

小虎即沈從文的次子虎雛，那時才十一歲。而這次重逢時，虎雛也差不多有了沈從文當時的年齡。

……種種回憶自然是見面後扯不完的話題。一切「值得回憶的哀樂人事都是濕的」，舊事重提，自然充滿了人生的感嘆唏噓。然而，沈從文最感興趣的話題，卻是他的文物研究。

這次見面後，不談則已，無論談什麼題目，總歸根到文物考古方面去。他談得生動、快樂，一切死的材料，經他一說便活了，便有感情了。這種觸類旁通，以詩書史籍與文物互證，富於想像，又敢於用想像，是得力於他寫小說的結果。他說他不想再寫小說，實際上他那有工夫去寫！有人說不寫小說，太可惜！我認爲他如不寫文物考古方面，那才可惜⑬！

沈從文夫婦在傅漢思、張充和家裏住下後，每天都有客人來訪，或應邀外出作客。在美期

---

⑫ 傅漢思：〈我和沈從文初次相識〉，《海內外》第二十八期（一九八一年）。

⑬ 張充和：〈三姐夫沈二哥〉，《海內外》第二十八期（一九八一年）。

間，他們先後與陳省身、鍾開萊、白先勇、陳若曦等著名華人學者、作家見了面。一切想見應見的新舊朋友都見了面。可是，在任何場合，都未見到二十年代卽相識的老朋友、旅美學者王際眞。——當年，沈從文由徐志摩介紹與王際眞相識。一九二九至一九三一年，當沈從文生活處於困境時，還得過王際眞的熱情幫助。後來，王際眞赴美主持哥倫比亞大學中文系達二十年，是將中國古典名著《紅樓夢》節譯本介紹給美國讀者的第一人。分別五十年來，沈從文始終記念着他。——向人打聽的結果，才知他退休已有了二十年，妻子不幸早逝，現正獨自一人住在退休教授公寓。人極孤僻，長年將自己關在公寓樓上，極少出門見人，也拒絕任何人的拜訪，是個「古怪老人」。

於是，沈從文寫信給他，說自己已到美國，很想去紐約專誠拜訪。

回信說：在報上已見到你來美消息。目前彼此都老了、醜了，爲保持過去年輕時節印象，不見面還好些。沈從文卻仍以電話相約，按時到他家拜訪。

……一到他家，兆和、充和卽刻就在廚房忙起來了。盡管他連連聲稱廚房不許外人插手，還是爲他把一切洗得乾乾淨淨，到把我們帶來的午飯安排上桌時，他却承認做得很好。他已經八十五六歲了，身體精神看來還不錯。我們隨便談下去，談得很愉快。他仍然有山東人那種爽直淳厚氣質。使我驚訝的是，他竟忽然從抽屜裏取出我的兩本舊作，《鴨子》和《神巫之愛》！那是我二十年代中早期習作，《鴨子》還是我出的第一個綜合性集子。這兩本早年舊作，不僅北京、上海舊書店已多年絕跡，連香港翻印本也不會見到。書已經破舊不堪，封面脫落了，由於年代過久，書頁變黃了，脆了，翻動時，碎片碎屑直往下掉。可是，能在萬里之外的美國，見到自己早年不成熟不像樣子的作品，還被一個古怪老人保存到現在，這是難以理解的，這感情是深刻動人的！

談了一會，他忽然又從什麼地方取出一束信來，那是我一九二八年到一九三一年寫給他的。翻閱這些五十年前的舊信，它們把我帶回到二十年代末期那段歲月裏，令人十分惆悵。其中一頁最簡短的，便是這封我向他報告志摩遇難的信：

際眞：志摩十一月十九日十一點二十五分乘飛機撞死於濟南附近「開山」。飛機隨卽焚燒，故二司機成焦炭。志摩衣已盡焚去，全身顏色尚如生人，頭部一大洞，左臂折斷，左腿折碎，照情形看來，當係飛機墜地前人卽已斃命。二十一日此間接到電話後，二十二日我趕到濟南，見其破碎遺骸，停於一小廟中，時尚有梁思成等從北平趕來，張嘉鑄從上海趕來，郭有守從南京趕來。二十二日晚棺木運南京轉上海，或者尚葬他家鄉。我現在剛從濟南回來，時〔一九二一年十一月〕二十三日早晨⑭。

人生短暫，友誼長存。看到王際眞目前孤寂情形，想起半個世紀以來各自的人生遭遇，沈從文心裏十分沉重。然而，這些也都是人的事情，無論在什麼地方，誰都無法逃避應分的人生哀

⑭沈從文：〈友情〉，《沈從文文集》第十卷，花城出版社、三聯書店香港分店一九八四年版。

樂。除真長期過着極端孤寂生活，是不是有一般人難於理解的苦衷？且一般人所謂的「怪」，或許倒正是目下認為活得「健康正常人」業已消失無餘的難得的品質。

……

沈從文的來訪，受到美國文化界、學術界的熱烈歡迎。在東部訪問期間，《海內外》出了歡迎沈從文訪美的專號，哥倫比亞大學、聖若望大學先後邀請他到校演講，並組織座談。哥倫比亞大學貼出的海報，尊稱沈從文爲「中國當代最偉大的在世作家」。同時，西部文化界和學術界也準備隆重接待。報界紛紛發表消息，美洲《華僑日報》、《時代報》、《太平洋周刊》和《東西報》，不止一次發出新聞稿。一九八一年一月二十七日，沈從文到達美國西部後，先後應邀在舊金山灣區三所著名大學——斯坦福大學、加州大學柏克萊分校、舊金山州立大學演講。在美期間，沈從文分別以〈二十年代的中國新文學〉、〈從新文學轉到歷史文物〉、〈二十年代我從事文學的種種和社會背景點滴〉爲題，向美國學術界和文化界介紹自己從事文學創作和文物研究的情形，受到聽衆的普遍好評。

聽過演講的人紛紛議論，沈先生講的每句話，似乎都包含了豐富的內容和哲理，使人同味無窮。而且講得通俗幽默，讓人起無限感慨⑮。

⑮ 雷平：〈沈從文先生在美西〉，《海內外》第二十九期（一九八一年）。

人們關心沈從文幾十年來的遭遇，多希望通過他本人印證過去的種種傳聞。面對幾十年來一直爲他擔心的朋友和讀者。沈從文卻十分平靜。他在演講中，極爲誠懇地說：

> 許多在日本、美國的朋友，爲我不寫小說而覺得惋惜，事實上並不值得惋惜。因爲社會變動太大，我今天之所以有機會在這裏與各位談這些故事，就證明了我並不因爲社會變動而喪氣，社會變動是必然的現象。我們中國有句俗話說：「塞翁失馬，焉知非福！」在中國近三十年的變動情況中，我許多很好很有成就的舊同行、老同事，都因爲來不及適應這個環境中的新變化成了古人。我現在居然能在這裏很快樂地和各位談談這些事情，證明我在適應環境上，至少作了一個健康的選擇，並不是消極的退隱。特別是國家變動大，社會變動過程太激烈了，許多人在運動中都犧牲後，就更需要有人頑強工作，才能留下一些東西。在近三十年社會變動過程中，外面總有傳說我有段時間很委曲，很沮喪；我現在站在這裏說笑，那些曾經爲我擔心的好朋友，可以不用再擔心！我活得很健康，這可不能夠作假的！我總相信人類最後總要愛好和平的，要從和平中求發展，得進步的，中國也無例外這麽向前的⑯。

---

⑯沈從文：〈從新文學轉到歷史文物——一九八〇年十一月二十四日在美國聖若望大學的講演〉，《沈從文文集》第十卷，花城出版社、三聯書店香港分店一九八四年版。

一位來自臺灣的作家，在座談時問沈從文：「你是否相信命運？」沈從文回答說：「我不相信命運。」那位作家以沈從文作品中的若干人物，有類似的環境，卻遭遇不同，結局也大相逕庭爲例，提出不同看法。沈從文說：「那是我寫作時，爲使讀者震撼，加強藝術效果而創造出的不同結局。」他再次堅決地說：「我不相信命運，卻相信時間，時間可以克服一切。」

一些作家事後議論，也有過一些大陸來的訪問的藝術家，說了「文革」期間的種種及自己遭遇的一切。但是大家同樣驚奇地發現，沈老幾乎很少主動提到「文革」及他幾十年來的不同尋常的遭遇，在這裏也顯示沈老特異的風格⑰。

二月七日，是沈從文訪問的最後一天。

大洋的彼岸，美國規模最大的中文書店——舊金山東風書店，特意安排沈從文與讀者見面。時值書店舉辦「白先勇作品周」，得知沈從文已到了舊金山，在美國南部任教的白先勇，書也不教了，將教學丢給助教，專程北上，與沈從文見面。於是沈從文與白先勇聯袂在東風書店會見讀者。

這天下午，東風書店十分熱鬧，書店門口已掛出特製的招貼，室內擺滿各種飲料，特製的大蛋糕組成「歡迎」字樣。沈從文和白先勇的著作以最醒目的方式放置在書架上。沈從文和白先勇

---

⑰、⑱雷平：〈沈從文先生在美西〉，《海內外》第二十九期（一九八一年）。

一到，等候已久的讀者羣裏便響起熱烈的掌聲。見到這兩位一來自大陸、一來自臺灣，一老一少兩位作家親密無間，在場的人都十分興奮。

白先勇致辭說，沈從文是他最崇敬的一位中國作家。自己從小就熟悉沈從文作品中許多栩栩如生的人物。沈從文的作品不僅影響了自己，也間接地影響了自己的學生。

人生短暫，藝術長存。沈先生的小說從少年時代直到現在，仍然放射着耀眼的光輝。這期間，中國經歷了多大的變動，但是，藝術可以戰勝一切，今天大家來瞻仰沈先生的風采，就是一個證明[18]。

讀者紛紛與兩位作家交談。許多人拿了沈從文作品的英譯本和剛剛購到的新書，請沈從文簽字留念。……

大洋的此岸。此時，沈從文在北京的家屬、助手及有關部門領導，卻心急如焚，——事情起因於沈從文在美國東部訪問期間。一次，沈從文在演講後回答聽衆提問時，一名臺灣報紙的記者，提問時邀請沈從文去臺灣。

問：「您願不願意去臺灣？臺灣方面歡迎您去。」

答：「我在臺灣沒有親戚，那裏也沒有我作的事，我沒有這樣的打算。」

可是，沈從文的回答卻以某種模稜兩可的形式，在臺灣的報紙上公開發表了。這一情況很快上了大陸的「內參」，並引起有關人士的嚴重不安。……

大洋的彼岸。正在東風書店接見讀者的沈從文，接到一份由中國駐美國大使館轉來的電報。電報的內容，是對沈從文在美期間講學的辛苦表示慰問，由中國社會科學院領導署名。

沈從文心裏明白是怎麼回事——他已經知道臺灣記者對他講話的報導，以及這事在北京所引起的擔心。

在這之前，商務印書館香港分館已經排出《中國古代服飾研究》一書的清樣，並寫信邀請沈從文結束在美國的訪問後，順道在香港停留，以便親自審閱。

收到國內的來電後，沈從文與張兆和商量，覺得在這種情形下去香港，既怕國內親友擔心，又難免不與臺灣記者接觸，與其徒惹麻煩，不如取消香港之行，直接返回北京。

大洋的此岸。虎雛收到父母拍來的不去香港、直接返京的電報後，將其交給王序和王亞蓉，兩人十分高興，將消息轉告中國社會科學院有關領導，大家方才放心。

二月八日，沈從文結束了在美國的訪問，偕張兆和從舊金山起飛，向那塊與他一生休戚與共的古老土地回歸。

——那裏，是沈從文人生的出發點，也是他的最終歸宿。他的生命之火將在那裏繼續燃燒。在那裏，他將畫出自己最後階段的人生軌跡……。

一九八五年十二月十九日，為慶賀沈從文從事文學創作和文物研究六十週年，《光明日報》以頭版頭條顯著位置，發表了題為《堅實地站在中華大地上——訪著名老作家沈從文》的長篇專訪。由編輯部所加的〈編者按〉說：

年高德劭的沈從文先生，是中國現代文學史上的一位重要作家。五十年代初期，由於歷史的誤解，他中斷了文學創作，改爲從事中國古代文物研究。在這個領域中，他又取得了令世人矚目的成就。然而，他是這般謙虛，這般豁達，這般的不計較個人委屈……，堅定地站在祖國的大地上。這一切，正體現了中國知識分子的崇高風範。

一九三九年，沈從文在他的〈燭虛〉⑲篇裏說：

書本給我的啓示極多，我歡喜《新約．哥林多書》記的一段：

我認得一個在基督裏的人，……我認得這個人，或在身內，或在身外，我都不知道，只有神知道。他被提到樂園裏，聽見隱秘的言語，是人不可說的。爲這人，我要誇口。但是我爲自己，除了我的軟弱之外，我並不誇口。

⑲《燭虛》，上海文化生活出版社一九四〇年版。

附錄：沈從文主要著作年表

一九二五——一九二六年

篇名	署名	發表期刊、日期	
屠桌邊（小說）	休芸芸	《晨報副刊》一一二號	一九二五年五月二十一日
福生（小說）	沈從文	《語絲》三十三期	一九二五年六月
副官（小說）	沈從文	《現代評論》四十五期	一九二五年十月十六日
市集（散文）	沈從文	《晨報副刊》一三〇五號	一九二五年十一月十一日
更夫阿韓（小說）	休芸芸	《晨報副刊》一三〇八號	一九二五年十一月十六日
移防（小說）	沈從文	《晨報副刊》一四〇六號	一九二五年十二月七日
宋代表（小說）	沈從文	《東方雜誌》二十三卷二期	一九二六年一月
佔領渭城（小說）	鳳哥	《晨報副刊》一三六一號	一九二六年三月十一日
堂兄（小說）	鳳哥	《晨報副刊》一三六六號	一九二六年三月二十日
在別一個國度裏（小說）	從文	《現代評論》七十二期	一九二六年四月二十四日
		《現代評論》七十三期	一九二六年五月一日
		《現代評論》七十四期	一九二六年五月八日
		《現代評論》七十五期	一九二六年五月十五日

菌子（小說）	沈從文	《晨報副刊》一四〇四號	一九二六年六月十四日
		《晨報副刊》一四〇五號	一九二六年六月十六日
		《晨報副刊》一四〇七號	一九二六年六月二十一日
		《晨報副刊》一四〇八號	一九二六年六月二十三日
		《晨報副刊》一四一二號	一九二六年七月
黎明（小說）	從文	《晨報副刊》一四一〇號	一九二六年六月二十八日
		《晨報副刊》一四一一號	一九二六年六月三十日
哨兵	從文	《晨報副刊》一四二三號	一九二六年六月二十六日
		《晨報副刊》一四三三號	一九二六年七月二十八日
第二個狒狒引（引言）	沈從文	《晨報副刊》一四二五號	一九二六年八月二日
我的小學教育（小說）	懋琳	《晨報副刊》一四三二號	一九二六年八月十八日
松子君	沈從文	《晨報副刊》一四七九號	一九二六年十一月二十四日
		《晨報副刊》一四八〇號	一九二六年十一月二十六日
嵐生和嵐生太太（小說）	從文	《現代評論》一〇五期	一九二六年十二月十一日

鴨子（小說、戲劇、詩歌、散文合集） 上海北新書局 一九二六年初版

內收戲劇八篇：盲人、野店、賭徒、賣糖復賣蔗、羊羔、鴨子、蟋蟀、三獸戲堵坡；小說八篇：雨、往事、玫瑰與九妹、夜漁、臘八粥、船上、佔領、槐花鎮；散文七篇：月下、小草與浮萍、到北海去、遙夜一、二、水車、一天、生之記錄；詩歌五篇：殘多、春月、薄暮、螢火、我喜歡你。

一九二七年

十四夜間（小說）	煥乎	《小說月報》	十八卷一號	一九二七年一月
晨（小說）	從文	《現代評論》	一二六期	一九二七年五月七日
蜜柑（小說）	從文	《現代評論》	一二九期	一九二七年五月二十八日
獵野猪的人（小說）	從文	《現代評論》	一三三期	一九二七年六月二十五日
入伍後（小說）	沈從文	《現代評論》	第二周年紀念增刊	一九二七年六月二十五日
山鬼（小說）	爲琳	《現代評論》	一三六號	一九二七年七月十六日
			一三七號	一九二七年七月二十三日
長夏（小說）	何遠駒	《晨報副刊》	二〇一八號	一九二七年八月一日
			二〇一九號	一九二七年八月二日
			二〇二〇號	一九二七年八月三日
			二〇二一號	一九二七年八月四日
			二〇二二號	一九二七年八月五日
			二〇二三號	一九二七年八月六日
我的鄰（散文）	懋琳	《小說月報》	十八卷八號	一九二七年八月
老魏的夢（小說）	疑珷	《晨報副刊》	二〇三五號	一九二七年八月十八日
			二〇三六號	一九二七年八月十九日
			二〇三七號	一九二七年八月二十日
			二〇三九號	一九二七年八月二十二日

		二○四○號	一九二七年八月二十三日
游二閘（散文）	沈從文	《晨報副刊》二○七五號	一九二七年九月二十八日
		二○七六號	一九二七年九月二十九日
		二○七七號	一九二七年九月三十日
連長（小說）	璇若	《晨報副刊》二一○○號	一九二七年十月二十四日
		二一○一號	一九二七年十月二十五日
		二一○二號	一九二七年十月二十六日
到世界上自序（序言）	沈從文	《晨報副刊》二一○二號	一九二七年十月二十六日
雪（小說）	沈從文	《晨報副刊》二一○三號	一九二七年十月二十七日
		二一○四號	一九二七年十月二十八日
		二一○五號	一九二七年十月二十九日
		二一○六號	一九二七年十月三十日
		二一○七號	一九二七年十月三十一日
老實人	張琲	《晨報副刊》二一四四號	一九二七年十二月七日
		二一四五號	一九二七年十二月八日
		二一四六號	一九二七年十二月九日
		二一四七號	一九二七年十二月十日
		二一四九號	一九二七年十二月十二日
		二一五○號	一九二七年十二月十三日
		二一五一號	一九二七年十二月十四日

二五二號 一九二七年十二月十五日
二五三號 一九二七年十二月十六日
二五四號 一九二七年十二月十七日

好管閑事的人（小說） 羅 俊 《晨報副刊》二五六號 一九二七年十二月十九日
二五七號 一九二七年十二月二十日
二五八號 一九二七年十二月二十一日
二五九號 一九二七年十二月二十二日
二六〇號 一九二七年十二月二十三日
二六一號 一九二七年十二月二十四日

船上岸上（小說） 休芸芸 《晨報副刊》二六五號 一九二七年十二月二十九日
二六六號 一九二七年十二月三十日
二六七號 一九二七年十二月三十一日

蜜柑（短篇小說集） 上海新月書店 一九二七年九月初版
內收：初八那日、晨、早餐、蜜柑、乾生的愛、看愛人去、草繩、獵野豬的人。

一九二八年

在私塾（小說） 甲 辰 《小說月報》十九卷一號 一九二八年一月
老實人序（序言） 沈從文 《現代評論》一六五期 一九二八年二月四日
舊夢（小說） 懋 琳 《現代評論》一六八號 一九二八年二月二十五日

一六九號　一九二八年三月三日
一七〇號　一九二八年三月十日
一七一號　一九二八年三月十七日
一七二號　一九二八年三月二十四日
一七三號　一九二八年三月三十一日
一七四號　一九二八年四月七日
一七五號　一九二八年四月十四日
《現代評論》
一七六號　一九二八年四月二十一日
一七七號　一九二八年四月二十八日
一七八號　一九二八年五月五日
一七九號　一九二八年五月十二日
一八〇號　一九二八年五月十九日
一八一號　一九二八年五月二十六日
一八二第　一九二八年六月二日
一八三號　一九二八年六月九日
一八七號　一九二八年七月七日
一八八號　一九二八年七月十四日
一八九號　一九二八年七月二十一日
一九〇號　一九二八年七月二十八日
一九一號　一九二八年八月三日

		一九二號	一九二八年八月十一日
		一九三號	一九二八年八月十八日
		一九四號	一九二八年八月二十五日
		一九六號	一九二八年九月八日
		一九七號	一九二八年九月十五日
		一九八號	一九二八年九月二十一日
		一九九號	一九二八年九月二十九日
阿麗思中國遊記（小說）	沈從文	《新月》一卷一號	一九二八年三月十日
		一卷二號	一九二八年四月十日
		一卷三號	一九二八年五月十日
		一卷四號	一九二八年六月十日
		一卷五號	一九二八年七月十日
		一卷六號	一九二八年八月十日
		一卷七號	一九二八年九月十日
		一卷八號	一九二八年十月十日
柏子（小說）	甲辰	《小說月報》十九卷八號	一九二八年八月十日
雨後（小說）	甲辰	《小說月報》十九卷	
不死日記（小說）	甲辰	《中央日報》副刊	
		《紅與黑》第十四號	一九二八年八月二十四日
		第十五號	一九二八年八月二十八日

第十六號　一九二八年八月二十九日

第十七號　一九二八年八月三十日

九號　一九二八年九月十日

有學問的人（小說）　沈從文　《中央日報「紅與黑」》二十四號　一九二八年九月二十二日

第一次做男人的那個人（小說）　甲辰　《小說月報》十九卷十一號　一九二八年十一月十日

老實人（短篇小說集）　現代書局　一九二八年七月初版

內收：老實人、船上岸上、雪、連長、我的鄰、在私塾、一件心的罪孽、一個婦人的日記。

阿麗思中國遊記（長篇小說）　上海新月書店　一九二八年初版

入伍後（短篇小說、戲劇合集）　上海北新書局　一九二八年初版

內收：小說——入伍後、我的小學教育、嵐生同嵐生太太、松子君、屠桌邊、爐邊、記陸弢、傳事兵；戲劇——過年、蒙恩的孩子。

不死日記（短篇小說集）　上海人間書店　一九二八年初版

內收：不死日記、善鐘里的生活、中年。

雨後及其他（短篇小說集）　上海春潮書局　一九二八年初版

內收：雨後、柏子、第一次做男人的那個人、有學問的人、誘—拒、某夫婦。

好管閑事的人（短篇小說集）　上海新月書店　一九二八年七月初版

內收：好管閑事的人、或人的太太、煥乎先生、嘍囉、怯漢、卒伍間、爹爹。

山鬼（中篇小說）　上海光華書店　一九二八年十月初版

長夏（中篇小說） 上海光華書店 一九二八年十月初版

一九二九年

龍朱（小說）	沈從文	《紅黑》第一期	一九二九年一月十日
阿金（小說）	沈從文	《新月》一卷十一號	一九二九年一月十日
媚金、豹子與那羊（小說）	沈從文	《人間》創刊號	一九二九年一月二十日
旅店（小說）	沈從文	《新月》一卷十二號	一九二九年二月十日
參軍（小說）	沈從文	《紅黑》第二期	一九二九年二月
結婚之前（小說）	沈從文	《新月》二卷一號	一九二九年三月十日
七個野人和最後一個迎春節（小說）	沈從文	《紅黑》第五期	一九二九年五月十日
元宵（小說）	沈從文	《東方雜誌》二十六卷十一期	一九二九年六月
		二十六卷十二期	一九二九年七月
一個母親（小說）	沈從文	《新月》二卷五號	一九二九年七月十日
我的教育（小說）	沈從文	《新月》二卷六、七合期	一九二九年九月十日
牛（小說）	沈從文	《新月》二卷六、七合期	一九二九年九月十日
會明	沈從文	《小說月報》二十卷九號	一九二九年九月十日
菜園	沈從文	《小說月報》二十卷十號	一九二九年十月十日
夫婦	沈從文	《小說月報》二十卷十一號	一九二九年十一月十日
同志的煙斗的故事（小說）	沈從文	《小說月報》二十卷十二號	一九二九年十二月十日

龍朱（短篇小說集）　紅黑出版社　一九二九年初版

內收：龍朱、參軍、媚金、豹子與那羊、闕名故事、說故事人的故事、他同他的伙伴之一。

旅店及其他（短篇小說集）　中華書局　一九二九年二月初版

內收：結婚之前、旅店、阿金、七個野人與最後一個迎春節、記一個大學生、元宵。

神巫之愛（中篇小說）　上海光華書店　一九二九年初版

獃官日記（中篇小說）　上海遠東圖書公司　一九三九年一月初版

男子須知（短篇小說集）　紅黑出版社　一九二九年二月初版

十四夜間（短篇小說集）　上海華光書局　一九二九年二月初版

內收：或人的家庭、劊子手、十四夜間、支吾。

一九三〇年

蕭蕭（小說）　沈從文　《小說月報》二十一卷一號　一九三〇年一月十日

一個女劇員的生活（小說）　沈從文　《現代學生》一卷一期　一九三〇年一月

一卷四期　一九三〇年一月

一卷五期　一九三〇年二月

燈（小說）　沈從文　《新月》二卷十二期　一九三〇年二月

論施蟄存與羅黑芷（作家論）　沈從文　《現代學生》一卷二期　一九三〇年一月

紳士的太太（小說）　沈從文　《新月》三卷一號　一九三〇年三月十日

郁達夫張資平及其影響（作家論）　甲辰　《新月》三卷一期　一九三〇年三月十日

論聞一多的死水（作家論）	沈從文	《新月》三卷二期	一九三〇年四月十日
丈夫（小說）	沈從文	《小說月報》二十一卷四號	一九三〇年四月十日
生命的沫題記（序言）	沈從文	《現代文學》創刊號	一九三〇年七月
道德與智慧（小說）	沈從文	《新月》三卷八期	一九三〇年十月十日
三個男子和一個女人（小說）	沈從文	《文藝月刊》一卷三號	一九三〇年十月十五日
論落花生（作家論）	沈從文	《讀書月刊》一卷一期	一九三〇年十一月
論焦菊隱的詩（作家論）	沈從文	《中央日報》「文藝周刊」五號	一九三〇年十一月三十日
論汪靜之的《蕙的風》（作家論）	沈從文	《文藝月刊》一卷四期	一九三〇年十一月十五日
山道中（小說）	沈從文	《小說月報》二十一卷十二號	一九三〇年十二月十日
中年（小說）	沈從文	《新月》三卷十期	一九三〇年十二月十日

舊夢（中篇小說）　商務印書館　九三〇年十二月初版

石子船（短篇小說集）　上海中華書局　一九三〇年初版

內收：石子船、夜、還鄉、漁、道師與道場、一日的故事。

沈從文甲集（短篇小說集）　神州國光社　一九三〇年初版

內收：第四、夜、自殺的故事、我的教育、冬的空間、會明、牛。

一九三一年

一個天才的通信（中篇小說）　商務印書館　一九三〇年十二月版

論朱湘的詩（作家論）　沈從文　《文藝月刊》二卷一號　一九三一年一月十五日

論劉半農的《揚鞭集》（作家論）　沈從文　《文藝月刊》二卷二號　一九三一年二月十五日

論中國的創作小說（評論）　沈從文　《文藝月刊》二卷四號　一九三一年四月十五日
二卷五、六合期　一九三一年六月十五日

夜漁（小說）　沈從文　《創作月刊》創刊號　一九三一年五月十八日

街（散文）　沈從文　《文藝月刊》二卷七期　一九三一年七月十五日

三三（小說）　沈從文　《文藝月刊》二卷九期　一九三一年九月十五日

虎雛（小說）　沈從文　《小說月報》二十二卷十期　一九三一年十月十日

黔小景（小說）　沈從文　《北斗》一卷三期　一九三一年十一月二十日

一個女劇員的生活（中篇小說）　上海大東書店　一九三一年八月初版

從文子集（短篇小說集）　新月書店　一九三一年初版
內收：龍朱、丈夫、燈、建設、春天、紳士的太太。

一九三二年

泥塗（小說）　沈從文　《時報》　一九三二年一月二十五日

厨子（小說）　沈從文　《文藝月刊》三卷二期　一九三二年二月

黃昏（小說）　芸芸　《文藝月刊》三卷四期　一九三二年四月

鳳子（小說）　沈從文　《文藝月刊》三卷五、六合期　一九三二年六月

都市一婦人（小說） 沈從文 《創化月刊》第三期 一九三二年七月一日

論徐志摩的詩（作家論） 沈從文 《現代學生》二卷二期 一九三二年八月

秋（小說） 沈從文 《新時代》三卷一期 一九三二年九月

雨（小說） 沈從文 《新時代》三卷二期 一九三二年十月

婚前（小說） 沈從文 《新時代月刊》三卷四期 一九三二年十二月

若墨醫生（小說） 沈從文 《新月》四卷三期 一九三二年十月一日

醫生（小說） 沈從文 《新月》四卷五期 一九三二年十一月一日

黑夜充滿了空間的某夜（小說） 沈從文 《申報月刊》一卷五號 一九三二年十一月五日

病（小說） 沈從文 《新時代》三卷三期 一九三二年十一月

節日（小說） 沈從文 《東方雜誌》二十九卷六號 一九三二年十一月

虎雛（短篇小說集） 上海新中國書局 一九三二年一月初版

內收：中年、三三、虎雛、醫生、黔小景。

記胡也頻（傳記文學） 上海光華書店 一九三二年五月初版

都市一婦人（短篇小說集） 上海新中國書局 一九三二年十一月初版

內收：賢賢、都市一婦人、厨子、靜、春、若墨醫生。

一個婦人的日記（短篇小說集） 上海新中國書局 一九三二年十一月初版

內收：自序、船上岸上、雪、連長、我的鄰、在私塾、老實人、一件心的罪孽、一個婦人的日記。

一九三三年

扇陀（小說）	沈從文	《現代》二卷三期	一九三三年一月
油坊（小說）	沈從文	《新時代》新年號	一九三三年一月
月下小景（小說）	沈從文	《東方雜誌》三十卷三號	一九三三年二月
獵人故事（小說）	沈從文	《新月》四卷六期	一九三三年三月一日
早上——一堆土一個兵（小說）	沈從文	《東方雜誌》三十卷九號	一九三三年五月
如蕤（小說）	沈從文	《申報》〈自由談〉	一九三三年
靜（小說）	沈從文	《創化月刊》創刊號	一九三三年五月
丁玲女士被捕（論文）	沈從文	《獨立評論》第五十二、五十三號合册	一九三三年六月四日
尋覔（小說）	沈從文	《青年界》三卷四期	一九三三年六月五日
一個農夫的故事（小說）	沈從文	《東方雜誌》三十卷十二期	一九三三年六月
記丁玲女士（人物傳記）	沈從文	《國聞週報》第十卷二十九—三十六期	一九三三年七月—十月
		三十八—五十期	一九三三年十月—十二月
丁玲女士被捕	沈從文	獨立評論第五十二、五十三合期	一九三三年六月四日
丁玲女士失踪	沈從文	《大公報》文藝副刊	一九三三年六月十二日
女人（小說）	沈從文	《現代》三卷三期	一九三三年七月

來客（小說） 沈從文 《申報月刊》二卷七期 一九三三年七月十五日

三個女性（小說） 沈從文 《新社會半月刊》五卷三期 一九三三年八月一日

五卷四期 一九三三年八月十六日

五卷五期 一九三三年九月一日

五卷六期 一九三三年九月十六日

愛慾（小說） 沈從文 《現代》三卷五期 一九三三年九月

一個母親（短篇小說集） 上海合成書店 一九三三年初版

月下小景（短篇小說集） 上海現代書局 一九三三年十一月初版

內收：月下小景、尋覓、女人、扇陀、愛慾、獵人的故事、一個農夫的故事、醫生、慷慨的王子。

阿黑小史（中篇小說） 上海新時代書局 一九三三年初版

一九三四年

邊城（小說） 沈從文 《國聞周報》十一卷一期 一九三四年一月一日

十一卷二期 一九三四年一月一日

十一卷三期 一九三四年一月八日

十一卷四期 一九三四年一月十五日

十一卷十期 一九三四年三月十二日

十一卷十一期 一九三四年三月十九日

十一卷十二期 一九三四年三月二十六日

		十一卷十三期	一九三四年四月二日
		十一卷十四期	一九三四年四月九日
		十一卷十五期	一九三四年四月十六日
		十一卷十六期	一九三四年四月二十三日
論海派（論文）	沈從文	天津《大公報》·〈文藝〉	一九三四年一月十日
湘行散記（鴨窠圍的夜）（散文）	沈從文	《文學》二卷四號	一九三四年四月一日
湘行散記（一個同我過桃源的朋友）（散文）	沈從文	天津《大公報》·〈文藝〉	一九三四年四月十八日
邊城題記（序言）	沈從文	天津《大公報》·〈文藝〉	一九三四年四月二十五日
湘行散記（一九三四年一月十八）（散文）	沈從文	天津《大公報》·〈文藝〉	一九三四年六月十三日
湘行散記（辰河小船上的水手）（散文）	沈從文	《文學》三卷一期	一九三四年七月一日
湘行散記（一個多情水手和一個多情婦人）	沈從文	天津《大公報》·〈文藝〉	一九三四年七月七日
（散文）			
湘行散文（五個軍官和一個煤礦工人）（散文）	沈從文	《國聞周報》十一卷二十九期	一九三四年七月二十三日
湘行散記（老件）（散文）	沈從文	《學文》一卷四期	一九三四年八月
過嶺者（小說）	從文	天津《大公報》·〈文藝〉	一九三四年八月二十二日
湘行散記（虎雛再遇記）（散文）	沈從文	《水星》一卷一期	一九三四年十月
知識（小說）	沈從文	《水星》一卷三期	一九三四年十二月

現代中國作家評論選題記（序言）　沈從文　天津《大公報》·〈文藝〉　一九三四年十二月二十二日

* * *

游目集（短篇小說集）　上海大東書局　一九三四年四月初版

內收：腐爛、春天、多的空間、三個男子和一個女人、平凡故事、除夕。

從文自傳（傳記文學）　時代書局　一九三四年初版

如蕤集（短篇小說集）　上海生活書店　一九三四年五月初版

內收：如蕤、三個女性、上城裏來的人、生、早上——一堆土一個兵、泥塗、節日、黃昏、黑夜、秋。

邊城（中篇小說）　上海生活書店　一九三四年九月初版

沫沫集（論文集）　上海大東書局　一九三四年初版

內收：論馮文炳、論郭沫若、論落花生、魯迅的戰鬪、論施蟄存與羅黑芷、《輪盤》的序、《沉》的序、阿黑小史序、論朱湘的詩、論焦菊隱的《夜哭》、論劉半農的揚鞭集、我的二哥。

記丁玲（傳記文學）　上海良友復興圖書印刷公司　一九三四年初版

一九三五年

滕回生堂的今昔（散文）　沈從文　《國聞周報》十二卷二期　一九三五年一月七日

桃源與沅州（散文）　沈從文　《國聞周報》十二卷十一期　一九三五年三月

湘行散記（箱子岩）（散文）　沈從文　《水星》二卷一期　一九三五年四月十日

湘行散記（一個近視眼的朋友）（散文）　沈從文　《水星》二卷二期　一九三五年五月十日

失業（小說）　沈着　《水星》二卷三期　一九三五年六月十日

顧問官（小說）　沈從文　《文學》五卷一號　一九三五年七月一日

八駿圖（小說）　沈從文　《文學》五卷二號　一九三五年八月一日

自殺（小說）　沈從文　天津《大公報》・〈文藝〉　一九三五年九月一日

新與舊（小說）　沈從文　《獨立評論》一五一期　一九三五年九月

八駿圖題記（序言）　沈從文　天津《大公報》・〈文藝〉　一九三五年十二月二十日

八駿圖（短篇小說集）　上海文化生活出版社　一九三五年十二月初版

內收：八駿圖、有學問的人、某夫婦、來客、顧問官、柏子、雨後、過嶺者、腐爛。

沈從文選集（短篇小說集）上海萬家書屋　一九三五年四月初版

內收：題記、沈從文論（蘇雪林作）、八駿圖、顧問官、生、如蕤、扇陀、紳士的太太、龍朱、我的教育、會明、牛、在私塾、船上岸上。

一九三六年

習作選集代序（序言）　沈從文　《國聞周報》十三卷一期　一九三六年一月

答辭六（創作談）　沈從文　天津《大公報》・〈文藝〉　一九三六年一月八日

答辭八（創作談）　沈從文　天津《大公報》・〈文藝〉　一九三六年一月十五日

答辭十（創作談）　沈從文　天津《大公報》・〈文藝〉　一九三六年一月二十二日

答辭十三（創作談）　沈從文　天津《大公報》・〈文藝〉　一九三六年二月五日

文壇的「團結」與「聯合」（論文）　沈從文　《國聞周報》十三卷四十五期　一九三六年十一月十六日

湘行散記（散文集）　上海商務印書館　一九三六年三月初版

內收：一個戴水獺皮帽子的朋友、桃源與沅州、鴨窠圍的夜、一九三四年一月十八、一個多情水手與一個多情婦人、辰河小船上的水手、箱子岩、五個軍官與一個煤礦工人、老伴、虎雛再遇記、一個愛惜鼻子的朋友。

從文小說習作選（小說散文選集）　上海良友圖書印刷公司　一九三六年五月初版

內收：短篇小說：三三、柏子、丈夫、夫婦、阿金、會明、黑夜、泥塗、燈、若墨醫生、春、龍朱、八駿圖、腐爛；《月下小景》全部：月下小景、尋覓、女人、扇陀、愛慾、獵人的故事、一個農夫的故事、醫生、慷慨的王子；《從文自傳》全部；中篇小說《神巫之愛》。

沈從文小說選（短篇小說集）　上海做古書店　一九三六年版

內收：漁、春、松子君、三三、七個野人與最後一個迎春節、燈、或人的家庭、泥塗、獵野豬的人、八駿圖、劊子手。

新與舊（短篇小說集）　上海良友圖書印刷公司　一九三六年十一月初版

內收：蕭蕭、山道中、三個男子和一個女人、新與舊、菜園、煙斗、失業、知識、薄寒、自殺。

一九三七年

主婦（小說）	沈從文	《月報》一卷三期	一九三七年三月
貴生（小說）	沈從文	《文學雜誌》一卷一號	一九三七年五月一日
王謝子弟（小說）	沈從文	《國聞周報》十四卷十九期	一九三七年五月
大小阮（小說）	沈從文	《文學雜誌》一卷二號	一九三七年六月一日
生存（小說）	沈從文	《文叢》一卷四期	一九三七年六月十五日

小砦（小說） 沈從文 《國聞周報》十四卷二十六期 一九三七年七月五日
十四卷二十八期 一九三七年七月十九日
十四卷二十九期 一九三七年七月二十六日
十四卷三十期 一九三七年八月二日
十四卷三十一期 一九三七年八月九日

再談差不多（論文） 炯之 《文學雜誌》一卷四期 一九三七年八月一日

* * *

廢郵存底（論文集） 上海文化生活出版社 一九三七年一月初版

內收：一周間給五個人的信摘抄、給一個寫詩的、給一個寫小說的、給一個大學生、給某教授、談創作、致文藝讀者、元旦致文藝讀者、我的寫作與水的關係、風雅與俗氣、情緒的體操、給某作家、給一個讀者、邊城題記。

一九三八年

幾封論寫作的信（論文） 沈從文 《文藝季刊》一卷一期 一九三八年七月

談進步（論文） 沈從文 《文藝季刊》一卷三期 一九三八年九月

談朗誦詩（論文） 沈從文 香港《星島日報》 一九三八年十月一日—十月五日

* * *

湘西（散文集） 商務印書館 一九三八年初版

內收：題記、引子、常德與船、沅陵的人、白河流域的幾個碼頭、瀘溪・浦市・箱子岩、辰溪的煤、沅水上游幾個縣分、鳳凰、苗民問題。

一九三九年

一般或特殊（論文）　沈從文　《今日評論》一卷四期　一九三九年一月

湘西題記（序言）　沈從文　《今日評論》一卷二期　一九三九年一月

昆明冬景（散文）　沈從文　香港《大公報》　一九三九年二月六日

記蔡威廉女士（散文）　沈從文　《新動向》二卷十期　一九三九年六月三十一日

* * *

一個女劇員的生活（中篇小說）　上海大東書店　一九三九年初版

主婦集（短篇小說集）　商務印書館　一九三九年十二月初版

內收：主婦、貴生、大小阮、王謝子弟、生存。

一九四〇年

談人（論文）　沈從文　香港《大公報》　一九四〇年一月一日

燭虛（論文）　沈從文　《戰國策》第一期　一九四〇年四月

讀英雄崇拜（論文）　沈從文　《戰國策》第四期　一九四〇年六月

鄉城（小說）　劉　季　香港《大公報》　一九四〇年六月二十四日

* * *

燭虛（論文集）　上海文化生活出版社　一九四〇年初版

內收：燭虛、潛淵、長庚、生命、新的文學運動與新的文學觀、白話文問題、小說作者和讀者、文運的重造。

一九四二年

王嫂（小說）	沈從文	《文聚月刊》一卷一期	一九四二年四月二十日
秋收和社戲（小說）	沈從文	《自由中國》二卷一、二合期	一九四二年五月一日
大幫船攏碼頭時（小說）	沈從文	《文學創作》一卷一期	一九四二年九月十五日
小說與社會（論文）	沈從文	《世界學生》一卷十期	一九四二年十月二十五日
新摘星錄（小說）	沈從文	《當代評論》三卷二期	一九四二年十一月二十二日
		三卷三期	一九四二年十一月二十九日
		三卷四期	一九四二年十二月六日
		三卷五期	一九四二年十二月十三日
		三卷六期	一九四二年十二月二十日
短篇小說（論文）	沈從文	《國文月刊》十八期	一九四二年十二月十六日

一九四三年

水雲（散文）	沈從文	《文學創作》一卷四期	一九四三年一月十五日
		《文學創作》一卷五期	一九四三年二月十五日
長河題記（序言）	沈從文	重慶《大公報》	一九四三年四月二十一日
笨人（小說）	沈從文	《新文學》一卷一期	一九四三年七月十五日
看虹錄（小說）	上官碧	《新文學》一卷一期	一九四三年七月十五日

鄉居（小說）　沈從文　《文學創作》二卷四期　一九四三年八月一日

綠、黑、灰（散文）　沈從文　《當代評論》四卷三期　一九四三年十二月二十一日

* * *

春燈集（短篇小說集）　上海開明書店　一九四三年四月初版

內收：春、燈、八駿圖、若墨醫生、第四、如蕤。

雲南看雲集（論文集）　重慶國民圖書出版社　一九四三年六月初版

內收：文藝政策檢討、文學運動的重造、小說與社會；新廢郵存底十六則：雲南看雲、給一個廣東朋友、給一個大學生、給一個青年作家、給一個詩人、給一個中學教員、給一個軍人、學習寫作、職業與事業，給在芒市服務的小學教員、給一個作家、給駐長沙一個炮隊的小軍官、明日的文學作家、美與愛、論投資、讀書人的賭博；廢郵存底十三則（除邊城題記外，餘同一九三七年版《廢郵存底》，篇名略）。

黑鳳集（短篇小說集）　上海開明書店　一九四三年七月初版

內收：三個女性、賢賢、靜、主婦、白日、三三。

一九四四年——一九四五年

綠、黑、灰（散文）　沈從文　《當代評論》四卷四期　一九四四年一月一日

沈從文　《當代評論》四卷五期　一九四四年一月二十一日

摘星錄（小說）　沈從文　《新文學》一卷二期　一九四四年一月一日

雪（小說）　沈從文　《當代文學》創刊號　一九四四年一月

綠魘（散文）　沈從文　《當代文學》一卷二期　一九四四年二月一日

白魘（散文）　沈從文　《時與潮文藝》三卷三期　一九四四年五月十五日

黑魘（散文）　沈從文　《時與潮文藝》三卷三期　一九四四年五月十五日

看虹摘星錄後記　從文　天津《大公報》　一九四五年十二月八日

（後記）　天津《大公報》　一九四五年十二月十日

赤魘　沈從文　昆明《觀察報》　一九四五年三月二十日

* * *

湘西——沅水流域小識錄（散文集）　上海開明書店　一九四四年初版

* * *

一九四六年

斷虹引言（序言）　沈從文　《春秋》復刊號　一九四六年四月

虹橋（小說）　沈從文　《文藝復興》一卷五期　一九四六年六月

橙魘（小說）　沈從文　《春秋》三卷二期　一九四六年八月

王嫂（小說）　沈從文　天津《益世報》·〈文學周刊〉　一九四六年十月十三日

主婦（小說）　沈從文　天津《大公報》·〈文藝〉　一九四六年十月十三日

青色魘（小說）　沈從文　天津《益世報》·〈文學周刊〉　一九四六年十一月二十四日

從現實學習（論文）　沈從文　天津《大公報》　一九四六年十一月三日

天津《大公報》　一九四六年十一月十日

* * *

在昆明的時候（作家散文合集）　重慶中外書店　一九四六年二月初版

內收沈從文散文一篇：在昆明的時候。

一九四七年

蕓蘆紀事（小說）	沈從文　天津《益世報》．〈文學周刊〉	一九四七年二月一日
		一九四七年二月十六日
		一九四七年三月一日
		一九四七年三月十五日
		一九四七年三月二十九日
一個傳奇的本事（散文）	沈從文　天津《大公報》．〈星期文藝〉	一九四七年三月二十三日
性與政治（論文）	沈從文　《知識與生活》一期	一九四七年四月十六日
巧秀與冬生（小說）	沈從文　《文學雜誌》二卷一號	一九四七年六月一日
大幫船攏碼頭時（小說）	沈從文　《知識與生活》五期	一九四七年六月十六日
人與地（小說）	沈從文　天津《益世報》．〈文學周刊〉	一九四七年六月十八日
黑魘（散文）	沈從文　《知識與生活》八期	一九四七年八月一日
楓木坳（小說）	沈從文　北平《光明日報》．〈星期藝文〉	一九四七年八月十八日
摘橘子（小說）	沈從文　《文學雜誌》二卷四號	一九四七年九月一日
白魘（散文）	沈從文　《知識與生活》九期	一九四七年九月十六日
學魯迅（論文）	沈從文　《知識與生活》十四期	一九四七年十一月一日
傳奇不奇（小說）	沈從文　《文學雜誌》二卷六號	一九四七年十一月一日
北平通信	巴魯爵士　《論語半月刊》一四二期	一九四七年十二月一日

一九四八年

芷江縣的熊公館（散文） 沈從文 天津《大公報》 一九四八年一月三日

論特寫（論文） 沈從文 天津《益世報》 一九四八年一月三十一日

試談藝術與文化（論文） 巴魯爵士 《論語半月刊》一五〇期 一九四八年四月一日

中國往何處去 沈從文 上海《大公報》文藝副刊四十七號 一九四八年九月十三日

* * *

長河（第一卷）（長篇小說） 上海開明書店 一九四八年八月初版

一九五七——一九六〇年

中國絲綢圖案（學術論文集） 中國古典藝術出版社 一九五八年初版

龍鳳藝術（學術論文集） 作家出版社 一九六〇年初版

沈從文小說選集 人民文學出版社 一九五七年版

內收：題記、阿金、蕭蕭、牛、會明、紳士的太太、丈夫、煙斗、菜園、燈、新與舊、黑夜、三三、泥塗、生、邊城、過嶺者、顧問官、大小阮、失業、生存、王謝子弟、貴生。

一九八一——一九八五年

中國古代服飾研究（學術專著） 商務印書館香港分館 一九八一年版

沈從文文集　花城出版社、香港三聯書店　一九八二—一九八四年版

共十二卷，計小說卷八、散文、詩卷二、文論卷二。

沈從文選集　四川人民出版社　一九八三年版

共五卷，計散文卷一、小說卷三、文論卷一。

龍鳳藝術（學術論文集）　商務印書館香港分館　一九八五年版

內收：題記、過節和觀燈、湘西苗族的藝術、塔戶剪紙花樣、談金花牋、龍鳳藝術—龍鳳藝術的應用和發展、魚的藝術——魚的圖案在人民生活中的應用及發展、古代人的穿衣打扮、宋元時裝、江陵楚墓出土的絲織品、織金錦、明織金錦問題、《明錦》題記、清代花錦、蜀中錦、談染纈—藍底白印花布的歷史發展、談廣繡、花邊、談皮球花、古代鏡子的藝術、玻璃工藝的歷史探討、中國古代陶瓷、談陶器藝術、文史研究必需結合文物、「𤫩瓟斝」和「點犀盉」—關於《紅樓夢》註釋一點商榷、附錄「杏犀盉」質疑、關於天王府繡花帳子的時代及其產生原因的一點意見、試釋「長簷車、高齒屐、斑絲隱囊、棋方褥」、從《不怕鬼的故事》註談到文獻與文物相結合問題、從文物來談談古人的鬍子問題、附記、讀展子虔〈遊春圖〉、談談〈文姬歸漢圖〉、談寫字(一)、談寫字(二)、春遊頤和園、北京是個大型建築博物館、編後記。

說明：這是一份沈從文主要作品年表。早期的詩歌、散文、戲劇基本沒有列入，早期小說也只選錄一些較有代表性的篇目。雖然重點介紹了三十年代至四十年代沈從文小說、散文的創作，但也沒有全部列入。對他的大量的議論文字，除列入一些較重要的作家論、題記、序言、通信，以及一些在當時引起爭議的篇目外，大部沒有列入。一九四九年年以前所出各版著作，因歷史原因，有的已無從查找，本表所列，遺漏自所難免。近十年大陸所出各種版本，文學類僅選錄兩種。由於選擇的主觀性，這份年表顧此失彼，選錄失當之處，在所難免。

凌　宇　一九九〇年夏

新書推薦

◉近代中國人物漫譚續集　王覺源著

一般傳記多在告訴當代人以過去歷史，卻缺乏給未來人認識當代的意義。本書的撰寫，不做皮相之談或略存偏見，內容涵括宦海、儒林、江湖等，所提供的大都爲第一手資料，期能「以仁心說，以學心聽、以公心辨」。

◉開放社會的教育　葉學志著

在開放中的社會中，何種教育理念才能預防因科技、民主所帶來的社會失控的問題？作者鑽研我國及西方教育多年，曾對當前教育問題與政策發表過若干論文，此次彙集成卷，當有助於教育工作者體察教育之功效，發揮教育之良性影響。

◉杜魚庵學佛荒史　陳慧劍著

以學佛人的個人史料，紀錄臺灣四十年間佛教文化發展與人物推動佛教歷史的軌跡；其內容納編年、日記、書信……；並貫以作者身在顚沛流離的歲月中，經由佛法之薰陶，而改變其人格的過程。

◉關心茶——中國哲學的心　吳怡著

本書收錄的十六篇文章，可分爲三部份。第一部份爲五篇論述「關心」的文字，第二部份爲五篇散論，最後六篇則大多爲哲學理論的專題。這三部份的文字，可說都爲作者一心所貫。這一心，是關心，也是中國哲學的心。

◉放眼天下　陳新雄著

「立足臺港，胸懷大陸，放眼天下」。作者本著「國之興亡，匹夫有責」之志，暢論近兩年來天下時勢與政情。不但具有熱情與理想，更能從歷史眼光，針對現實作深刻的透視，諤諤直言，不啻爲滔滔濁世的一般清流。

◉走出傷痕——大陸新時期小說探論　張子樟著

本書收錄了從 1977～1988 年的大陸小說。此一時期的作家不再沈湎於往事的追憶，而開始著重文化與自我意識的開展。本書除依賴文學理論來解說作品外，並借助社會學、心理學和傳播學上的論點，以求達到多角度之省察。

新書推薦

◈唐宋詩詞選　巴壺天編
—詞選之部

作者一生精於詩與禪，所選諸詩詞，均甚精審，並將名家詩詞評列於作品之後，提供讀者在賞析時的參考。另收錄有：作者小傳、總評、注要、釋篇、記事、附錄等。有此書在手，已囊括坊間其他通行本而有餘。

◈唐宋詩詞選　巴壺天編
—詩選之部

作者一生精於詩與禪，所選諸詩詞，均甚精審，並將名家詩詞評列於作品之後，提供讀者在賞析時的參考。另收錄有：作者小傳、總評、注要、釋篇、記事、附錄等。有此書在手，已囊括坊間其他通行本而有餘。

◈從傳統到現代　傅偉勳主編
—佛教倫理與現代社會

本書收錄了第一屆中華國際佛學會議中所提出的十五篇論文，這十五篇論文環繞著會議主題「佛教倫理與現代社會」所各別提出的歷史考察、課題探討、理念詮釋、問題分析、未來展望等等，可謂百家齊鳴，各有千秋。

◈維摩詰經今譯　陳慧劍譯註

「維摩詰經」，全名是「維摩詰所説經」，又義譯為「無垢稱經」。這部經的義理主要導航人物，是現「居士身」的維摩詰，思想則涵蓋中國自東晉以後發展的「三論、天臺、禪」三種中國式佛教宗派，其影響不可説不大。

◈我是依然苦鬬人　毛振翔著

乍看本書書名，或許以為是一部個人自傳，實際上，這是將毛神父於近十餘年來頻頻飛赴美國，從事國民外交之事蹟及對政治、宗教之建言，彙整出版。篇篇皆為珍貴史料，願讀者勿等閒視之。

◈儒學的常與變　蔡仁厚著

「時風有來去，聖道無古今。」儒家有二千五百年的傳統，是人類世界中緜衍最長久、影響最廣遠的一大學派

本書針對儒學之常理常道，及其因應時變以求中國現代化之種種問題，有透徹中肯之詳析。

*文學與音律……謝雲飛著
*中國文字學……潘重規著
*中國聲韻學……潘重規 陳紹棠著
*訓詁通論……吳孟復著
*翻譯新語……黃文範著
*詩經研讀指導……裴普賢著
*莊子及其文學……黃錦鋐著
*離騷九歌九章淺釋……繆天華著
*陶淵明評論……李辰冬著
*鍾嶸詩歌美學……羅立乾著
*杜甫作品繫年……李辰冬著
*杜詩品評……楊慧傑著
*詩中的李白……楊慧傑著
*寒山子研究……陳慧劍著
*司空圖新論……王潤華著
*歐陽修詩本義研究……裴普賢著
*唐宋詩詞選
——詩選之部……巴壺天編
*唐宋詩詞選
——詞選之部……巴壺天編
*清真詞研究……王支洪著
*苕華詞與人間詞話述評……王宗樂著
*元曲六大家……應裕康 王忠林著
*四說論叢……羅　盤著
*紅樓夢的文學價值……羅德湛著
*紅樓夢與中華文化……周汝昌著
*中國文學論叢……錢　穆著
*牛李黨爭與唐代文學……傅錫壬著

＊迦陵談詩二集……………………………………………………葉嘉瑩著
＊品詩吟詩……………………………………………………………邱燮友著
＊談詩錄………………………………………………………………方祖燊著
＊情趣詩話……………………………………………………………楊光治著
＊歌鼓湘靈──楚詩詞藝術欣賞……………………………………李元洛著
＊中國文學鑑賞舉隅……………………………………黃慶萱 許家鶯著
＊中國文學縱橫論……………………………………………………黃維樑著
＊浮士德研究…………………………………………………………李辰冬譯
＊蘇忍尼辛選集………………………………………………………劉安雲譯
＊西洋兒童文學史……………………………………………………葉詠琍著
＊文學原理……………………………………………………………趙滋蕃著
＊文學新論……………………………………………………………李辰冬著
＊分析文學……………………………………………………………陳啓佑著
＊文學欣賞的靈魂……………………………………………………劉述先著
＊小說創作論…………………………………………………………羅　盤著
＊借鏡與類比…………………………………………………………何冠驥著
＊情愛與文學…………………………………………………………周伯乃著
＊鏡花水月……………………………………………………………陳國球著
＊文學因緣……………………………………………………………鄭樹森著
＊解構批評論集………………………………………………………廖炳惠著
＊中西文學關係研究…………………………………………………王潤華著
＊比較文學的墾拓在臺灣……………………………古添洪 陳慧樺主編
＊從比較神話到文學…………………………………古添洪 陳慧樺主編
＊神話即文學…………………………………………………………陳炳良等譯
＊現代文學評論………………………………………………………亞　菁著
＊現代散文新風貌……………………………………………………楊昌年著
＊現代散文欣賞………………………………………………………鄭明娳著
＊細讀現代小說………………………………………………………張素貞著

滄海叢刊

＊尋索：藝術與人生……葉維廉著
＊山外有山……李英豪著
＊知識之劍……陳鼎環著
＊還鄉夢的幻滅……賴景瑚著
＊葫蘆·再見……鄭明娳著
＊大地之歌……大地詩社編
＊青春……葉蟬貞著
＊牧場的情思……張媛媛著
＊萍踪憶語……賴景瑚著
＊現實的探索……陳銘磻編
＊一縷新綠……柴　扉著
＊金排附……鍾延豪著
＊放鷹……吳錦發著
＊黃巢殺人八百萬……宋澤萊著
＊泥土的香味……彭瑞金著
＊燈下燈……蕭　蕭著
＊陽關千唱……陳　煌著
＊種籽……向　陽著
＊無緣廟……陳艷秋著
＊鄉事……林清玄著
＊余忠雄的春天……鍾鐵民著
＊吳煦斌小說集……吳煦斌著
＊卡薩爾斯之琴……葉石濤著
＊青囊夜燈……許振江著
＊我永遠年輕……唐文標著
＊思想起……陌上塵著
＊心酸記……李　喬著
＊孤獨園……林蒼鬱著

*離訣……………………………………………………………林蒼鬱著
*托塔少年…………………………………………………………林文欽編
*北美情逅…………………………………………………………卜貴美著
*日本歷史之旅……………………………………………………李希聖著
*孤寂中的廻響……………………………………………………洛　夫著
*火天使……………………………………………………………趙衛民著
*無塵的鏡子………………………………………………………張　默著
*往日旋律…………………………………………………………幼　柏著
*鼓瑟集……………………………………………………………幼　柏著
*耕心散文集………………………………………………………耕　心著
*女兵自傳…………………………………………………………謝冰瑩著
*抗戰日記…………………………………………………………謝冰瑩著
*給青年朋友的信（上）（下）……………………………………謝冰瑩著
*冰瑩書柬…………………………………………………………謝冰瑩著
*我在日本…………………………………………………………謝冰瑩著
*大漢心聲…………………………………………………………張起鈞著
*人生小語㈠～㈢…………………………………………………何秀煌著
*記憶裏有一個小窗………………………………………………何秀煌著
*回首叫雲飛起……………………………………………………羊令野著
*康莊有待…………………………………………………………向　陽著
*湍流偶拾…………………………………………………………繆天華著
*文學之旅…………………………………………………………蕭傳文著
*文學邊緣…………………………………………………………周玉山著
*種子落地…………………………………………………………葉海煙著
*向未來交卷………………………………………………………葉海煙著
*不拿耳朵當眼睛…………………………………………………王讚源著
*古厝懷思…………………………………………………………張文貫著
*材與不材之間……………………………………………………王邦雄著

滄海叢刊